高等政法院校法学主干课程教材

商 法 学

（第七版）

司法部法学教材编辑部 审定

主　编　　覃有土

副主编　　王卫国　赵万一

撰稿人　　（以姓氏笔画为序）

　　　　　王卫国　吴京辉　赵万一
　　　　　高在敏　傅鼎生　彭　虹
　　　　　覃有土　樊启荣

中国政法大学出版社

2019·北京

作者简介

覃有土　男，1945 年生，广西壮族自治区田东人。原中南财经政法大学副校长、教授、博士生导师，兼任中国法学会理事，国家司法考试协调委员会委员，中国商法研究会副会长，湖北省法学会副会长，湖北省人民政府、湖北省高级人民法院及湖北省人民检察院法律咨询专家委员会委员等。主要著作有：《我国经济合同的理论与实践》、《债权法》、《保险法学》、《保险法概论》、《票据法全书》、《有价证券的理论与实务》、《民法学》（副主编）、《社会保障法》、《商法学》（主编）等，并在《中国法学》、《法学研究》、《法商研究》等刊物上发表论文多篇。

王卫国　男，1951 年生，山西省陵川人。1982 年毕业于西南政法学院法律本科，1985 年该校民法专业硕士研究生毕业。1989～1992 年留学于瑞典乌普萨拉大学。中国政法大学民商经济法学院前院长、教授、博士生导师，兼任中国法学会理事、中国银行法学研究会会长、中国民法学研究会学术委员会副主席。主要著作有：《过错责任原则：第三次勃兴》、《民法债权》（合著）、《中国土地权利研究》、《破产法精义》、《改革时代的法学探索》等，主编民法学、商法学、经济法学、银行法学等教材二十多部，并在《中国社会科学》、《法学研究》等刊物上发表《现代财产法的理论建构》、《论合同无效制度》、《论重整制度》、《企业拯救制度在中国的采用：比较概观》、《中国的保险法律制度》等论文一百余篇。

赵万一　男，1963 年生，山东省巨野人。现任西南政法大学民商法学院院长、教授、博士生导师，兼任中国商法研究会常务理事等。主要著作有：《证券法的理论与实务》、《中国竞争保护法律制度研究》、《香港法要论》、《中国房地产法的理论和实务》、《证券法学》、《商法学》、《商法基本问题研究》等，并在《法学研究》等刊物上发表论文二十余篇。

高在敏　男，1954 年生，陕西省户县人。1982 年毕业于西南政法学院法律系，现为西北政法大学民商法学院教授。主要著作有：《对民事法律行为本质合法说质疑》系列论文、《合伙与公司法研究》系列论文，还先后参编与主编《民法学》、《商法学》等多部教材，并在《中国社会科学》（英文版）、《法学研究》、《中国法学》、《法律科学》等刊物上发表论文十余篇。

傅鼎生　男，1953 年生，浙江省上虞人。1982 年毕业于西南政法学院，现任华东政法大学教授、博士生导师，兼任《东方法学》期刊主编、中国民法学研究会常务理事、中国法学期刊研究会副会长。主要著作有：《中国民商法疑难问题研究》（主编）、《票据法》（主编）、《合同法》（主编）、《中国民法教程》（副主编）、《侵权赔偿》（合著）、《市场行为法律制度》（合著）等，并在《法学》、《政治与法律》、《现代法学》等刊物上发表论文六十余篇。

彭　虹　女，1962 年生，湖南省长沙人。现任广东财经大学法学院教授，商法学科带头人。主要著作有：《经济合同法规教程》（第一作者）、《保险法实例说》（第二作者）、《金融法教程》（副主编），并在各类刊物上发表论文十余篇。

樊启荣　男，1965 年生，湖北省潜江人。现为中南财经政法大学教授、博士生导师。主要著作有：《保险契约告知义务制度论》（专著）、《社会保险法》（合著）、《保险法论》（主编）等，并在《中国法学》、《法商研究》、《现代法学》、《保险研究》、《财经研究》等刊物上发表论文二十余篇。

吴京辉　女，1973 年生，湖北省武汉人。法学博士，现任中南财经政法大学法学院副教授，硕士研究生导师，兼任湖北省委讲师团特聘教授，《长江商报》特聘专家，中国商法学会理事、中国证券法学会理事、中国银行法学会理事，湖北省商法学会副秘书长，常务理事。主要研究方向为商法基本理论、票据法，主讲课程有商法学、票据法学、公司法学。已出版《票据行为论》等专著多部，在《法商研究》、《法学》等期刊上发表论文多篇。

出版说明

本套教材是根据国家教育部关于普通高校法学专业开设专业主干课程的通知要求，由国家司法部法学教材编辑部组织全国政法院校和实践部门一流的法学教授和专家合力编写而成的。

初版教材在编写过程中认真总结了改革开放以来法学教材编写中的正反经验，充分吸取了国家教育部高等学校法学学科教学指导委员会专家对法学教材论证的意见，立足中国高等法学教育的现状，建立了适合中国国情的全新的教材体例。在内容选择上，注意吸收国内外法学教育、科研的最新成果，面向21世纪的法学教育，注重知识性、理论性、实践性的统一，对中国法学教育的发展起到了非常重要的推动作用，并已成为高等政法院校师生首选的主力教材，受到广大读者的欢迎和法学界、法律界的高度评价。

教材是一定时期学术发展和教学、科研成果的系统反映。所以，随着科研的不断进步、教学实践的不断发展，必然导致教材的不断修订。国际上许多经典教材都是隔几年修订一次，一版、五版、二十版，使其与时俱进、不断成熟、日臻完善、成为经典广为流传。这已成为教材编写的一种规律。

进入21世纪，随着我国法制建设的不断完善，法学研究及法学教育等方面都有了很大发展。为了适应这一形势，为了迎接新时代的挑战，尤其是我国加入WTO带来的各种新的法律问题，我们结合近年来法制建设的新发展，吸收国内外法学研究和法学教育的新成果、新经验，对这套主干课教材进行了全面修订。我们相信，重修之主干课教材定能对广大师生提供更有效的帮助。

司法部法学教材编辑部

第七版说明

本教材自初版之后，基本上是每隔两三年就修订一次，即将出版的这一版已是第七版了。对教材的每次修订，我们除注意吸收国内外法学教育、科研的最新成果之外，尤其注重使修订后的教材能体现出国家新的立法内容和新的司法解释，新修订的这一次依然如此。本教材第六版出版之后即 2015 年 9 月、2017 年 8 月和 2018 年 7 月 31 日，最高人民法院先后出台了《最高人民法院关于适用〈中华人民共和国保险法〉若干问题的解释（三）》《最高人民法院关于适用〈中华人民共和国公司法〉若干问题的规定（四）》《最高人民法院关于适用〈中华人民共和国保险法〉若干问题的解释（四）》；新的司法解释即《最高人民法院关于适用〈中华人民共和国企业破产法〉若干问题的规定（三）》亦酝酿了一两年时间，可望即将出台。显然，本书第六版之后，我国商事立法又得到进一步的完善。

我国商事立法得到进一步的完善还体现在 2017 年 3 月颁布的《中华人民共和国民总则》上。《民法总则》是我国民法典的开篇之作，它的颁布，意味着在我国"民商合一"已成定论。本书的第七版正是按照上述新出台的法律、司法解释的精神进行修订的。

本教材初版时撰稿人为覃有土、王卫国、赵万一、高在敏、傅鼎生、彭虹、樊启荣。参加本次修订的作者分工如下：

覃有土：第一章第一节，第二章第一节、第二节，第十六章，第十七章，第十八章和第十九章；

王卫国：第八章、第九章、第十章、第十一章和第十二章；

赵万一：第四章、第七章；

高在敏：第五章、第六章；

　　吴京辉：第十三章、第十四章和第十五章；

　　樊启荣：第一章第二节、第三节、第四节、第五节、第六节，第二章第三节，第三章，第二十章。

　　全书由覃有土统稿并定稿。

编　者

2018 年 11 月 6 日

第六版说明

　　《中华人民共和国公司法》于 2013 年通过修订，并于 2014 年 3 月 1 日起施行。此次修订共修改了 12 个条款，主要包括将公司注册资本实缴登记制改为认缴登记制、取消公司注册资本最低限额、放宽注册资本登记条件、简化登记事项和登记文件等。本教材的此次修订，主要是就公司法编所作的修改。因全国人民代表大会常务委员会于 2014 年 8 月修改了《中华人民共和国证券法》《中华人民共和国保险法》，故本教材证券法编、保险法编也相应作了一些修改，此外，有关票据法的内容也作了相应的修订。

　　参加本次修订工作的有覃有土、赵万一、傅鼎生、樊启荣、高在敏等，全书由主编覃有土统稿。

编　者
2015 年 2 月

第五版说明

　　本教材自初版至今已十年有余。其间，因现行法律的修订及新的研究成果出现，先后对相关的内容作了多次修订。此次修订工作完成之后，本教材应属第五版了。

　　新的《中华人民共和国保险法》是 2009 年修订的。这次修订是对《保险法》的一次全面修改，条文数量由修订前的 158 条增至 187 条，绝大多数条款都有修改。本教材的此次修订，主要是就保险法编所作的修改。其余各编也作了一些修订。

　　参加本次修订工作的有覃有土、樊启荣等。

　　　　　　　　　　　　　　　　　　　　　　　编　者
　　　　　　　　　　　　　　　　　　　　　　2011 年 6 月

第四版说明

　　《商法学》作为普通高等学校法学专业主干课教材之一，自初版以来受到了广大师生的厚爱与好评，多次修订、重印。

　　鉴于自 2002 年以来，我国《保险法》《公司法》《证券法》《票据法》，特别是 2006 年《企业破产法》等相继修订，应广大读者的要求，我们对本教材作出修改。本次修订在保持原书体例和主体内容的基础上，对"商法导论""证券法""公司法""保险法"及"破产法"等作了重点修改。

　　参加本次修订工作的有覃有土、赵万一、王卫国、樊启荣等。

编　者
2007 年 1 月

说　明

　　为了适应我国社会主义现代化建设和实施依法治国方略对法律人才的需求，全面提高法律人才的素质，根据原国家教委关于普通高等学校法学专业开设 14 门专业主干课程的通知的要求，我们邀请政法院校和实践部门的法学教授和专家编写出版了这批教材。

　　这批教材以邓小平理论为指导，按照原国家教委高等学校法学学科教学指导委员会专家论证的意见，吸收国内外法学教育的最新成果，面向 21 世纪的法学教育，正确阐述本学科的基本理论、基础知识，坚持理论联系实际的原则，努力做到科学性、系统性和实践性的统一。

　　《商法学》由覃有土教授任主编，王卫国教授和赵万一教授任副主编。初稿完成后，由覃有土教授统稿及定稿。各章撰写分工如下：

　　覃有土　第一章第一节，第二章第一节、第二节，第十六章，第十八章，第十九章；

　　王卫国　第八章、第九章、第十章、第十一章、第十二章；

　　赵万一　第四章、第七章；

　　高在敏　第五章、第六章；

　　傅鼎生　第十三章、第十四章、第十五章；

　　彭　虹　第十七章、第二十章；

　　樊启荣　第一章第二节、第三节、第四节、第五节，第二章第三节，第三章。

司法部法学教材编辑部

1999 年 10 月

第一编　商法导论

第二编　公　司　法

第三编 破 产 法

第四编　票　据　法

第五编　保　险　法

第一编　商法导论

第一章　商法概论

■学习目的和要求

　　本章主要阐述商法的基本理论和范畴。应了解商法的概念及特征，商人与商行为的含义、类型及特点，商业登记、商业名称与商业账簿的概念及功能，重点把握商法的基本原则。

第一节　商法的概念

一、"商"的含义

　　何谓"商"，这是研究商法首先应该弄清楚的问题。依通常的理解，"商"即买卖或交易行为。然而，经济学上的"商"，尤其是法律学上的"商"，还有更深的含义。经济学上所谓"商"，系指以营利为目的，直接媒介财货交易的行为，[1] 详言之，"商"即产品由工农业生产者手中流转到消费者手中的渠道、桥梁和中介，以调剂供需，从中获取利润的行为。[2] 这种行为，通常称为"买卖商"，亦即学者所称的"固有商"。[3] 法律学上的"商"，不仅包括前已述及的"固有商"，还包括范围比"固有商"要广的"非固有商"。这里所说的"非固有商"，根据学者们的归纳，大致可以分为三类：①"辅助商"，亦称"第二种商"，是指间接以媒介货物交易为目的的行为，或者说使"固有

----

〔1〕　张国键：《商事法论》，台湾三民书局1980年版，第4页。
〔2〕　苏惠祥主编：《中国商事法概论》，吉林人民出版社1996年版，第3页。
〔3〕　[日] 实方正雄：《商法总论》，昭和二十七年版，第9页。

商"得以实现其目的的某种辅助行为，如货物运送、仓储保管、居间、行纪、包装、装卸等。[1] ②"第三种商"，是指虽然不属于直接或间接媒介货物交易为目的的行为，但从事与商品交易有关的资金融通，如银行及信托业务等，或从事与商品交易媒介行为密切相关的活动，如加工承揽、制造、出版、印刷及摄影等营业。[2] ③"第四种商"，是指与媒介货物并无连带关系，仅与"第三种商"有其关系者，如广告传播业、人身与财产保险业、旅馆服务业、饮食服务业、娱乐行业以及信息服务业等。

显然，法律学上的"商"范围非常广泛，而且随着社会经济的发展越来越广。一些国家或地区的商法正是基于这种理念而界定其"商"的范围的。《德国商法典》规定，凡以商业之方法与范围为营业，办理商业登记者，即视为商业；对于农林业兼营副业，如对农林产品加工制造，经申请商业登记的，也视为商业。《瑞士债务法》规定，凡经营商业、工厂或其他依商人之方法作为营业而进行登记的，都视其为商业。我国台湾地区的"商业登记法"第2条所列举的各种商业竟达32款之多。当然，"商"的范围虽然广泛，却没有也不可能有一个统一的确定标准，其具体范围只能依据各国民商法的规定而定。

二、商法的概念

商法，亦称商事法，是调整商事关系的法律规范的总称。商法可以分为形式意义上的商法和实质意义上的商法。形式意义上的商法是指民商分立的国家所制定的并冠以"商法典"之名的法律。法国、德国、日本、比利时、意大利、西班牙、葡萄牙等国家都先后制定了商法典。据统计，迄今为止，世界上大约有40多个国家制定了独立于民法典之外的商法典。[3] 在这些国家中，商法典是其商事活动的基本法，商法典之外的单行商事特别法，是否都以"商事"命名，则不受限制。实质意义上的商法则指以商事为其规范对象的各种法规，即包括以"商事"和不以"商事"命名的一切调整商事关系的法律规范。就形式而言，在民商分立的国家中，除商法典外，构成其商法的还有一系列商事法规。在民商合一的国家中，商法的表现形式则散见于民法、行政法和其他部门法中有关商事的规定以及有关的判例规则等。由此可知，形式意义上的商法只存在于民商分立的国家中；但实质意义上的商法不同，无论是民商合一的国家还是民商分立的国家，也无论是大陆法系国家还是英美法系国家，都

---

[1] A. Lincon Lavine, *Modern Business Law*, Prentice-Hall, Incorporated, 1956, p. 572.

[2] ［日］田中耕太郎：《商法总则概论》，有斐阁1940年版，第31页。

[3] 郭锋："民商分立与民商合一的理论评析"，载《中国法学》1996年第5期。

存在实质意义上的商法。

　　按照学者们的归纳，实质意义上的商法又可以分为两大类，即广义的商事法和狭义的商事法。[1] 广义的商事法包括国际商事法和国内商事法两种。凡国际公法上关于商事的规定如国际邮政协约、电讯协约、船舶碰撞与海难救助统一公约，以及其他有关商事的统一公约、两国间友好通商航海条约、国际共同遵守的商事习惯法等，都属于国际商事法。国内商事法，即关于国内的商事法规。任何一个国家的商事法都是由其商事公法和商事私法所构成的。商事公法，系指公法上有关商事的规定。各国商事公法本身并没有一个完整的体系，有关商事公法的规定皆散见于各种公法之中，如宪法、行政法、刑法、刑事诉讼法、民事诉讼法及行政诉讼法等公法中有关商事的规定都属于商事公法。商事私法，则指私法上关于商事的规定。前已述及，民商分立和民商合一的国家，其关于商事私法的规定是有区别的。至于狭义的商事法，则专指国内商法中的商事私法；一般言及商事法，也多指狭义的商事法。然而，值得注意的是，从现代各国商法的内容来看，商法日益表现出国际性规范与国内规范相交错、公法规范与私法规范相融合的趋向，要严格区分国际商法与国内商法，严格区分商事公法与商事私法已极为困难。因此，近代以来的商法学者在强调狭义商事法的同时，也很关注其国际性和公法性内容。[2]

　　商法的内容极为复杂，但总的来说是由组织法和行为法两大部分组成的。商事组织法一般是关于商业交易基础条件和手段的规定，其内容包括商业登记、商业账簿、商事代理等主体的规定，包括公司制度、票据制度、保险制度、破产制度、海商制度以及有价证券制度等的规定。这些规定是商法最基本的内容，是确保交易安全、迅捷与高效的法律制度。因此，尽管各国国情不同，但在这方面的规定大致是相同的。商事行为法是规定商业交易本身的法律，各国除在其商法典或民法典中对商行为作出基本规定外，一般都颁布了单行的商事法规。由于商行为具有很大的灵活性，因而各国对商行为的具体规定也就有很大的差别。[3]

　　我国没有形式意义上的商法，只有实质意义上的商法。《公司法》《票据法》《保险法》《海商法》《企业破产法》以及《证券法》[4] 等就是我国目前

〔1〕　张国键：《商事法论》，台湾三民书局1980年版，第7页。
〔2〕　董安生等编著：《中国商法总论》，吉林人民出版社1994年版，第24页。
〔3〕　徐学鹿："商事立法刍议"，载《法学研究》1990年第6期。
〔4〕　《海商法》《证券法》及《信托法》无疑属商法体系，但考虑到前者独立性较强且篇幅有限，故本书未将其列入。

最为重要的商法。由于种种原因，在过去几十年里，商法这一重要部门法被人们忘却了，不少人根本不知道商法为何物。在一个相当长的时间里，各种商事法都被纳入经济法之列，从理论上探讨商法的也很少。在确立市场经济体制的形势下，这种状况当然不能再继续下去。社会主义市场经济的完善和发展，需要中国商法学的复兴，更需要商法学的进一步繁荣。

三、商法的特征

一般认为，商法具有以下特征：

（一）商法的兼容性

1. 商法的兼容性体现在作为私法的商法却兼有公法的性质。按照传统民商法理论的认识，商法与民法一样，同属私法范畴。商法中关于商号、商业账簿、商代理、商行为等的规定，以及关于商业交易、商主体间的权利义务等的规定，无疑都属私法性质。但是，广义商法包括商事公法和商事私法。这就是说，从本质上说属于私法的商法，其中却有公法的规定。例如，各国公司法中关于公司登记的规定，破产法、公司法及保险法中的罚则，海商法中对于船长的处罚规定，以及票据法中对违反票据法的制裁规定等，都属公法性质。因此，有学者指出：现代各国的商事法"虽然以私法规定为其中心，但为保障其私法规定的实现，颇多属于公法性质的条款，几乎与行政法、刑法等有不可分离的关系，却已形成商事法之公法化"。[1]

2. 商法的兼容性还体现在它兼有任意法与强制法的性质。商法既然以私法规定为其中心，其中必然有大量的任意性规范，主要体现在商事行为法方面。例如，公司法中对经理人的设置及其职权的限制，无限公司的内部关系与对外关系，海商法中的共同海损的计算，保险法中关于保险特约条款的订立等，都可以依当事人的意思而自行订立。然而，商法也有不少强制性规定，例如，企业主体的组织与财产状况，因为事关交易安全并影响社会，因而常用法律强制规定，像商业登记、公司之机关、票据的种类及票据行为的方式、企业破产的清偿次序以及保险中的某些法定保险等，都不能依当事人的意思而定。德国商法学家德恩（Dahn）曾经说过：商法是一切法律中最为自由的，同时又是最为严格的。[2] 此论可谓至理名言。

（二）商法的技术性

从社会学角度观察，法律条款无非包括伦理性条款和技术性条款两大类。

[1] 李宜琛：《民法总则》，台湾正中书局1977年版，第3~4页。
[2] 张国键：《商事法论》，台湾三民书局1980年版，第24页。

民法、刑法等法律由其调整的社会关系及功能作用所决定，其条款绝大多数属伦理性条款。商法则不然，商法最初源于"商人法"，从它产生伊始就具有专门性及职业性，而后虽然由"商人法"发展成为"商行为法"，但"商行为"的专门性决定了其内容包含大量的技术规范，从而与民法、刑法偏重于伦理性规范的特点迥然不同。

商法的技术性既体现在其组织法上，也体现在其行为法中。例如，公司法关于公司设立登记的程序、募集公司债券的手续、董事及监事的选举、公司机构的召集程序及议事方法、公司会计等规定；票据法关于票据的出票、票据的背书、票据的承兑、票据抗辩、票据追索等规定；保险法关于损害赔偿的规定，重复保险的分摊比例以及人寿保险的保险金的计算；海商法中关于船舶、拖带、船舶的碰撞、共同海损、理算规则等，都是具有明显技术性、专门性的规范。商法的技术性特征不仅体现于其规范的内容，而且表现于其不同系统规则之间的协调，离开了大量的技术规范的间接调整作用，商法的具体立法目的就难以实现。[1]

（三）商法的营利性

营利乃是"商"的本质。[2] 商事主体从事商事活动，其直接和主要目的就在于营利，这是为各国商法所确认的。从这一意义上，也可以说商法就是"营利法"，或者说，商法是保护正当营利的法律。

关于商法的营利性，有学者曾作过这样的阐述："商事法与民法（尤其是债篇）虽然同为规定关于国民经济生活的法律，有其共同的原理，但论其性质，两者颇有不同。盖商事法所规定者，乃在于维护个人或团体之营利；民法所规定者，则偏重于保护一般社会公众之利益。"[3] 正是基于此种理念，在各国商法中，无论是其商业登记制度、商业账簿制度、商业财产制度、商业名称制度，还是有关交易、代理、仓储、票据、证券、海商、保险等特别法规则，无一不考虑到商事活动的营利性。此外，商法规则中有关利率、结算、税收、商公示原则，以及交易公平、迅捷、安全、高效等原则，都从不同角度反映了商法强调营利目的、强调经济效益的价值取向。[4]

---

〔1〕 董安生等编著：《中国商法总论》，吉林人民出版社1994年版，第26页。

〔2〕 王保树主编：《商事法论集》，法律出版社1997年版，第2页。

〔3〕 张国键：《商事法论》，台湾三民书局1980年版，第23页。

〔4〕 董安生等编著：《中国商法总论》，吉林人民出版社1994年版，第26页。

（四）商法的国际性

商法本属于国内法，它所调整的对象主要是国内商事关系。但是，随着科技的进步、交通运输的发达以及国际贸易的产生和发展，一些商事关系中多了涉外因素。国内商法是不适宜调整这些具有涉外因素的商事关系的。客观情况的出现，要求商法的规定具有国际性。

商法的国际统一性要求有着较好的客观基础：①商法的许多规定都是技术规范，其既不像刑法那样具有强烈的政治色彩，也不像民法（尤其是亲属篇等）那样有着浓厚的民族色彩，因而易于统一。②商法的内容，如关于商号、公司、票据、保险、海商等方面的规定，都源于中世纪的商人自治法。这些自治法主要是商人在商事活动中形成的商事惯例，而这些惯例影响着各国的商事立法。换言之，各国商法的主要内容具有同源性。因此，商法比任何一个部门法都易于统一。总之，商法的技术性和同源性，使其在国际统一化运动中很有建树。自19世纪以来，缔结了一系列的公约，其中主要有1874年的《世界邮政协约》（1924年修订）、1883年的《营业财产保护议案》（1900年补充）、1910年的《船舶碰撞及海难救助统一公约》、1912年的《电讯协约》和《海牙票据统一规则》、1922年的《商事公约条款及税务形式简化公约》、1922年的《共同海损规则》、1924年的《统一提单的若干法律规定的国际公约》（海牙规则，1968年修订）、1930年的《日内瓦统一汇票本票法公约》、1931年的《统一支票法》、1966年的《国际船舶载重线公约》以及1978年的《联合国海上货物运输公约》（汉堡规则）和1980年的《联合国国际货物销售合同公约》等。

第二节　商法的基本原则

一、商法基本原则的概念

从一般意义而言，法律原则是法律的诸多规则的基础或来源，是确定的行为规则、程序或法律判决。除非有更明晰的前提，不能对之证明或反驳。它们构成一个整体或整体的构成部分的实质，从属于一门科学的理论部分。[1]在法律原则与具体法律规范的关系上，法律原则是制定具体法律规范的依据，它确定了立法的指导思想，体现了具体法律部门的所有法律规范之间应当具有统一的价值取向，从而避免了具体法律规范之间的矛盾，实现法律内部体系的和

---

〔1〕 徐国栋：《民法基本原则解释——成文法局限性之克服》，中国政法大学出版社1996年版，第8页。

谐，保证法律规范功能的正常发挥。法律原则与各项具体规定之间是一般与个别的关系，基本原则比较抽象，具体规定则具体确切。法律原则是立法的准则、行为的准则和司法的准则，应当贯彻法律的始终，并应当具有非规范性、不确定性、衡平性、强行性、强制补充性等特点。法律原则虽然是制定具体法律规范的依据，但它通常并不直接表现为具体的法律条文或法律规范，因此通常并不直接作为适用法律的依据。但法律原则作为法律具体规定的来源和根据，对具体法律规定有指导作用。因此在具体规范缺乏、不清晰或自相矛盾时，法律原则可以直接作为行为准则予以适用。法律原则还对审判实践具有指导作用，它不仅是法官解释具体法律规范的依据，而且是补充法律漏洞的基础，具有授权法官进行创造性司法活动的功能。

从上述理论出发，所谓"商事法的基本原则"，是指反映一国商事法律的基本宗旨，对于各类商事关系具有普遍性适用意义或司法指导意义，对于统一的商法规则体系具有统领作用的某些基本法律规则。无论是在民商分立国家的形式商法中，还是在民商合一国家的实质商法中，都存在着统辖商法具体规则的某些基本原则。概括地说，它主要包括规制商主体因素的基本原则和规制商行为因素的基本原则两大类，其功能和目的是保障各类商事法律关系基本要素的稳定和统一，以及保障商事交易公平、迅捷、效率和安全。

二、强化商事组织原则

商事组织，亦即商事企业，是构成各种不同商事法律关系所必需的基本要素之一。任何商事活动都有赖于商事组织的积极行为，都有赖于商事企业的表意性行为。商事组织也是商法的重要调整内容。商法对于商事组织的法律控制往往关系到社会经济秩序的稳定，关系到社会交易的安全。因此各国商法通常以大量的强行法规则对商事组织加以调整和控制，以强化商事组织各项规则要求。[1]

为了强化商事组织，各国商事立法主要采取了以下几项制度：

（一）商事组织设立的准则主义

为了强化商事组织，各国在商事立法上大多采取了准则主义的法律措施。所谓准则主义，即法律明确规定商事组织成立的各项条件，只有具备商事组织成立的法定条件者，方可申请进行设立登记。例如作为商事组织的典型形式——公司的设立，各国商法中都规定了严格的法定条件。我国《企业法人登记管理条例》和《民法通则》《民法总则》从企业章程、经营场所、必要设

---

[1]　郑玉波："商事法之基本理论"，载刁荣华主编：《中国法学论著选集》，台湾汉林出版社1976年版。

施、资金数额和从业人员等方面规定了企业法人设立的五项条件。此外，对于从事矿业、保险、旅社等特别业务者，还需经政府特许取得特许证件后方得登记营业。法律作出这样的规定，一方面是有利于国家对商事组织的宏观控制和管理，另一方面也有利于保证商事组织自身的健康发展。

（二）商事主体资本的确保规则

许多国家的商法中都有对合法商事主体的营利性保护和资本保护的法律措施。资本无疑是企业赖以成立的基本条件，因此，确保企业资金是商事组织赖以生存的物质基础。为了确保企业资本，各国公司法中大都规定了以下规则：①公司注册资本的最低限额要求。②公司资本确定、资本充实和资本不变原则的公司资本三原则。③公司对自己的自有资本不得贷款给股东或其他企业组织。企业的维持在于其行为的营利性目的和行为结果的盈利，没有盈利企业也就无法生存。因而商法明确规定了商事组织的营利性质。在我国，法律尽管没有给企业明确规定"营利性"的要求，但是在给企业进行定性时则明确其为进行"独立核算"的经济组织。所谓进行"独立核算"就是要求企业必须以自己的经营成果收入抵补其营业支出，并对经营后果承担经济上和法律上的责任。从这个意义上说，"独立核算"本身即包含有"营利性"的目的和要求。同时，凡企业行为，如买卖、居间、行纪、代理、仓储等，商法统统将其归为有偿性经济行为。但对企业之外的民事主体依据民法所进行的行为，却并非要求其必须为有偿性行为，如民事代理行为、保管行为既可以有偿，也可以是无偿的。

（三）商事主体责任承担的有限责任规则

企业作为由一定数量的自然人组成的营利性经济实体，所有资本均来源于股东的投资。股东一旦将其财产投资于企业，该财产就变成了企业的财产。企业股东因放弃对投资财产的所有权而只对企业债权人承担有限责任，即以自己的出资额为限对公司债务承担责任。实行有限责任原则更是直接地为了企业维持和强化企业组织。商事法中这样的规定是不少的。如公司法中规定有限责任公司和股份有限公司都实行有限责任制；有限责任制度的出现不但会促进和鼓励股东积极地将自己的财产投资于公司的经营活动，而且也减少了投资者在投资时的顾虑，从而有利于企业的设立和发展。我国台湾地区"海商法"中规定船舶所有人因船舶所生之债以本次航行之船价值、运费及其他附属费为限。

（四）商事主体破产、解散的风险回避规则

避免企业的解体，是维持和强化商事组织的重要措施，也是维持正常的市场交易秩序的基本要求。很明显，如果市场主体经常处于一种变化状态或不确定状态，相对人的合法权益就不能得到有效保护。为了保障市场主体的永续存在，各国商事法采取了许多措施：①从法律上严格规定商事主体特别是公司的设立条件，以便从根本上强化市场主体的存在基础，防止公司设立无效的情形发生，增加公司存续的可能性。②规定企业合并和有限责任公司变更为股份公司的法律效果，要求企业必须经过清算才能解散，以避免企业财产的不当流失，确保公司的同一性。③限定企业解散的原因，避免和防止企业的任意解散，为企业的存续创造了可能。④对不能清偿到期债务的企业规定了重整制度，为企业免受破产之灾而东山再起提供了可能。

（五）商事主体风险负担上的分散规则

商事法中对于企业可能面临的一些危险设有分散负担制度。股份有限公司制度的创立本身就体现了风险分散效用。股份有限公司庞大的资本被有效分解为数量众多的股份，并规定必须由一定数量以上的股东共同持有，从而将公司风险首先分散于众多的股东身上，而有限责任制度的引入，又将一部分风险转嫁给了公司债权人。公司风险被尽可能地分散在股东和债权人身上。其他如保险法中各种财产保险（火灾、海、陆、空运）责任及其他风险责任的规避制度，又如海商法中规定的共同海损制度，等等。通过这些风险分散措施，可以在一定程度上防止企业因其风险而趋于倒闭，从而维持其主体人格的永续存在和发展。

三、维持交易安全原则

传统民商法理论认为，商法以规定私人之间的带有私权性质的权利义务法律关系为主要内容，故商法和民法共同构成私法的重要组成部分。但近代国家受社会主义法律思想的影响，对于私法关系，逐渐改变了以往的自由放任主义，而采取积极的干涉主义，从而使作为私法的商法已有一定的公法化的趋势。这一趋势突出表现在商行为法律控制的强制主义和严格主义上。从理论上说，商事交易行为贵在简便迅速，应具有较大弹性，因此当以商主体活动自由为要旨。但另一方面，商事交易尤其注重安全，如果片面强调简便迅速而忽视了对安全的保护，则商业社会将会陷入混乱和无序，最终又会有害于商主体的营利性要求。基于此，各国商法对商行为法律控制往往采取强制主义、公示主义、外观主义及严格责任主义。[1]

---

[1]　张国键：《商事法论》，台湾三民书局1980年版，第43页。

（一）商行为实施上的强制主义

强制主义，又称"干预主义""要式主义"，它是指国家运用公法手段对于商事关系施以强行法规则。它是商法公法化的体现。这一规则主要表现在以下几个方面：①现代各国商法多通过商业登记、消费者保护、不正当竞争之禁止、商业垄断之限制等一系列规则，体现国家干预和宏观调控职能。②现代各国的商法中日益偏重于使用强行法规则对商事活动加以控制。例如，各国公司法中对于公司设立条件的强制性规定；对于标准合同和商事契约条款的强行法限制。③通过强行性法律条文对某些商行为予以严格规范，任何交易当事人都不得任意变更。例如，公司法关于公司章程绝对记载事项的规定，票据法关于汇票、本票及支票绝对记载事项的规定，保险法关于保险合同应记载事项的规定，均属之。④现代商法在传统的私法责任制度之外，逐步发展起了多种法律责任并存的法律调整机制。例如，多数国家的票据法规定，出票人出具空头支票时，依法不仅会导致票据法上的赔偿责任，而且将导致行政责任甚至刑事责任。值得说明的是，商事法中的强行性条款实质上是传统商法中的固有部分，现代商法的发展使其作用日益强化，由此体现了商法侧重于保护社会交易安全的立法宗旨。

（二）商事活动的公示主义

所谓商事公示主义原则，是指商事活动的交易当事人，对于涉及利害关系人利益的所有营业上事实，须进行登记并负有公示告知义务的一种法律要求。这一规定的主要目的在于保护交易相对人或不特定第三人的合法权益。在商事活动中，交易当事人出于自身利益和交易安全性的考虑，无不具有详细了解对方当事人信誉、资金、经营范围等各项资料的动机。但是，如依靠交易当事人逐一对对方当事人的各项资料进行调查，则不仅费时、费力，而且会遇到不必要的障碍。所以，就有必要通过登记公示制度向社会公众提供有关资料。公示原则主要通过以下具体制度加以落实：①登记制度。公司的设立、商业合伙以及个体工商户等都必须进行登记始能取得合法主体资格。企业登记的内容包括企业的名称、组织、资本、设备、场所及经营范围等重要内容。通过企业登记制度，不仅有利于加强对企业的管理，而且有利于交易对方了解登记主体的有关情况。企业的登记不仅包括设立及开业登记，还包括企业的变更和注销登记。②公司登记的公告制度。企业不但要进行登记，而且还必须对登记内容通过一定方式公开。登记与公告制度同时进行。企业开业、变更名称和进行注销登记，都必须由登记主管机关发布企业法人登记公告。股份有限公司召开股东大会、招募股份和发行债券，都要公告。同样，企业破产也须公告。实行公告制度，可以使社会了解企业情况，把握企业的财务真相，以保证交易上的安全。③股份有限公司的信息披露制度。股份公司中的上市公司，应当将有可能涉及公司股东利益的所有事项进行公告，主要包括招股说明书的公告、股票上市报告的公告、定期财务报告的公告和重大事项的公告等。④公司债券募集办法的公布。⑤海商法上船舶登记的公告等。这些制度的共同主旨在于通过公告制度，增强市场交易的透明度，以防止一般公众在交易中受到损害。

（三）商行为效力确定上的外观主义

所谓外观主义，是指以交易当事人行为的外观为标准，从而确定其行为所产生的法律效果。即公示于外表的事实，纵与真实的情形不符，对于依该外表事实所进行的商行为，亦需加以保护以维护交易的安全。对此，法国学者称其为外观法理，英美法系则称其为禁反言。在法律现象中，本质和外观不一致的情况是经常出现的。依外观主义，法律行为完成之后，出于对交易安全之需要，必须对其予以尊重和保护。这种做法，民法上虽然亦予以认同，如表见代理制度，但它是作为对个别问题的解决办法而存在的。而商事法则不同，商法特别注重外观主义，这与民法中比较强调行为人的真实意思表示有所不同。例如，公司法规定，当公司设立登记后有应登记之事项而未登记或已登记之事项有变更而不为变更登记者，不得以其事项对抗第三人；隐名合伙人如参与合伙事务的执行或为参与执行的表示，纵有相反的约定，对于第三人仍应负出名营业人的责任；票据上所载的发票地和发票日，即使与真实的发票地和发票日不符时，也不影响票据行为的效力。同样，对于有价证券，法律强调的是该证券的文义而非取得该证券的非文义的原因。另外，如各国商事法上关于不实登记的责任，表见经理人、表见代表董事、自称股东和类似股东责任，票据的文义性和要式性，背书连续的证明力等的规定，都体现了外观主义的要求，赋予行为外观之优越效果，以保护交易安全。

（四）商行为后果承担上的严格责任主义

严格责任主义，即从事商事交易行为的行为人应承担的责任较之于一般民事主体更为严格。实行严格责任主义是保障交易安全的一个重要举措。商事交易的严格责任主义，主要包括普遍连带责任和广泛无过错责任。①普遍连带责任。在法律上，连带责任系连带之债的一种责任承担方式，它较之于民法上通常的单一民事责任更为严格。连带责任在民法中是作为一种个例而存在的，而在商法中连带责任的适用范围则要广泛得多，如在公司法中，无限公司的股东及两合公司的无限责任股东对于公司债务负连带责任。不仅如此，无限责任股东纵使退出公司或将出资转让于他人，对于退股或转让前的债务，于登记后一定时间内仍应负连带责任。公司负责人在执行业务时违反法律规定造成他人损害的，公司负责人与公司对受害人负连带责任。公司经设立未能成立者，发起人对于公司设立所为之行为所需的费用，均应负连带责任。至于票据法，不仅2人以上共同签名的须对票据负连带责任，发票人、承兑人、背书人及其他票据债务人对于持票人亦须负连带责任。②广泛无过错责任。民法上就一般民事责任而言，采取过失责任原则。但对企业及其活动，则多采无过错责任，如高空、高压、易燃、易爆、剧毒、放射性、高速运输工具等高度危险作业给周围环境或他人造成损害的责任。在商法上，严格责任被广泛适用于许多具体的法律规定中，即在商事交易中，债务人无论是否有过错均应对债权人负责。原因在于现代商事交易活动，一方面规模大而复杂，另一方面又多赖于少数负责人，对于其负责人的责任，若不予以严格规定，势将妨害交易的安全，因此，许多国家的商事法都确立了严格责任原则。此类原则，我国商事法中也多有体现。如公司法规定有限责任公司成立后，发现作为出资的实物、工业产权、非专利技术、土地使用权的实际价额显著低于公司章程所定价额的，须由交付该出资的股东补足其差额，公司设立时的其他股东对其承担连带责任；股份有限公司不能成立时，发起人对其设立行为所产生的债务和费用负连带责任。由此可见，强化商事组织和保护交易安全的原则既有区别，又有联系。一方面，商事立法通过规定公司股东对企业的债务承担有限责任，来强化企业的设立和发展；另一方面，商法又加重企业及股东的对外责任，以确保交易之安全。

（五）排斥交易相对人自由意思的绝对责任主义

在商法中通常排斥交易行为人对责任承担的内部约定的效力，并对交易行为当事人规定了特别严格的责任承担机制。如根据《美国统一商法典》，若被告是买卖商，则要保证所卖商品的营销性；若不是则对此不负责任。又如公司法上，公司负责人执行业务，属违法行为致他人损害时应与公司负连带责任。合伙法上合伙人应对合伙事务负连带责任。商法不独加重股东和企业的责任，而且对于企业内部约定的效力亦加以限制，借以保护交易的安全和相对人的利益，例如，无限公司股东对某股东责任免除的约定，对第三人不发生效力。公司对经理人权利范围的界定，对善意第三人也不发生效力。

四、促进交易迅捷原则

商法是以商人和商行为为主要调整对象的规范体系。无论是商人还是商行为，都具有显著的营利性特点，效益原则无疑是商法必须遵循的原则，而商法的效益原则主要是通过促进交易的迅捷性来实现的。因为只有交易迅捷，从事商事交易之人才能通过多次的反复交易来实现营利之目的。商事法上，为了实现商事交易之迅捷要求，在商事交易之时效期间多采取短期消灭时效主义；在交易形态和客体方面，多采取交易之定型化规则等。

（一）交易后果确定上的短期消灭时效主义

所谓商事交易的短期消灭时效主义，是指法律对于基于商事交易行为所生之债的法律保护期间特别予以缩短，从而迅捷确定其行为之效果。因为商事交往频繁，尤其需要从速了结，才能使行为人获得丰厚的营利。如果一次交易经过的时间过长，那么，交易当事人因较长时间的牵累，势必无法从事其他经营业务，更无法达到其营利目的。为此各国商事法则多采短期消灭时效主义之规定，以促成交易之迅捷。基于这一立法主义，商事法对于各类商事请求权普遍采取不同于民法时效期间的短期时效。例如，各国商法对于商事契约的违约求偿权多适用 2 年以内的短期消灭时效；对于票据请求权多适用 6 个月或 4 个月甚至 2 个月的短期消灭时效；海商法上对于船舶债权人的求偿权多适用 1 年以内的短期消灭时效；保险法上对于保险金请求权通常也适用短于民法时效的短期时效。另外，商事营业主的介入时限则更短，一般只有 2 周。《日本商法典》第 42 条规定了对营业主的介入权，即经理人未经营业主的允许，不能为自己或第三人从事属于营业主的营业种类的交易，否则营业主可以将这种交易看作是为自己进行的交易。前项规定的权利，营业主从知其交易时起的 2 周以内不行使时，即行消灭。

（二）交易行为要素中的定型化规则

交易定型化是保障交易迅捷的前提，包括交易形态定型化和交易客体定型化两个方面。所谓交易形态定型化，是指商法通过强行法规则预先规定若干类型的典型交易方式，使得任何个人或组织，无论何时从事该类交易行为，均可以获得同样的法律效果。所谓交易客体定型化，主要体现在以下两个方面：①交易客体的商品化，即当交易之客体属于有形物品时，则给予其统一的规格或特定的标记，使交易者易于识别商品，从而实现交易迅捷。②交易内容上的权利证券化。为了加速商品的流转和权利的让渡，商法采取了权利证券化制度。即当交易的客体为无形的权利时，则通过一定方式将权利证券化。通过证券的流通实现权利的转移，从而简化权利转让程序。例如公司法上的股票和公司债券、票据法上的各种票据、保险法上的保险单、海商法上的载货证券均为权利证券化之典型，都是以有价证券的形式表现了法律上的权利。不仅如此，法律还通过建立证券交易所和证券交易制度，来适应大量的证券买卖及证券权利的迅速交易。

（三）交易效力要求上的行为要式性规则

合同的一项基本原则是合同自由。然而在商事领域，虽然也强调合同性商行为，但在很多情况下采取了要式主义的要求。其原因在于，虽然契约自由有利于契约迅速完成，但在商事活动领域，商事行为具有大量性、反复性和同一性。在这种场合下，如果商事契约无固定款式而完全由当事人自由协商，不但不符合经济原则，而且易生分歧从而有碍于交易的敏捷。故商法对商事契约及有价证券的款式，多实行定型化的要求，如保险契约的定型化、有价证券的款式化，等等。尤其是对于各种票据和有价证券，商法上均采取严格的要式主义，以利于行为当事人迅速辨认，实现交易的敏捷。

（四）责任豁免手段上的简便性规则

法律责任是保障法律关系实现的必要手段。商法在责任的承担和免除方面也有别于民法。无论是免责条件还是免责程序都较之民法简单。如为了迅速了结债的关系，在仓储契约到期后，经定期催告而不领取寄托物者，仓库营业人得直接拍卖寄托物；对承揽人加工物件，商法规定有特别留置权，定作人在法定期间不领取所加工物件者，承揽人有拍卖该物的优先受偿权；对于海上运输，货物一经有受领权者受领，即视为运输人已依照载货单证之记载交清发货物。凡此简易免责方法，其目的亦在于迅速了结其法律关系，促进交易的速度。

五、实现交易公平原则

商事主体从事商事交易，其目的旨在营利，而此目的的实现要受到价值规律的支配。商法为了反映价值规律的内在要求也必须贯彻公平原则。在本质上属于道德观念范畴的交易公平，在商事法中主要表现为平等交易、诚实信用及情事变更等原则要求。

（一）交易主体上的平等原则

商事法中的平等交易原则主要是指商事交易的主体间地位平等。此种地位平等是实现交易公平的前提，是商品经济作用于商法的体现，因为"商品是天生的平等派"。在商事法中体现此项原则的规定不乏其例。例如，各国公司法中关于股权平等的规定；商业登记法中关于准则主义的规定；消费者权益保护法中对于消费者利益的维护以及对于附和合同的限制，等等。总之，从理论上说，平等交易是市场经济必不可少的规则，离开了商事主体之间的地位平等，商事活动中的公平、公正、等价有偿都将化为乌有。[1]

---

[1] 张国键：《商事法论》，台湾三民书局1980年版，第37页。

（二）商事交易意思要素中的诚实信用原则

诚实信用原则是现代民商法中的"帝王条款"，它对民事活动和商事活动的公平进行具有普遍性的控制作用。在商事法中诚实信用原则要求交易行为当事人应尊重交易习惯，依诚实信用的方法进行交易活动，以维持公平。所以，各国商事法中对限制欺诈和各种不正当行为的规定甚多。例如，公司法规定公司设立登记后，若发现有虚假登记情事，得撤销其登记，并处以罚款甚至刑事处罚；又如，票据法规定票据的签发、取得和转让，应当遵循诚实信用原则，具有真实的交易关系和债权债务关系；再如，保险法规定，投保人于订立保险合同时应遵循最大诚信原则，对保险的重要事实如实告知等。以上这些规定，皆为禁止欺诈和不正当交易而设，以增进交易信用，确保交易的真实与公平。

（三）商事交易后果确定上的情事变更原则

商事法的情事变更原则，是指商事契约成立后至履行前，如果发生了重大情事变迁，或基于不可归责于当事人之事由，发生了非当事人所能预见的情事，而使原合同的实施效果显失公平者，该当事人得请求对方对契约为适当的变更，或由法院判令其变更，使交易恢复公平。如许多国家保险法规定，保险契约成立后，如危险减少，被保险人可以请求保险人重新核定保险费。以上规定，旨在防范交易中的情事变更，促使交易行为当事人彼此维护交易公平。

六、商法各原则间关系的冲突与协调

上述表明，商法各基本原则之间的关系主要涉及两方面的内容：①每一个具体基本原则所担负的不同职能。②每一个基本原则在商法基本原则构成中所处的地位。由此，各原则之价值取向与目的功能并不完全一致，如何协调它们之间的冲突是各国商事立法面临的重要课题。

由于商法调整内容具有多样性和广泛性，由此决定了商法规则的非系统性和复杂性。为了将纷繁复杂的商法规范统一在一个根本目标之内，商法原则的存在成为必要。但商法的不同基本原则所担负的具体职能是不一样的，正是因为不同商法基本原则各有其相对独立的作用内容和作用重点，才决定了商法有存在彼此独立的几个基本原则的必要。如果所有的商法基本原则都有相同的作用趋向和相同的作用内容，那么商法就没有存在两个以上基本原则的必要。在商法的诸项基本原则中，效益原则和民法中的私权神圣和意思自治一样，都是以个人为本位而提出的法律原则，旨在调动商事主体的积极性，发展市场经济，繁荣市民社会的经济生活和物质生活。主体强化原则和保护交易安全原则的立足点是为了巩固交易成果，强化交易的有效性，最终实现效益目的。而交易公平原则、禁止权利滥用原则、诚实信用原则、公平原则是以社会为本位提出的原则，旨在对私权神圣原则、意思自治原则的适用界定一个恰当的范围，协调各种利益关系，维护市场经济和市民社会生活的秩序和安全。

由于商法原则具有多重性，同一个商行为可能要受两个以上的基本原则的共同调整和制约，不同原则之间在作用内容和作用趋向上有明显不同，因此就存在不同商法基本原则之间可能存在不同程度的效力冲突问题。解决商法基本原则之间效力冲突的根本办法就是确立商法基本原则在效力上的层次性，即确立商法的不同原则在商法中具有不同的地位和作用。详言之，在商法的诸项原则中，其基本的要求是交易效率优先兼顾交易安全。这里的效率优先有两层含义：①指在所有的商法原则中，效率原则居于最优先考虑的地位，这是商法最基本的价值要求。②当商法各原则之间因对具体商事活动进行不同调整而发生冲突时，首先考虑的应是效率原则。在效率原则与其他商法原则的关系上，其他商法原则应当服从和服务于效率原则。当法无明文规定时，效率原则是处理商事纠纷时主要凭依的商法原则。

第三节　商主体

商主体的问题对于建立经济秩序乃至整个社会秩序都具有十分重要的意义。主要表现在：①在现代社会中，何者可以经商，经商者必须具备哪些条件以及他可以享受哪些权利，必须承担哪些义务，这是与商主体相关的基本问题，并通过商主体的确立而确立。②社会、政府、国家对经济活动的调控、干预、引导，主要是通过对商主体的调整来实现的，商主体是参与经济活动的中介，是建立社会经济秩序的主体性基础。③商主体的界定是实现政企分开，区分营利部门和非营利部门、营利行为和非营利行为的法律依据。因此，如果商主体界定不清，国家就无法实现对社会经济活动的有力调控，一个社会的市场经济秩序就无法建立起来。

一、商主体的概念与特征

商主体又称商事法律关系的主体，是指依照法律规定参与商事法律关系，能够以自己的名义从事商行为，享受权利和承担义务的人，包括个人和组织。在传统商法中，有的国家称其为商人。有学者提出，商主体有广义和狭义之分，广义上的商主体不仅包括商人，即从事商事活动的商自然人、商法人和商合伙，还包括广大的生产者和消费者。商法上的商主体是狭义上的概念，仅仅指实施了商行为的人。

商主体具有不同于一般民事主体的法律特征：①从本质上说，商主体是一种法律拟制的主体，它所享有的权利能力和行为能力具有特殊性。这种特殊性首先表现在能力的形成上，即商主体的形成一般须经过国家的特别授权程序，如履行工商登记。其次表现为其能力的范围是有限的，即以国家授权的经营许可为其权利能力和行为能力之范围界定。②商主体是从事以营利为目的的经营性活动的主体。进一步讲，商主体只能是特定商行为的主体，商主体能力的存在与其所实施的经营性活动密切相连。③商主体是商事法律关系中的当事人，即在商法上享有权利并承担义务。正是上述特征，构成了商主体与一般民事主体及不具备独立资格的商事组织内部机构或商事行为辅助人之间的本质性的区别。

在现代意义上，商主体之构成必须具备一系列要件，其中最主要的有：①它必须以相应的商法规定之存在为前提，即商主体法定。不同国家有不同种类的商主体，如有的国家有无限责任公司和两合公司，有的国家却没有；在有的国家公司可以是法人，也可以是非法人，而有的国家规定，公司只能是法人组织。之所以存在这种差异，根本原因在于，商主体是一种拟制的法律主体，法律对主体种类、方式之设定，决定了商法的形式、范围和法律地位。②商主体必须以一定的经营活动为存在的基础。经营活动是生命延续的源泉，具体而言，商主体必须实施商行为；必须以实施商行为为经常的职业；必须以自己的名义实施商行为。

商主体具有不同于一般民事主体的能力，从而形成了商事能力与一般民事能力的区别。这种区别主要表现在：①商事能力是商主体依法从事商行为，并由此承担法律上权利义务的行为能力，它表明了商主体在商法上的特殊资格和地位。而一般民事主体不享有法律上的这种特权，这就是未经法律授权，一般民事主体不得从事商事经营活动的法律缘由。②商事能力是一种附加于民事能力之上的能力，即具备商事能力者一般应以具备民事能力为前提，但具备一般民事能力并不必然具备商事能力，从这个意义上说，商事能力是一种特殊的民事能力。③因商事能力以法律授权为前提，所以商事权利能力和商事行为能力皆以法律授权范围为限。而一般民事能力，更多地与自然人的生命延续和意思成熟程度密切相关。由于商事能力的特殊性，不少国家法律规定了对商事能力取得的限制，如对行为人取得商事能力的限制，这种限制表现在对未成年人、妇女、外国人等获得商事能力的限制；又如对因从事特定标的物的经营而对商事能力的限制，等等。

二、商事主体的立法规制原则

商主体法定，这是各国商事法普遍的做法。但是各国商事法规制商事主体

的原则因商事法法律编纂理念的不同而不同，其主要原则有三项：[1]

1. 客观主义原则，又称实质主义原则。它是指商事法着眼于行为自身的商的性质，并将其行为主体确定为商事主体。按此原则，商事主体的确立不应根据其"身份"，而应根据其是否从事商事行为。首创这一规则的为 1807 年《法国商法典》，该法典第 1 条规定："商人者，以商行为为业者。"德国旧商法典亦采此原则。然而，坚持和发展以客观主义原则规定商主体的不是法国和德国，而是 1885 年的《西班牙商法典》。总之，客观主义原则的内涵，在于重视商行为概念的基础作用，以商行为概念提示商事主体的范围，强调商事主体资格对商行为的依存。

2. 主观主义原则，又称形式主义原则。同客观主义相反，它是指商事法确定商事主体时，着眼于商行为的形式，1990 年的《德国商法典》（史称《新商法典》）是采用该原则规定商主体的代表。依该法典的规定，商人是从事商事经营的人。此原则表明，商事主体不依商事行为的客观性质来确定，而是强调商人这一概念在法律适用中的核心地位。

3. 折中主义原则。依此原则，在规定商事主体时，同时将商人概念和商行为概念作为其基础，既注意商行为的客观性质，又着眼于商行为的形式。法国现行商法典是采用这一原则的代表，日本商法典亦采用此原则规定商事主体。

上述三种规制商事主体的原则各有其产生的背景，各有其特点。客观主义原则注重行为的客观的商性质，从而高度概括商事主体的特征，但是这种概括难免产生含糊的缺陷。主观主义原则列举商行为并以此确定商主体的范围，它在克服含糊的缺点方面确实前进了一步，但社会经济发展迅速，列举方式很难摆脱挂一漏万之痼疾。于是，出现了扬两者优点避两者缺点的折中主义原则，将概括与列举方式有机结合，从而较好地确定了商主体的范围和特征。正是基于此，多数国家的商法采用折中主义原则来规定商事主体。

三、商主体的立法分类

在不同的历史时期、不同的法系、同一法系的不同国家，商主体的表现形态即商主体的划分颇不一样。在商法典诞生之前，尤其在公司这样一种特殊商主体诞生之前，由于法律本身没有塑造商人的不同形式，从事不同种类经营活动的商人相互之间的区别在法律表现形式上并不明显。当时，除从事海上贸易

---

[1] 王保树："商事法的理念与理念上的商事法"，载王保树主编：《商事法论集》，法律出版社 1997 年版，第 22～23 页。

的商人受海商法的调整，从而在身份上具有一定的特殊性外，其他商人，无论是以个体、家庭，还是以无限责任公司以及合伙人身份出现，常常在对外表现上并不引起太大关注。早期的民事合伙、无限公司和两合公司，更多关注参与者的内部关系。商法典的制定标志着农业社会向商业社会转变的制度认同，商事经营者成为一个特殊的社会阶层，商人的社会身份随之提高。在当时充满等级色彩的社会中，为了强化这一新兴的、象征着财富增长的社会阶层，在法律上细化商人身份，无疑有助于塑造商人的社会形象。当然，它在一定程度上更反映了当时社会经济活动中分工日益明确、管理日益细化的需要。

在商法典创制的时代，商主体的分类主要是从经营活动的种类和法律表现状态的角度考虑的。20世纪以来，随着现代公司制度的建立和一系列商事特别法的颁布，投资状态成为商人分类的另一重要基础。商人类型的发展变化一定程度上反映了社会经济发展的状态，同时体现了商人这一特定的商事组织体的不断成熟。

在当代各国商法中，商主体表现为多种形式，不同国家的商事立法和不同的商法理论，常常依照不同的标准对商主体予以分类。一般说来，主要有以下多种分类：

1. 依商事主体是自然人还是组织体以及组织状态为标准，可以将众多的商事主体分为商个人、商法人和商事合伙。

（1）商个人。又称商自然人，它是指依商事法规定从事商事活动，享有权利并承担义务的自然人。商个人可以表现为一个"自然人"（在我国，又称作"公民"）、"户"，也可以表现为自然人投资设立的独资企业（英国称该企业为"单人公司"，德国称其为"个体企业"）。原则上，具有权利能力和行为能力的自然人，都可以从事商事活动。但依我国法律、行政法规的规定，自然人从事工商业经营，还应依法核准登记，并且具有完全民事行为能力者，才可以独立从事商事活动；无民事行为能力者从事商事活动，应由其法定代理人代理；限制民事行为能力者从事商事活动，或由其法定代理人代理，或征得其法定代理人同意。商个人从事商事活动所发生的债务，个人经营的，以个人财产承担；家庭经营的，以家庭财产承担。

（2）商法人。它是指依法成立并依商事法规定从事商事活动，享有权利、承担义务的法人。无疑，法人有私法人和公法人之分。但并非所有法人都可以为商法人。所谓私法人，是指根据私法的规定成立的法人，即依民法或依民法之特别法——商事法成立的法人。私法人范围颇为广泛，可依商事法从事商事活动者仅为一部分。其中，依商事法成立之法人，如公司等，均可为商法人。

而依民法规定成立之法人则性质不一，有所谓营利法人（德国称有经济目的之社团法人），可成为商法人；有所谓公益法人（德国称非经济法人），则不得成为商法人。所谓公法人，指根据公法的规定成立的法人。公法人不仅可为公权之主体，也可为私权之主体，如国家可为财产所有者。但是，国家是否可为商人？各国商事法规定不一。《德国商法典》允许国家为商人；《意大利商法典》不允许国家为商人；《日本商法典》第 2 条则规定为："关于公法人的商行为，只有在法律无另外规定时，才适用本法。"我国《民法总则》没有将法人分为公法人和私法人的规定，仅有营利法人和非营利法人的分类。营利法人包括有限责任公司、股份有限公司和其他企业法人等。非营利法人包括事业单位、社会团体、基金会、社会服务机构等。其中，企业法人（包括商事法上所规定的股份有限公司和有限责任公司）当然为商法人，可依商事法的规定从事商事活动；事业单位法人（如科技研究机构）可依法律、法规的规定成为商法人并从事经营活动；机关（含各级党的机关、国家权力机关、行政机关、审判机关、检察机关）法人和社会团体法人不得成为商法人，一律不得用行政经费、事业费、专项拨款、预算外资金、银行贷款、自有资金和以任何方式集资开办公司，也不得向公司投资入股。

（3）商事合伙。合伙有两种：①合伙人基于合伙合同建立的一般合伙关系。②依照民法和其特别法——商事法的规定，由两个以上的合伙人按照合同，共同出资，共同经营，并承担无限连带责任的组织。对于后者，是否应承认它的主体地位，各国立法的态度不一。大陆法系的传统理论不承认合伙的主体地位，只承认合伙人之间的合伙合同关系。但是，随着社会经济的发展，人们的态度有所改变。其中，有的国家的法律赋予经过注册登记的合伙以主体地位，如《法国民法典》第 1842 条第 1 款规定："除第三章规定的隐名合伙以外的合伙，自登记之日起享有法人资格"。有些国家虽没有此类规定，但也赋予合伙以团体能力，包括诉讼能力、商号权等。我国现行《民法总则》已将合伙纳入主体范围。

2. 依据商事主体是否以注册登记为其要件，可以将商事主体分为法定商人、注册商人和任意商人。

（1）法定商人。是指从事法定的特定的商事行为（即绝对商事行为）的商人。该种商人以从事特定的商事行为为其要件，而不以在注册登记机关进行登记为其要件。只要从事法律规定的特定的商事行为，即使不进行注册登记，也自动取得商事主体的地位。当然，法定商人也有进行注册登记的义务。

（2）注册商人。是指依法进行注册登记，并以其核准的营业范围为商事行为（即营业商行为）的商人。该种商人以注册登记为其要件，只有在注册登记后才成为商人。

（3）任意商人。是指依法由其自主决定是否登记注册的商人。该种商人以商人经营方式为其要件，多从事农业、林业方面的经营。

采用此种分类者，德国商法应属典型。

3. 依商事主体是以商行为为标准还是以企业设备及企业形态为标准，商事主体可以分为固定商人和拟制商人。

（1）固定商人。是指以营利为目的，有计划地反复连续地从事商事法列举的特定的商事行为的商人。该种商事主体的特征是：①其所实施的行为，均以营利为目的。②以法定的特定的商事行为为职业，即反复地不间断地从事商事法上所规定的商事行为之一种或数种。该种商事主体是日本商事法学者根据该国商法的规定提出的概念，类似于上述的法定商人。

（2）拟制商人。即虽不以商事行为为职业，但商事法律视其为商人。这种商事主体的类别，也是日本商事法学者提出的。根据《日本商法典》第4条第2项的规定，依店铺或其他类似店铺设备以从事贩卖物品为职业的人，或经营矿业的人，虽然不以从事商事行为为职业，也视为商人。

4. 依商事主体的规模为标准，商事主体可以分为小商人和大商人。

（1）小商人。学理上又称为"不完全商人"，指资本金在法定额以下的商人。在大陆法系国家中，德国、日本等国的商事法和商事特别法采用这一分类的概念。依《日本商法中改正法律施行法》第3条的规定，公司之外资本金额未满50万日元的商人称为小商人。小商人的权利与其他商人的权利并无区别，但在适用法律上有差别。依《日本商法典》第8条的规定，商法中有关商业登记、商号和商业账簿的规定，不适用于小商人。

（2）大商人。相对小商人而言，在学理上，又称为"完全商人"。无疑，"大商人"的提出，只是为了研究问题的方便，法律上并无"大商人"的用语。

四、商事主体资格的取得与丧失

所谓商事主体资格，是指享有商事权利、承担商事义务的资格。无疑，这种资格是以能用自己的名义实施商事行为的特别权利能力和行为能力的产生为前提的。就这一意义而言，商事主体资格的取得与消灭，就是商事主体特别权利能力、行为能力的取得与消灭。

（一）自然人商事主体资格的取得与消灭

1. 自然人商事主体资格的始期。自然人何时取得商事主体资格？就学理而言，一般认为，自然人的商事主体资格应从有能力实施商事行为时开始。然而，何时为有能力实施商事行为的开始？其关键是营业前的准备工作应否视为开始实施商事行为。对此，国外有一些不同的论说。

（1）表白行为说。认为自然人商事主体资格的取得，应以营业意思的特别表白行为为其必要条件。如店铺的开设、开店广告的发布等。

（2）营业意思主观实现说。认为开业准备是营业意思主观的实现，并视开业准备行为（如店铺的借入、经理与员工的招聘和资金的筹措）为附属商行为，此行为的开始即为自然人商事主体资格的始期。

（3）营业意思客观认识可能说。认为自然人商事主体资格的取得应以营业意思的客观认识可能性为其必要。

（4）依准备行为自体性质，营业意思客观认识可能说。认为从开业准备行为自体的性质产生对营业意思存在的客观认识。在这种场合下，可视行为者取得商事主体资格。

上述论说（2）（4）在日本受到最高裁判所判例的支持。因此，被作为判断自然人商事主体资格的主流学说。依此主张，自然人的商事主体资格应自行为人基于基本营业活动的目的实施开业准备行为时取得。

我国自然人从事商事活动，采取独资企业（含过去所称的"工商户"）、合伙企业这两种形式的，均须依法核准登记。因此，自然人商事主体资格应从被核准登记并发给营业执照之日起取得。

2. 自然人商事主体资格的终期。自然人商事主体资格何时消灭？一般认为，其营业终止，善后事务结束时，自然人商事主体资格即消灭。在我国，无论是以往的工商户，还是独资企业、合伙企业，其营业终止，均须进行注销登记。因此，自然人商事主体资格应从完成注销登记并由工商行政管理部门收回营业执照之时消灭。

（二）法人商事主体资格的取得与消灭

1. 企业法人商事主体资格的始期与终期。企业法人（包括公司）的设立目的在于营利，它不存在因从事商事活动而需要取得特别权利能力和行为能力的问题。因此，企业法人商事主体资格的始期、终期与企业法人资格的始期与终期相同。换言之，设立企业法人须向工商行政管理机关申请设立登记，经工商行政管理机关核准登记，签发企业法人营业执照，企业法人即成立并自营业执照签发之日起取得商事主体资格。企业法人因破产、解散而需进行清算，清算完结并获股东会或主管机关确认后，清算组应向工商行政管理机关申请注销登记。经该机关核准并收缴企业法人营业执照后，企业法人商事主体资格即告消灭。

2. 事业单位依法被允许从事商事活动者，其商事主体资格的取得与消灭，与企业法人相同。

3. 国家授权投资机构和部门的商事主体资格的取得与消灭。凡授权前不具有商事主体资格的，其商事主体资格的取得与消灭与国家授权的生效与消灭相同。凡授权前已具有商事主体资格的企业法人，该商事主体资格的取得与消灭与企业法人相同。

第四节　商行为

一、商行为的概念

商行为是相对于民事行为而言的一个概念，同时也是与商主体密切联系的概念。它是导致商法从一般民事法律中独立出来，形成商法独立性的根本原因。"商行为"一词是大陆法系国家商法中的一个法定用语。由于大陆法系国家商事立法原则的差异，即以商主体为中心和以商行为为中心的立法原则差异，不同国家商法对商行为概念的界定有所不同。其差异的焦点在于：商行为是商主体所从事的行为，还是一般主体所从事的行为。按照法国商法的规定，商行为可以是任何主体所从事的营利行为；但按照德国、意大利等国家商法的规定，商行为必须是商人所从事的营利行为。在我国，由于没有商法典，"商行为"不是一个法定用语。很长时间以来，人们常用民事行为代替商行为，将商行为等同于民事行为。近年来，随着商法学研究的繁荣，学界开始比较多地使用"商行为"一词。多数学者认为，商行为是指商主体所从事的以营利为目的的经营行为。这个概念接近以商主体为中心的大陆法系国家商法中所使用的商行为概念。这个概念至少包含三个层次的涵义：

1. 商行为是一种行为，该行为同一定的法律规范联系，受法律规范调整，其性质由法律所确定，它是法律行为之一种。

2. 商行为是商主体所为的行为，与商主体这一特定身份相关，非商主体不得从事商行为。

3. 商行为是商主体在商事经营中所为的行为，它具有商事经营这一特定的经营属性。非商事经营的行为，即使由商主体所为，也不属于商行为。

二、商行为的特征

商行为作为一种特殊的民事法律行为，它具有民事法律行为的共性，同时又有其自身的特征。商行为的特征在这里特指其与一般民事行为的差异，这种差异源于商事活动与一般民事活动的不同特点。

（一）商行为是以营利为目的的行为

营利性是商法的特性，同时也是商行为的特性。以营利为目的，在各国法律中的表述并不完全相同。商行为作为一种以营利为目的的行为，着眼点在于行为的目标，而不在于行为的结果。是否实现了营利，并不是判断商行为成立与否的依据。因此，从理论上说，商行为是一推定法律行为，许多国家立法中就明确规定，只要是以商主体的名义实施的行为，必然为商行为。

（二）商行为是经营性行为

所谓经营性，是指营利行为的连续性、不间断性，它表明商主体至少在一段时期内连续不断地从事某种同一性质的营利活动，因而是一种职业性营利行为。多数国家商法规定，一般民事主体偶尔从事营利活动，不属于商行为。由于经营性活动是一种重复性的、经常性的活动，已经被纳入了国家专门管理的范围，因此它与商事登记密切相关，即履行了登记的行为可以推定为商行为。

（三）商行为是商主体所从事的行为

从各国商事法的情况看，商行为与商主体之间的关系常常是互为因果。但是，从法律行为的本质考察，任何法律行为都是特定主体所从事的行为，主体的行为能力对于行为的有效性起着决定性作用。因此，从这种意义上说，商行为是具有商事行为能力的商主体所从事的行为。也正是基于这一点，一些国家的法律明确规定，非商主体所从事的行为不能认定为商行为，不能适用商法。

（四）商行为是体现商事交易特点的行为

商事行为是一种充分体现经济利益和经济效益的活动，它与一般的社会交往颇不一样。商行为作为以商事交易为内容的法律行为，必然具有商事交易的一些重要特点。这些特点主要表现为三个方面：

1. 商行为是与风险的防范紧密相连的行为。商事活动是一种风险和利益并存的活动，获利越高，风险越大。高风险下的高获利，这常常是推动商事发展的动力，也是商事交易的规律和特点。商行为作为一种受法律调整的行为，从行为的自发性而言，它具有高风险的特征；从法律对商行为的规范性而言，商行为的有序性和受法律调整性，又充分体现了其对风险的自觉防范。

2. 商行为是保密性与公开性并存的行为。商行为作为一种具有经营性、竞争性特点的行为，它与经营手段、经营方法、经营经验等密切相关。经营手段、方法和经验等常常是导致竞争成败的重要因素，它常常构成了商主体所特有的商业秘密，从这个意义上说，商行为是一种具有一定保密性的行为。另一方面，商事交易行为是一种以交易相对人之存在为前提的行为，交易过程和交易结果都直接影响着交易相对人，甚至社会公众的利益。为了保证交易安全，交易相对人或社会公众对交易对方的情况、交易的内容有所了解成为促成交易的先决条件，从这个意义上而言，商行为又是一种具有公开性的行为。商行为的公开性常常通过强制性法律规范予以实现，如法律所规定的商事登记制度、商事年检制度、上市公司信息披露制度等。

3. 商行为是注重商事效率的行为。商事交易的特点之一是商事效益与商事效率紧密相连，只有实现高效率才能实现高效益。从各国商法实践来看，商行为的高效率主要体现为交易形态定型化，如格式合同；交易客体证券化，如票据、提单等；筹资行为股票化，如上市公司股票发行。

三、商事行为的立法规制原则

同对商事主体的规制一样，商事行为法定是各国商事法的普遍做法。并且，因各国商事法律的编纂理念不同，商事行为的规制原则也不同。[1]

1. 主观主义原则。即以商人概念为前提，并在此基础上推导出商行为。采用此原则的国家，其商事法均持商人的营业行为是商行为的立场，强调商人的经营方法在确定商事行为上的意义，德国新商法典是率先采用此原则的代表。它不仅将商人作为确定商事行为的核心概念，而且依照商人经营的不同形式，将商事行为分为不同类型。瑞士债法亦采用此项原则，强调商人经营方法在确定商事行为上的意义，并认为商业、制造业及其他采用商人经营方法的营业行为是商事行为。

2. 客观主义原则。即以行为的客观性为基础，并据此确定商事行为。采用此原则的国家，其商事法均不强调商人概念在提示商事行为中的地位作用，而是依据行为的客观性质确定一定的行为为商事行为。法国商法典是创造这一原则的先驱，西班牙商法典则继承和发展了这一原则。

3. 折中主义原则。即在综合修正上述两原则的基础上，以折中的立场确定商事行为。详言之，商事行为既包括任何主体从事的以营利性营业为目的的客观商事行为，也包括商事主体从事的任何营业性活动，即主观商事行为。显然折中主义原则是客观主义原则和主观主义原则的并用。修改后的法国商法典和日本现行商法典，均采用此立场规定商行为。

上述三项原则，由于其产生的背景不同，所以各有其自己的特点。主观主义原则以列举的方式揭示商行为的范围，客观主义原则强调以其行为揭示商行为的范围。前者有较强的明确性，但客观存在的商事行为举不胜举；后者有较

---

[1] 王保树主编：《中国商事法》，人民法院出版社 1996 年版，第 47 页。

强的概括性，但缺乏应有的明确性。无疑两者都有其不适应商事法发展之处。因此，结合两者优点的折中主义原则的出现就成为必然。

四、商行为的立法分类

商事行为依据不同的标准，可以有不同的分类。

（一）绝对商行为和相对商行为

依据行为的客观性质和是否附加条件，商行为可以分为绝对商行为和相对商行为。这种分类，仅在实行折中主义原则和客观主义原则的国家采用。

1. 绝对商行为。所谓绝对商行为，即该商行为是依行为的客观的商性质，并由商事法律规定的。绝对商行为是当然商行为，又称客观商行为。它具有客观性和无条件性，而不以行为主体是商人和行为采用营业形式为要件。绝对商行为由于是由法律限定列举的，因而不允许作类推性的扩大解释。日本是采用绝对商行为概念的国家，依其商法典规定，绝对商行为主要包括：①投机买入并卖出，即以获得利益为目的，低价买入动产、不动产或有价证券，并以高价卖出的行为。②投机卖出并买入，即先高价卖出，然后低价买入，从而获得差额的行为。此种行为与前一种行为的顺序相反，并仅以动产和有价证券为对象。③交易所中的交易，即多数商人定期聚集于交易所，以一定的方式从事以代替的商品和有价证券进行的大量买卖行为。该种交易是定型的、有高度技术性的，通常，也是有很强的营利性的。④关于取得票据和其他商业证券的行为，即关于汇票、本票、支票、股票、公司债券、运输证券、仓库证券等的出票、背书、承兑等证券上的行为。

2. 相对商行为。所谓相对商行为，即依行为主体的营利性，在营业上集中的反复的持续的行为。相对商行为，又称主观商行为，它以主体是商人和行为采取营业形式为要件。该种商行为主要包括营业的商行为和附属商行为。如《日本商法典》第502条规定，作为营业，从事下列行为时，为商行为。但是，专以获得工资为目的而制造物品或从事劳务的行为除外：①以出租为目的，有买受或承租动产或不动产的行为，或者以出租其买受或承租的物品为目的的行为；②有关为他人进行制造或加工的行为；③有关供给电气或煤气的行为；④有关运输的行为；⑤承揽作业或劳务；⑥有关出版、印刷或摄影的行为；⑦以招徕顾客为目的而设置场所的交易；⑧兑换及其他银行的交易；⑨保险；⑩承担寄存；⑪有关居间或代办行为；⑫承担代理商行为。附属商行为是指商人为了营业的目的而附带进行的行为。

（二）基本商行为和辅助商行为

依其行为是否构成商人概念的基础，可以把商行为区分为基本商行为和辅助商行为。

1. 基本商行为。即依据规制商行为的客观主义原则，可以作为导出商人概念的基础的商行为，包括上述的绝对商行为和营业的商行为。

2. 辅助商行为。即上述的附属商行为和开业前的准备行为。与基本商行为相反，它不构成商人概念的基础，而是需由商人概念导出。换言之，附属商行为不属于客观商行为，应以行为人——商人的存在为条件。

（三）一方商行为和双方商行为

依行为的当事人是一方还是双方，可以把商行为区分为一方商行为和双方商行为。

1. 一方商行为。当事人一方为商行为的，称作一方商行为。如一般零售商与消费者之间的交易，仅是零售商一方为商行为，因而称一方商行为。

2. 双方商行为。当事人双方为商行为的场合，称为双方商行为。如公司之间的交易，即为双方商行为。

应指出，一方商行为的场合，当事人双方适用商法；双方商行为的场合，当事人双方当然适用商法；当事人一方为数人时，虽仅其中一人为商行为，商法仍适用于该方当事人的全员。

（四）固有商行为和准商行为

依其行为是否适用商法，可以将商行为区分为固有商行为和准商行为。

1. 固有商行为。即当然适用商行为法原则的行为，主要指绝对商行为和固有商人营业上的商行为。

2. 准商行为。即准用商行为法原则的行为，主要指拟制商人营业上的商行为。

五、商事能力

（一）商事能力的概念

商事能力是商主体在商法上的商事行为能力与商事权利能力的统称。它是指商主体依据商事登记所核定的经营范围从事商行为的资格限制。与民事主体的行为能力和权利能力不同，商事主体的行为能力和权利能力除了要受民法上有关民事主体的一般限制之外，还要受其行为性质的限制。商个人的商能力也有其特殊性，自然人的生存状态并不直接影响当事人的商能力。这不仅与民法上自然人的民事能力之发生与终止不同，而且与民法中非营利性法人的民事能力之发生与终止也存在差别。

（二）商事能力取得的法律限制

商事能力作为商主体从事营业性商行为的特殊权利和能力，其取得受到一定的法律限制。各国商法对于商事能力取得进行实质性法律限制主要出于以下几种考虑：①行为主体是否具备充分理解其行为意义和后果的意思表示（意思自治）的能力。②行为主体是否具备必要的财产或财产能力，这往往直接涉及不同国家的个人财产制度和家庭财产制度，例如某些国家法律对妇女商事能力的限制即属之。③基于不同国家本国公共利益政策和涉外法政策的立法考虑，这往往与各国的涉外法律、国内法律、诉讼制度及其国际法上的政策相协调，例如各国商法中对于外国人取得其国内法商事能力的限制即属此种规定。此外，某些国家的商法除对商事能力的取得做实质性条件限制外，还要通过商业登记制度对其做程序性限制。这一限制在我国的有关立法中表现得较为典型。概括说来，各国民商法对于商事能力的限制主要表现在以下三个方面：

1. 对未成年人的商事能力之限制。对未成年人（包括无行为能力人和限制行为能力人）的商事能力之限制主要是对其商事行为能力的限制。从理论上说，商事行为能力必须以民事行为能力为基础。很显然，意思表示能力不健全的未成年人根本不会具有必要的智力能力经营商企业并承担经营风险。因而在承认商人具有特殊法律地位的国家，对未成年人从事商事活动的商事行为能力多设有诸多限制。但对是否承认未成年人可以获得商人的法律地位，各国立法各异。按照某些国家的法律，未成年人不问其意思能力如何，原则上均不能取得商事行为能力。例如根据现行的《法国民法典》第 487 条和《法国商法典》第 2 条的规定，未满 18 周岁的未成年人即使获得自治也不可以成为商人。在另一些国家中，如葡萄牙、比利时等，法律所确认的未成年人所享有的一般意思自治能力中并不包括商事行为能力；当事人欲取得商事行为能力，必须首先具有特殊的意思自治能力。在荷兰，未成年人的商事行为能力之取得须由法官宣告，并且由法官决定其行为能力的范围。但《德国民法典》第 1822、1643 条准许法定代理人以未成年人的名义或代理未成年人经营其营业，这样，未成年人也可以成为商人。《瑞士民法典》第 323 条规定，未成年人有权以"明示或默示"的方式取得部分行业的商事能力，也可以在特定职业或商业的正常范围内单独从事各种行为。在对商人法律地位没有特殊规定的国家，法律往往认为有关商事行为能力的标准适用有关民事行为能力的规定。

2. 对于已婚妇女的商事能力之限制。在许多西方国家中，法律往往对已婚妇女的商事行为能力的取得与行使也设有一定限制。这一现象直接与这些国家的婚姻财产制度和家庭财产制度有着本质的内在的联系。因此，许多国家的商法往往仅对已婚妇女的商事能力加以限制，而不禁止未婚成年妇女的商事能力。有些国家的商事法更明确地规定，已婚妇女仅在其独立从事工作所取得的财产范围内取得商事能力。例如在德国，已婚妇女欲取得商事能力时，除须根据商法典的规定将其姓名与丈夫的姓名并列使用作为商业名称外，在其处分商业财产时还须受到婚姻财产制度的约束和限制。这实际上仅赋予已婚妇女一部分商事能力。再如，1938 年和 1965 年两次修订后的《法国商法典》规定对已婚的妇女取得某些范围的商事能力必须经过丈夫的同意，或者其丈夫也参与了妻子的商业活动，否则妻子不得以家庭共有财产或者丈夫的个人财产承担商事义务和责任。与此相类似，瑞士和比利时的法律也规定，只有经过丈夫的明示或默示同意，妻子才能从事工商业活动；在未征得丈夫同意时，妻子不得以家庭共同财产承担商法上的义务和责任。但这一规定却不适用于丈夫所从事的商事行为。

我国坚持男女平等的原则，在商主体地位和商事能力取得问题上也采取男女平等的立法原则。尽管从法律规定上说，对配偶一方的营利性营业行为及其责任承担也应考虑到我国现行的夫妻财产共同共有原则，但此种法律限制对夫妻双方都是平等适用的。

3. 对于外国人商事能力的限制。与民法的一般规定不同，多数国家的商事法律对于外国人的商事能力的取得有特别限制，这种限制在某些特殊行为范围内体现得尤为明显。可以毫不夸张地说，几乎没有任何国家对于外国人的商事能力之取得采取与本国公民完全等同的无差别待遇。由此意义言之，许多国家依据多边或双边国际条约而相互给予的"互惠"或"特惠"实际上仍为差别待遇。

许多国家对于外国人的商事能力的取得采取明确的差别待遇政策。《德国工业法》第 1 条认为，除非法律另有规定，任何人均可从事工商业活动。但是，无论是其联邦法还是各州立法实际上对于外国人的商事能力之取得都附加以愈来愈多的限制。按照该法第 12 条的具体规定，外国法人必须在经德国主管机关授权后，方可在德国独立从事工商业事务，否则将构成违法。19 世纪以来，愈来愈多的欧洲国家法律对于外国人或外国公司的商主体地位采取严格限制立场，法国法便是此种严格限制主义的典型。按照法国 1938 年对外国人商事能力的限制性规定，外国人在法国从事商事活动，首先须取得专门机关签发的外国人经商许可证，然后才能办理商业登记手续。登记机关在核准其商主体地位时，不仅须进行形式审查，而且应对其商业信誉和财产状况进行审查。按照法国法律的解释，此种对外国人商事能力限制的特许制度和特别审查制度，不仅适用于一般的商事企业，而且适用于小商人、手工业者、商合伙人、公司董事长、常务董事、公司总经理、副总经理甚至其他有权处理公司事务的高级管理人员。这实际上已经将对于外国人商主体和商事能力的限制扩展至仅为商业使用的外国人。与法国的规定相类似，比利时与荷兰的法律也规定，外国人在某国家取得商事能力或从事商行为，不仅须由专门机关或行业组织签发经商许可证，而且在商业登记中还受到资信审查、居住年限、财产能力、学历资格、专业技术资格等多方面的限制。按照《意大利民法典》第 16 条的规定，在互惠前提下，外国人在意大利享有与本国国民等同的权利。但实际上，意大利不仅以民法典对于外国人在其国内从事任何商行为均附加以政府特许授权的限制，而且通过特别法对于意大利境内申请商业登记的外国人规定必须通过由政府机关进行的资信审查、专业技术资格审核，甚至商业设备和设施的调查。但也并非所有国家都对外国人的商人资格作了较多限制，实际上在某些国家中，法律仍然保留了近代商法以来所形成的"商人无国籍"或商法国际化的传统原则。按照瑞士法律的规定，外国人在瑞士欲取得商主体资格，须履行商业登记手续，并原则上与瑞士本国国民具有平等的待遇。《西班牙商法典》也规定，外国人在西班牙设立商主体、取得商事能力、从事商行为以及从事商事诉讼活动，原则上均受到与其国民相同的法律约束，适用相同的法律规定。英美法国家商法传统对外国人的商事地位也采取与本国国民相同待遇的立场，除了在某些特定的商事领域外，外国人通常适用与其国民相同的法律。尤其值得一提的是，欧盟法在对外国人的商事能力取得问题上采取了一系列推动商法无差别待遇的措施。根据这些措施，欧盟成员国负有分阶段废除国内法中限制外国人商法上资格，逐步过渡到外国人与本国商人完全平等自由的对等义务。尽管这一立法改革仅仅意味着欧盟内"外国人"商法上地位的变化，而对其他国家的外国人并不适用，但欧盟内各国的这一法律变化反映了现代商法的发展趋向。随着国际商业活动的普遍化，随着有关国际条约对这一问题的普遍关注，商法上的无差别待遇原则将会得到更大范围的确认。

六、商行为的特殊规则

基于商事法和民法的关系，商行为适用民法的一般原则。但是商行为有营利性、安全性和简易迅速性的特殊性，因而它理应适用商事法特有的规则，商行为主要有下述几种：

（一）商事行为的代理

商事行为可由本人实施，也可以通过代理人实施。但是，商事行为的代理有自己的特点：

1. 非显名主义。国外一些国家的商法确认这样的原则：商事行为的代理人在实施其行为时，虽然未表明是为本人（即委任人和被代理人）进行，其行为对本人和本人的对方当事人仍发生效力。对此，人们称其为非显名主义。无疑，这同民法上的代理是有区别的。在民法上，代理人（即受托人）在代理权限内，只有以被代理人的名义实施民事法律行为，被代理人对代理人的代理行为才承担民事责任。

同时，为了适应商事交易简易、迅速的要求，一些国家的商法也确认了这样的原则：本人的对方当事人不知道代理人的行为是为本人所进行时，也可以请求其代理人履行。

2. 本人的死亡不影响代理权的存续。在民法上，代理是建立在本人与代理人间的信赖关系的基础之上的。因此，代理权的存续是以本人的存在为要件的。商事行为的代理与民法上的代理不同：委任商事行为的代理权，不因本人死亡而消失。

3. 代理人的权限。在民法上，代理人负有善良管理人的注意、按本人授权的本意处理代理事项的义务。代理人超出授权的行为，只有经过被代理人追认，被代理人才承担民事责任。换言之，代理人的权限仅在本人的授权范围之内。许多国家的商法都确认这样的原则：商事行为的代理人在不违背被代理人授权本意的范围内，可以实施未被直接授权的行为。

（二）商事留置权

商事留置权起源于中世纪的意大利城市的商习惯。之后，被德国的旧商法典和新商法典先后作出明文规定。所谓商事留置权，是指商事主体在双方商事行为的场合下，债权人为实现其债权，留置债务人所有之物或有价证券的权利。毫无疑问，商事留置权和民事留置权都因债权而生。但是，商事留置权与民事留置权有所区别。民事留置权基于平衡原则，强调被担保债权和留置标的物的个别关联性，即债权人所留置之物应是同债权有直接关系的物。商事留置基于商事交易的快捷和安全的要求，仅强调被担保债权和留置标的物的一般关联性，即在商人之间，因其双方商行为所发生的债权已届清偿期时，债权人在债务人未清偿之前，可以留置因与其债务人之间的商事行为而归自己占有的债务人所有的物品或有价证券。显然，它并不强调被担保债权和留置标的物的直接关系。这种区别，一直存在于大陆法系国家的商法之中。但是，对于商事留置权的意义，人们也有不同的评价。有人认为，商事留置权可以部分地适用民法的规定，不可对商事留置权制度估价过高。有人则认为，商事留置权有其自己的特点，尤其在公司破产和公司整顿的场合，有其特殊的意义。

（三）商事债权的时效

商事债权的时效是指在一定的期间商事债权不行使的状态的继续，而为请求权消灭原因的法律要件。商事时效制度的设立着眼于对久已持续的事实状态的尊重，换言之，它是以法律的形式确认因债权请求人不作请求表示而导致债权消灭的时限。总之，该制度的存在在于维护社会秩序，为商事交易当事人的快速、安全的交易创造良好的条件。

无疑，民事债权时效制度的一般原则适用于商事债权。但是，各国民法、商法的发展均告诉人们：商事债权时效短于民事债权的时效已成为一种不可改变的趋势。以日本为例，民法上的一般债权因 10 年不行使而消灭。而依商法典的规定，"因商行为所生之债，除本法另有规定的情形外，经过 5 年不行使时，因时效而消灭"。实际上，商事债权时效小于 5 年者也不乏其例。在我国，依《民法总则》规定，向人民法院请求保护民事权利的诉讼时效期间为 3 年（法律另有规定的除外）；因侵权所生之债，其诉讼时效长达 20 年。而《票据法》规定，诉讼时效期间最长者 2 年，最短者才 3 个月。商事债权之所以缩短时效期间，主要是为了满足当事人迅速了结商事交易的要求。

第五节 商事登记

一、商事登记的概念、特征及意义

商事登记是指商主体或商主体的筹办人，为了设立、变更或终止商主体资格，依照商事登记法规、商事登记法规实施细则以及其他特别法规定的内容和程序，由当事人将登记事项向营业所在地登记机关提出，经登记机关审查核准，将登记事项记载于登记簿的法律行为。

商事登记是对商事经营中重要的或与经营之开展有着直接关系的事项的记载。登记内容和范围在法律上受到某种程度的限定。对于经营者来说，并不是有关他的所有事项都必须登记，与商事经营无关的事项不必登记。根据我国法律的规定，商事登记的必要事项主要有：商号、商主体的住所、经营场所、法定代表人、经济性质、经营范围、经营方式、注册资金、从业人数、经营期限、分支机构、所有权人、财产责任，等等。

商事登记的法律性质主要有以下几个方面：①商事登记是导致商主体设立、变更或终止的法律行为，其目的在于获得商主体的资格和能力发生变化的结果。②商事登记是一种要式法律行为，它必须按照法定要求将法定事项在法定主管机构办理，因此，其行为的内容、方式以及生效等都必须符合法律设定的要求。③商事登记，从本质上说，是国家利用公权干预商事活动的行为，是一种公法上的行为。它是作为私法的商法的公法性最为集中的体现。有学者甚至认为，这种行为在性质上可以属于行政行为，它由行政相对人的申请登记行为和行政主管机关的审核登记注册行为组成。④由于商事登记的结果在于导致商主体资格的变化，登记行为本身是创设和确立商事法律关系的基本要素，因此它又是商法体系中不可缺少的部分。

商事登记作为国家调整商事交易行为的一个重要手段，对于保障商事交易的安全具有重要意义：①它有利于商主体公示自己的经营身份、经营状况、经营能力，确立经营信誉。②它有利于交易相对人或社会公众对商主体及与其经营相关的情况有一个清晰的了解，从而更加明智地选择和决定自己的交易行为，进而保护交易相对人和社会公众的利益。③它有利于国家及时了解商主体的经营状态，从而更好地实现对商主体的法律调整和对整个国家商事活动的宏观规划，从而更好地建立商事经营的法律秩序。

二、商事登记对象与管理机关

（一）商事登记对象

商事登记的对象为商主体，但哪些商主体必须履行商事登记，以及履行何种商事登记，各国或地区法律的规定并不完全一样。多数国家或地区法律规定，只要行为人从事了商事经营活动，并且符合商事登记条件，就可以或必须履行商事登记。但也有国家或地区对必须履行登记的商主体作了一些限定。如德国商法规定，只有完全商人，即有自己商号的商人，才能履行商事登记；小商人或不具备商人条件但偶然从事了商行为者，不必履行商事登记。我国台湾地区"商事登记法"也规定，小商人，如沿街叫卖者、商场外临时性设摊经营者、自己操作或较少雇佣他人者以及经营规模很小者（如经营资本不足1000 台币）等可以不履行商事登记。

我国法律将登记对象分为两类：①具备企业法人条件的企业，如全民所有制企业、集体所有制企业、私营企业、联营企业、外商投资企业、有限责任公司、股份有限公司以及其他性质的法人企业。②不具备企业法人条件的企业或经营组织。它们主要有：联营企业、企业法人所属的分支机构、从事经营活动的事业单位和科技性社会团体、事业单位和科技性社会团体设立的经营组织、外商投资企业设立的从事经营活动的分支机构、外国公司的分支机构、农村承包经营户、个体工商户等。

（二）商事登记管理机关

商事登记的管理机关是指按照商事登记法的规定，接受商事登记申请，并具体办理商事登记的国家主管机构。各国关于商事登记主管机关的规定很不一样，有三种模式：①法院是商事登记的主管机关。如德国和日本等国商法规定，商事登记由地方法院办理。②法院和行政机关均为商事登记机关。如法国商法规定，法院办理一般商事登记，行政机关办理公司商事登记。③商事登记一律由行政机关办理。如美国、英国等国的商事登记。

在我国，商事登记的主管机关是国家工商行政管理机关。国家工商行政管理机关独立行使登记管理权，并实行分级登记管理原则，即国家工商行政管理局和地方的省、自治区、直辖市工商行政管理局及市、县、区工商行政管理局等多级管理。全国性的公司、企业在国家工商管理局办理工商登记，其他的一般都在地方工商行政管理局办理登记。公民个人，即私人企业一般在户籍所在地的市、县、区的工商行政管理局办理登记。对于外商投资企业实行特殊管理，即实行国家工商行政管理局登记管理和授权登记管理的原则。

在我国，关于登记机关管理权的行使和监督所奉行的原则是：不同级别的工商机关独立行使职权；但上级登记主管机关有权纠正下级登记主管机关不符合国家法律法规和政策规定的行为。

三、商事登记的种类与程序

（一）商事登记的种类

各国商事法对商事登记的种类所作的规定不尽相同。我国《企业法人登记管理条例》规定的登记种类是：开业登记、变更登记、注销登记。《公司法》中规定的登记种类是：设立登记、变更登记、注销登记、分公司的设立登记。此外，《企业名称登记管理规定》中还规定了商号的各项登记制度。一般说来，商事登记主要有以下几种：

1. 开业登记。商主体的开业登记是指商主体的创设人为设立商主体而向登记机关提出申请，并由登记机关办理登记的法律行为。它可以分为商事企业的开业登记和商个人的开业登记。

商事企业的开业登记的主要事项是：商号、商事企业的住所、营业场所、负责人或法定代表人的姓名、开业日期、经济组织形式、经营范围、经营方式、资金总额、职工人数以及其他有关事项。

商个人开业登记的主要事项是：商号、营业地址或流动营业的区域范围、姓名、住所、开业日期、经营范围、经营方式、资本总额、从业人数。

除上述内容之外，商事企业或商个人的印章、商店的字牌、银行的账户，在有的国家，甚至法定代表人的签字都属应登记事项。

2. 变更登记。已登记的商主体因合并、分立、转让、出租、联营以及因名称、住所、经营场所、法定代表人、经济性质、经营范围、经营方式、注册资金、经营期限、股东人数等发生变化，都须进行变更登记。

3. 注销登记。商主体因某种原因歇业、被撤销、宣告破产或者因其他原因终止营业时，必须办理注销登记。商主体在申请登记注销时应提交相关的法律文件。登记机关核准后，应及时办理注销登记，撤销注册号，收缴执照正、副本和公章，并通知开户银行。

（二）商事登记的程序

各国关于商事登记的程序大同小异，在我国，主要分为四个阶段：

1. 申请。申请是指由商主体创办人或商主体提出的创设、变更商主体或变更商主体已登记的有关事项的行为。申请必须以书面为之，必须按照法定形式提交相关的文件、证件以及须填报的登记注册书。如果经营活动依法须经行业主管机关许可，还须提交相应的许可证明书。只有符合法定要求，登记主管机关才予以受理。

2. 审查。审查是指受理登记申请的机关，在接到申请者所提交的申请之后，于法定期限内，对申请者所提交的申请内容依法进行审查的活动。从商事登记的历史发展来看，审查可分为三种：①形式审查，即登记机关仅仅对申请者所提交的申请是否符合法律要求进行审查，而不对登记事项的真伪进行调查核实。②实质审查，即登记机关不仅对申请者所提交的申请从形式上审查其是否合法，而且对申请事项予以调查核实，以保证登记事项的法律效力。③折中审查，即登记机关对登记事项有重点的进行审查，尤其对有疑问的事项予以审查，如果发现有不符合法律规定的，则不予登记。但已登记的事项不能因此而推定为完全真实，其登记事项的真伪最终还由执法机关加以裁定。

3. 核准发照。登记机关在收到申请人的申请及相关的材料并予以审核之后，应在法定期限内将审核的结果，即核准登记或不予登记的决定及时通知申请人。对准予核准登记的商主体，应及时颁发有关证明，并及时通知法定代表人或商主体负责人领取证照，办理法定代表人签字备案手续。

4. 公告。公告是指将登记的有关事项，通过报道或其他途径让公众周知。公告具有便于商事交易的进行、便于社会公众的监督、便于保障商主体的合法权益等作用。商事登记之后，应当及时予以公告。

四、商事登记的效力

商事登记的效力在法的理论和司法实践中主要涉及两个方面的内容：①未履行商事登记之事项在法律上对第三人具有何种效力。②已履行商事登记之事项在法律上对第三人具有何种效力。

各国法律中关于商事登记效力的规定不尽相同，可以归纳为以下几种情形：①商事登记是商法人获得法律人格的必要条件，未经登记及宣告，商法人不能成立,其行为不能被视为商行为。但是,对于商个体和商合伙而言,商事登记仅仅具有宣告性,是其商人身份的法律认可。如果行为人未经登记而从事了商事经营活动,其不享有商人所应享有的权利,但必须履行商人应履行的义务。德国、法国、瑞士的商法奉行这一原则。②商事登记不是商主体资格取得的必要条件。未经登记程序,行为人实施了商行为,同样可以享有商人的权利并履行商人的义务。商事登记的作用仅在于保护商号和商主体的商标等其他与商主体相关的特殊权利。荷兰等国家的商法奉行这一原则。③商事登记是各类商主体成立的必要要件。未经商事登记程序,行为人即使实施了商事经营活动也不得享有商人的权利,同时也不必履行商人的义务,该行为可认定为无效行为。在我国,根据工商登记法规的规定,商事登记不仅仅是商法人取得法人资格的前提条件,也是具备法人条件的商主体取得商事经营活动资格的前提条件。我国法律严禁未经登记的无证照经营行为。

合法有效的商事登记,必然对第三人产生效力。但是,登记与公示是密切相连的一个完整的法律行为。考察各国司法实践,登记与公示对第三人的法律效力是一个颇为复杂的问题。在这方面,大陆法系国家商法所奉行的几个重要原则,对于我们更好地理解商事登记的效力具有一定的参考意义。

1. 必须登记的事项在未履行登记或已履行登记但尚未公告的情况下对第三人的保护。对于这一问题,多数国家法律规定,只要必须在商事登记簿上登记的事项还未履行登记或还未予以公告,任何该必须登记事项的参与人都不可以用该事项来对抗第三人,除非第三人已经了解了该事项的真实情况。这一规则的前提是,第三人必须是真正的不知情人,必须对当事人在履行商事登记之前是否已具备商行为能力真正不知晓。由这种不知情推导出第三人必须是登记相关事项的局外人,而不是参与人;第三人的不知情必须是善意的、积极的,而不能是由于第三人自己的严重过失所导致的不知情。此外,第三人由于不知情而产生的对原有事实的信任是导致他的法律行为的直接原因。法律规定这一原则将直接导致两个结果:①未经登记的事项在法律上所导致的直接后果不能有利于负有登记义务的未登记事项参与人。②未登记事项在法律适用上必须有利于第三人。

2. 应登记事项在得到正确登记和公告之后对行为人和第三人之保护。关于这一问题,一些国家法律规定,如果登记事项已经登记并公布,则该事项对第三人生效。但是,如果在登记事项公布之后一定时间以内,第三人既不知道,也无责任必须知道该登记事项,那么,该登记事项对其法律行为不生效力。对于这种不生效力的有效期限,各国法律在时间上都有一个严格的限定。

如《德国商法典》规定的有效期为 15 天。

3. 已登记事项在公布发生差错的情况下对第三人的保护。关于这个问题，一些国家法律规定，如果登记事项公布有误，第三人可以针对负有登记义务的登记人，根据已公布之事实为法律行为，除非第三人已经知道公布事实有误。在此，第三人必须是善意第三人，必须是该事项的局外人，而不能是该事项的直接参与人；同时，第三人对公布内容之信任必须是导致他的法律行为的直接原因。这一规则的目的在于保护善意第三人，它加大了登记义务人的责任。

五、商事登记的限制与监管

商事登记之限制是指对于不符合法定要求的登记事项不予登记的制度。各国商事登记法多采取授权性规范和义务性规范相结合的立法模式对商事登记事项予以规定，即法律仅仅规定可以登记和必须登记的事项；一般在统一的商事登记法中，不采用禁止性规范的立法模式，即不列举不可以登记的事项；相反在其他的一些专门法中，会从商事交易的内容、交易的主体等方面规定商主体不得申请登记的事项。因此，对商事登记之禁止需要从法的理论和法律的总体理解来把握。从理论上说，商事登记之限制可以从主体之限制和行为之限制两个方面来把握。主体之限制，主要包括主体职务上的限制和主体能力上的限制。前者如公务员、国家工作人员不得登记从事商事经营活动；后者如公司未经主管部门的专门授权，不能登记从事国家专控的经营业务。行为之限制，主要包括行为符合法律规定的一般要求和具体要求。前者如所登记之行为内容不得违反国家经济政策和损害社会公共利益；后者如按专门法律要求或国家授权设立的商主体，只能登记从事获得专门授权的商事经营，如银行只能登记与银行业相关的经营活动。

由于商事登记本身并不纯粹是一种按照申请人自由意志行为的活动，它具有很强的行政色彩，是国家的一种行政管理行为，因此，商事登记管理成为商事登记制度中的一项不可或缺的内容。

各国法律中对商事登记管理所规定的方法并不完全一样。一般说来，商事登记监督管理分为社会公众的监督管理和登记主管机关的监督管理两种方式。

社会公众的监督管理主要是规定公众享有查阅商事登记簿、查阅与登记相关的各项资料和信息的权利。登记主管机关的监督管理主要是：通过法律明确规定登记主管机关对商主体之登记事项负有监督管理的职责；对于商主体违反登记法规的行为有权予以处罚。在我国，根据《企业法人登记管理条例》及其他法规的规定，如果商主体违反工商登记管理法规，工商登记主管机关可以根据情况分别给予警告、罚款、没收非法所得、停业整顿、吊销营业执照等处罚。

第六节　商业名称与商业账簿

一、商业名称

商业名称，又称"商号"，是指商主体在从事商行为时所使用的名称，即商主体在商事交易中为法律行为时，用以署名或让其代理人使用的其与他人进行商事交往的名称。商号的概念在不同国家的法律中有着不完全一致的解释。在我国法律中，商号的法律渊源主要有《民法总则》《企业名称登记管理规定》以及工商登记的单行法规。我国商法理论和现行法律中，关于商号的界定是颇不清楚的。《民法总则》中将个体工商户的商事名称称为"字号"，而《企业名称登记管理规定》中将工商企业的名称称为"企业名称"，与此同时，该规定第 7 条中将"字号"等同于"商号"。多数学者从传统习惯出发，将商主体的名称统称为商号。由此，商号的概念便存在广义和狭义两种解释：在广义上，商号等同于商事名称，它包括工商业企业的名称，也包括个体工商户的字号；在狭义上，商号仅仅指字号。

（一）商业名称的法律特征

商业名称为商主体从事商行为时所使用的名称，在法律上具有以下几个方面的重要特征：

1. 商业名称仅仅是一个名称，这个名称本身不是法律上权利义务的承担者，不等于承担权利义务的行为人。因此，商号不等同于商主体，就像公司的名称不等于公司一样。

2. 商业名称是商主体用于代表自己的名称，它依附于商主体，是商主体相互区别的重要外在标志。

3. 商业名称是商主体的商事名称，也就是说，只有商主体在从事商行为时才可以使用这一名称。这一特征的意义在于，在一些国家中，商主体的商事名称可以与自然人的名称相竞合，于此情形，区分是商行为下使用还是个人生活中使用，就具有实际价值。

此外，值得注意的是，商业名称与下列商事标记之间的关系：

1. 商业名称与商事经营者的姓名。商号仅仅是商主体的名称，商主体在从事商行为时，应该使用商号。在一般情况下，商业名称与商事经营者的姓名不一致。但在特殊情况下，它们可以相互一致。于此情形，则需确定使用者是否在从事商行为时使用了这一名称，否则，这一名称的使用只能视为使用者个人的行为。

2. 商业名称与商店招牌。商店招牌，包括厂牌，是指商主体挂在营业所门前作为标志的牌子。它只是商主体住所的告示，起一个营业场所的广告作用。多数情况下，商店招牌与商业名称相一致，但有时，商主体不用商业名称作为招牌，而使用其他的文字、图案、符号作招牌。

3. 商业名称与行号。行号是大陆法系国家商法中的一个概念，是指商事营业所的名称。大陆法系国家的商法学家认为，行号与商业名称的最大区别在于，行号指明的仅仅是企业；商业名称指明的则是企业的承担者，即商主体。大陆法系国家商业名称与行号的区别，近似于我国商业名称与商店招牌的区别。

4. 商业名称与商号缩写。西方国家商法中规定，商号缩写由商号缩略而成，它通常可以作为电报上的地址来使用。如果商人使用的商号缩写与流行的商号缩略规则相一致，那么，这种商号缩写在法律上享有与商号同等的效力。

5. 商业名称与注册商标。注册商标是指属于一定的经营企业的特种商品或产品的标记，它适用于商标法，而不适用关于商号的法律规定。两者在形式构成、实际作用、法律调整等方面都存在差异，因此，商号与注册商标两者性质迥然不同。

（二）商业名称的选定及其限制

商号选定是指商主体按照法律的要求取得商号。不同国家在商号选定方面奉行不同原则，主要有两种：①商号自由原则，即商人选用何种商号，一方面法律不加以限制；另一方面，商号与主体的姓名、商事经营的种类与范围没有关系，商号的内容完全由商主体任意选定。采用商号自由原则的国家主要有美国、英国、日本等。不过，商号自由仅仅指法律没有要求商号的内容与商主体和商行为有密切联系，但法律并不排除商号选定时有些内容禁止使用。因此，即使奉行商号自由原则，法律中同样规定商号选定之限制。②商号真实原则，有的又称为商号初始原则，即法律对商号选定予以严格限制，商号必须反映商主体的真实状况。具体说，就是商号与商主体的营业种类、经营范围、投资状况等相一致，不可以给公众造成一种假象或者产生迷惑，否则法律将禁止使用。采用商号真实原则的国家主要有德国、法国、瑞士等。

在我国，商号制度奉行何种原则，学者们观点不一。从《企业名称登记管理规定》的内容看，我国商号制度所奉行的应属于商号真实原则。该规定对商号选定有如下几个方面的要求：

1. 商号应依次由字号、行业或经营特点、组织形式三个部分组成。

2. 商号应当冠以商主体所在地的省（或自治区、直辖市）或市（州）或者县（市辖区）行政区划名称。

3. 某些商主体的名称可以不冠以所在地行政区域的名称。这主要包括：①法律规定可以在名称中冠以"中国""中华""国际"字词的商主体；②历史悠久、字号驰名的商主体；③外商投资的商主体。

4. 商号中的字号应当由两个以上的字组成。商主体可以使用本地或异地地名作字号，但不得使用县以上行政区域名称作字号。私营企业可以使用投资人姓名作字号。根据法律的规定，在我国，商号的构成一般采用四段式结构：第一部分是主体所在地行政区域的名称；第二部分是主体的具体字号；第三部分是依照国家的行业分类标准划分的主体行业或经营特点；第四部分是主体的组织结构或责任形式。

无论奉行商号真实原则还是奉行商号自由原则，各国商法中都不同程度地规定了商号选定之限制。我国《企业名称登记管理规定》对商号的选定作出了一系列限制，主要有：

1. 商主体原则上只允许使用一个商号，在同一工商行政管理机关辖区内，新登记的商号不得与已经登记注册的同行业的商号相同或近似。如有特殊需要，经省级以上工商行政管理机关批准，商主体可以在规定的范围内使用一个从属商号。

2. 商号的内容和文字涉及法律所列举的不得使用的事项，这类商号将被禁止使用：①有损于国家和社会公共利益的商号；②可能对公众和社会造成欺骗或误解的商号；③以外国国家（地区）名称、国际组织名称作为内容的商号；④以政党名称、党政机关名称、群众组织名称、社会团体名称及部队番号作为内容的商号；⑤以汉语拼音字母（外文名称中使用的除外）、数字作为文字的商号；⑥其他法律、行政法规禁止使用的商号。

3. 商号之选定必须遵守语言文字的统一要求，除民族自治地方的企业可以使用本民族自治地方通用的民族语言外，其他商号一般应使用汉字。如果在企业名称中需要增加外文名称的，该外文名称应该与所翻译的中文名称相一致。

4. 设分支机构的商主体，该商主体及其分支机构的商号之选定应符合法定要求：①在商主体的商号中使用"总"字的，必须下设三个以上分支机构；②不能独立承担民事责任的分支机构，其名称应当冠以其所从属商主体的名称，缀以"分公司""分厂""分店"的字词；③能够独立承担民事责任的分支机构，应当使用独立的商号，并可以使用其从属的商主体商号中的字号；④能独立承担民事责任的分支机构再设分支机构的，所设立的分支机构不得在其名称中使用总机构的商号。

5. 联营商事企业的名称可以使用联营的字号，但不得使用联营成员的商号。联营商事企业应当在其商号中标明"联营"或者"联合"字词。

（三）商号权及其保护

商号权是指商主体依法享有的对商号的专有使用权，包括专有权和使用权两个方面。专有权具有排斥他人使用容易混同的商号的作用；使用权具有防止他人妨碍商主体使用其商号的作用。在不同的国家，商号权取得的方式不一样。多数国家法律规定，商号依法登记后商主体方可取得商号权，但也有一些国家法律规定，在履行登记之前，商主体使用了某一商号，就可以获得该商号权，而履行登记只是在加强对这种权利的保护。在我国，根据法律规定，商号权以登记为取得要件。商号登记是商主体工商业营业登记的必要事项。

从法律理论上考察，商号权是一种名称权，属于法律上的绝对权，而非相对权。但是，商号权是与其所附属的主体密切联系的人身权，还是能表现出财产价值的财产权，在理论上一直存在着较大争议。多数学者认为，商号权是兼人身权与财产权于一体的混合权利。

商号权作为一种特殊的法律权利，它具有以下几个重要特点：

1. 商号权具有区域性限制。各国法律普遍规定，商号登记的效力受一定区域范围内使用之限制。除全国驰名的大企业的商号可以在全国范围内享有专有使用权外，其他商主体的商号只能在其所登记的某一地区，如省、自治区、直辖市、市、县等范围内享有专有使用权。

2. 商号权具有公开性。多数国家和地区的商法规定，商号必须通过登记而予以公开，为他人知晓。登记为公开之必经程序。商号之创设、变更、废止、转让、继承等都必须通过登记程序而公开，未经此程序者，不得对抗善意第三人，不对外发生效力。

3. 商号权具有可转让性。由于商号权本身具有财产权的性质，各国商法理论和商事立法普遍肯定商号权的可转让性。但是，对于商号权如何转让，学者们所持的观点和立法所持的原则颇不一致。多数国家立法规定，商号权作为一种依附于商主体而存在的权利，不可以单独转让，只能与商主体所从事的商事经营活动同时转让。德国、日本、瑞士、意大利等国的商事立法奉行这一原则。也有国家的商法规定，商号既可以随商事经营活动一起转让，也可以分离于商事经营活动，即分离于商主体而单独转让。法国商法奉行这一原则。在我国，根据现行立法和司法实践，商号权可以转让，但一般应与商主体的经营同时转让。至于商号权是否可以单独转让，理论上依然存在着较大的争议。

合法使用的商号必须受到法律保护，这是各国法律中奉行的关于商号权的一个基本原则。商号权保护的法律渊源，在商法典之外，主要涉及民法典、反不正当竞争法、商标法，等等。商号权保护的方法，通常主要有两种：

1. 商号管理机关行使商号保护权。这主要是指，当行为人使用了法律规定其无权使用的商号，如合伙人以有限责任公司的名义进行经营、有限责任公司以股份有限公司的名义进行经营等，商号主管机关可以通过行政的或司法的途径，对其予以处罚，禁止其使用。

2. 商号所有人行使商号保护权。这主要是指，如果由于他人未经允许使用商号或妨碍商号所有人使用其商号，致使商号所有人的权利遭受侵犯的，商号所有人可以通过司法途径要求他人不再使用该商号并排除妨碍，与此同时，商号所有人还享有损害赔偿请求权。

二、商业账簿

（一）商业账簿的概念与意义

商业账簿是指商主体为了表明其财产状况和经营状况而依法制作的簿册。商业账簿是商法调整的一项重要内容，各国商法都对其有专门的规定。在我国，没有制定专门的商业账簿法，有关商业账簿的规定，主要体现在会计法、审计法以及关于股份有限公司（尤其是上市公司）财务管理的规定等法律法规之中。

商主体是否都必须制作商业账簿，各国商法的规定不尽相同。多数国家和地区的商法规定，只从事小规模商事交易活动，如沿街叫卖的小商人，不需制作商业账簿。在我国，对此并没有明确的法律规定。不过，根据法律的规定，只从事小规模经营活动的商主体，如个体工商户，也必须按照税务机关的规定建立、使用和保管账簿、凭证。如因规模太小确无建立账簿的能力，而聘请财会人员又实有困难者，可以经税务机关批准，暂缓建账。但是进货、出货的凭证和发票必须妥善保管好。

对于商主体制作商业账簿，各国商法所奉行的原则不一。在传统上，大致有三种做法：①采取强制原则，即法律既规定商主体必须制作商业账簿，又规定商业账簿记载的内容和记载的方法，还规定对商主体制作商业账簿的情况由国家主管部门予以监督。在大陆法系国家中，法国和德国奉行这一原则。②采取放任原则，即法律不直接规定商主体必须制作商业账簿，但是，在诉讼过程中，如果商主体不能提供商业账簿，这将在法律上导致对其极大的不利。英美国家奉行这一原则。③采取折中原则，即法律只规定商主体必须制作商业账簿，但不规定记载方法，也不规定主管部门实行严格的监督。日本等国家奉行这一原则。随着现代经济的发展，尤其随着现代股份公司的建立，各国商事法对商业账簿的规定有强化的趋势。

　　商业账簿的制作，对于加强商主体内部管理和外部监督都具有颇为重要的意义：①对主体内部管理而言，制作商业账簿便于商主体及时和准确了解自身经营状况和财务状况，并以此为依据，及时作出或调整经营决策。②对交易相对人而言，通过商主体制作的商业账簿可以及时了解商主体的经营状况、资信能力，并据此对该商主体的经营能力和发展前景作出判断，进而可以对是否与其交易及时作出决策。③对于社会管理而言，通过商主体制作的商业账簿，政府主管部门可以及时了解商主体的经营状况，并实现对其经营的年度检验，以确保其他交易主体或社会公众的安全。同时，国家税务部门也可以此作为征税的依据。此外，随着现代公司制尤其是股份有限公司的发展，商业账簿对于股东及时了解公司经营状况，简化信息程序，强化公司信息披露制度，都有十分重要的意义。

　　（二）商业账簿的种类

　　各国商法对商业账簿的分类所作的规定不尽相同。在我国，一般认为，根据会计、审计法律法规的规定，商业账簿的分类主要有会计凭证、会计账簿和会计报表三种。

　　会计凭证，是指记录商主体日常经营活动情况并以此作为依据的书面证明。根据法律的规定，商主体在经营活动中所作出的货币收付、款项结算、货物进出、财产增减等都必须由经办人员取得或填制会计凭证，并以此作为结算的依据。没有会计凭证不得收付款项、不得进出财物、不得进行财产处理。会计凭证所记载的事项必须真实、客观、可靠，商主体不得作出虚假会计凭证。

　　会计账簿，是指按照一定的程序和方法，连续、分类记载商主体经营业务活动的簿册。它通常由主管部门按一定的格式统一印制，由具有专门格式并互有联系的账册组成。会计账簿种类很多，按其性质和用途可分为序时账簿、分类账簿和备查账簿等。序时账簿又可分为普通日记账和特种日记账两种。根据法律的规定，在商事经营中，商主体都必须根据其组织形式、营业性质、收支状况等实际需要制作适合其经营特点的会计账簿。会计账簿所记载的各项内容都是商主体编制会计报表、进行经营活动分析、进行资产审计评估以及在涉及法律诉讼时作为证据材料的重要依据。

　　会计报表，又称会计表册，它是指以货币为计量单位综合反映商主体在一定时期内，即一定的会计期间内的生产经营活动和财务状况的一种书面报告文件。它一般是根据会计账簿的记载，按照主管部门统一印制的格式、内容和方法要求编制而成。会计报表同样是由商主体所提供的，证明其经营和财产状况的、具有法律效力的书面文件。它通过有重点地、简明地、全面地反映商主体的财务状况和经营状况，从而向商主体的经营管理机关、商主体的交易相对人以及政府有关部门等会计报表使用人提供必要的财务资料和会计信息。

（三）商业账簿的法律效力

符合法律规定的条件而制作的商业账簿，具有法律效力。一般认为，这种效力主要表现在三个方面：①对于商事交易各方而言，尤其在商事交互计算中，商业账簿是其进行财物清点核算的重要依据。②对于商事主管部门而言，商业账簿是进行稽核审计、计算税率、资产评估等的重要依据。③在法律诉讼中，商业账簿具有重要的证据效力。

各国法律都不同程度地规定了商主体有保管商业账簿的义务。但对于不同的商主体，保管的方式和期限规定不一。在我国，根据《会计法》规定，会计凭证、会计账簿、会计报表和其他会计资料，应当按照国家有关规定建立档案，妥善保管。根据《公司法》规定，公司不仅应妥善保管商业账簿，还应按照法律或公司章程的要求及时向公司股东提供商业账簿。

多数国家法律规定商主体必须履行商业账簿制作之义务。如德国商法规定，商人负有编制商业账簿的义务，商业账簿的内容包括制作账簿、编造财产清册、提交年度决算报告，等等。但是，从商法的立法动因考察，法律规定商主体必须制作商业账簿，其主要目的并不在于企业相互之间的业务交往，而在于使国家或政府以及社会及时了解企业的状况，以利于对企业的经营予以监督。由此，商主体所负有的制作商业账簿的义务具有很强的公法性特征，可以被看成是一种公法上的义务。如果商主体违反了商法所规定的义务，从民法和商法本身并不能发生权利相对人的损害赔偿请求权和其他类似的请求权。相反，从破产法和其他有关法律中，商主体可能招致的法律责任是行政处罚和刑事处罚责任。如《德国刑法典》第283条规定，如果商业账簿或其他根据商法的规定由商人负有义务保管的资料，在账簿保管义务有效期内被丢失、隐瞒、毁灭、损坏，以及由此而给资产情况之了解增加困难的，商人可以因此而被判处5年以下有期徒刑或处以罚金。

从各国商事立法和司法的实践经验看，商法中的商主体制作商业账簿之义务，主要依赖于商主体对该义务之自觉履行来实现。它很少通过交易相对人的作为和不作为来监督其履行。只有在企业破产、商主体负债过重、妨碍税收或妨碍司法诉讼这样一些特殊情况之下，商业账簿制作义务履行的强制性才被充分表现出来，才可能导致颇为明显的法律后果。

■ **思考题**

1. 试述商事关系的特点。
2. 如何认识商法的私法性质及其与公法的融合?
3. 商法具有哪些特点?
4. 简论商事主体法定原则。
5. 商法如何体现保护营利和促进交易快捷原则?
6. 保护交易安全原则在商法中如何体现?
7. 简述商业登记的意义与法律效力。
8. 简述商业名称与商号、商标之间的相互关系。
9. 简析商业账簿的法律意义与法律效力。

第二章　商法的演进

■学习目的和要求

　　本章阐述商法的历史沿革与发展趋势。应了解中世纪商人法的产生及其特点，大陆法系近代"商法典"产生的历史背景与历史功绩，把握现代商法的特征及未来趋势。

第一节　大陆法系商法

　　商法最早出现于大陆法系国家。大陆法系商法亦是世界商法中最完善、最具有典型意义的商法体系。而大陆法系商法中最具有代表性的是法国商法、德国商法、西班牙商法及日本商法。

一、商法的起源及形成

　　一般认为，商法源于中世纪地中海沿岸的一些自治城市，其最初的形式是商人习惯法，即商人法。商人法的出现不是偶然的。11世纪后，欧洲的农本经济进入了发展时期，十字军东征的胜利使得欧洲通向东方的商路相继开通，这就为欧洲大量剩余产品涌向东方市场提供了条件。而东西方贸易的发展，首先促进了地中海海上贸易的发达，同时也促进了地中海沿岸一些新兴城市如佛罗伦萨、比萨、热那亚及威尼斯等的繁荣。海上贸易的发达及新兴城市的繁荣又造就了一个特殊的阶层——商人。商人以营利为本，他们需要交易自由，需要交易公平，需要交易安全，而这些都需要法律保障。然而，中世纪的欧洲实际上仍稳定处于封建法和寺院法的支配之下，商人在商事活动中遇到的法律障碍很大：①封建势力之下的法律，不仅不认可交付行为无因性原则，而且允许连带债务可以分别偿还，甚至准许卖主可以低于市价过半为由而撤销其买卖行为。②寺院法的一些规定也极不利于商人。这些规定不仅严禁放贷收息，而且不准借本经商；商业投机和各种转手营利活动都是违法行为，受到明文禁止。

甚至连诸多非生产性中介商活动、正常的债权让与及交易也被认为是违法的。对于这些规定，商人当然难以忍受和接受。

正是在商贸发展与封建势力尖锐冲突的背景下，自 11 世纪起，一种叫做"商人基特尔"（Merchane Guild）的团体先是在意大利的佛罗伦萨、佛兰德诸港，继而于西班牙、英格兰、荷兰等许多城市出现了。"商人基特尔"就是商人们为了摆脱封建法制的束缚，争取自由，从而维护其自身的利益而组成的一种行会组织。"商人基特尔"这一组织形式的最初意义在于它凭借自己的经济实力，争取到一定范围的自治权和裁判权，并根据其商事活动习惯，订立自治规约，从而通过行业自治和习惯规约协调商人之间的关系，处理商人之间的商事纠纷。随着商品经济的迅速发展，意大利的许多城市相对独立，建立了自治的商业共和国。尤其是其北部地中海沿岸城市为了适应各城市国家商贸往来的需要，各种商业惯例、商人行会制定的规章制度如商人执政官与商人们共同制定的法律即商人法便应运而生。意大利的商人法，运用了罗马法的法律术语和权利义务概念，吸收了教会法的善意、公平交易和信守合同的道德观念，形成了广泛、详细和统一的法律。其主要内容包括货物买卖合同的标准条款，以及银行业、票据交易、海上运输与保险、船舶的注册和典当等方面的规定。商人法的这些规定仅适用于商人之间，而且多半是由专门的准司法性质的法庭执行。如意大利由行会法庭以及随后在英国由正式成立的泥足法庭执行。当然，商人法只是商事习惯法之一种。事实上，当时海上商事习惯法极为发达，其中，最发达的应首推海商惯例，如盛行于地中海沿岸各国的称为康索拉度法（Consolato），盛行于大西洋沿岸各国的称为奥莱龙法（Role d'Oleron），盛行于波罗的海及北海沿岸各国的则称为维斯比法（Seerch Von Wisby）。因此，商人习惯法实质上是不同地域、不同商人团体的各类不成文法的总称。商人法主要是根据罗马法而产生的，但其中也有一些日耳曼法的影响，它构成了近代商法的基础。

二、近现代大陆法系商法

（一）近代大陆法系商法

近代商法，即欧洲早期的商事成文法。中世纪末，特别是进入 16 世纪以后，随着商品经济的进一步发展，欧洲的一些国家封建割据势力逐渐衰落，中世纪占统治地位的寺院法开始被废弃，统一的民族国家逐步形成，早期的自治城邦也已不复存在。随着国家机器的日益强化，国家干预商事事务，商事习惯法逐渐被国家的商事立法所取代。

国家制定商法最早始于法国。1673 年和 1681 年，法国国王路易十四分别颁发了法国的《商事敕令》和《海事敕令》，这是对近代乃至现代商法都有很大影响的商事法律。《商事敕令》共 12 章 112 条，它所规定的内容包括商人、票据、破产、商事裁判的管辖等。《海事敕令》分为 5 编，即海上裁判所、海员及船员、海上契约、港湾警察和海上渔猎，公私法规兼而有之。与法国相类似，德国从 18 世纪起即以商人习惯法为依据，开始制定成文商事法。[1] 德意志帝国未统一之前，仅有普鲁士一邦分别于 1727 年、1751 年、1776 年和 1794 年先后制定其《海商法》《票据法》《保险法》和《普通法》。后者是一部集民商法规于一体的综合性法典，其内容包括商人、商事行为、汇票、经纪人、海商、海上保险和承运人等。

应该说，欧陆各国早期的商事成文法实质上仅仅是对中世纪商人习惯法的确认，其内容明显带有浓厚的商人法或属人法的特征。但此种最初的商事成文法在当时历史条件下是具有社会进步意义的，它对于现代商法的形成所起的作用是毋庸置疑的。[2]

（二）现代大陆法系商法

现代大陆法系商法即以 1807 年的《法国商法典》和 1899 年的《德国商法典》为代表的商事法律制度，以及深受这两个法典影响的国家和地区仿效这种制度而建立起来的商事法律制度的总称。在现代大陆法系商法中，最有代表性、最有影响的当然是法国、德国两国的商事法，日本及西班牙商法也有一定的代表性。

1. 法国商事法。1789 年的法国大革命推翻了封建专制制度，建立了资产阶级共和国。革命成功和国家统一后，在全国统一法律的任务被提上了议事日程。其中，制定统一的民法典和商法典是掌握了国家政权的资产阶级首先考虑的大问题。在拿破仑的推动下，法国自 1800 年起着手其《民法典》的起草工作，1804 年 3 月该《民法典》获得通过颁行。几乎与此同时，法国在 1801 年成立了商法起草委员会，历经 6 年时间，1807 年 9 月《法国商法典》亦获通过颁行。但此时通过颁行的《法国商法典》仅包括通则编、海商编和商事裁判编，其破产编直到 1838 年始获通过颁行。加上破产编共 4 编，各编依次为：第一编通则，第二编海商，第三编破产，第四编商事裁判，计 648 条。其中，通则编设 9 章，内容包括：商人、商业账簿、公司、商业交易所及票据经纪人、行纪、买卖、汇票、本票及时效；海商编设 4 章，内容包括：船舶、船舶

---

〔1〕 董安生等编著：《中国商法总论》，吉林人民出版社 1994 年版，第 13 页。

〔2〕 董安生等编著：《中国商法总论》，吉林人民出版社 1994 年版，第 14 页。

抵押、船舶所有人、船长、海员、佣船契约、载货证券、租船契约、以船舶为抵押而设定的借贷、海上保险、海损、货物投弃、时效、拒诉；破产编设 3章，内容包括：财产移转、破产程序、复权；商事裁判编，主要规定了商事法院、商事诉讼及仲裁程序等内容。

《法国商法典》是在路易十四时期制定的《商事敕令》和《海商敕令》的基础上，经过富有创造性的编纂整理而成的。其重要意义在于：①它是近现代商法典的始祖。尽管在此之前已有像路易十四颁布的《商事敕令》和《海商敕令》这样的成文商法，但作为商法典，《法国商法典》却是世界上的第一部。它标志着现代商法已经形成，标志着制定商法典的条件已经成熟。②它开创了民商分立的立法先例。民商分立的渊源可以追溯到中世纪时期。近代资本主义国家民商法的来源主要有三个：罗马法、教会法和中世纪商法。中世纪商法出现以后，由于它形成了专门的概念和体系，因而具有与罗马法、教会法相对独立的地位。但是，民商分立的真正标志是 19 世纪初《法国民法典》和《法国商法典》的先后颁布施行。后者的颁布和施行，还标志着商法已取得与民法同等重要的地位，受到同等的重视。此举影响是很大的。此后，许多国家特别是欧洲国家纷纷制定自己的商法典。在该法典影响下先后制定的商法典主要有 1850 年的《比利时商法典》（1867~1870 年重新制定）、1817 年的《卢森堡商法典》、1885 年的《西班牙商法典》、1888 年的《葡萄牙商法典》、1838 年的《希腊商法典》《荷兰商法典》、1850 年的《土耳其商法典》、1865 年的意大利民商法典（1883 年重新制定其商法典，但其 1942 年的《民法典》又采民商合一）、1897 年的《德国商法典》（1900 年生效）和 1890 年的《日本商法典》（1894 年重新制定）。此外，乌拉圭（1865 年）、埃及（1875 年）、墨西哥（1889 年）、阿根廷（1889 年）及秘鲁（1902 年）等也都先后制定了其商法典。19 世纪初以来，采用民商分立立法例，先后制定颁行了商法典的国家共有 40 多个。③改商人法为商事行为法。该法的立法原则之一是，凡实施商事行为者，不论是否为商人所为，均适用商法。《法国商法典》固然是在路易十四的两个敕令（即《商事敕令》和《海商敕令》）的基础上编纂而成的，但它同时也作了重大的修改，其中，最大的修改就是改商人法为商事行为法。前已述及，中世纪后出现的商人法，其所适用者仅为商人，即唯商人间的商事关系才归其调整。《法国商法典》改商人法为商事行为法，即以商事行为作为立法基础，它反映了资产阶级革命革除身份等级观念的思想成果，开创了商事行为主义即客观主义立法例，并为其他大陆法系国家所效仿，从而形成了法国法系商法。属于这一商法法系的国家有比利时、卢森堡、西班牙、葡萄牙、希腊、埃及、土耳其等。此外，中、南美洲诸国，如阿根廷、乌拉圭、墨西哥及秘鲁等，其商法均受葡萄牙商法的影响，因此，这些国家的商法实际上也属法国商法法系。

毫无疑问，《法国商法典》是一部划时代的商法典，但由于它制定较早，难免存在缺陷：①体系不甚合理。在该法典中，既有私法的规定，又有公法的规定，既包括实体法，亦包括程序法，从中仍明显地看到罗马法那种诸法合一的痕迹。②规定的内容单薄，甚至是简陋。公司及票据制度是商法中的两项基本制度，然而，该法典仅分别在通则编的第三章和第八章作了简单的规定。公司制度中最为重要的股份公司制在该法典只有寥寥的 13 条。其他方面的规定也颇多缺漏。故该法典的影响远不及在其之前制定的《法国民法典》。19 世纪下半叶以后，法国根据其司法实践的要求，频繁地对原商法典加以修订并增加单行法作为补充，其中较重要的有 1867 年颁布的《股份公司法》、1919 年颁布的《企业登记法》、1909 年的《商业财产买卖设质法》、1925 年的《有限责任公司法》、1942 年的《证券交易法》、1930 年的《保险契约法》、1936 年的《海上货物运输法》等。第二次世界大战以后，法国进一步组织了商法修正委员会，对其商法典、公司法和破产法再次进行系统修正。[1]

2. 德国商事法。《德国商法典》的颁布施行，几乎要晚于《法国商法典》一个世纪。前已述及，德国统一之前，仅普鲁士一邦制定成文商法，如 1727 年的《普鲁士海商法》、1751 年的《普鲁士票据法》、1776 年的《普鲁士保险法》和 1794 年的《普鲁士普通法》等，后者是一部集民商法规范于一体的综合性法典。自 19 世纪 30 年代起，在《法国民法典》和《法国商法典》的影响下，德国的法学研究极其活跃，法学家们不仅著书立说，而且先后推出了几个商法草案，如 1839 年的怀特门伯格商法草案，1849 年的法兰克福商法草案，1855 年的奥地利商法草案及 1857 年普鲁士商法草案等。其间，德国于 1848 年和 1861 年先后制定了《普通票据条例》及《普通商法典》。后者正是以《普鲁士普通法》为基础，并吸收了上述商法草案的内容后制定出来的。该法典除总则外，分为商人、公司、隐名合伙及共算商事合伙、商事行为、海商 5 编，共 911 条。1861 年的德国普通商法典未将票据、破产及商事诉讼列入其内，故该法典被称为"德国旧商法典"。

德国新的商法典是在对其旧的商法典进行多次修订之后于 1897 年制定出来的。新的《德国商法典》与《德国民法典》同于 1900 年 1 月 1 日生效。该

〔1〕　董安生等编著：《中国商法总论》，吉林人民出版社 1994 年版，第 15～16 页。

法共分 4 编，共 31 章，905 条。4 编依次为：商人、商事公司与隐名合伙、商事行为、海商。其中，"商人"编规定的内容包括商人、商业登记、商号、商业账簿、经理权与代理权、商业使用人、代理商、商业居间人等；"商事公司与隐名合伙"编规定的内容包括无限公司、两合公司、股份公司、股份两合公司和隐名合伙等；"商行为"编规定的内容包括总则、商业买卖、行纪营业、承揽运输、仓储营运、运送营业、铁路运送等；"海商"编规定的内容则包括总则、船舶所有人及船舶共有、船长、货物运送、旅客运送、冒险借贷、共同海损、海难救助、船舶债权人、海上保险、时效等。

作为商法重要组成部分的票据法、保险法及破产法等并未规定于《德国商法典》内，它们都是以单行的法律而独立于其商法典之外。德国的票据立法源于 17 世纪中叶，但由于各邦法律互有冲突和抵触，不利于各邦之间的经济交往，所以德意志帝国建立之后，统一了《票据法》，采取单行法的形式，于 1871 年 4 月 3 日实施。1871 年的《德国票据法》的内容仅包括汇票、本票两种，后于 1908 年 6 月另行制定了《支票法》。由于《日内瓦公约》的通过，德国又根据其原则于 1933 年 6 月制定了新的《票据法》。德国《破产法》是在其统一建国后于 1877 年 2 月制定颁布的，后因《商法典》的制定，其《破产法》又于 1898 年重新修订颁布，经多次修订后成为现行《破产法》。该法共 3 卷，16 章，238 条，其中，第一卷为破产实体法律，第二卷为破产程序，第三卷为罚则，后者经修改后于 1976 年移到《刑法典》中，现该卷在《破产法》中已不存在。德国最早的保险立法是 1701 年颁布的《汉堡海损及保险条例》。《德国商法典》中规定的保险，仅为海上保险。其陆上保险法，即《保险契约法》颁布于 1908 年 5 月，1910 年施行，该法共 5 章，依次为：通则，损害保险，人寿保险，伤害保险，附则。1901 年以后，德国陆续制定颁布了其保险业法。

在《德国商法典》中，并没有有限责任公司的具体规定，这不是疏忽，而是在《商法典》之前即 1892 年已制定《有限责任公司法》，故其商法典除无限公司、两合公司、股份公司、股份两合公司及隐名合伙外，未对有限责任公司作具体规定。德国的《有限责任公司法》共 6 节，85 条，所设的 6 节依次为：公司的设立，公司和股东的法律关系，代理与业务执行，章程修改变更，公司的解散和破产，最后条款。1980 年对该法作了修正。20 世纪以来，德国对其商法的修订主要限于其股份公司制度的修正和其他单行法的补充。相对《法国商法典》而言，《德国商法典》体现了较好的立法技术。因此，《德国商法典》颁布之后，对于大陆法系国家的商法制定和完善产生了极其重要的影响。在立法基础上,《德国商法典》舍商事行为主义而采用商人法主义,即以商主体作为确定商事行为和商事关系的标准,从而形成了统一的但有别于《法国商法典》的商事法立法例。目前属于这一法系的国家主要包括德国、奥地利、泰国、土耳其等;瑞典、挪威、丹麦等国虽然无独立的商法典,但其商法规定亦采用商人法主义。

3. 日本商法。日本商事法的制定始于明治维新之初。其形式商法即《商法典》亦有新旧之分。明治维新后,日本于 1881 年聘请德国人赫尔曼·洛斯莱尔(Herrmann Rosler)起草《商法典》,1884 年商法草案完成,1890 年公布。其体例上虽然仿法国商法,实质内容上则多采用德国商法的做法。该《法典》分总则、海商和破产 3 编,计 1064 条,拟于 1891 年 1 月 1 日施行。但公布后争议很大,未能如期施行,推迟至 1893 年,其中有关公司即商业账簿、商业登记、票据及破产等部分才得以施行。也就在这一年,日本由本国人梅谦次郎、岗野敬次郎等人,又组成新商法起草委员会,着手新商法的编纂工作。1899 年新商法典获得通过,并于同年施行。新商法尽管由日本人起草,但其体系和内容大体与德国商法典相同,分为总则、公司、商事行为、票据和海商 5 编,计 689 条。近 100 年来,该法已进行了近 30 次的修改。

日本现行的《商法典》分为 4 编,即总则、公司、商行为和海商,计 31 章,851 条。其中的"总则"编为 7 章,依次为商人、商业登记、商号、商业账簿、商业使用人、代理商等;"公司"编亦为 7 章,依次为总则、无限公司、两合公司、股份有限公司、股份两合公司(1950 年被废止)、外国公司、罚则;"商行为"编为 10 章,依次为总则、买卖、交互计算、隐名合伙、居间营业、行纪营业、承揽运输营业、运输营业、寄托、保险;"海商"编为 7 章,依次为船舶和船舶所有人、船员、运输、海损、海难救助、海上保险、船舶债权人。

票据法及破产法都曾分别是日本新旧商法典中的一编。1899 年新《商法典》制定时把破产法剔除,另作单行法。但由于新《民法典》和新《商法典》相继完成,旧破产法不能与之相适应,因而日本重新起草了破产法,于 1922 年 4 月公布,并于次年 1 月施行,此即日本现行《破产法》。该法共 4 编,382 条,第一编为实体法规定,计 9 章,分别是:总则、破产财团、破产债权、财团债权、破产对法律行为的效力、否认权、取回权、别除权、抵销权;第二编为程序规定,计 11 章,分别是:总则、破产宣告、破产管理人、监察委员、债权人会议、破产财团的管理及变价、破产债权的申报及调查、分配、强制合议、破产废止、小破产;第三编为免责及复权,分为免责及复权两章;第四编为罚则。与《破产法》不同，日本新《商法典》在制定实施的初始，票据法仍为该法典的一部分，该法第四编对票据作了规定。由于日本参加了 1930 年《日内瓦票据和本票统一公约》和 1931 年的《统一支票公约》，所以，分别于 1932 年和 1933 年在日内瓦统一公约的基础上制定了现行的《票据法》和《支票法》。由于单行法的颁布，1934 年日本商法典将其票据编删除。除《破产法》（1923 年）、《票据法》（1932 年）、《支票法》（1933 年）外，日本的商事特别法还有《不正当竞争防止法》（1934 年）、《有限公司法》（1938 年）、《证券交易法》（1948 年）、《公司重整法》（1952 年）等。日本是许多国际商事条约的签字国，在制定国内法时注意与国际公约与惯例相协调。其商事法律的适用顺序依次为：商事条约、商事特别法、商法典、商习惯法、民事特别法、民法典和民事习惯法。

第二节　英美法系商法

英美法系是当今世界的主要法系之一，其商法被认为是英美法中的精华。属于这一商法体系的，除英国和美国外，还包括澳大利亚、加拿大、印度以及原英属殖民地国家如新加坡、马来西亚等国。其中，英国和美国商法无疑是这一法系中最具有代表性的商法。

一、英国商法

英国是实行判例法制度的国家。在英国，只有实质商法而不存在大陆法系那种形式意义的商法。由于实行的是判例法制度，故其法律体系中法律部门的概念是模糊的。什么是商法？商法的范围包括哪些？英国历来就没有一个统一的概念，法学家们在其论著中的表述也颇不一致。例如，法学家米特霍夫认为，商法是指对商事交易具有特殊意义的法律的总称，包括商事契约、合伙、公司、代理、票据、银行、保险、运输、仓储、商事买卖、破产、专利、商标、商事惯例以及商事交易的留置、抵押等商事债权。法学家沃克则认为，商法是一个相当不确定的一般性术语，它用来指与商事有关的各种法律，如合同、代理、买卖、流通证券、产权文据以及破产等。英国的两名商法学家斯定特和凯南在其合撰的《商法学》中，将商法的体系和范围归纳为以下几个方面：商事契约、代理、买卖、分期付款、消费信贷、合伙、商号、公司、票据、破产、保险、担保与补偿、商事仲裁。[1] 法学家们对商法所作的表述不

〔1〕 范健："当代主要商法体系论纲"，载《法律科学（西北政法学院学报）》1992 年第 6 期。

同，这种情况在英美法系其他国家也一样。尽管在英国不存在类似于大陆法系一些国家那样的统一的商法典，但是"商法"或"商业法"的观念却是深入人心的。不仅法学家们承认商法的存在，对其作了专门的研究，并通过一系列教科书和学术著作构成比较完整的商法学理论体系，而且自19世纪以来，英国制定了一系列的商事制定法。这些制定法是英国商法在当代发展的杰出成就，标志着其商法体系日趋完善。

英国的商事制定法，尤为突出地体现在公司、合伙、破产、票据及保险等方面。英国的公司法是由现行有效的1948年《公司法》为主体的各种公司法律所构成，包括1948年《公司法》、1967年《公司法》第一部分和第三部分、1972年《苏格兰公司法》（浮动担保和受让人）、1972年《欧洲共同体法》第九节、1976年《股票交易法》（买卖成交）、1980年《公司法》和1981年《公司法》。早期的英国没有公司法，从17世纪开始由国王以颁发特许状的形式授予公司组织法人资格，确立公司的法律地位。英国历史上第一部公司法律即1844年的《股份公司法》，该法明确划分了股份公司和合伙的界限，规定了公司股份制度，允许公司股份转让，但禁止股份公司采取有限形式。经过激烈争论，1855年又颁布了《有限责任法》，允许股份公司依照法律承担有限责任。次年，该法被并入《股份公司法》。1862年《股份公司法》经重大修改，首次正式称为"公司法"。19世纪末20世纪初，英国又多次补充和修改公司法，陆续允许公司减资和变更宗旨，采取强制审计制度以及允许成立私人公司等。1948年《公司法》正是依据当时有效的各种公司法律制定而成，并一直沿用至今。英国《公司法》将公司形式主要分为有限公司、保证有限公司和无限公司。其中，采取有限责任形式的公司又分为公开公司和私人公司；公开公司原仅限于可以公开募集股份的公司，1980年修改《公司法》后，它与私人公司的界限逐渐模糊。无限公司主要为贷款互助会、投资公司、家庭公司等极少负债的公司采用。根据1967年《公司法》，有限公司和无限公司依照法定程序，可以进行相互转换注册。[1]

英国最早的破产法产生于1509年亨利八世统治时期。现行英国破产法是由1914年《破产法》、1986年《无力偿债法》以及其他有关法规和判例规则构成。英国破产法采取和解先置主义，破产程序开始前必须先进行和解，和解不成立才能作出破产宣告。在破产原因上采取列举主义，规定若干行为为破产行为，债务人无力还债且具有法定破产行为时，债权人即可以提出破产申请，

〔1〕 佟柔主编：《中华法学大辞典·民法学卷》，中国检察出版社1995年版，第780页。

债务人也可以主动申请破产。在余债责任上采取免责主义，即对具备一定条件的破产人，对其破产后仍未能清偿的残余债务，法院可以判定予以免除。破产机关不仅属于法院，商业部也可以干预。破产管理人由债权人会议选任。公司破产适用特别程序，由官方选任清算人执行职务。在破产财产范围上采取破产溯及主义，破产宣告的效力溯及至破产原因发生之时。破产财产包括破产原因即破产行为发生之时属于破产人的全部财产及破产人在破产程序终结前所取得的财产。破产程序可以因债务全部偿清、法院判定免除破产责任或撤销破产宣告而终结。

英国票据制度起源于商业惯例。19世纪末，英国相继颁布了《票据法》和《汇票法》。现在人们所称的英国《票据法》，泛指英国1882年《汇票法》、1957年《支票法》及有关修订案和判例规则的总和。其中，1882年《汇票法》是一部具有重要影响的成文法例，它不仅适用于英国，而且在多数英联邦国家中均有广泛的适用性。该法共6章，100条，概括了汇票、支票和本票的基本规则。其主要内容包括：第一章，通则；第二章，汇票；第三章，银行支票；第四章，划线支票；第五章，本票；第六章，附则。1957年《支票法》共8条，主要规定了对银行兑付行为的特殊保护规则，无背书支票的效力，非票据性证券的法律准用规则等。除上述成文法外，1970年《金融法》、1971年《银行和金融交易法》、1917年《公证期间汇票法》和有关的修正法案也是英国《票据法》的组成部分。[1]

英国是保险最早发源的国家之一，在其普通法中就有许多关于保险的原则，其制定法中也有不少关于保险方面的规定。早在1774年英国就颁布了《人寿保险法》。之后，1876年制定了《保险单法》，1923年和1966年分别制定了《简易保险法》和《道路交通法》，1958年制定了《保险公司法》。但英国最有影响的保险立法是1906年《海上保险法》。该法共分17部分，93条。主要内容包括：海上保险的定义、可保利益、可保价值、保险单、保证、航程等。1906年《海上保险法》将几百年来海上保险的立法、惯例、案例、解释等以成文法的形式确定下来，成为资本主义世界最有影响的一部海上保险法，它的产生对世界各国海上及陆上保险立法具有重大而深远的影响。

尽管英国商法中存在着大量的制定法，但是，其商法的第一渊源，也是最

---

[1]　佟柔主编：《中华法学大辞典·民法学卷》，中国检察出版社1995年版，第781页；董安生等编译：《英国商法》，法律出版社1991年版，第388页。

为主要的渊源，依然是商事判例法。在英国，通常情况下，立法机关所创制的法律和条例，仅仅是对判例的一种补充。判例法在英国和整个英美法系中居于至高无上的地位。当然，也有例外情况，如前述的英国公司制度及票据制度。与英国法律的传统渊源相异，英国公司法以成文法为主，判例仅在法院解释有关成文法时才具有重要的意义。其票据法亦主要采取成文法形式，判例法多为解释性适用规则。

二、美国商法

美国法律与英国法律大致相同，多由习惯法和判例法所构成，其商法也以英国的普通法为基础。与英国一样，由判例法这一历史传统所致，在美国法律部门亦是个十分模糊的概念。在现代，一般人们谈起美国商法时，从狭义上是指已在美国绝大多数州适用的《美国统一商法典》；从广义上解释，对于什么是商法则众说纷纭。美国出版的具有较高权威性的《布莱克法律辞典》把商法界定为：商法是调整商事法律关系的全部法律制度的总称。而美国法学家马克斯·赖因施泰因在为《国际比较法百科全书》撰写的词条中则认为，在美国，商法是指那些与商人相关的法律。至于商人，按照《美国统一商法典》的解释，是指具有商业专门知识和技能的人。[1]

美国虽然为判例法国家，但同样重视成文法的制定，尤其是有关商法的成文法的制定。在商事立法中，前已提及的《美国统一商法典》最具有代表性。这也是一部被看做是英美法与大陆法日趋合一的最具有代表性的法典，它于1942年起由美国统一州法委员会和美国法学会联合起草，1952年公布。在此之前，1906年美国曾以英国的《货物买卖法》为蓝本制定过一部法典——《美国统一买卖法》，且被36个州所采用。但是随着时间的推移，它已很难适应美国经济发展的需要，因此有了《美国统一商法典》的产生。该法于1952年公布后，又作多次修改。《美国统一商法典》不同于大陆法国家的商法典，它不是美国国会通过的法律，而只是由一些法律团体起草，供各州自由采用的一部样板法。美国是联邦制国家，联邦和各州都在宪法规定的范围内享有立法权。根据美国宪法的规定，有关州内贸易的立法权原则上属于各州，联邦只对涉及州际或国际贸易事项享有立法权。所以，各州对于是否采用上述《统一商法典》有完全的自主权。但由于该法详尽完备，适用灵活，它既考虑到过去和现在，又兼顾了未来；既保持了英美法的特点，又兼采了大陆法的长处，比较能够适应当代美国资本主义经济发展的要求，因此，现在在美国50个州

---

[1] 范健："当代主要商法体系论纲"，载《法律科学》1992年第6期。

中，除保持大陆法系传统的路易斯安那州外，其他各州均已通过本州的立法采用这部《统一商法典》。这部法典共 10 章，37 节。第一章总则，计 2 节，即本法典的简略名称、解释、适用和主要事项；一般定义和解释的原则。第二章买卖，计 7 节，即简略名称、一般解释、标的；合同的形式、订立及修改；合同的一般义务和合同的解释；所有权、债权人和善意购买人；履行；违约、拒付债务及理由；赔偿。第三章商业票据，计 9 节，即简略名称、形式、解释；转让和流通；执票人的权利；当事人的责任；提示；拒绝承兑通知及抗议书；义务的免除；国际即期汇票通知；杂项。第四章银行存款和收款，计 7 节，即一般规定和定义；托取款项；存款银行和代收银行；款项收款；付款银行；付款银行和客户间的关系；跟单汇票的托收。第五章信用证。第六章大宗转让。上述两章均不分节。第七章货栈收据、提单及其所有权凭证，计 6 节，即一般规定；货栈收据；特别规定；货栈收据和提单：一般义务；货栈收据和提单：流通和转让；货栈收据和提单：混合规定。第八章投资证券，计 4 节，即简略名称和一般义务；发行—发行人；购买；登记。第九章担保交易、账户和动产票据的出售，计 5 节，即简略标题，适用性和定义；担保协议的合法性和当事人的权利；第三人的权利，完成的与未完成的物权担保、优先权的规定；存档；违约。最后一章是生效日期和废除令。《统一商法典》生效后，原来颁行的《统一流通证券法》《统一货栈收据法》《统一买卖法》《统一提单法》《统一股票转让法》以及《统一信托收据法》即行废除。

《美国统一商法典》内容庞杂，既包括大陆法系民法中如买卖、合同、所有权、债权、担保等内容，也包括商法如票据、银行信贷、货栈以及提单、投资证券等内容。显然，它不是大陆法意义上的那种商法典，其并不包括公司法和保险法等。美国公司制度由判例法和各种成文法构成。前者由各级法院在司法实践中长期形成的各种有关公司的有效判例组成；后者即成文法，主要指各州议会依照本州宪法制定并在本州实施的各种公司立法（美国国会无权制定适用于全国的统一公司法）。1795 年，北卡罗来纳州首先制定了《公司法》。其后，各州相继制定其公司法。美国各州通常针对不同公司形式分别立法，主要包括普通市政法、非营利公司法、银行法和商事公司法。其中，普通市政法主要涉及具有行政职能的各种公营法人团体；非营利公司法涉及各种宗教和教育等法人团体；银行法主要针对各种金融机构；商事公司法是美国公司法的主要组成部分。在美国，商事公司除符合普通公司法的规定外，特殊类型的商事公司还应符合有关特殊立法，如交通法和银行法等。以营利为目的的教育团体通常也属于商事公司并受商事公司法的调整。美国公司法以契约自由和非禁止即合法为原则，在相当程度上采取"无契约情况下的替补法规"形式，即公司发起人或公司有权通过制订和修改章程来规定公司的组织结构和管辖形式。只有在章程未作规定时，才推定适用公司法中有关规定。同时，各州州务卿对申请注册的公司不作实质性审查，只要发起人提供的有关文件符合法定格式，即可批准设立公司。

美国的这种特殊法律制度使得其各州公司法不尽相同。为此，美国有关社会团体起草并推荐各州采用公司法样本，主要有1928年的《统一商事公司法》和1950年的《标准商事公司法》。它们仅作为立法样本向各州议会推荐，本身没有法律约束力。但是，《标准商事公司法》已被30多个州部分采用或修改后采用，它在各州公司法修订和司法实践中具有较大的影响。

美国保险制度历来是各州各行其是，没有全国统一的保险法。目前美国各州都制定了保险法。除加利福尼亚、北达科他、南达科他和蒙大拿四州的保险法以保险契约法为中心外，大多数州的保险立法都以对被保险人利益的保护和对保险业的监督管理为主要内容，在一定程度上均具有保险业法的性质。[1]美国保险立法内容最完备的是纽约州制定的《保险法》，该法计8章，631条，其内容几乎涉及保险业的各个方面，成为各州立法的典范。美国各州关于管理和监督保险人的法律，一般均有以下内容：①关于保险公司的设立，股份保险公司必须遵守州法律关于最低资本和盈利的规定。对相互保险公司只规定最低的盈余额。②对保险业的财务监督，规定了保险企业可列入资产负债表的内容，规定了计算准备金的方法、投资的方向和比例、对费用开支的限制以及公司分红方法。③为保护投保人的利益，对保险代理人和经纪人的代理资格及其职业道德等都作了明确的规定。

三、英国、美国商法之同与异

同一法系的英国、美国商法，其相同之处众多自不待言。最突出的是：①商事判例法是其最主要的法律渊源。在传统英美法中，商法的渊源包括商事判例法、商事习惯法、商事协约、商事制定法等，在这些法律渊源中，最重要的当推商事判例法。尽管英、美两国100多年来先后制定了大量的商事制定法，但是，其商法的第一渊源，亦即最主要的渊源，仍然是商事判例法，即所谓由法官所创制的法律。从整体上说，立法机关所创制的法律和条例，仅仅是对判例法的一种补充。②判例法在商法体系中居于至高无上的地位。虽然英国、美国的商事制定法扮演着不可忽视的角色，但其意义和法律效力都不可与

---

[1] 李玉泉：《保险法》，法律出版社1997年版，第40页。

大陆法系商事制定法相提并论。英国、美国商事制定法并没有系统地对商事法律领域中的各种问题作出广泛的规定，没有涉及编纂法典所应涉及的全部内容，而仅仅涉及其中的一部分，它的目的在于使法官执行判例法时更为简便，使法官从相互冲突的判例中更迅速地找到正确的法律原则。可以这样说，无论是英国还是美国，其商事制定法本身来自于判例法，又服务于判例法。因此，制定法仅仅可以以判例法为背景来理解。法官在办案时，在如何依法这个问题上，他首先要考虑的是判例法，而不是制定法。③英国、美国商事制定法对其法官来说并不具有绝对的权威性，因为法官对制定法享有较大的自主解释权。只有当制定法的条款十分明确，立法者又可以阻止法官对商事制定法作出任意解释的情形下，法官对制定法的自主解释权才受到限制，否则，法官可以凭以往的判例或原则来重新解释已制定的商事法规。当然，这种情况仅对于国内制定法而言；对于国际商事条约和国际商事惯例，英国、美国法官所享有的权限仅仅局限于文字解释。

正如大陆法系中不同国家的商法彼此之间存在着一定差异一样，英国和美国商法之间的差异亦较明显。例如，在商法的概念和范围问题上，英国和美国的看法和叙述并不一致；关于商人，英国和美国的观念亦不同，美国商法中有比较明确的商人概念，英国却没有。又如，在统一商法典的制定问题上，英国和美国的做法也不同。美国创制了《统一商法典》，尽管这部商法典并非国家立法机关制定，并且其意义和法律效力不可与大陆法系国家的商法典相提并论，但它毕竟被命名为美国《统一商法典》。事实上，这部法典在全美除个别州外，已先后被采用。而英国虽然制定了《公司法》《票据法》《破产法》《保险法》等商事制定法，却没有一部统一的商法典。再如，在法律的适用问题上，英国和美国的做法也不同。英国商法（尤其是制定法）在适用上实行的是高度统一原则，无论是公司法、票据法，还是保险法等其他法律，在全英生效适用的只能有一部，而不能有第二部；美国商法却与其相反，在商法的许多领域中，不同的州可以各行其是，因此，在美国，几乎州州有公司法、州州有保险法等。此外，商事判例法的地位在英国和美国亦有所不同。虽然判例法在英国和美国商法体系中都处于至高无上的地位，但其所受注重的程度还是有差异的。一般认为，英国商法更注重商事判例法的作用，而美国人在这方面的观念却相对淡薄一些。当然，英国和美国商法前述的这些差异，与其共性相比较，就显得微乎其微了。

第三节　我国的商事立法

一、旧中国的商事立法

在我国古代法乃至后来的封建法制中，均不存在独立而集中的商事法律制度。刑民不分、诸法合体的法制形态反映了我国封建社会长期处于商品经济极度落后的实际状况。即使是我国封建法制中某些散见于律令中的有关奴婢买卖、牲畜交易、钱庄银票的规定，实际上也带有浓厚的行政法和刑法色彩。

我国商事立法肇始于清朝末年。清末海禁大开，中外互市，商事交易增多，商业有了发展。1908 年，清政府颁布《大清商律》，有商人通例 9 条及公司律 131 条，规定殊为简略；在体例上仿日本商法，而在内容上则多采用德国商法。该商律为我国制定商事单行法之首例。宣统二年，农工商部又拟定《大清商律草案》，此案内容较为完备，然未及决议就因清政府覆灭而归于废弃。

民国政府成立后，因"凡清代法律不与国体抵触者仍为有效"的规定，原商律复资援用。1914 年，民国政府对清末未决议的商律草案进行修改后呈请大总统，决定以《中华民国商律》颁布施行。同年 1 月公布了《公司条例》，3 月公布了《商人通例》，均于 9 月 1 日施行。1917 年又采取民商合一制，将一般商法总则中的经理人、代办商和商事行为中的买卖、交互计算、行纪、仓库、运送、承揽运送等，编订于民法典债篇之中；商法中的其他部分，以单行法规颁行，如 1919 年颁布的《票据法》《海商法》《保险法》，1937 年的《商业登记法》等，由此形成了旧中国民商法典合一与单行商法补充的体例。

二、中华人民共和国的商事立法

中华人民共和国成立后，由于历史和经济体制的原因，我国始终未能制定统一的商事基本法，实质意义的商法之发展长期处于非系统化的状况。但是，如果从我国法律的具体内容来看，现行法中实际上存在着大量的旨在规制营利性主体从事营业活动的基本规则和制度：①我国目前数量众多的企业法规和工商登记法规实际上概括了大陆法系商法中关于商事主体、商业名称、商业登记制度的基本内容，如《全民所有制工业企业法》《中外合资经营企业法》《企业法人登记管理条例》《工商企业名称登记管理条例》《公司登记管理规定》等。②我国现行法中大量的经济法规和商业法规实际上概括了传统商法中关于商事行为的特别法规则，如《工业产品购销合同条例》《农副产品购销合同条·

例》《借款合同条例》《仓储保管合同实施细则》《加工承揽合同条例》《公路货物运输合同实施细则》《水路货物运输合同实施细则》《铁路货物运输合同实施细则》等。③我国大量的工商法规和行政法规实际上概括了传统商法中关于商业税收、商业账簿和商业结算的规则和制度，如《企业财务通则》《发票管理暂行办法》《会计法》等。

市场经济目标在我国确立后，我国商事立法得到了长足的发展。我国相继颁布了一批商事单行法：1992 年颁行《海商法》，1994 年颁行《公司法》，1995 年又相继颁布《票据法》与《保险法》，1997 年颁布《合伙企业法》，1998 年颁行《证券法》，1999 年颁行《合同法》，2006 年颁行《企业破产法》。可见，商法体系在我国正逐步形成。

三、我国商事立法模式的选择

（一）中国商事立法形式的选择

如前所述，商事立法的形式在不同法系和同一法系的国家间均存在差异。具体而言，英美法系国家主要以一般的商事习惯和判例等不成文形式来表现商事规范；大陆法系国家虽然均以成文法形式来表现商事规范，但因"民商分立"与"民商合一"的分流，对商法典是否独立存在持有截然相反的态度。在我国，从立法上看已经颁布《民法通则》《民法总则》《企业破产法》《公司法》《海商法》《票据法》《保险法》等，虽然有学者认为这属于民商合一，但民法典正在制定过程中，民商合一亦不能认为已成定论。我们认为，从总体上看，坚持和选择民商合一较为妥当，建立社会主义市场经济体制的目标也要求民商合一。因为社会主义市场经济体制的一个重要特征就在于强调市场主体的平等性，否定其身份上的差别，因此，人为地把商人作为一类特殊主体对其行为进行规范，以至于制定一部与民法典相并行的商法典，是不切合实际的。综观我国近年来的立法实践，很明显是朝着民商合一的立法方向发展的，一些商事法通过立法者的行为已经或者正在完成它的民法化。前者如担保交易法，后者如在合同法领域，随着统一合同法的颁布，"商事合同"与"民事合同"融为一体，同属民法调整。然而，从实质意义来看，除少数涉及个人消费和赠与等单纯民事行为外，绝大多数合同行为均具有"商事"的性质，因此，一部排除了合同法在外的商法典是没有多大实际价值的。

民商合一的具体立法形式又有两种模式：①民法典中包括商事法规，属传统模式；②在民法典外另行制定商事单行法作为民法的特别法，属现代模式。两种模式的共同点是坚决维护民法与商法在私法本质上的统一，反对以两法分立为特征的民商分立。但是，前者偏执地要求将商法内容全部纳入民法典，既固守实质合一，又坚持形式合一，造成理论的僵化和封闭，成为民商分立论者口诛笔伐的理由。而后者，将民法典与作为民事特别法的商事单行法有机结合，既坚持民商法的实质合一，又能适应商法变动性要求，具有开放性。民法典反映社会经济生活的基本方向，因而具有稳定性；商事单行法反映经济生活波动、变化大的方面，因而具有灵活性，能够频繁修改。例如，在我国台湾地区，其"公司法"在60年间修订了8次，"票据法"修订了7次，"保险法"修订了5次，而"民法典"未有大修，即为明证。可见，这一模式有利于在保持"民法典"稳定性的同时，适时修订商事单行法。

因此，坚持民商合一的精神实质，以民法典为基本法，以一系列单行法为特别法，是我国商事立法形式的理性选择。

（二）中国商事立法体系的选择

大陆法系国家存在着两种商事立法哲学，一曰商人主义，二曰商事行为主义。以商人为核心来构筑商法体系已经过时。商人作为特殊的社会阶层，固然有其自身的利益，但现代法律又不能使其成为特殊主体。反对商人阶层特殊化是现代民法基于主体平等原则对传统商法提出的有力挑战。所以，现代商法不能以商人为核心构筑其体系。随着商品经济的发展，商事行为的范围日益扩大，已达到无业不为商的状态，商人的界限已被打破，而以商人主义为核心构筑商法体系显然已不适宜。商事行为主义则与之相反，由于它适应经济发展的需要，而且符合现代经济民主的观念和潮流，所以，我国商法应以商事行为为核心构筑体系。

在以商事行为为核心的前提下，商法体系应以总体商事行为和具体商事行为相结合为原则来构成和展开。商法主要规定商事行为，商事主体所从事的商事行为都具有共性，把它们抽象出来并加以归纳总结，就形成了一般商事行为即总体商事行为，这是商法应准确加以表述和规范的。但与此同时，也不应该忽略另一种商事行为，即分散在公司、票据、海商、保险等项活动中的商事行为，它们形成了分门别类的具体商事行为，商法也应具体规范。因此，商法体系应使总体商事行为与具体商事行为相互结合，互为补充。

（三）中国商事法内容的基本构成

我国商法在内容上一方面要继承国外商法中有价值的内容和通行的做法，另一方面要剔除其不合理的或不符合我国国情的因素。例如，我国商法中关于商事仲裁的内容明显不属于商事行为，应服从我国商事仲裁法之规定，不应列于商法。我国商法在内容上的构成，应按前述总体商事行为与具体商事行为相互结合的原则，分为两大部分：一为总则；二为分则。总则应由商事主体、商事行为、商事登记、商业账簿等内容构成，分则应包括商事交易法、公司法、票据法、海商法、保险法、破产法等内容。

■思考题

1. 简述中世纪商人法的形成及其特点。
2. 试述大陆法系近代商法法典化的背景、演进过程及其影响。
3. 试述中国商法百年的历史发展及未来趋势。

第三章　商法与相关法律的关系

■学习目的和要求

　　本章主要从商法与相关部门法相比较的角度，阐述商法在我国法律体系中的地位。应重点把握商法与民法、商法与经济法、商法与行政法等之间的关系。

第一节　商法与民法

一、商法与民法关系概说

商法和民法是私法中的两大法域，两者有着十分密切的关系。而如何认识和处理商法与民法的关系，又取决于国家所采取的私法立法体制。在现代市场经济国家中，有采取民商分立体制的国家，也有采取民商合一体制的国家。在民商分立体制中，商法是私法领域中独立于民法的一个部门法；在民商合一体制中，商法为民法所包含，不是一个独立的部门法。我国市场经济的发展，在要求民法得到完善和发展的同时，亦要为商事法的立法提供客观依据。因此，如何处理商法和民法的关系，是采用民商合一还是采用民商分立，现在正面临着选择的关头。

二、民商分立制及其成因

所谓民商分立，是指在立法形式上，于民法典之外另外制定商法典以规范商事组织和调整商事关系。在法典化国家中，采用民商分立体制的国家有法国、德国、日本、比利时、西班牙、葡萄牙等。此外，意大利最初采用民商分立体制，后来采用民商合一体制。

在民商分立体制下，商事主体被看做不同于一般民事主体的法律主体，商事行为被看做不同于一般民事行为的法律行为，商法是独立于民法的一个部门法。在民商分立体制下，商法与民法的区别主要表现在：①商法与民法虽然都调整商品经济，但各有其侧重。民法不分商人与非商人，通过对自然人、法人的一般规定和对物权、债权的法律规定，为市场经济的发展提供一般法律并对商品经济进行一般的法律调整。商法则从商个人和商法人出发，通过对商个人、商法人及其营利性营业活动的规范，从商人的营业角度对市场经济关系进行法律调整。②商法由其商人法的历史沿革所决定，只调整商品经济关系，不调整其他民事关系；而民法由其市民法的历史沿革所决定，除调整商品经济关系外，还调整其他一些民事关系。

究其原因，西方国家商法在封建时期的民法之外而独立存在，正是后来欧陆国家民商法分别法典化从而导致民商分立的历史缘由。试以法国为例，早在1563 年法国政府已设置商事法院，并任命商人为法官处理商事案件，此为以前商人习惯法的沿用。之后，为了使各地的法律统一，国家开始通过政府干预的手段促使"商法国民化"，并于 1673 年路易十四统治时期颁布《陆上商事条例》，即第一个商事法；于 1681 年又颁布《海事条例》，类似于海商法。至法国大革命后，拿破仑主持制定民法典时，正是考虑到法国已有商事单行法100 多年这一因素，故既不将其废除，也不并入民法内，而是将其合并成商法典。正如德国学者托伦所指出的："民法和商法的划分与其说是一种科学的划分，还不如说是一种历史的沿革。传统因素对民商分立的形式具有压倒一切的影响。"[1] 民商分立体制从产生至今已有 200 多年的历史。随着经济条件的变化，虽然已有少数法典化国家改为采用民商合一体制，但大多数国家仍坚持民商分立体制。

由此可见，西方传统民商分立体制的形成，并非出于理性的认识与选择，而是由于历史传统的既成事实所致，即欧洲大陆各国在资本主义早期发展中所形成的商人特殊阶层及其特殊利益，以及商人阶层自身创造的商事习惯法和商事法庭。诸如此类的原因，造就了商法独立于民法之外的民商分立传统体制。因此，有学者指出："民商分立并不是科学的构思而只是历史的产物。"[2] 这就必然带来了商事立法技术上的难题和民商二法内容上的重叠，从而为民商合一留下了种种借口。

三、民商合一制及其缘由

所谓民商合一，是指由民法统率商法，在民法典中吸收基本商事规范，于民法典外不制定商法典，只根据需要制定单行商事法规的立法体制。在法典化

---

〔1〕《国际比较法百科全书·民法与商法》，中山大学出版社 1992 年版，第 7 页。
〔2〕梁慧星等：《经济法的理论问题》，中国政法大学出版社 1986 年版，第 121 页。

国家中，采用民商合一体制的国家有瑞士、意大利、苏联等。

在民商合一体制下，商法被认为是从属于民法的法律，商人被看做民事主体的组成部分，商事行为被看做民事行为的组成部分。民法和商法之间是普通法与特别法、基本法与补充基本法的单行法规之间的关系，具体表现在：①民法的所有权制度是对从事商事活动的正常条件的一般规定。凡是商品货币以及它们的转化形式都不过是所有权的取得与让渡。公司的财产权的确认行使，股票的发行，对股票的权利，对作为商品所有权凭证的票据的保护，对财产的投保与保险金的支付，破产后财产的清算等，都要适用民法关于财产所有权的一般规定。②民法的主体制度是对商事活动的主体资格的一般规定。公司只不过是民法中典型的法人形式，对公司法律地位的确认、公司的权利能力和行为能力、公司的财产责任等，都不过是法人制度的具体化；票据法中关于票据行为的能力、票据权利的取得和行使、票据行为的代理等，都要适用民法关于主体制度的规定。③民法的债权制度是关于商事交易活动的一般规定。票据制度不过是债权制度的特殊表现形式，票据权利的设定、转移、担保证明以及付款和承兑等，都是债权制度的具体化；保险制度也是债权制度的发展，保险合同是民法中的典型合同，适用民法关于合同的一般规定。此外，票据法、保险法、海商法中短期诉讼时效的规定，是对民法诉讼时效的补充；公司活动的代理、票据和保险行为的代理，亦是对民法代理制度的补充。

民商合一立法体制的形成缘由，根植于社会经济条件变化的需要。市场经济极大发展的结果是人的普遍商化，生产者直接成为商人，商人直接成为工业生产者，商业职能与生产职能融合为一，并进一步导致商人特殊阶层及其特殊利益消失。从前经营是商人的特权，现今已成人人得之。概言之，市场经济的发展与社会进步，导致了商法独立存在的经济与社会根基逐步丧失。所以，自1847年摩坦尼利提出"民商二法统一论"，该理论便得到各国学者响应，并相继采用民商合一立法主义。具体而言：

1. 人的商化和商化的人。在中世纪，商人阶层不过是行会手工业者或农民所生产的商品的"包买商"。但工业革命的兴起及市场经济的发展，使人——自然人和法人普遍商化。这种"商化"可以概括为三重过渡：①商人直接成为工业家，商人企业化而进入生产领域。②商人直接或通过中间人向独立生产者购买。③生产者成为商人，并直接为商业进行大规模的生产。由此，人的普遍商化，使传统商法上的商人及其所在阶层已很难与民法上法人及自然人相区别，作为自然人的商人和作为法人的商人也难与其他人相区别。一言以蔽之，人的商化促成了民事主体与商事主体的相互融合，中世纪商人阶层的独立地位失去了合理存在的社会经济基础。

2. 商业职能与生产职能的融合。随着经济社会化与专业化的发展，商业职能已从交换过程向生产领域深入，商业职能不再仅仅专司买卖，而且具有代理、采购、仓储、运输、搬运、居间、零售等职能，也就是说，商人已经独立组织生产经营活动。所以，有人形象地比喻，商人已成为大工业生产的"奴仆"。商业职能与生产职能的融合趋势，导致了立法上民事法律行为与商事行为难以区分，民法关于商品经营的一般准则完全可以适用于商事行为。

3. 从身份到契约的法律进步趋势的影响。中世纪的商法是以人的"身份"为标准来区分商人与非商人，从而形成以商人为对象以保护商人特殊利益为重点的商法。然而，如前所述，随着商人阶层独立性之根基的丧失，以及人的商化不再使商人成为独立的阶层，如果仍然以人的职业不同而保留传统商法的"身份"色彩，则有悖于"从身份到契约"的立法趋势，与法律面前人人平等的原则相违背。

以上表明，商法与民法分立的界限，随着经济发展与社会进步，变得越来越模糊。因此，早在19世纪初，原来坚持民商分立的国家，敏锐地注意到了"民法的商法化"现象，提出了"私法统一化"的口号，掀起了民商合一的浪潮。较为典型者有：1881年瑞士制定了一部《债法典》，法典中既有民法的规范又有商法的规范；荷兰从1934年起实现了民商的实质合一，规定《商法典》的条款适用于所有的人与一切行为。由此可见，民商合一已成为当代私法发展的趋势。

四、我国民法与商法的关系

我国立法采用民商合一主义。旧中国在编纂民法典时，曾在民商合一与民商分立的问题上发生过争论，后法典起草者提出民商合一的提案，并论证了民商合一立法的理由。其理由主要是：因我国历史关系，商人本非特殊阶层；因社会发展进步，民商合一有相当理由；民商合一为世界立法之最新发展趋势；人民在法律面前应一律平等，不宜因职业而分别立法；什么是商事行为，难以区分；分别立法重复之处甚多，如一方为商人，一方非商人，发生适用困难。[1] 以上提案和理由经采纳后形成了一部民商合一的民法典。我国1949年后继受苏联立法和理论，而苏联亦采用民商合一主义，因此，民商合一迄今未改变，新颁行的《民法总则》为民商合一之立法；《合同法》虽然有商事合同性质，但仍属《民法总则》之特别法；《海商法》《公司法》《保险法》《票据

---

[1]　胡长清：《中国民法总论》，中国政法大学出版社1997年版，第25～28页。

法》等均属民事单行法。可见民商合一主义的合理性在我国未有任何动摇。因此，坚持民商合一原则，是认识和处理我国民法和商法关系的基础和前提。

民商合一，并不是说要由民法典包揽一切，将纷繁复杂的民商法包容在一部民法典中，而只是强调民法对商事法规的指导和统率作用。因此，在民商立法上和法律适用时仍需要处理好以下几个关系：

1. 在立法文件的制定上，应选择在民法典之外另行订立商事单行法规的体例。从国外经验来看，民商合一有两种立法形式：①在民法典中包括商事法规、商号、合伙、票据、商业登记、商业账簿等项。②在民法典外另行订立商事法规，例如，苏联 1964 年《民法典》就改变了 1922 年《民法典》包括商事法规的格局，将公司、保险等规定从民法典中分离，另行订立商事单行法规。从我国实际情况看，制定一部包括商事法规的民法典，不仅大大加重了正在制定过程中的民法典的任务，而且会使民法典内容庞杂、体例上也很紊乱；特别是由于商事法规技术性规范比较多，实践性强，而且变化比较快，如果把它们纳入民法典，则不利于民法典的相对稳定性。因此，只有选择在民法典之外另行订立商事法规，才能既保证民法典的相对稳定性和原则性，又能保证商事法规的相对灵活性和具体性，使民商立法体系达到稳定与灵活、原则与具体的和谐统一。

2. 在法律的适用上，应遵守以下原则：①民法的一般适用和补充适用。在商事关系的调整中，民法的一般适用是一个重要原则。诸如权利能力、行为能力、诚信原则和契约自由等，都应无例外地适用于商事事项。同时凡商事法规对某些商事事项未设特别规定者，民法的规定均可以补充适用。②商事法的适用先于民法。如前所述，商事法为民法特别法，依照一般法与特别法的关系，特别法的适用应先于一般法，故凡有关商事的事项，应首先适用商事法。如果商事法未予以规定，则依照民法补充适用原则，适用民法的有关规定。③商事法的效力优于民法。商事法和民法虽然都属于私法，但商事法规定的事项并不仅限于私法的范围，例如，《公司法》中关于公司设立之程序的规定，《企业破产法》中关于清偿债务程序的规定等，其效力无疑优于民法。

第二节　商法与经济法

一、商法与经济法关系诸说介评

19 世纪末 20 世纪初，西方资本主义经济进入垄断阶段。特别是第一次世界大战以后，由于经济危机席卷了整个资本主义世界，各种矛盾更趋尖锐，垄断严重破坏了自由竞争，从而使整个社会经济秩序面临新的考验。为了缓和各种矛盾，稳定社会经济秩序，西方各国从过去的"自由放任"转为实行"国家干预"的政策，于是出现了一系列新的适应国家干预经济的法律、法规，包括解决经济危机的法律措施、反对垄断和保护弱者的法律措施。对此，德国学者率先将其称为"经济法"。

经济法出现后，国内外理论界对经济法的概念、调整对象和范围至今仍是众说纷纭，莫衷一是，但基本的共识或通说为：从法自身的发展看，"经济法是政治法和市民法的补充和必然产物"[1]；从经济法本质来看，"经济法为国家对经济干预之法"[2]。从经济法的社会哲学基础来看，经济法的基本哲理为规制经济论（dirigrism），即"国家为了公共利益而限制当事人的意思自治"[3]；从经济法与商法及行政法等部门法的关系来看，"经济法应位于商法与行政法之间，它与商法分享对经济事务的调整，与行政法分享政府管理经济的职能"[4]；从经济法的体系构成来看，"经济法为市场规制法与宏观调控法的有机统一"[5]。

经济法出现后，如何认识和处理商事法和经济法的关系便成为学术界研究的课题。诸说纷呈，莫衷一是。具有代表性的学说有：

1. "分离说"。该说认为商事法和经济法的理念、机能是不同的。前者以个别经济主体的利益为基础，调整其间的利益关系；后者以国家经济利益为基础，着眼于整体经济利益的协调和保护，即着重于同个别商事主体利益的全局性调整。因而，商事法和经济法应作为两个不同的法域，商事法应独立于经济法而存在。[6]

2. "合一说"。该说认为商事法和经济法都是以企业为对象的，对两者应合一或总和地把握。不过，"合一说"又分为两派观点：①经济法学界倡导商法应发展并融会于经济法中，即以"经济法包容并取代商法，以捍卫经济法的独立地位及势力范围"。②民法学界主张扩充商法概念为企业法，并将经济法的领域包括在商法之内，即以"商法包容并取代经济法"，从而否定经济法

---

〔1〕　[法] 蒲鲁东：《工人阶级的政治能力》，转引自李昌麒主编：《经济法学》，中国政法大学出版社1994年版，第4页。

〔2〕　[日] 金泽良雄：《经济法概论》，满达人译，甘肃人民出版社1985年版，第24页。

〔3〕　[英] 施米托夫：《国际贸易法文选》，赵秀文译，中国大百科全书出版社1993年版，第31～32页。

〔4〕　王继军等："经济法是市场中规制法与宏观调控法的有机结合"，载《法律科学》1999年第1期。

〔5〕　[日] 户田修三、中村真澄编：《商法总则·商事行为法》，青林书院1984年版，第23页。

〔6〕　[日] 户田修三、中村真澄编：《商法总则·商事行为法》，青林书院1984年版，第23页。

的独立性及其存立的必要性。

我们认为，上述二说各有其理，难于笼统地肯定或否定。就"合一说"而言，其合理性在于强调两者的共同性：商法是关于企业的法；经济法是对经济生活适度干预的法，归根到底也是对企业经济活动的外部干预。所以，经济法和商法都是关于企业经济活动的法域。同时，经济法调整社会经济活动必须借助公权力，因此经济法基本上是公法，或者说以公法性质为主；商法虽然在总体上属于私法的性质，但它一方面保护其企业的权利，另一方面又要运用国家公权力对企业进行监督，因而商法之私法公法化使商法又带有某种公法性质。但是，我们也应该看到，"商经合一"的主张试图将分别属于公法和私法两个不同法域的法律合而为一，这是不足取的。尽管现代商法逐渐在传统商法中掺入了公法成分，但并不能从根本上动摇商法的私法性，而公法和私法在调整范围、调整机制和维护利益上的本质差别，均决定着两者不能合一。相反，"商经分离"说，则是较为合理地强调两法的区别，这是可取的，但该说又模糊了两者之间的共同性，失之偏颇。

3. "等同说"。该说为南斯拉夫学者所首倡。南斯拉夫在"社会所有制"基础上实行地道的市场经济，"国家"意志在经济关系中不复存在，社会政治共同体不直接干预任何经济关系[1] 因此，当时该国学者就把经济法学等同于民商分立国家之商法，认为它是与民法、行政法等并列的一个法律部门。

该说为该国特殊的社会经济体制所使然。换言之，前南斯拉夫使用了经济法之名，但与本来意义上调整直接体现国家意志之经济关系的经济法并无共同之处。[2] 社会主义计划经济消灭了商法及其概念，又以社会主义的名义实行自由市场经济，于是，经济法的名义不复归传统商法，这就是前南斯拉夫经济法及其概念之合乎逻辑的结果，也是前南斯拉夫在认识商法与经济法关系时所持有的必然态度。

二、商事法与经济法之法理上的互异

诚如我国台湾地区学者张国键先生所指出："自经济法的出现，商事法与经济法之立法体制，便成为各国学者研讨之新课题。有以经济法为规范各种职业阶层之经济生活特别关系的总称，其中包括商事法；有以经济法为促进民商合一而代替商法的总名称；有以经济法之勃兴，是公法的商法化之结果，商事

---

〔1〕 ［南］左·安多列耶维奇："经济法"，载《法学译丛》1980 年第 2 期。
〔2〕 史际春等：《经济法总论》，法律出版社 1998 年版，第 119 页。

法仍应存在，各说纷纭，迄今尚无定论。"〔1〕对此问题的研究，我国学者目前的一般看法是，商法和经济法为两个法域，商法和经济法各有其存在的理由。归纳起来看：

1. 从两者历史发展阶段的原因来看：民法、商法、经济法相继出现。对此现象可以认为，商法的产生是对民法一般性调整不能适应具有风险性的商事活动简捷、高效、安全、营利要求的扬弃和发展；而经济法的形成，则是对商法强调商人营利和商事行为自由、安全、简捷的个体倾向难以避免走向垄断、妨碍竞争、滥用权利，造成整体不平衡的纠正。也有学者认为，民商关系的法律保护成本增加产生了对经济法的生成渴求。总之，对经济活动的法律调整，是由于经济活动从个体性到社会化、从私益性到公序化、从局部活跃到整体平衡的发展过程，而使法律调整呈现多元和完整。所以商法是经济活动中的基础性、前置性法律，经济法是经济活动中的平衡性、后续性法律。

2. 从两者的基点和作用过程来看：商法的基点是确认和保护商人（经营者）地位和利益，由此出发，作用于商人（经营者）利益与社会利益的平衡过程；经济法的基点是确保社会化、多元化的经济结构和资源的理性分配，因而要反对垄断，限制不正当竞争，由此作用于社会利益与商人利益的平衡过程。商法的作用过程是立足个别，兼顾一般；经济法的作用过程是立足一般，兼顾个别。两者在结构上正好是互补关系。

3. 从两者的性质和理念来看：商法属于具有公法因素的私法，其中自由、平等、公平、效益、安全等法律理念被侧重于从私法方面来理解和阐释，即强调个体的自由、个体之间的平等、个体相互关系的公平以及个体行为的效益和安全。经济法是具有私法因素的公法，自由、平等、公平、效益、安全、秩序等法律应当具备的基本理念则被侧重于从公法的角度去阐释，强调社会整体效益和交易安全而反对个体暴利和私权绝对。商法和经济法在性质和理念方面的差异只是相对的，说明两者之间既有所交叉，又有所相异。

4. 从两者的内容和制度来看：商法主要规定了商人、经营者的地位、组织形式、商事交易行为规则和行为后果、商事行为的技术性规定和营利性规范，这些内容形成了公司法、破产法、票据法、保险法、海商法等法律制度；经济法主要规定了商事活动（经营性活动）中竞争行为的规范，商事组织对市场的占有关系以及政府如何调整此种关系，商事行为涉及社会公众利益时两者如何平衡，政府如何保障合理配置资源、促进经济振兴和发展等，这些内容

---

〔1〕　张国键：《商事法论》，台湾三民书局1980年版，第30页。

形成了反垄断法、反不正当竞争法、消费者权益保护法、资源保护法、投资法、生产振兴法等。

总之，商法与经济法是相辅相成、具有交叉性区别的两种法律现象。尽管这两种法律在我国尚未法典化，但有关单行法律和法规已经制定颁行。商法和经济法分别存在的基本理由是两者的侧重点不同和现实对这些侧重点的需要。

三、商法与经济法之立法上的互融

在当今社会结构和社会因素越来越综合化的时代，法律之间的交叉性正好满足了综合化要求。各法律部门之间部分兼容发展，是法律体系完善的表现。如果法律之间留有空白，就会产生法律漏洞；如果法律之间正好衔接，这只是一种理想状态。商法和经济法在某些规范上交叉兼容，是立法技术和法律适用之必要，这正是私法公法化在商法上的表现和结果。以下以我国当前相关立法作粗略的实证分析。

（一）商法中的经济法规范

我国《公司法》的立法宗旨非常典型地体现了商法目的与经济法目的的结合。该法第 1 条规定："为了规范公司的组织和行为，保护公司、股东和债权人的合法权益，维护社会经济秩序，促进社会主义市场经济的发展，制定本法。"对公司的规范和对公司、股东、债权人的保护，体现了商法的个体性特征；而维护社会经济秩序、促进社会主义市场经济的发展，则反映了经济法的社会公共精神。类似的立法宗旨还体现在《合伙企业法》《票据法》《保险法》当中。这些立法宗旨的特点是，先将对个体行为的规范和利益保护放在首位，继而才是社会经济秩序和利益的实现，体现了由个体到社会的商法作用过程。在具体规范方面，《公司法》有关公司转资的限制（第 15 条）、股份转让的限制（第 138 条、第 139 条）、对公司财务会计制度的强行性规定（第 163 条、第 164 条、第 165 条等），《合伙企业法》关于合伙企业的设立、入伙、退伙的登记规定（第 15 条、第 16 条、第 56 条等），《票据法》关于票据管理办法的规定（第 109 条），《保险法》关于限定投保、公平竞争以及对保险业监督管理的规定（第 7 条、第 115 条、第 116 条，第六章）等，已经超越了纯粹商法以"自由、便捷、个体安全"为特征的范围，而自然进入到"社会秩序、社会安全"的经济法领域。但是，在这些法律当中，对社会经济秩序和安全的保障首先要建立在个别经营者地位确定和行为规范的基础之上。

（二）经济法中的商法内容

作为经济法主要法律的《反不正当竞争法》的立法宗旨是："为了促进社会主义市场经济健康发展，鼓励和保护公平竞争，制止不正当竞争行为，保护经营者和消费者的合法权益"。该立法宗旨的特点是先考虑社会经济秩序和公平竞争，再考虑对经营者和消费者权益的保护，体现了由社会到个体的经济法作用过程。类似的立法宗旨还表现在《产品质量法》《税收征收管理法》《城市房地产管理法》等法律当中。经济法强调社会性和整体性，以建立整体秩序为目的，在此过程中，对特定主体违规行为的制裁，是对不特定主体利益的保护，也是对社会利益的保护。但是，保护对象也并非都是不特定的。对特定对象及其行为的规范和保护，则体现了商法内容。在具体规范方面，比如，《反不正当竞争法》关于损害赔偿的规定（第 17 条）、《产品质量法》关于损害赔偿的规定（第四章）、《税收征收管理法》关于向纳税人退税的规定（第51 条）、《城市房地产管理法》关于房地产交易的规定（第四章）等，是在保障政府管理、秩序建立、社会利益平衡的基础上考虑对个体利益的保护的规则，而这些规则已经涉及商事法的内容。

当然，上述两种现象也不是绝对的，也有较为纯粹的分属商法和经济法的制定法，而并不过多地涉及对方的内容。比如，《海商法》就属于较为纯粹的商事法，而《人民银行法》则属于比较纯粹的经济法。此外，有的法律在立法时就已经设计为结构性倾斜，以矫正现实当中的不平衡，从而具有了经济法特征，比如《消费者权益保护法》。

四、市场经济条件下商法与经济法的制度安排

综上所述，商法和经济法都是市场经济条件下的重要法律。商法通过对经营者（商个人、商法人）、经营行为（商事行为）的规范和保护，丰富并活跃了市场投资、市场交易活动。而体现国家意志对经济活动介入的经济法，可以防范市场缺陷和商法不足，随时纠正自由过度的垄断和限制竞争行为以及资源的非理性耗用。市场经济因商法而活跃，因经济法而完善。因此，商法和经济法二者是互补的，商法不能替代经济法，经济法也不能完全涵盖商法，更不能相互否定。

我国是在商法不发达的情况下发展经济法的，因而经济法被赋予了过多的功能。在经济法学初创时期，虽然经济体制改革已经开始，实行有计划的商品经济体制，但计划经济体制的许多制度仍在发生作用，因企业活动产生的有关经济关系交错在一起，因而当时不区分调整商事关系的商法和调整社会公共管理关系的经济法，而是将商法视为经济法的一部分。结合当时的背景，这种对经济法与商法之关系的认识是可以理解的。[1] 但是，我国在实行社会主义市

---

[1]　王保树主编：《经济法原理》，社会科学文献出版社 1999 年版，第 90 页。

场经济体制之后，企业的经营活动和政府以社会公共经济管理者的名义进行的管理活动已经分离。相应地，商事关系和社会公共管理关系亦容易被人们区分。因此，要发展市场经济，必须要发展商法。商法的发展，必然使经济法的功能集中，相对净化，亦会更有利于经济法的发展。由此说明，应将商法与经济法作为两个地位上相互独立而功能上彼此互补的法律部门。

第三节　商事法与其他部门法的关系

一、商事法与行政法的关系

行政法的调整对象是行政关系，其间表现为隶属层次；行政法调整该种社会关系所采用的是行政调节机制，所要保护的第一利益是国家利益。而商事法则不同，它调整的对象是商事关系，其间表现为主体平等；商事法调整该种社会关系所采用的是营利性调节机制，所要保护的第一利益是商事主体的合法利益。因此，商事法与行政法两者之间的界限是清晰的。

但是，商事法与行政法两者亦有联系。尤其是在现代市场经济条件下，为了平衡社会经济运作中各方的利益和协调性地维护各方权利，保障社会经济的正常秩序，促进商事交易的发展，国家对社会经济的干预渐强。国家不仅从行政的角度对商事交易实施行政管理，而且从宏观调控的角度介入商事自治领域进行行政干预。由此出现了商事法的公法化趋势，甚至形成大量的商事法规定被纳入对商事进行管理的行政法之中的局面，例如，商业设立之核准、商业登记、公司的登记和外国公司的认许、船舶的登记、商业广告的管理、商品的检验、商业税赋、商事交易的管理、商事主体对行政处罚不服的行政诉讼法适用等。

虽然商法与行政法的关系日益密切，乃至行政法条款大量注入商法，辅助商法对商事关系及其相关事宜进行调整，但它与商法规范分属不同的法律部门，两者在法律归属上是不得混淆的；行政法的命令与服从的调整方法亦不得与商法的调整方法相混淆或互相代替。

二、商事法与企业法的关系

如前所述，商主体或商人一般包括商自然人和商法人，其中企业多属于商法人的范畴。自1807年《法国商法典》第632条使用"企业"概念以来，商人、商主体、商事组织、企业等概念交叉使用，商法学界一直努力界定商法和企业法的关系。

"企业"作为商法长期沿用的一个术语，如上所述，开其先河者为1807

年《法国商法典》。该法典第 632 条有关商业交易条款列举了生产、供应等一系列"企业"，将"涉及企业的商业交易"与"个人之间的商业交易"并立，并指出，只有当"涉及企业的商业交易"在企业业务范围内，且作为其组成部分时才具有商事性。[1]

在西方国家，关于商法和企业法的关系问题，一直存在很大争论，并形成了诸多学说，其代表性的学说主要有：①"转化"说。该学说主张用企业法代替商法，商法应转化为企业法。它认为，企业概念的提出，意味着用"企业"概念来代替陈旧过时的"商人"概念，用"经济惯例"取代"商事交易"。该学说实质上采用了现代企业制度中的主体标准来确立现代商法理论，并以此为基础来扩大自己的领域。该学说主要流行于日本。②"等同"说。该学说认为商法即企业法，它认为商法的调整对象是企业。所以有了商法就无须另立企业法。该学说主要流行于德国。③"分离"说。该学说认为商法与企业法调整的对象和宗旨均不相同。尤其是公司法与商法不属同一范围，更不能融为一体。因此，商法中不应包括公司法。这一理论以美国为代表，《美国统一商法典》未将公司法包容其中。

在立法体例上，由于现代企业的组织形态主要是公司，所以，大陆法系实行民商分立的国家都在商法典中包括了公司法。《法国商法典》第三编专门对公司进行了规定。《德国商法典》第二编中专门规定了"商事公司及隐名合伙"。不过德国后来对商法中的公司法作了重要调整，于 1937 年将股份公司从商法中分离出来；现今法国不同的公司适用不同的法律，但商法典的规定适用于各类公司的经营活动。《日本商法典》第二编亦对公司作了规定。从以上情况看，总的趋势是企业法融合在商法之中。尽管在《美国统一商法典》中不包括公司法，而是另外订立了《美国规范公司法》，但公司的经营活动仍受商法典制约。

在我国，有关商法和企业法关系问题的争论尚未见端倪，我国不仅制定了各种单行的企业法律、法规，而且颁行了《公司法》。目前我国虽然尚无商事基本法，但随着商法的发展，我们认为，中国的商法应以维护商事规则体系和商法自身规则逻辑结构的统一性为原则，使商法与企业法趋于同一。

三、商法与消费者保护法

现代消费者保护立法是在市场经济条件下，基于对消费者弱者地位的充分认识，为了给予消费者特殊保护而进行的立法。消费者保护立法的发展，对现

---

[1]　中国人民大学法律系编：《外国民商法论文选》，中国人民大学出版社 1986 年版，第 51 页。

代商法产生了重要影响，要求现代商法对消费者权益给予特殊保护。这种特殊保护，本质上是对单方商事行为的某种特殊控制。

按照传统民商法学者的认识，单方商事行为作为商人与非商人的交易行为，其本身即具有营利性行为与非营利性行为的双重属性，因此，它或者适用商事特别法，或者适用民事普通法，但根本上均应以私法自治为皈依。然而，随着世界范围内消费者权益保护问题渐趋普遍，以及近几十年来各国商法实践的发展，越来越多的学者开始认识到：此种有消费者参与的单方商事行为，既不能仅靠民法来控制，亦不能仅靠商事普通法来控制。因为在现实生活中，经济上极端弱小的消费者与作为交易对方的商人事实上处于极端不平等的地位，那种完全以私法上意思自治为基础的法律调控对于消费者而言，非但不能做到公平不倚，反而会放任对消费者利益的侵害。在单方商事行为中，消费者与商人之间地位的不平等性主要表现为：①消费者的经济力量微弱，不可能与作为交易对方的大企业平等协商交易，而只能接受对方的交易条件。②消费者不可能具有交易对方所具备的专业商品知识，因而在交易中始终受到交易对方商业宣传的摆布。③消费者不具有团体性，常处于单个个人无力与对方有组织的企业抗衡的境地。面对这一事实，传统商法允许单方商事行为中的当事人"自愿确定交易条件"的原则，不可避免地加剧了不公平交易的后果。正是基于这一认识，近几十年来许多国家相继制定了旨在保护消费者基本权益的商事特别法，大幅度地修正了商法原则，以公法规则对单方商事行为加以直接控制，其核心在于使单方商事行为中的商人负有特别法的义务，以实现对消费者权益的特殊保护。

■ **思考题**

1. 阐述商法与民法的关系，并评析"民商合一"与"民商分立"的立法模式。
2. 谈谈你对市场经济条件下商法与经济法制度安排的见解。
3. 简析"商法即企业法"说。
4. 试析消费者权益保护运动对现代商法的影响。

第二编　公司法

第四章　公司法总论

■学习目的和要求

公司极具生命力的组织形式使公司法律制度成为民法中一项极为重要的法律制度。掌握公司的概念、分类，公司设立与撤销、分立与合并的条件，公司财务会计及公司能力制度，是深入了解公司法律制度的前提，也是本章的重点所在。

第一节　公司法概述

一、公司的概念与特征

公司是指由两个以上的股东依照公司法的有关规定组建的，以营利为目的的企业法人组织。与其他企业形式相比，公司企业具有以下几个法律特征：

（一）公司必须是以营利为目的的企业法人组织

法人组织按其设立目的不同可分为营利性组织和非营利性组织两种。其中公司就是较为典型的营利性法人组织。从完整意义上说，以营利为目的表现在两个方面：①公司直接从事商品生产经营活动，独立核算，自负盈亏，以自己的收入抵补其支出，并对其经营行为负责。②其出资经营某项事业所获得的利益以分配给其社员为最终目的。从这个意义上说，不以营利为目的的组织固然不是营利法人，虽以营利为手段，但其所得利益并非用于其社员而是用于公益的，也不得视为营利法人，如基金会开办之事业。公司的营利性使其与不以营利为目的的公益事业和以国家管理和行业管理为目的的行政性公司区别开来。

（二）公司是由两个以上的出资人所组成的社团法人组织（一人公司除外）

按照传统的法律分类，法人按其成立基础的不同可分为社团法人和财团法人。凡因人的结合而取得独立权利主体资格者是社团法人，换言之，所谓社团法人，应是指由两个以上的社员基于共同目的的互相结合而组成的社会团体。而财团法人则是指因财产的捐助而得独立享受权利和承担义务的团体。前者以其社员的结合为其成立基础；而后者则以财产之捐助作为其成立基础。公司即为一典型的社团法人，这里有两层含义：①凡公司均应是由两个以上的股东（社员）结合而成的团体组织，非以两个以上的股东结合者，不得成为公司（一人公司除外）。在有些国家有条件地承认一人公司的存在，我国《公司法》中也规定有一人公司和国有独资公司。但这些规定仅仅是对传统公司法理论和规定的修正而非是对该规定的否定。②公司作为法人必须有自己独立的财产，必须是一个组织体，必须独立承担财产责任，必须能以自己的名义独立起诉和应诉。

（三）公司必须是依照公司法的规定登记注册而成立的法人组织

在现代社会，公司成立的直接依据是法律。按照各国的法律规定，非依法律规定成立的经济组织不能成为公司。公司必须经过法定程序在指定机关进行登记。只要经过注册登记，公司就可以取得不同于其股东和债权人的独立人格；可以以自己的名义进行活动，以自己的名义参加诉讼，即具有无限延伸的独立法律人格。

二、公司企业与商事合伙企业的联系与区别

对企业的法律分类，按其组织形式和责任承担的不同可分为独资企业、合伙企业和公司企业。其中公司企业与合伙企业作为两种最主要的商事主体，既有一些相同之处，也有许多不同之处。

（一）公司与商事合伙企业的相同点

公司与合伙企业的相同之处主要体现在以下几个方面：

1. 公司和合伙企业都必须有两个或两个以上的出资人或投资人，都体现了出资人或投资人的互相合作。

2. 合伙企业中的合伙人和公司中的股东都必须出资，且每个人都有自己的出资份额，盈利的分配和亏损的分担通常也都是与出资多少成正比的。

3. 公司和合伙企业都以营利为目的，都具有经营共同事业的内容。

4. 公司和合伙企业都可以有自己的商业名称，其活动都受商事法规的调整。

（二）公司与商事合伙企业的区别

公司与商事合伙企业的区别主要体现在以下几个方面：

1. 成立基础不同。合伙企业成立的基础是合伙合同，而公司成立的基础则是公司章程。合伙合同与公司章程不同：前者是由全体合伙人共同制定的，后者则是由发起人制定的；前者的内容是不公开的，而后者则是内容公开的文件。

2. 出资人之间的关系不同。合伙在很大程度上是出资人间的一种人身信任关系；而公司中的股东之间则主要是一种财产关系。

3. 主体地位不同。公司是独立于公司组成人员的法律拟制体；而合伙企业则没有区别于其单个成员的完全独立的法律人格。

4. 当事人的权利义务不同。合伙企业作为非独立权利主体，其财产属于合伙人共有，合伙事务除合同另有规定外由合伙人共同执行；而公司则是法人，公司财产在名义上属于法人所有，公司的业务也由公司机关单独来执行。

5. 责任承担不同。由于合伙组织对外是负担无限责任的，而合伙又无自己的独立财产，所以承担责任的主体最终归结为个人，即合伙人，债权人也可向任何合伙人请求清偿债务；而公司作为法人独立承担责任，债权人不能直接向股东提出清偿要求。

6. 规模大小不同。由于具有极强的人身信任性质，所以合伙企业的规模不可能太大，有些国家还明确规定了合伙企业的最高人数限制；而公司由于主要以财产结合为基础，故其规模一般较大且通常没有最高人数的限制。

7. 争议解决的方式不同。对合伙内部争议的解决可以在合伙协议中作出专门规定，这表明合伙内部争议的解决方式可以由当事人选择；而公司则受公司法强制规范的调整，其内部争议通常只能通过法院来解决。

三、公司法的历史沿革

（一）公司组织的演进

公司是商品经济发展到一定阶段的产物。它萌芽于欧洲中世纪，形成和发展于商品经济高度发达的资本主义社会。在欧洲中世纪，以意大利的威尼斯、佛罗伦萨、米兰为代表的地中海沿岸曾是世界贸易的中心。发达的商业、频繁的贸易促进了众多社会经济组织的出现，同时也孕育了公司制度的雏形。公司的初始形态是家族性的企业或营业团体和一种被称为康孟达（commenda）的组织。家族企业团体起源于个体商人。当个体商人死亡后，其遗留的财产包括其经营的企业要发生继承关系。为了防止因财产分割所产生的财产流失和保持发展个体商人苦心经营创下的基业，并维持必要的商业竞争力量，其继承人往往并不采取分家析产的办法，而是采取共同继承的方式对原有企业进行共同经营和共同管理。为此便出现了一种以血缘关系为纽带由数人共有的家族性企业。最早的家族性企业是一种合伙性企业，之后随着血缘关系的疏远、人身关系的减弱和资本因素的增加，一些家族性合伙企业逐步演变成无限公司。至17世纪，欧洲海上强国兴起，为了贸易、掠夺和殖民的需要，英国、荷兰和北欧各国相继成立了带有股份性质的企业组织形式。到19世纪初，随着蒸汽机的发明和科学的进步，兴办一个企业所需要的资金大量增加，特别是铁路、冶金、化工等大工业的相继出现，更使单个资本无力单独承受。至19世纪末，德国为了适应企业经济发展的需要，吸取无限公司和股份有限公司各自的优点，首创了有限责任公司制度，并很快为世界各国所效仿。自此较为完备的公司制度得以形成。

（二）外国公司法的制定和发展

各国公司组织的演进和公司制度的完善，有赖于各国公司立法的不断加强。各国公司制度的发展和公司立法的完善之间具有十分紧密的联系。所谓公司法，是指规定公司的种类、设立、组织形式、股东权利和义务以及公司解散和清算的法律制度的总称。最早的公司成文立法首推1673年法国路易十四时期颁布的《商事条例》，该条例规定有若干有关无限公司和两合公司的制度。拿破仑上台后于1807年以《商事条例》为蓝本制定了《法国商法典》，该法典不仅对原《商事条例》中所确立的无限公司和两合公司进行了重新确认和扩充，而且还规定了股份有限公司制度。为了弥补商法典规定之不足，法国于1867年修正颁布了《股份有限公司法》，于1925年颁布了《有限公司法》。如同法国一样，德国、日本有关公司的规定主要体现在商法典中。由于德国最先创立了有限责任公司制度，因而于1892年制定了《有限责任公司法》，又于1937年制定了《股份法》，即《股份有限公司法》和《股份两合公司法》。

与法、德等国立法不同，英、美国家调整公司关系主要依据单行法规。英国最早的公司法颁布于1862年，以后又分别在1908年、1929年和1948年陆续颁布了新的《公司法》，此后又分别在1967年、1976年和1981年对《公司法》进行了重大修改。在美国，有关公司的立法权限属于各州。为了协调各州的公司立法，联邦统一法制定委员会于1928年制定了《统一商事公司法》（示范法），并于1950年由全国律师协会制定了比较权威的《标准公司法》，该法现已为美国绝大多数州立法所采纳。

（三）我国的公司立法

1. 旧中国的公司立法。旧中国的公司起源于1840年鸦片战争之后，随着中国门户被外国列强炮舰渐次敲开，外国资本开始大量进入中国，外国公司也开始在中国出现。与此同时，从 19 世纪 60 年代开始，满清政府及其支持下的洋务派开始在中国推行洋务运动，创办了一些近代军事工厂和民用企业。随着公司的出现，有关的公司立法也开始被提到议事日程。光绪二十九年（1903年）12 月 5 日，清廷颁布《公司律》，此为我国最早的成文公司法。该法共计131 条，其第 1 条规定公司包括合资公司、合资有限公司、股份公司和股份有限公司。同年颁布《奖励公司章程》20 条。宣统二年（1911 年），全国各地商会以公司律未尽妥恰为由，参照各国立法先例，拟定商法调查案提交政府，经农工商部修订后定名为《商律草案》，共分两编：①商法总则，计 84 条；②公司律，计 334 条。但未及颁布清廷已被推翻。中华民国成立后，政府农商部将前清付议未决的《商律草案》中的公司部分，略加修订后于 1914 年以《公司条例》的名义颁布，并于同年施行。该条例共 251 条，确认的公司形式为无限公司、两合公司、股份有限公司和股份两合公司。民国十九年（1930年）另订《公司法》233 条，于次年施行。民国三十五年（1946 年）又新颁布《公司法》，增加了有限责任公司章，共计 449 条。该法后经多次修改，至今仍在我国台湾地区适用。

2. 中华人民共和国的公司立法。中华人民共和国的公司立法始于 20 世纪50 年代初。1950 年政务院公布了《私营企业暂行条例》，次年政务院财经委员会公布了《私营企业暂行条例实施办法》，肯定了公司可以作为私营企业的主要组织形式，并确认了五种公司类型，即无限公司、有限公司、两合公司、股份有限公司和股份两合公司。该法规因对资本主义工商业的社会主义改造的完成被不宣而废。大规模的公司立法始于十一届三中全会之后。1979 年第五届全国人民代表大会第二次会议通过了《中华人民共和国中外合资经营企业法》，规定中外合资经营企业的组织形式为有限责任公司。1985 年国务院发布《公司登记管理暂行规定》，对公司的审批登记程序及公司的成立要件等内容进行明确规定。1988 年国务院发布了《中华人民共和国私营企业暂行条例》，首次将企业按其组织形式的不同而划分为独资企业、合伙企业和有限责任公司企业，并规定："有限责任公司是指投资者以其出资额对公司负责，公司以其全部资产对公司债务承担责任的企业"。随着经济体制改革的深入发展，为了规范日益繁杂的社会经济生活，1992 年 5 月 15 日国家体改委、国家计委、财政部等六部委联合发布了《股份制企业试点办法》，同日国家体改委颁布了《股份有限公司规范意见》和《有限责任公司规范意见》两个规范性文件，对股份公司和有限责任公司的基本问题进行了系统全面的规定。从 5 月 23 日起，国务院有关部委又相继颁布了一系列有关股份制企业的管理办法，从而使我国的公司制企业在较短的时间内即获得了长足进展。1993 年 12 月 29 日，第八届全国人民代表大会常务委员会第五次会议通过了具有历史意义的《中华人民共和国公司法》（以下简称《公司法》）。2005 年 10 月 27 日经第十届全国人民代表大会常务委员会第十八次会议修改《公司法》，此次《公司法》修改在许多制度和规则上做了重大的突破和创新。最新《公司法》于 2018 年 10 月 26 日第十三届全国人民代表大会常务委员会第六次会议通过修订，并于同日施行。

第二节　公司的分类

一、公司的学理分类

在学理上，对公司可以按各种不同的标准进行分类。

（一）按公司成立基础的不同，可分为人合公司、资合公司和人合兼资合公司

1. 人合公司，即主要以股东的个人信用关系作为其成立基础的公司。这种公司的运作主要有赖于股东名望、地位和信用状况，与公司的资本多寡之间并无密切联系，股东相互之间也具有十分强烈的人身信任关系。无限公司就是比较典型的人合公司。

2. 资合公司，即以资本的结合作为其信用基础而成立的公司。这种公司的信用来源是公司的实有财产，信用的大小与公司财产的多少成正比，相反对股东的身份、地位及个人财产情况则不太关注。此类公司以股份公司最为典型。

3. 人合兼资合公司，即公司的运作既取决于股东的个人信用也取决于公司的财产信用的公司。两合公司和股份两合公司就是比较典型的这类公司。

（二）以公司的国籍为标准，可以将公司分为本国公司、外国公司和多国公司

关于公司国籍认定的标准，主要有以下几种学说：

1. 准据法说，即以公司的章程依据哪国的法律制定、公司的设立依据哪国法律进行，来推定公司具有该国国籍。

2. 设立行为地说，即以公司设立行为地的国家作为其国籍。其中又可具体细分为设立契约签订地、公司资本募集地和公司设立登记地三种。

3. 股东国籍说，即以公司的主要股东的国籍作为公司的国籍。这里的多

数股东可以是人数过半数，也可以是资本额过半数。

4. 住所地说，即以公司的住所地（包括管理机构所在地和主要营业所在地）的国家作为公司的国籍。

我国《公司法》中对公司国籍的认定采取的是以准据法为主兼采住所地的原则。根据该法的规定，凡依照我国法律在中国境内设立的公司均为中国公司，即本国公司。与本国公司相对应的即为外国公司。多国公司又称跨国公司，是指具有不同国籍的数个公司混合组成的公司。

（三）按公司组织结构的不同，可以将公司分为一元组织公司和多元组织公司

1. 一元组织公司，即由承担单一相同责任的股东共同创立的公司。股东承担的可以都是无限责任，如无限公司；也可以都是有限责任，如有限公司和股份有限公司。

2. 多元组织公司，即由承担不同责任的股东共同组成的公司。在这种公司之中，公司股东被分为不同的类型，分别享受不同的权利和承担不同的责任。如两合公司和股份两合公司。

（四）按公司资本构成的不同，可以将公司分为国有公司和民营公司

1. 国有公司，即由国家单独出资兴建的公司，或者是国家资本占多数的或国家在企业管理中起决定作用的公司。有的又把由政府单独出资经营的公司称为国营公司；政府资本占到半数以上或在管理中起决定作用的公司称为公营公司。

2. 民营公司，即主要由私人资本出资兴建的公司。

我国则按所有制性质的不同，将公司分为国有公司、集体公司、私营公司和混合公司。

（五）按公司从属关系的不同可以将公司分为母公司和子公司

1. 母公司，指拥有另一公司半数以上资本或股份，并对其经营管理活动有一定控制权的公司。

2. 子公司，指其资本或股份的大部分为另一公司控制，且其经营管理活动要受其制约的公司。

（六）以公司的管辖关系为标准，可以将公司分为本公司和分公司

1. 本公司，又称总公司，是指从组织上、业务上管辖其他公司的公司。受管辖公司的业务执行及资金调度均由本公司发号施令。

2. 分公司，是指从业务上、组织上接受其他公司管辖的公司。分公司在法律上不具有独立的主体地位和法人资格，不能独立承担责任，其经营活动主

要有赖于本公司的意志。

应该注意的是，子公司与分公司是有明显区别的，主要体现在以下几个方面：

1. 主体资格不同。子公司具有独立的主体资格，享有法人的主体地位；而分公司则不是独立的民事和商事主体，仅仅是本公司的分支机构，更不具有法人资格。

2. 财产关系不同。在财产结构上，子公司尽管有母公司的参与，但仍有属于自己的财产；而分公司的财产则全部属于本公司，是本公司财产不可分割的组成部分。因此分公司不存在独立的财产，而子公司的财产则具有完全的独立性。

3. 意志关系不同。子公司作为独立的法人，其意志是独立的，母公司对子公司的经营管理活动不能进行直接的命令指挥；而分公司作为本公司的分支机构，其业务的执行、资金的调度完全受制于本公司，与本公司之间是一种管理与被管理的关系。

4. 财产责任不同。子公司作为独立的法律主体，自主经营、独立核算，其一切经营后果包括财产责任均完全由自己承受；而分公司作为非独立主体，没有自己独立的财产，也没有自己独立的意志，因此其经营后果应当归属于本公司，由此而产生的财产责任亦由本公司承担。

二、公司的法律分类

（一）大陆法国家的公司分类

在大陆法国家，公司通常被分为五种基本形式，它们分别是：

1. 无限责任公司，简称无限公司，它是由对公司债务负有无限连带清偿责任的股东所组成的公司。当公司的资本不足以清偿债务时，公司的债权人可以通过公司对公司的全体股东或任何一个股东要求清偿债务，而股东不论出资多少都对公司债务负无限清偿责任。

2. 有限责任公司，简称有限公司，是指由法律规定的一定人数的股东所组成的，股东以其出资额为限对公司债务承担责任的公司。有限责任公司是现代公司的一种基本形式。

3. 两合公司，是由承担无限责任的股东和承担有限责任的股东混合组成的公司。这种公司的股东中必须依约至少有一人承担无限责任，同时也必须至少有一人承担有限责任。

4. 股份有限公司，简称股份公司，是指由一定人数以上的股东发起成立的，全部资本被划分为若干均等的股份由股东共同持有，所有股东均以其所拥有股份对公司债务承担责任的公司。

5. 股份两合公司，是由承担无限责任的股东和承担股份有限责任的股东共同组成的公司。与两合公司的主要不同之处是，股份两合公司中承担有限责任的资本部分被划分成了股份，且是用发行股票的方式筹集而来的。

（二）英美法国家和地区对公司的分类

英美法国家和地区对公司的分类比较混乱，通常按以下几个标准进行分类：

1. 按公司是否可以公开向社会招募股份可将公司分为公开招股公司和非公开招股公司。

（1）公开招股公司（英：Public company；美：Public corporation）又称上市公司或股份上市公司或公开公司。该种公司必须在公司名称中标明上市有限公司字样或以 P. L. C. 结尾；必须经过注册登记；必须有最低限度的发行资本（英国为 5 万英镑）且应缴清一定比例以上的股金。

（2）非公开招股公司（英：Private company；美：Close corporation）又称私公司、不上市公司或股份不上市公司。是指公司章程中作了以下限制的公司：限制股东转移股份；股东人数有最低和最高的双重限制；禁止向公众募集股份和债款。

2. 按照股东所承担的责任的不同可以将公司分为有限公司和无限公司。有限公司的股东对公司的债务以其所认占的股份或所保证的出资为限承担责任。但按照香港特别行政区现行《公司条例》的规定，有限公司的基本章程可以规定公司的董事对公司的债务负无限责任。董事负无限责任的有限公司与大陆法国家的两合公司颇为类似。无限公司的股东则要对公司的债务承担无限连带责任。

3. 按股东承担责任的方式不同可以将公司分为普通有限公司和保证有限公司。普通有限公司的股东对公司的债务以其所认占的股份为限承担责任。如果所认占的股款业已缴足，则不再承担其他财产责任。保证有限公司的股东则应在公司歇业时负责依其所保证的金额向公司出资，以清偿公司债务，但超出所保证的金额的，则不再承担其他财产责任。

保证有限公司又有两种形态：①有股东保证的有限公司。其股东在公司成立时或其后应按其所认占的股份承担向公司缴足股款的义务；在公司歇业时应首先缴清尚未缴足的股款，然后再按所保证的金额向公司出资，以清偿公司的债务。②无股东保证的有限公司。公司不存在股份资本，其股东也不需要认股和缴付股款，唯应在公司歇业时依所保证的金额向公司出资，以清偿公司债务。无股本的保证有限公司主要适用于开展慈善活动、组织俱乐部等非营利性事业。

（三）我国公司的分类

按照我国《公司法》第 2 条的规定，我国的公司包括有限责任公司和股份有限公司。有限责任公司的股东以其认缴的出资额为限对公司承担责任，公司以其全部资产对公司的债务承担责任。而股份有限公司的全部资本会分为等额股份，股东以其认购的股份为限对公司承担责任，公司以其全部资产对公司的债务承担责任。有限责任公司又可具体分为一般有限责任公司、一人公司和国有独资公司。

第三节　公司的设立与撤销

一、公司设立的方式

公司的设立是促成公司成立并取得法人资格的一系列法律行为的总和。设立行为的具体内容因公司种类的不同而有所不同。一般说来股份公司和股份两合公司的设立程序比较复杂，而有限责任公司、无限公司和两合公司的设立程序则比较简单。统而言之，公司的设立主要有两种形式：

（一）发起设立

发起设立也称共同设立或单纯设立，是由发起人认足全部资本额而促成公司成立的一种设立方式。这种设立方式的最大特点是所有的公司资本都来自于公司的发起人，公司不能公开向社会募集股份。

（二）募集设立

募集设立也称渐次设立或复杂设立，是指公司发起人只认购部分股份，其余部分则通过公开向社会招募的方式募集而成立公司的一种设立方式。在所有公司形态中只有股份公司和股份两合公司可以采取这种设立方式。

二、公司设立的立法类型

按照国家对设立公司的态度的不同，各国对公司的设立通常采取以下几种立法类型：

（一）自由主义

自由主义，又称放任主义，系指对公司的设立在法律上不加干预，全凭当事人的自由意志为之。公司一经成立即具有法律上的人格，无须履行任何特定手续。这种立法例是欧洲中世纪自由贸易时代的产物。由于该种立法例极易导致滥设公司的后果，故其在近代已为其他立法形式所取代。

（二）特许主义

特许主义，即凡要成立公司以取得法人资格者，必须经过国王批准且被授予特许令状，否则公司不能成立。通过这种方式成立的公司多为一些作用特殊或具有较强政治色彩的大公司。如 1600 年成立的英国东印度公司就是由英王伊丽莎白一世特许成立的。此种设立方式主要盛行于 17～19 世纪。

（三）核准主义

核准主义，系指公司的设立除须具备法律所定条件之外，尚需经过行政官署的核准始得成立。该种立法例创设于法国路易十四时代颁布的《商事条例》，后为许多国家所采纳。由于这种体例使公司的设立条件过于严格，其实施会极大阻碍公司制度的发展，故其在现代各国已逐步为准则主义所取代。

（四）准则主义

准则主义，是指法律预先规定有若干设立公司之要件作为基本准则，准备成立的公司只要具备这些法定要件，公司即可设立并可取得法人资格。1862 年的英国公司法首采此种立法体例，后为一些国家所效仿。但按照许多国家的规定，即或采取准则主义，亦应呈请国家主管机关进行登记。主管机关在进行登记审查时通常只进行形式审查，即审查是否与法律规定要件相符合。由于这种立法例也会造成公司设立的过多过滥，故目前大多数国家采取的是严格准则主义。其严格主要体现在两个方面：①对公司的成立要件日趋严格化；②加重公司发起人的设立责任。我国公司法中的法定公司类型都采取准则主义的设立模式。

三、公司的章程

公司必须有自己的章程。公司章程既是规范公司行为的基本准绳，也是公司赖以成立的基本前提。经过注册核准的公司章程对所有的公司股东和所有的公司行为都具有法律约束力。

章程应以书面形式为之，制定人应在章程上签名或盖章。一般而言，有限责任公司、无限责任公司和两合公司的章程都由公司的全体股东共同制定；股份公司的章程则由公司的发起人制定。章程制定后可以经过合法程序进行修改。由于修改章程属于公司的重大事项，故应以特别决议为之（通常须经 2/3 以上的股东通过）。为了保证公司章程的合法性和公正性，许多国家的法律规定章程须经主管机关核准或公证机关公证才能发挥效力。

章程的内容包括绝对必要记载事项和任意记载事项两部分。绝对必要记载事项是基于法律的规定而为所有公司章程都必须具备的内容，绝对必要记载事项的任何欠缺都会导致公司章程的无效。所谓任意记载事项，是指可以由当事人根据自己的实际情况决定是否予以记载的事项，这些事项通常都与公司的营业活动有关，其记载不得违反法律的强制性规定、公共秩序和善良风俗。任意记载事项一经记载即具有法定约束力，不记载也不会影响整个章程的效力。

四、公司的解散

（一）公司解散的概念

所谓公司解散，是指以消灭公司的法人资格为目的而终止公司的业务活动且对公司财产进行清算的行为。公司的解散并不必然导致公司法人人格的消灭，而是公司法人人格消灭的原因，即公司虽经解散亦未丧失其法律人格，只是导致清算程序的发生。只有在清算程序结束后，公司的法律人格才被消灭。

（二）公司解散的原因

按照我国《公司法》第180、182条的规定，公司解散的法定事由主要包括以下几项：

1. 公司章程规定的营业期限届满或者公司章程规定的其他解散事由出现。

2. 股东会或者股东大会决议解散。

3. 因公司合并或者分立需要解散。

4. 依法被吊销营业执照、责令关闭或者被撤销。

5. 人民法院予以解散。公司经营管理发生严重困难，继续存续会使股东利益受到重大损失，通过其他途径不能解决的，持有公司全部股东表决权10%以上的股东，可以请求人民法院解散公司。

（三）公司解散的效力

公司解散是法律规定的一个事实和程序，因而它必然会产生一定的法律效力：①公司解散即须停止公司的一切经营性活动，所有活动均须限于清算的范围内。如公司超越其清算范围而继续经营业务，其经营行为不生法律效力。②公司应进入清算程序，由清算组织取代公司机关而为法律行为。按照我国《公司法》之规定，应当在解散事由出现之日起15日内成立清算组，有限责任公司的清算组由股东组成，股份公司的清算组由董事会或股东大会确定其人选；逾期不成立清算组进行清算的，债权人可以申请人民法院指定有关人员组成清算组进行清算。人民法院应当受理该申请，并及时指定清算组成员进行清算。

公司因违反法律、行政法规被依法责令关闭而予以解散时，由有关主管机关组织股东、有关机关及有关专业人员成立清算组进行清算。

清算组在清算期间行使下列职权：①清理公司财产，分别编制资产负债表和财产清单。②通知或者公告债权人。③处理与清算有关的公司未了结的业务。④清缴所欠税款以及清算过程中所产生的税款。⑤清理债权、债务。⑥处理公司清偿债务后的剩余财产。⑦代表公司参与民事诉讼活动。

清算期间公司不得开展新的经营活动。公司的财产能够清偿公司债务的，分别按以下顺序进行清偿：支付清算费用、职工工资和劳动保险费用，缴纳所欠税款，清偿公司债务。公司财产按以上顺序清偿后的剩余财产，有限责任公司按照股东的出资比例分配，股份公司按照股东持有的股份比例分配。

公司财产不足以清偿公司债务的，清算组应当立即向人民法院申请宣告破产。公司经人民法院裁定宣告破产后，清算组应当将清算事项移交给人民法院。

公司清算结束后，清算组应当制作清算报告，报股东会或者有关主管机关确认，并报送公司登记机关，申请注销公司登记，公告公司终止。不申请注销公司登记的，由公司登记机关吊销其营业执照，并予以公告。

清算组成员应当忠于职守，依法履行清算义务。清算组成员因故意或者重大过失给公司或者债权人造成损失的，应当承担赔偿责任。

第四节　公司的能力

一、公司的权利能力

（一）公司权利能力的概念

所谓公司的权利能力，是指公司所具有的以自己的名义参与民事活动、取得民事权利、承担民事义务的资格。公司权利能力是公司享有法人地位和进行一切经营活动的必要前提。

（二）公司权利能力的限制

公司的权利能力与自然人有所不同，凡以人的自然属性为前提所享有的权利义务，如亲权、抚养权和抚养义务、继承权等，公司均不能享有。除此之外，公司的权利能力还要受到以下限制：

1. 法律上的限制。为了保证公司活动的顺利进行，各国法律都对公司的活动进行了诸多法律限制。这些限制包括：

（1）公司不得作为其他公司的无限责任股东或合伙事业的合伙人。其原因在于，作为无限责任股东或合伙人，须对公司或合伙债务负无限连带清偿责任，因此一旦其经营失败势必影响到本公司的正常经营活动，并会进而危及交易的安全。故《日本商法典》第55条明确规定："公司不能为其他公司的无限责任股东。"其他国家也有类似或相同的规定。

（2）公司虽可作为其他公司的有限责任股东，但其投资总额不得超过其实收资本的一定比例。法律作此规定的原因在于，公司的资本总额在一定时期内基本上是一个衡数，公司为维持自身的正常运转必须以一定资金的使用为前提。在一般情况下，适量的投资、参股有利于本公司的发展，但是一旦对其他公司的投资额过量，就必将架空本公司，影响其正常的经营活动，同时也会危及第三人的利益和社会交易的安全。

（3）除法律或者章程规定从事保证业务的公司外，公司不得作为其他公司的保证人。保证人与被保证人之间要承担连带责任，故此保证本身就带有较大的风险，远非属于正常经营活动的范畴，故为各国法律所禁止。

2. 经营上的限制。公司应当在其章程所规定的范围内进行经营。我国《民法通则》第42条规定："企业法人应当在核准登记的经营范围内从事经营。"《公司法》第12条规定："公司的经营范围由公司章程规定，并依法登记。……公司的经营范围中属于法律、行政法规规定须经批准的项目，应当依法经过批准。"公司应当在登记的经营范围内从事经营活动。

二、公司的行为能力

所谓公司的行为能力，是指公司通过自身的行为取得民事权利、承担民事义务的资格。对于公司是否有行为能力，首先取决于对公司法人人格的理解。对于公司在法律上所具有的人格，在理论上有两种学说：一为拟制说；一为实在说。前者认为公司法人并无任何实体存在，其之所以具有法律上的一定人格，乃为法律上的拟制使然，因此法人就无意思能力和行为能力。作为法人机关的董事所为的行为仍是董事自身的行为，只不过其效果直接及于法人。董事和公司之间的关系是一种代理关系，依代理制度的有关规定享受权利和承担义务。后者则认为法人并非法律上虚幻的拟制，而是有其客观的实体存在，有独立的法律人格，有完全区别于自然人的独立意思即团体意思。公司既有其独立意思，自可独立享受权利，承担义务。现代法律大多采取法人实在说。

按照法人实在说，公司具有法人人格和行为能力。但其对行为能力的行使与自然人不同，自然人靠其自身，而公司则完全依赖于其机关。除监事机关外，公司机关分为意思机关和执行机关，意思机关为股东大会或股东会，负责制定和修改公司章程及决定公司的其他重大事项；执行机关为董事会、总经理和执行股东，负责股东会决议和公司章程的执行及其他内部事务的管理，对外则可代表公司为法律行为。董事、经理或股东所为之行为并非其个人行为，而是公司自身的行为，其结果自然归属于公司本身。不过公司代表机关的权限应与其权利能力相一致，其范围不得超越其经营范围。

三、公司的侵权行为能力

公司有无侵权行为能力也因采拟制说和实在说的不同而不同。按照实在说的解释，代表公司的董事或股东因执行职务致他人损害时，股东或董事作为公司的机关，他们的行为即为公司的行为，故公司不能因此而推脱其赔偿责任。我国台湾地区现行"公司法"第23条规定："公司负责人对于公司业务之执行，如有违反法令致他人受损害时，对他人应与公司连带负赔偿之责。"我国现行《公司法》中对该种责任的承担未作明确规定，依据《民法通则》第43条"企业法人对他的法定代表人和其他工作人员的经营活动，承担民事责任"和《民法总则》第61条、第62条的规定，公司当然应对其董事或股东执行职务的行为承担责任。这里的执行职务的行为既包括合法的经营行为，也包括不合法的经营行为。

对于公司侵权责任的承担，一般认为应具备以下几个条件：①必须是公司的代表机关所为的行为。②必须是公司机关执行职务时所为的行为。③必须是公司机关所实施的侵权行为。④应符合侵权行为的一般构成要件。

第五节 公司的分立与合并

一、公司的分立

（一）公司分立的概念与特征

公司分立是指一个公司根据有关法律的规定，依据一定的条件和程序分成两个或两个以上的公司的法律行为。公司分立具有以下几个法律特征：

1. 公司分立是一种法律行为。公司分立牵涉到公司的债权、债务和财产的分割，因此应与有关各方达成一致协议，否则不生分立效力。

2. 公司分立是一种变更公司的行为。公司经过分立后并不导致公司的完全解散，也不导致公司清算的发生，而只是使公司的存在形态发生了变化。

3. 公司分立是一种依法进行的法律行为。公司的分立必须依照《公司法》和其他单行法规的规定来进行，必须履行法律所要求的审批手续，遵守法律所要求的分立程序。

（二）公司分立的形式

按照我国公司法的规定，公司的分立有两种基本形式：一为新设分立；一为派生分立。

1. 新设分立。所谓新设分立，是指将原来的一个具有法人资格的公司分解成两个或两个以上的具有法人资格的公司的法律行为。其条件是原有的公司法人资格消灭；分立出来的公司符合法人条件的应当到登记机关办理登记手续。

2. 派生分立。所谓派生分立，是指将原来一个公司的部分财产、人员和营业分离出去建立一个新的公司的法律行为。原公司的法人资格仍然存在，但应办理变更登记手续。分出去的公司符合公司条件的应办理设立登记手续。

二、公司的合并

（一）公司合并的概念与特征

所谓公司合并，是指两个或两个以上的公司依照公司法规定的条件和程序，通过订立合并协议，共同组成一个公司的法律行为。公司合并具有以下几个法律特征：

1. 公司合并是数个公司之间的共同法律行为，须以当事人之间订立有合并协议为前提。

2. 公司合并是当事人之间的一种自由行为，其合并与否及合并的方式完全取决于当事人的意志。

3. 公司合并是一种无须通过解散、清算程序即可消灭和变更公司的行为。公司合并可以在不进行清算的前提下即改变公司的存在、财产结构和股权结构等。

（二）公司合并的形式

按照我国公司法的规定，公司的合并可以分为吸收合并和新设合并两种形式。

1. 吸收合并。吸收合并又称存续合并，它是指通过将一个或一个以上的公司并入另一个公司的方式而进行公司合并的一种法律行为。并入的公司解散，其法人资格消灭。接受合并的公司继续存在，但应办理变更登记手续。

2. 新设合并。所谓新设合并，是指两个或两个以上的公司以消灭各自的法人资格为前提而合并组成一个公司的法律行为。其合并结果，原有公司的法人资格均告消灭，新组建的公司通过到工商管理机关办理设立登记手续而取得法人资格。

三、公司分立和合并的程序

按照我国公司法的规定，公司的分立和合并应当履行以下程序：

（一）召开股东会形成公司分立或合并决议

公司的分立和合并属于公司的重大事项，应以特别决议为之，即应由代表2/3以上的表决权的股东通过才能有效。如为国有独资公司，则必须由国家授权的投资机构或国家授权的部门决定才能进行。

（二）签订分立协议或合并协议

所谓分立协议，是指分立各方就分立的有关事项所达成的一致意见。它既可以因协议中对债务作出承诺而使债权人利益得到保护，又可因协议对分立具体问题的规定而约束各方的行为。分立协议的内容一般应包括：分立各方的名称、地址；原有公司财产在各新公司中的分割情况；分立各方债权债务的承担情况；分立后的股东变动情况；分立后各方的营业范围；与分立有关的其他事项。

所谓合并协议则，是指合并各方就合并的有关事项达成的一致意见。合并协议的内容主要应包括：合并前和合并后的公司的名称与住所；存续或者新设公司因合并而发行的股份总数、种类和数量；公司的总投资额及每一出资人所占的出资比例；合并各方现有的资本及对现有资本的处理方法；合并各方现有债权债务的处理方法；存续公司的章程是否需要变更；公司章程的变更内容；新设公司的章程如何订立及其主要内容；与合并有关的其他应载明事项。

分立和合并协议必须以书面形式为之。

（三）编制资产负债表及财产清单

公司合并或分立行为完成后，应及时准确地编制合并或分立公司的资产负债表和财产清单。

（四）通知和公告债权人

公司合并应当自作出合并协议之日起10日内通知债权人，并于30日内在报纸上公告。债权人自接到通知书之日起30日内，未接到通知书的自公告之日起45日内，可以要求公司清偿债务或者提供担保。公司分立应当自作出分立决议之日起10日内通知债权人，并于30日内在报纸上公告。

（五）进行合并或分立登记

合并登记分为解散登记和变更登记。公司合并后，解散的公司应当到工商登记机关办理注销登记手续；存续公司应当到登记机关办理变更登记手续；新成立的公司应当到登记机关办理设立登记手续。公司分立后也应到工商登记机关办理注销登记、变更登记或设立登记手续。

第六节　公司的财务与会计

一、公司的财务会计报告

（一）公司财务会计报告的特点

公司的财务会计报告是指由公司的业务执行部门按照有关法律政策之规定，于每一会计年度终了时制作的反映公司财务情况和经营成果的书面文件。其特点是：

1. 公司的财务会计报告系由公司的业务执行部门所制作的。具体而言，有限责任公司的制作机关是公司的董事会或执行董事，股份公司的制作机关是董事会。

2. 公司的财务会计报告必须在法定时间内制作完成，即在每一会计年度终了后的一定时间内制作完成。

3. 公司的财务会计报告反映的是公司一定时间内的财务状况和经营成果。

4. 公司的财务会计报告属于公司的公开性文件，应在规定期限内送交股东（有限责任公司）或置于本公司供股东查阅（股份有限公司）。以募集设立方式成立的股份公司必须按规定公告其财务会计报告。

5. 公司的财务会计报告是一种综合性的报表，由一系列的报表和材料组成。

（二）公司财务会计报告的主要内容

按照我国现行的规定，公司财务会计报告分为主表和附表。主表为资产负债表、损益表、财务状况变动表、财务状况说明书和利润分配表等；附表为主营业收入明细表、存货表、主要产品明细表等。下面将主表分述如下：

1. 资产负债表。资产负债表是反映某一特定日期内公司的实有资产和现有负债的一种账表，其项目由资产、负债和股东权益组成。其基本要求是资产等于负债加股东权益。

（1）资产。资产是指公司所拥有或所控制的能以货币计算的财产资源，包括各种财产、债权和其他权利。资产可分为流动资产、固定资产、长期投资、无形资产、递延资产和其他资产。①流动资产，是指可以在1年内或在超过1年的一个营业周期内变现或耗用的资产，包括现金、存款、短期投资、应收及预付款、存货等。②固定资产，是指使用年限在1年以上，单位价值在规定标准以上并且在使用过程中可以保持原有物质形态的资产，包括房屋及其他建筑物、机器设备等。③长期投资，是指不准备在1年内变现的投资，包括长期债券投资、股票投资等。④无形资产，是指不具备实物存在形态，但具有价值和使用价值且能长期使用的资产，包括专利权、商标权、著作权、专有权技术、土地使用权、商誉等。⑤递延资产，是指不能全部计入当年损益，而应在若干年逐次分摊的各项费用，如开办费、租赁物装修费用等。⑥其他资产，是指不能列入以上项目的其他公司财产。

（2）负债。负债，是指公司所负担的能以货币计量，且需以资产或劳务加以偿付的债务。分为：①流动负债，是指将在1年或者超过1年的一个营业周期内偿还的债务，包括短期借款、应付票据、应付款、预收货款、应付工资、应付税金、应付利润、其他应付款、预提费用等。②长期负债，是指偿还期限在1年以上或在超过1年的一个营业周期以上的债务，包括长期借款、应付债券、长期应付款等。

（3）股东权益。股东权益，指股东对公司的净资产所享有的所有权。股东权益包括股东对投入公司的财产以及基于公司资本的运用所形成的资本公积金、盈余公积金和未分配利润等所享有的权益。①股东出资，是指股东因购买公司股票或通过其他投资方式而实际向公司交付的财产。②资本公积金，是指基于公司资本本身所产生的公积金，包括股本溢价、公司财产的重估增值等。③盈余公积金，是指按照法律或章程规定从公司的税后利润中提取的公积金。④未分配利润，是指公司已宣布但尚未实际分配的利润以及留待以后年度分配的利润。

资产负债表应当附有附属明细表，其附属明细表包括存货表、固定资产累计折旧表、在建工程表、无形资产与递延资产表等。

2. 损益表。又称盈亏账，是反映公司某一特定期间内收益和亏损状况的综合性会计报表。在公司的损益表上能直观地反映出公司经营的好坏。其项目主要包括利润总额、主营业务收入、营业成本、销售费用、管理费用、财务费用、营业税金、其他业务利润、投资净收益、营业外收入、营业外支出等。

3. 利润分配表。利润分配表，是关于公司利润分配和年末未分配利润的结余情况的一种会计报表。其项目主要包括利润总额、税后利润、可供分配利润、未分配利润等。利润总额是公司在一定期间内的经营成果的总和，包括营业利润、投资净收益和营业外收支净额。营业利润是指营业收入减去营业成本、期间费用、各种流转税及附加税费后的余额；投资净收益是指公司净收益减去投资损失后的余额；营业外收入净额是指公司与生产经营没有直接关系的各种收入减去支出后的余额。利润总额减去应交所得税等于税后利润；税后利润减去应交特种基金和提取的盈余公积金等即为未分配利润。

4. 财务状况变动表。所谓财务状况变动表，是综合反映一定会计期间内营运资金来源和运用，以及营运资金增减变动情况的一种会计报表。其内容主要包括营运资金的来源和营运资金的运用。二者之间的差额即为营运资金增加或减少的净额。营运资金来源分为利润来源和其他来源；运用则分为利润分配和其他用途。

5. 财务状况说明书。所谓财务状况说明书，是为了帮助理解会计报表的内容而对报表的有关项目所作的解释。其内容包括：所采用的主要会计处理方法；会计处理方法的变更情况、变更原因以及对财务状况和经营成果的影响；非经营性项目的说明；其他有助于理解和分析报表所需要说明的事项。

（三）公司财务会计报表的制作、送交、置备和公告

1. 公司财务会计报表的制作。公司财务会计报表的制作由董事会负责；没设董事会的有限责任公司由执行董事负责。其制作日期是每个营业年度结束之后，也可以是每个月的月末或每个季的季末。股份公司的财务会计报表通常还要求须经注册会计师依法定程序和要求进行审核并附有有关证明。审核的内容包括财务会计报表是否按法律规定制作，其内容是否真实准确，公司董事等管理人员是否有不当行为等。

2. 财务会计报表的送交。有限责任公司的财务会计报表制作完成后，应在章程所规定的期限内送交所有公司股东。

3. 财务会计报表的置备。股份有限公司的财务会计报表制作完成后，应将其置备于本公司供股东查阅。置备的时间是召开股东大会年会之前的 20 日以内。

4. 财务会计报表的公告。以募集方式成立的股份有限公司，其经过注册会计师审核的财务报表经股东大会通过后，应当在专门的报刊上进行公告。

二、公司盈余的分配

（一）公司盈余分配的原则

所谓公司的盈余，是指公司当年的盈利在扣除一切税额之后所剩余的部分。公司盈余的分配要遵循以下原则：

1. 公司必须以当年发生的实际盈余作为分配依据；当年无盈余的，原则上不能派发股息。

2. 公司盈余必须按法律规定的分配顺序和分配比例进行分配。

3. 公司的盈余分配必须经股东会或股东大会批准后由公司董事会或执行董事负责执行。

（二）公司盈余的分配顺序

对于公司的税后盈余，按照我国公司法的规定应按以下顺序进行分配：

1. 弥补公司上一年度的亏损。

2. 提取法定公积金。提取比例是公司盈余的10%，但法定公积金的累计总额达到公司注册资本总额的50%以上时，可以不再提取。

3. 提取任意盈余公积金。对于公司是否提取该项公积金乃至提取的比例均由公司股东（大）会决议决定。

4. 分配股东。有限责任公司按照股东的出资比例、股份有限公司按照股东持有的股份比例进行分配。如公司发行有优先股的，普通股股东只有在优先股股东受偿后才能受偿。

三、公积金制度

（一）公积金的概念与特征

所谓公积金，又称"储备金"，是公司基于增强自身的经济实力、扩大营业、弥补亏损等目的，依照法律和章程规定，从公司的税后利润中提取的累积储备金。其特征为：①公积金是依法提取或依照公司章程提取的专项资金。②公积金提取的目的是增强公司实力、扩大公司营业或弥补亏损。换言之，提取公积金是公司赖以正常运转和不断壮大的必然要求。③公积金是从公司的税后利润中优先提取的资金，其提取应当优先于股息的分派和公益金的提取。④公积金属于股东的权益，在资产负债表中表现为负债一方。

（二）公积金的种类

公积金按其提取依据的不同可以分为法定公积金和任意公积金。①法定公积金，即依据法律的强制性规定必须从公司的利润或其他收入中提取的公积金。它又可具体分为：一是盈余公积金。盈余公积金又称法定盈余公积金，是从公司的税后利润中提取的公积金，其提取比例为公司税后利润的10%。二是资本公积金。该种公积金是从公司的利润以外的收入中提取的公积金，资本公积金不得用于弥补公司的亏损。其来源主要包括：股票溢价款、法定财产的重估增值、公司接受的财产赠与等。②任意公积金，又称任意盈余公积金，是基于公司章程或股东会决议而从公司的税后利润中任意提取的公积金。由于该种公积金提取与否及提取多少完全取决于公司自身，故称其为任意公积金。

（三）公积金的用途

按照我国法律的规定，公积金主要用于以下几个方面：①弥补公司亏损。这是公积金的首要用途，也是维持公司稳定发展和保护债权人利益的必然要求。②转增为公司资本。即将公司的部分公积金按股东的原有股份比例派送一定数量的新股或是增加每股的实际金额。法定公积金转为资本时，所留存的该项公积金不得少于转增前公司注册资本的25%。

■思考题

1. 简述公司企业与合伙的联系与区别。
2. 试述我国公司法确立的公司组织形式。
3. 试述公司设立与撤销、分立与合并的条件。
4. 试述公司的权利能力、行为能力内容。
5. 试述公司财务会计制度的概念及主要内容。

第五章 有限责任公司

第一节　有限责任公司概述

一、有限责任公司的概念与特征

　　有限责任公司，又称有限公司，是指由符合法定人数的股东依法所组成，股东仅以其出资额为限而对公司债务负责的公司形式。

　　在公司的发展史上，较之其他形式的公司，有限责任公司出现较晚，它始于19世纪下半叶的德国。德国于1892年颁布了世界上最早的有限责任公司法，意在以法确立此种公司形式。接着，法国、日本等大陆法系国家也相继颁布了各自的有限公司法，遂使这种形态公司成为法定的公司形式之一。在英美法系国家，虽然没有有限责任公司一语，但英国非公开招股公司当中的责任受股份限制公司、责任受保证限制公司以及美国的封闭式公司显然都是有限责任公司的变态形式。新中国建立之初，我国也曾允许过此种公司存在。1993年12月29日通过的新中国首部《公司法》，亦确立了有限责任公司的形式。这即是说，在当代立法上，有限责任公司乃是一种被普遍确认的公司形式。

　　有限责任公司作为公司之一种，除具备公司的一般特征外，还有其自身的特征。关于有限责任公司的独有特征，一般地说，表现为以下几个方面：

1. 有限责任公司既具有资合性，又具有人合性，并因此而严格区别于他种形式的公司。作为有限责任公司形式，本身就是汲取了无限责任公司与股份有限公司两者之长而舍其所短的产物。汲取股份有限公司之资合性，为的是使有限责任公司股东对于公司债务，能够以其出资额为限承担有限责任。有限责任公司股东对公司债务承担有限责任，似乎与股份有限公司股东责任相同，但是，前者的资本并不分为股份，股东的责任限定于其出资额以及公司资本的填补责任，而后者的资本是划分为股份的，股东只就所认的股份而对公司负责且无资本填补的责任。汲取无限责任公司之人合性，又是为了加强有限责任公司股东在合作经营方面的凝聚力，并基于有限责任之设定而与无限公司不同。通过出资资本之联合以及股东相互之间的信任，便可以使有限责任公司拥有一个良好的商业形象及获得坚实的信用基础。不仅如此，有限责任公司的人资两合性事实上已是该种公司的最为本质的法律特征。因为该种公司的其他法律特征均是以这一特征为形成根据的。

2. 有限责任公司具有封闭性。有限责任公司在英国被称为"少数人公司"，在美国又被称为"封闭式公司"，而无论什么称谓，意为该种公司是与"开放式公司"相对立的公司形式。有限责任公司封闭性的表现主要有：①多数国家的立法都对有限责任公司的股东有最高人数的限制，从而使公司设立时只能采取发起设立的方式而不能采取募集设立的方式，即有限责任公司设立时，其资本总额必须全部由发起人认购，不得通过向社会发行股票募集资金。②有限责任公司股东于公司成立之后领取股单而非股票，该股单不能上市交易，其所证明的股东出资也不能自由转让。③由于有限责任公司既不能向社会公开发行股票，股东所持股单也不能上市交易，故该种公司的财务会计等信息资料，就没有向社会公开的必要。有限责任公司的封闭性自然可以使该种公司严格区别于开放式的股份有限公司。与此同时，有限责任公司的封闭性与无限责任公司的封闭性，在内容方面毕竟还有许多不同。例如，关于无限责任公司的股东人数，立法并无限定的必要。

3. 有限责任公司资本确定，经营规模可大可小，具有较强的适应性：①各国的立法对有限责任公司都有最低资本限额的要求。例如，法国当时规定有限责任公司的最低资本额为5万法郎；德国当时规定有限责任公司的最低资本额为5万德国马克；日本则要求有限责任公司的资本总额不得低于300万日元；我国现行公司法对于有限责任公司由于已经推行认缴资本制而非实缴资本制，因此，最低资本额的立法要求仅针对从事证券、保险以及银行等行业的有限责任公司，并只见之于此类特别性质的单行立法。当然，在德国和日本的立法上，甚至还为有限责任公司的股东设定了最低出资额，其目的无非是着眼于有限责任公司人格的真实性与法律严肃性。②对于有限责任公司的股东人数，有的国家在立法上有上限规定。如日本、英国、法国等国家规定有限责任公司股东人数最高限额为50人。我国的公司法也规定有限责任公司股东不得超过50人。而德国、意大利等国家则没有规定有限责任公司股东人数的上限。一般而言，上述两个方面的规定即可使有限责任公司的资本具有相当的确定性。③基于股东人数的最高额限制，而股东人数之多寡又在一定程度上决定着营业资本的多少，进而制约着公司的经营规模，这就使有限责任公司在通常条件下较适合于中小型规模经营的需要。但是，现实生活当中的情形并非尽皆如此。例如，有限责任公司股东人数虽然有限，但在每个股东出资额极大的情况下，公司的营业规模是依然能够大型化的。正是由于有限责任公司的营业规模可大可小，才使该种公司表现出较强的适应性。

4. 有限责任公司设立程序简便，其机构设置较为灵活。在设立程序方面，有限责任公司较股份有限公司要简便许多：①为了保证有限责任公司的人合性与封闭性，各国立法均将有限责任公司的设立严格限定在发起设立的方式之上，不允许采取募集设立的方式，从而使该种公司的设立方式极为单一。②受有限责任公司封闭性的制约，该种公司的资本筹集一般均限定于其股东的范围之内，股东出资的转让自有公司章程可循，加之公司的经营规模一般不会过大，从而使有限责任公司的设立与运营对社会影响较小，亦即所需要的政府干预较少。因此，除从事特殊行业经营外，对于该种公司的设立，各国立法多采取准则主义的态度。③公司机构是可以根据实际需要而选择设立的，反映了立法准予该种公司机构设置的灵活性。其具体表现为：一是股东会与董事会既可以双双并立，也可以选择其一。例如，依据法国、日本、英国等国家的立法，只有在公司章程未加明确规定的情况下，股东会才是有限责任公司的决策机构并应依法设置。相反，章程对于公司的决策机构已经作了明确选择，股东会就不是公司的必设机构。二是公司如果设置了股东会，则可以不设董事会只设执行董事或执行经理。德国、法国以及意大利等国家的立法上都有此类内容的规定。我国《公司法》第50条同样允许以执行董事的设立来代替董事会的设立。三是公司的监事会同样是任意机构。在大陆法系国家，一些国家以公司营业达到一定规模为标准，而要求有限责任公司必须设立监事机构；另一些国家则将公司监事会的设立与否交由公司章程加以规定。而在英美法系国家，立法方面一般都不要求有限责任公司设立监事会。

5. 有限责任公司形式便于股东参加公司营业的管理。这是因为：①有限责任公司的封闭性，使得公司的生存和发展与股东的个人利益有着唇齿相依的关系，并因而能够调动股东参与公司管理的积极性。②有限责任公司股东人数少，使得公司的营业管理权能够操持在股东手中。③有限责任公司机构设置灵活，运作规则简明高效，便于股东行使公司管理权。

二、有限责任公司在公司形式中的地位

在现代社会经济生活中，有限责任公司作为法定的公司形式之一，事实上已占有绝对的重要地位。随着社会经济的进一步发展，该种公司的法律地位还会显得越来越重要。

1. 有限责任公司形式成功地汇集了他种公司之长而避其所短，因而成为广大普通投资者最为理想的投资与合作形式。在传统的五大公司类型中，有限责任公司形式无疑最易调动起广大普通投资者的投资积极性及合作的热情。因为无限责任公司虽然适合于少数人合作，但是以合作者的相互信任为前提以及以合作者的无限责任为代价，从而难免有使投资者望而生畏之嫌。在两合公司以及股份两合公司中，虽然有有限责任股东的存在，但有限责任股东与无限责任股东地位悬殊，进而会影响到两类股东的合作关系。作为股份有限责任公司虽然易于聚集大量资本而从事大规模经营，但因股东流动性过大，同样会影响股东之间的合作。

2. 有限责任公司形式蕴含着公司立法技术最为优秀的成分，从而使该种公司的立法技术保持着较为旺盛的活力。①随着该种公司法理机制的逐渐鲜明，在社会生活的不断推动下，该种公司形式已发生了更加深入的进一步分化。如当今社会的有限责任公司，既有数人投资意义的，也有独资意义的；既有股份划分形式的，也有无股份划分形式的；既有含有合作因素的，也有不含合作因素的等。②有限责任公司的经营一般多限于中小型企业规模，但由于德国、瑞士等国的立法对于该种公司的股东人数并无上限，便使得该种公司的经营亦有大企业形式的产生。

正是基于以上两点，有限责任公司的数量在发达国家一直位居榜首，以至于一些学者预测该种公司乃今后公司的发展方向。为适应经济体制改革的需要，我国的公司法也确立了有限责任公司的形式，相信这一公司形式会为我国社会经济的发展发挥出不同凡响的推动作用。

第二节 有限责任公司的设立

一、有限责任公司的设立条件

有限责任公司作为法定的公司形式之一，一个重要表现即在于该种公司的设立必须符合立法所规定的条件。各国立法对此均有比较详细的规定。我国《公司法》第 23 条同样明确规定了设立有限责任公司的五项条件：

1. 须股东符合法定人数。关于股东人数的立法限制，国外有两种形式：①单额限制，即单就股东人数的最高额或者最低额所作的限制。②双额限制，即既限制股东人数的最高额亦限制其最低额。我国《公司法》第 24 条奉行单额限制，即股东人数不能超过 50 人。此种限制的目的，主要在于保证有限责任公司具有"人合"性质。

2. 须有符合公司章程规定的全体股东认缴的出资额。公司资本是公司人格的绝对性构成要素之一，也是公司具有权利能力、责任能力的财产基础。公司资本不仅要在章程中予以明确规定，还要进行注册登记。

依法确定公司全体股东认缴的出资额，是使公司责任能力客观上拥有最低限度的保证，同时，也是贯彻资本确定原则的一项具体表现。因此，公司资本不仅要在章程中予以明确规定，而且还要进行注册登记，否则，公司就不能成立。

3. 须股东共同制定公司章程。有限责任公司章程的制定，在国外立法上有两种做法：①共同订立主义，即有限责任公司章程必须由全体股东共同订立。②委托订立主义，即有限责任公司章程可以由 1 名或数名股东接受全体股东委托而起草，再由全体股东同意及签名使之成立。依据《公司法》第 23 条第 3 项的规定，对有限责任公司章程的制定，我国奉行共同订立主义的态度。

《公司法》第 25 条规定有限责任公司章程的所载事项为：①公司名称和住所；②公司经营范围；③公司注册资本；④股东的姓名或者名称；⑤股东的出资方式、出资额和出资时间；⑥公司的机构及其产生的办法、职权、议事规则；⑦公司的法定代表人；⑧股东会会议认为需要规定的其他事项。

4. 须有公司名称和符合有限责任公司要求的组织机构。公司名称是公司具有独立法律人格的标志。因此，有限责任公司名称的确定，除了严格遵守有关法律、法规的要求外，依据《公司法》第 8 条的规定，还应在其名称中标明"有限责任公司"或者"有限公司"的字样。

依据《公司法》的规定，除国有独资公司外，有限责任公司的组织机构通常为股东会、董事会和监事会；但股东人数较少或经营规模较小的有限责任公司，也可以不设董事会和监事会，而只设 1 名执行董事和 1～2 名监事。

5. 须有公司住所。公司的住所是公司章程载明的地点，是公司章程的必要记载事项，具有公示效力。公司以其主要办事机构所在地为住所。主要办事机构所在地，通常是公司发出指令的业务中枢机构所在地。公司可以建立多处生产、营业场所，但是经公司登记机关登记的公司住所只能有一个，并且这个公司住所应当是在为其登记的公司登记机关的辖区内。规定公司住所，具有以下几个方面的意义：①作为法律文书的送达处所；②作为诉讼管辖的根据；③在一定意义上是公司享有权利和履行义务的法定场所。比如，税务机关送达税务方面的文书，必须有一个可以送达的处所；公司将财务会计报告等资料供股东查阅，应当置备于公司住所等。

二、有限责任公司的设立方式

关于有限责任公司的设立，根据当代各国立法的规定，只能采用发起设立的方式而不允许采用募集设立的方式，因此与股份有限公司的设立方式不同。但是，由于设立有限责任公司发起人的人数事实上并不相同，从而使发起设立又有复数发起设立与单独发起设立的区别。在我国，有限责任公司的设立方式有两种：复数发起设立方式适用于具有社团意义的有限责任公司，是指发起人为两人以上时的发起设立。多数国家的立法规定，有限责任公司设立须采用复数发起设立的方式，我国《公司法》第 24 条就规定"有限责任公司由 50 个以下股东出资设立"。单数发起设立是指发起人仅为一人的发起设立。此种设立方式主要适用于国有独资公司和一人有限责任公司的设立。

三、有限责任公司的设立程序

同股份有限公司相比，有限责任公司的设立程序较为简单：

1. 发起人发起。有限责任公司的设立只能采用发起设立的方式。关于发起人的资格条件，我国公司法未作明确规定。但是，依据我国其他法律、法规规定可知，自然人作为发起人时应当具备完全民事行为能力，法人作为发起人时不能违反现行立法的禁止性规定。发起人为数人时，应订立发起人协议或制作发起人会议决议，以明确在设立公司过程中发起人之间的相互关系与公司设立无效时的责任归属。发起人应对设立公司的可行性进行分析，以防止盲目设立公司的现象出现。

2. 订立公司章程。有限责任公司章程需由全体股东共同制定。这既是有限责任公司的设立条件，也是其设立的必经程序。关于公司章程的内容，《公司法》第 25 条有明确的规定。关于制定公司章程时的具体手续应如何办理，公司法未作严格明确的规定，实践中仍应坚持两点：①自然人作股东时，需有该自然人在公司章程上的签字；②法人作股东时，需盖法人印章并加上其法定代表人或其授权代理人的签字。

3. 履行出资义务。有限责任公司章程订立后，股东即应按期足额履行出资义务。在我国，股东以货币出资的，应当将足额的出资货币存入准备设立的有限责任公司在银行开设的临时账户；以实物、工业产权、非专利技术或土地使用权出资的，除应当准确评估作价外，还应依法办理其财产权的转移手续。

4. 办理设立登记手续并领取营业执照。股东认足公司章程规定的出资后，则应由全体股东所指定的代表或者其共同委托的代理人向公司登记机关申请设立登记，并提交相关的法律文件。公司登记机关对于公司设立登记的申请应进行审查，符合法定条件时予以登记并发给营业执照；不符合法定条件时则不予以登记。有限责任公司营业执照的签发之日，既为有限责任公司的成立之日，也是其设立程序的完结之时。公司自成立之日起即具有法人资格，并可对外开展营业业务。

第三节 有限责任公司的出资

一、有限责任公司的出资方式

出资既是有限责任公司股东所应担负的基本义务，也是股东享有股东权利的前提条件。作为股东出资，不可避免地会涉及下列几个问题：

1. 出资方式。关于有限责任公司股东的出资方式，国外立法主要有三种不同规定：①出资平等制，即立法规定公司股东的每份出资额数量均等，股东既可以认购一份，也可以认购数份。这种出资方式与股份有限公司的股东出资形式相同而实质有异。②出资不平等制，即每个股东只能认购一份出资，但每一份的出资数额可以不同。③基本出资制，这是将出资平等制与出资不平等制相结合的产物。其具体内容是每一股东只能认缴一份出资，且每一份出资数额可以不同，但都必须是基本出资数额的整倍数。《公司法》对有限责任公司股东的出资形式虽然未作出明确的规定，但基于股东表决权的行使与计算方便的考虑，实践中应提倡采用基本出资制。

2. 出资类别。依据《公司法》第 27 条的规定，有限责任公司股东既可以用货币出资，也可以用实物、知识产权、土地使用权等可以用货币估价并可以依法转让的非货币财产作价出资。结合该法第 28 条的规定可知：①在我国，不允许用劳务以及股东的个人信用出资。这与大多数国家的立法规定相同。

②以实物、知识产权、土地使用权等可以用货币估价并可以依法转让的非货币财产作为资本而向公司出资时，应当进行评估与作价并应力求准确与公正。③无论以何种类别资本出资，股东均负有足额出资的义务。

3. 出资违约的法律后果。出资违约是指公司股东在出资时承诺出资而未出资或者未足额出资的情形。一般而言，出资违约属违法行为范畴，故应导致一定法律后果发生。关于出资违约的法律后果，依据《公司法》第28、30条的规定，主要是：①未缴纳所认缴的出资时，违约者除应缴纳出资外，还应向已按期足额缴纳出资的股东承担违约责任。②未足额缴纳所认缴的出资时，违约者除应补缴其出资差额外，亦应向足额缴纳出资的股东承担违约责任。③在公司股东不能缴纳出资或不能补缴其出资差额时，其他股东应负补充缴纳的连带责任。

4. 出资证明书。出资证明书又称股单，是有限责任公司成立之后以公司名义发放给股东的出资凭证。在法律上，出资证明书仅是一种书面形式的证据，又称书证，同法律上所讲的证券有本质区别。因此，出资证明书只能是记名形式的，不仅不能上市流通，其转让还要受到严格的限制。依据我国《公司法》第31条的规定，出资证明书的记载事项有：①公司名称；②公司成立日期；③公司注册资本；④股东的姓名或者名称、缴纳的出资额和出资日期；⑤出资证明书的编号和核发日期。出资证明书应由公司盖章。另外，有限责任公司还应置备股东名册。

二、有限责任公司出资的转让

有限责任公司出资的转让实际是指公司股东股权的转让。股东的股权转让，事实上存在着两种情况：①股东之间相互转让其股权。此种转让不仅为各国立法所允许，而且没有过多的立法限制。例如，《法国商事公司法》第47条规定，除公司章程另有限制外，有限责任公司股东的份额在股东之间可以自由转让。《日本有限公司法》第19条规定了相同的内容。我国《公司法》第71条第1款也规定，股东之间可以转让其全部或者部分股权。②股东向非股东转让其股权。由于这种转让关涉到股东之间的人合性质能否继续存在，因此，各国立法均采取严格限制的态度。限制的入手点即为转让的程序、转让的方式以及赋予其他股东先买权等。我国《公司法》第71～73条对有限责任公司股权转让进行了规范。第71条第2款规定，股东向股东以外的人转让股权，应当经其他股东过半数同意。股东应就其股权转让事项书面通知其他股东征求同意，其他股东自接到书面通知之日起满30日未答复的，视为同意转让。其他股东半数以上不同意转让的，不同意的股东应当购买该转让的股权；不购买的，视为同意转让。该条第 3 款规定，经股东同意转让的股权，在同等条件下，其他股东有优先购买权。两个以上股东主张行使优先购买权的，协商确定各自的购买比例；协商不成的，按照转让时各自的出资比例行使优先购买权。公司章程对股权转让另有规定的，从其规定。第 72 条规定，人民法院依照法律规定的强制执行程序转让股东的股权时，应当通知公司及全体股东，其他股东在同等条件下有优先购买权。其他股东自人民法院通知之日起满 20 日不行使优先购买权的，视为放弃优先购买权。第 73 条规定，依照本法第 71 条、第 72 条转让股权后，公司应当注销原股东的出资证明书，向新股东签发出资证明书，并相应修改公司章程和股东名册中有关股东及其出资额的记载。对公司章程的该项修改不需再由股东会表决。

第四节 有限责任公司的内部组织机构

一、股东会

（一）股东与股东会

自概念方面而言，有限责任公司股东基于公司形式的不同：①与他种公司形式的股东有严格的区别。②与有限责任股东亦有严格区别。后者专指两合公司当中的有限责任人。这种人既不能执行公司业务，同时，其所负责任的有限性仅限于公司内部而不能对抗两合公司的债权人。③基于出资的许可转让，有限责任公司股东与该种公司的设立发起人事实上也有区别。关于有限责任公司的股东会，依当代大多数国家的立法规定，由全体股东组成。这就表明了有限责任公司的股东会是股东行使股东权的组织机构及组织形式。

（二）股东会的地位和职能

依据我国《公司法》第 36 条的规定，有限责任公司的股东会是由全体股东组成的公司最高权力机构。在国外，基于有限责任公司股东人数较少的事实，少数几个国家的立法已取消了股东会的设置，但依我国《公司法》的规定，股东会是有限责任公司的必设机构。由于股东会不属于有限责任公司的常设性机构，因此，股东会虽然拥有公司重大事项的决策权，但对外并不能够代表公司，对内也不能够执行公司业务，是公司的意思机关。

根据我国《公司法》的规定，有限责任公司股东会行使下列职权：①决定公司的经营方针和投资计划；②选举和更换非由职工代表担任的董事、监事，决定有关董事、监事的报酬事项；③审议批准董事会的报告；④审议批准监事会或者监事的报告；⑤审议批准公司的年度财务预算方案、决算方案；

⑥审议批准公司的利润分配方案和弥补亏损方案;⑦对公司增加或者减少注册资本作出决议;⑧对发行公司债券作出决议;⑨对公司合并、分立、解散、清算或者变更公司形式作出决议;⑩修改公司章程以及公司章程规定的其他职权。

（三）股东会会议

依据我国立法的规定，股东会会议可以分为首次会议、定期会议和临时会议。首次会议于公司成立之前由出资最多的股东召集和主持，目的在于通过公司章程、产生公司领导机构及决定其他重大事项。定期会议按公司章程规定召开，通常每年 1~2 次。临时会议则是根据公司的需要于定期会议的间隔期间召开。我国《公司法》规定，有权提议召开股东临时会议的人包括：①代表 1/10 以上表决权的股东;②1/3 以上的董事;③监事会或者不设监事会的公司的监事。股东会会议通常由董事会召集，董事长主持；董事长不能履行职务或者不履行职务的，由副董事长主持；副董事长不能履行职务或者不履行职务的，由半数以上董事共同推举一名董事主持。公司未设董事会的，由执行董事负责召集并主持股东会会议。董事会或者执行董事不能履行或者不履行召集股东会会议职责的，由监事会或不设监事会的公司的监事召集和主持；监事会或者监事不召集和主持的，代表 1/10 以上表决权的股东可以自行召集和主持。召开股东会会议的通知，应于会议召开 15 日以前送达全体股东。

有限责任公司的股东会是公司的合议机构，其职权之行使限定于合议和决议的形式。关于股东的表决权，域外立法既有奉"均一主义"标准的，也有奉"资额主义"标准的。前者指一个股东不论出资多少即有一项表决权，侧重于维护公司的人合性；后者是指按股东的出资股数或出资比例来分配股东表决权，侧重于维护公司的资合性。依我国《公司法》规定，在股东权的配给方面我国采用"资额主义"标准。关于股东会的决议，根据其议事方式和表决程序的不同，一般可以分为普通决议与特别决议两种。普通决议是就公司的一般事项所作的需要代表 1/2 以上表决权的股东通过的决议。特别决议则是就公司特别重大的事项所作的必须经 2/3 以上表决权的股东通过的决议。依我国《公司法》的规定，应通过特别决议而决定的事项有：①修改章程;②公司注册资本的增加或减少;③公司的分立、合并或变更公司形式;④公司解散。相比较而言，我国立法所规定的特别决议的事项比西方国家少。股东会会议对所议事项的决定应作成会议记录，出席会议的股东均应在记录上签名。会议记录应当妥善保存。另外，似有必要提及的是，实践中早已出现的"公司僵局"，可由公司章程规定相应的解决办法。

二、董事会

（一）董事会的地位与职权

有限责任公司董事会的地位受两方面因素制约：①公司是否设立股东会。设之，董事会则为股东会的执行机构；不设则为公司的最高权力机构。②立法所确定的公司执行机构是单轨制还是双轨制。单轨制者，董事会为公司的唯一执行机构；双轨制者，董事会与执行业务股东共享执行权。我国立法奉行单轨制的立场，因此，有限责任公司的董事会便是由股东选举产生的常设性公司执行机构，对外有权代表公司，对内有权执行公司业务。依我国《公司法》第46条的规定，董事会行使下列职权：①召集股东会会议，并向股东会报告工作；②执行股东会的决议；③决定公司的经营计划和投资方案；④制订公司的年度财务预算方案、决算方案；⑤制订公司的利润分配方案和弥补亏损方案；⑥制订公司增加或者减少注册资本以及发行公司债券的方案；⑦制定公司合并、分立、解散或者变更公司形式的方案；⑧决定公司内部管理机构的设置；⑨决定聘任或者解聘公司经理及其报酬事项，并根据经理的提名决定聘任或者解聘公司副经理、财务负责人及其报酬事项；⑩制定公司的基本管理制度；⑪公司章程规定的其他职权。不设董事会的有限责任公司，其执行董事的职权参照董事会职权的规定，由公司章程规定。

（二）董事会的组成与董事会会议

董事会由股东会选举的董事组成。关于董事的遴选范围，当代立法规定的宽窄不一。如有的国家规定，公司股东、公司企业的职员乃至其他人员均可以出任公司董事；而有的国家却又明确规定董事仅限于股东之中产生。我国《公司法》规定，董事通常应由股东选举，但两个以上国有企业或者两个以上其他国有投资主体投资设立的有限责任公司，其董事会成员中应有公司职工代表。我国《公司法》还规定，有限责任公司的董事会由 3~13 名董事组成。董事会设董事长1人，负责主持股东会会议，召集和主持董事会会议，检查董事会决议的实施情况。董事会还可以设副董事长 1~2 人，协助董事长行使职权。关于董事的任期，在我国由公司章程规定，但每届任期不得超过 3 年。任期届满时，可以连选连任。

董事会会议可以分为定期会议与临时会议两种。定期会议依章程的规定按时召开，通常每半年至少一次。临时会议仅在必要时召开。董事会会议由董事长召集和主持；董事长不能履行职务或者不履行职务的，由副董事长召集和主持；副董事长不能履行职务或者不履行职务的，由半数以上董事共同推举一名董事召集和主持。董事会的议事方式与表决程序除依公司法外，还应遵照章程的规定。董事会应将所议事项的决定作成会议记录，由出席会议的董事签名。会议记录应当妥善保存。

三、监事会与监事

（一）监事会的性质与组成

监事会以及监事在立法上的称谓甚多，既有称"监察人"的，也有称"监察委员会"的。一般而言，它是有限责任公司的监督机构，负责对公司的经营与财务、董事会及其成员以及经理的执业行为进行监察与检查。但在德国、丹麦以及奥地利等国家，其监事会除了具有公司监督机构的性质外，还兼具有公司执行机构的性质及职能。关于有限责任公司是否设立监事会，立法上向来有三种不同的规定：①不设专门的监事机构，而由不执业的股东行使监察权。②监事会为有限责任公司的选设机构，由公司章程予以规定。③以有限责任公司的经营规模为依据，立法予以区别对待：即对于中小型经营规模的有限责任公司，监事会为选设机构；而当公司企业的从业人员达到一定数量或者公司的资本总额达到一定数额时，监事会即为公司的必设机构。我国《公司法》第51条第1款规定："有限责任公司设监事会，其成员不得少于3人。股东人数较少或者规模较小的有限责任公司，可以设1～2名监事，不设监事会。"这种态度极近似于前述的第三种立法体例。

关于监事会的人员与组成，各国立法规定很不一致。有的国家规定唯有公司股东才可以当选为公司监事；而有的国家则规定除股东外，公司的雇员代表和工会代表也可以出任监事。依据我国《公司法》的规定，监事会由股东代表和适当比例的职工代表组成；公司的董事、高级管理人员不得兼任监事。监事会设主席1人，由全体监事过半数选举产生。

（二）监事会的职权

我国《公司法》第53条规定，有限责任公司的监事会或监事行使下列职权：①检查公司财务；②对董事、高级管理人员执行公司职务时的行为进行监督，对违反法律、行政法规、公司章程或者股东会决定的董事、高级管理人员提出罢免的建议；③当董事、高级管理人员的行为损害公司的利益时，要求董事、高级管理人员予以纠正；④提议召开临时股东会会议，在董事会不履行法定的召集和主持股东会会议职责时召集和主持股东会会议；⑤向股东会会议提出提案；⑥依照《公司法》第151条的规定，对董事、高级管理人员提起诉讼；⑦公司章程规定的其他职权。此外，为了便于监事或监事会监督权利的行使，公司法还规定监事有权列席董事会会议。监事会职权的行使，同样是以决议形式而为之。因此，监事会应当定期或不定期地召开监事会会议，所作的决议通常需要监事会成员一半以上的简单多数通过。

四、董事、监事、高级管理人员的任职资格及其所负义务

有限责任公司的董事与监事均为公司业务的执行权人和监督权人，因此，有必要明确规定他们的任职资格，并且对他们的任职规定一定的义务。我国《公司法》以排除的规范方式规定了有限责任公司董事、监事、高级管理人员的任职资格，即有下列情形之一的，不得担任公司董事、监事、高级管理人员：①无民事行为能力或者限制民事行为能力；②因贪污、贿赂、侵占财产、挪用财产或者破坏社会主义市场经济秩序，被判处刑罚，执行期满未逾5年，或因犯罪被剥夺政治权利，执行期满未逾5年；③担任破产清算的公司、企业的董事长或者厂长、经理，并对该公司、企业的破产负有个人责任的，自该公司、企业破产清算完结之日起未逾3年；④担任因违法被吊销营业执照、责令关闭的公司、企业的法定代表人，并负有个人责任的，自该公司、企业被吊销营业执照之日起未逾3年；⑤个人所负数额较大的债务到期未清偿。

依据我国《公司法》的规定，有限责任公司的董事、监事、高级管理人员应当遵守法律、行政法规和公司章程，对公司负有忠实义务和勤勉义务。概括起来主要有以下两个方面：

1. 忠实义务，是指公司董事、监事、高级管理人员必须忠诚地为公司利益最大化履行职务，并且不得为了自己个人利益与公司利益相冲突。此项义务要求董事、监事、高级管理人员首先必须认真、正当地行使职权，在法律和公司章程以及股东会决议授权的范围内行事，不得越权；在履行职务时必须将公司利益放在首位；不得使个人利益与公司利益发生冲突；竞业禁止（限制）以及自我交易的限制。根据我国《公司法》的规定，董事、监事、高级管理人员的忠诚与竞业禁止义务主要有以下内容：①董事、监事、高级管理人员应遵守公司章程，忠实履行职务，维护公司利益，不得利用在公司的地位和职权为自己谋取私利、收受贿赂或其他非法收入及侵占公司财产。②不得挪用公司资金或将公司资金借贷给他人，不得将公司资产以个人名义或其他个人名义开立账户存储，不得以公司资产为本公司股东或者其他个人债务提供担保。③不得自营或为他人经营与其所任职公司同类的营业或从事损害本公司利益的活动，否则，其所得收入应归公司所有。除公司章程规定或股东会同意外，不得同本公司订立合同或进行交易。④除法律规定或股东会同意外，不得泄露公司秘密。

2. 勤勉义务，是指董事、监事、高级管理人员必须谨慎、尽力履行职务，尽善良管理人的注意义务，依照法律法规和公司章程履行职责，维护公司利益。这是与忠诚义务相联系的对董事、监事、高级管理人员履行职务提出的更高的要求。换言之，如果董事、监事、高级管理人员在履行职务时没有尽到合理的谨慎义务，将对公司承担赔偿责任。

第五节　国有独资公司

一、国有独资公司的概念与特征

国有独资公司，是指国家授权投资的机构或者国家授权的部门单独投资设立的有限责任公司。国有独资公司是我国公司法专门针对中国国情而规定的一种特殊类型的有限责任公司。与一般意义上的有限责任公司相比，国有独资公司具有以下特征：

1. 国有独资公司的投资主体具有单一性和特定性。所谓单一性，是指国有独资公司的股东只有一人。国家是设立国有独资公司的唯一主体，其他法人或个人均不得设立国有独资公司。所谓特定性，是指国有独资公司的单一股东只能是国家授权投资的机构或国家授权的部门，它包含两层含义：①投资主体只能是从事投资业务的机构或部门；②该投资机构或部门必须经国家特别授权，没有国家授权，任何投资机构或部门不得投资设立国有独资公司。

2. 国有独资公司股权的国有性。正因为国有独资公司是由国家授权的投资机构或国家授权的部门作为唯一投资者，因此，其股权才为国家独有，是所谓的"国有公司"。

3. 国有独资公司作为有限责任公司的特殊性。国有独资公司的组织形式符合有限责任公司的一般特征，是有限责任公司，因此，国有独资公司本身作为具有法人资格的企业，其财产与股东的财产是严格分离的，作为股东的投资者也仅在出资范围内承担有限责任。同时，由于其股东的特殊性和唯一性，《公司法》对其作了专门规定。因此，国有独资公司又是一种特殊的有限责任公司，在组织机构、公司章程、财产管理等许多方面，都不同于普通的有限责任公司。

二、国有独资公司的设立

我国公司法并未就国有独资公司的设立条件和程序作出专门规定，但因其为有限责任公司之特殊类型，所以除应符合有限责任公司的一般规定外，其设立方式、条件及程序有其特殊之处。

（一）国有独资公司的设立方式

根据公司法的规定，国有独资公司的设立方式有以下两种：

1. 单独发起新建设立。指国家授权投资的机构或者国家授权的部门依公司法规定单独投资开办国有独资的有限责任公司。通过新的投资开办国有独资公司，国家可以从发展国民经济重要产业、基础产业和重要生产经营项目的需要出发，在一定程度上直接实现国家的产业政策和资源的合理配置，并达到国有资产保值、增值的目的。

2. 国有企业改建设立。即依法将国有企业改组为国有独资公司。国有企业改建为国有独资公司的根本目的是解决长期困扰国有企业的政企不分、经营自主权难以落实、约束机制不健全、经济效益不高以及企业负担过重等影响企业活力的问题，旨在转换企业经营机制，使之真正成为自负盈亏、自主经营的市场主体。改建设立国有独资公司必须按公司法和国务院规定的步骤和具体办法进行。

（二）国有独资公司设立的条件和程序

国有独资公司设立条件与一般有限责任公司大体相同，根据《公司法》第 23 条的规定及国有独资公司的特点简述如下：

1. 投资者符合法定条件。国有独资公司由国家授权投资的机构或国家授权的部门代表国家投资，并行使股东权。国家授权部门或国家授权投资的机构与以往的政府部门对国有企业的投资不同，它不直接对公司进行控制和干预，而是以股东的身份，依公司法和公司章程享有权利和承担义务。

2. 股东认足公司章程规定的出资额并依法缴足。国家授权投资的机构或国家授权的部门必须依法进行投资，不能有任何超越法律规定的特权，而且必须在公司注册登记前缴足其全部出资。

以货币出资的，应当一次性存入拟设立的国有独资公司在银行开设的临时账户；以实物或其他财产权出资的，应当依法办理财产权的转移手续。

3. 制定公司章程。国有独资公司的章程由国家授权投资的机构或国家授权的部门直接制定或者由公司董事会制定并报其批准。公司章程是国有独资公司组织和行为的准则，对公司和公司的出资人、董事、监事、经理等都具有约束力。

4. 有公司名称，建立符合公司法要求的组织机构。

5. 有公司住所。

除满足以上条件外，国有独资公司的设立还必须履行相应的程序。在制定章程、足额缴纳出资后，由国家授权投资的机构或国家授权的部门作为申请人，向公司登记机关申请设立登记。公司登记机关对符合法律规定条件的，予以登记；对不符合法律规定条件的，不予以登记。公司营业执照签发的日期为国有独资公司的成立日期。

三、国有独资公司的组织机构

（一）国有独资公司的权力机关

由于投资主体的单一性，国有独资公司不设股东会，由国有资产监督管理机构作为公司权力机关，行使包括委派和更换董事会成员，决定公司合并、解散、增减资本和发行公司债券等在内的部分股东会的职权，还有相当部分的职权则授予董事会行使。

（二）董事会

公司法规定，国有独资公司设立董事会，每届任期不得超过 3 年。其中，部分董事由国有资产监督管理机构委派，部分董事由公司职工民主选举产生。在国有独资公司中，董事会具有因授权而取得的股东会的部分决策权限，还因其是公司的执行机构和对外代表机构而负责公司的日常经营管理工作。换言之，国有独资公司董事会除享有一般有限责任公司董事会的职权外，还享有国有资产监督管理机构授予的部分股东会的职权，主要有：①决定公司的经营方针和投资计划；②决定公司的年度财务预算方案；③决定公司的利润分配方案和弥补亏损方案等。

董事会设董事长 1 人，可以设副董事长。董事长、副董事长由国有资产监督管理机构从董事会成员中指定。

国有独资公司设经理，由董事会聘任或解聘。经国有资产监督管理机构同意，董事会成员可以兼任经理。经理的职权与一般有限责任公司相同。

（三）监事会

根据《公司法》第 70 条的规定，国有独资公司设立监事会。其成员不得少于 5 人，主要由国有监督管理机构委派的人员组成，并有公司职工代表参加，其中职工代表的比例不得低于 1/3，具体比例由公司章程规定。

国有独资公司监事会除行使《公司法》第 53 条规定的检查公司财务，对董事、高级管理人员执行公司职务时违反法律、行政法规或者公司章程的行为进行监督，当董事、高级管理人员的行为损害公司的利益时，要求董事、高级管理人员予以纠正的职权外，还可以行使国务院规定的其他职权。

第六节　其他有限责任公司

一、外商独资公司

"外商独资公司"一语，严格地说并不见之于我国的现行立法，仅见之于我国的法律理论。依据我国的现行立法，所谓的外商独资公司，应当是指符合我国法律关于法人条件规定、营业资本仅由一个外国投资者提供的外资企业。关于该概念的表述，似乎极有必要注意以下几个方面的事实存在：①在我国的立法上，企业与公司同时作为法律上的范畴，不仅缺少严格的区分，而且往往作为等质概念而加以使用。在《公司法》颁布以前，立法方面还一直企图用企业一词取代公司概念，因而才使我国的商事主体制度不能不以名目甚多的企业法名称出台。②依据我国《外资企业法》第 8 条以及《外资企业法实施细则》第 18 条的规定可知，我国立法上所称的外资企业本身即有两大类型区分，一类是法人型外资企业，另一类是非法人型外资企业。法人型的外资企业事实上又有外商独资有限责任公司与外商非独资有限责任公司两种形式的区分。其中，外商独资有限责任公司与外商独资企业的区别在于，前者符合《民法通则》第 37 条或《民法总则》第 58 条所规定的法人条件而具有法人资格，后者则不具有法人资格。这样，依据我国现行的法律思维模式，前者便可以称为公司，后者则不能称为公司。③依据大陆法系的商事立法及其理论传统，独资企业的业主如果具备法人资格，不仅可以称为公司，而且通常还称为独资公司或者一人公司。但是，独资公司也好，一人公司也罢，该种公司最为本质的规定在于其投资主体具有单一性。这种单一性的确切意思是指公司法人由一个人构成，亦即其投资人仅为一个人。正因为如此，在我国，有人将外商独资公司的概念界定为"公司资本全部由外国投资者提供"，显然有其不妥之处。综上所述，关于外商独资公司的法律特征应有以下几点：①外商独资公司是我国法律规定的公司，从而与外国公司以及外国公司的分支机构有区别。②外商独资公司是我国特别法上的公司，与我国《公司法》规定的公司有区别。③外商独资公司最为本质的特征在于其投资者乃是单一的外国人，但公司具有法人资格，从而既区别于外商独资企业与外商合伙企业，也区别于多个外商投资的有限责任公司。

由于外商独资公司属我国特别法规定的公司，因此，对该种公司的依法规范，应当优先适用我国的特别法；特别法无规定时，才适用我国的《公司法》。

二、中外合资公司

中外合资公司又称中外合资经营企业，是指由中国和外国的投资人基于共同投资、共同经营以及共负盈亏而成立的法人组织形式。我国《中外合资经营企业法》第 4 条以及《中外合资经营企业法实施条例》第 16 条规定，中外合资企业采用有限责任公司形式，是中国的法人。在我国公司法所确立的公司形式中，多数人投资的有限责任公司与中外合资公司有较多的相似之处，但是，同前者相比较，后者则有以下几个方面的特点：

1. 立法对中外合资公司的投资主体有特别要求。主要表现为：①中外合资公司的投资人必须既含有中国的投资者，又有国外投资者；②中外合资公司的中外籍投资人总数在立法上并无上限；③中国公民不能作为中外合资公司的投资人。

2. 中外合资公司的设立程序较为严格。设立中外合资公司的程序包括：①需要由合营各方签订合资经营合同以及制定合资公司章程。合营合同以及章程的内容均应依照立法的规定而制定。②应有中国合营者的企业主管部门和合资公司所在地的省级人民政府意见。③在中国境内设立中外合资公司，必须取得中国商务部的批准。

3. 立法对外国投资者的投资比例、出资类别等均有明确要求：①在合资公司的注册资本中，外国投资者的投资比例一般不得低于25%；②作为外国投资者的投资类别，主要限定于三类：一为外币，二为机器设备或其他物料，三为工业产权或专有技术。对于这几类出资，立法均有较为明确的要求。

4. 中外合资公司的组织机构较为简化。依据我国《中外合资经营企业法》的规定，中外合资公司的组织机构既无股东会，也无监事会，而只设董事会，且董事会的董事均由合资各方委派。

由于中外合资公司亦属我国特别法规定的公司，所以，对于该种公司的依法规范，主要适用特别法；只有在特别法无规定时，才适用我国的公司法。

三、外国公司的分支机构

外国公司的分支机构是指一个国家的公司依据他国立法而在该国设立的分支机构。自法律上而言，外国公司的分支机构实质上是一种具有特殊法律地位的分公司。因为，在一方面，既然是外国公司的分支机构，自然也就是外国公司的分公司，并与该外国公司具有相同的国籍；但在另一方面，该分支机构的业务活动地又是在东道国境内，从而使其设立与营业等不能不受东道国法律的规范。正因为如此，许多国家的公司法均将外国公司的分支机构作为自己的规范对象。我国的公司法持相同的态度和做法。

关于外国公司分支机构的法律特征，一般有以下几项：

1. 外国公司于东道国设立的分支机构，没有独立的法律人格，仅是该外国公司的一个外在性组成部分，既与该外国公司保持着相同的国籍，又区别于该外国公司的内部机构。因此，各国公司法均要求这种分支机构在其名称中标明所属公司的国籍与责任形式。我国《公司法》第194条规定了相同的内容。

2. 外国公司于东道国设立分支机构，须经东道国政府的批准或认可，并依法办理核准登记手续，领取营业执照。这是由外国公司分支机构的法律地位和其业务活动地在东道国境内之事实以及东道国的国家主权要求所决定的。我国《公司法》第 192 条规定了这一方面的内容。

3. 外国公司的分支机构须以营利为目的，并于东道国境内开展有营业性质的活动。这是外国公司于东道国境内设立分支机构与设立代表处的主要区别。因为外国公司于东道国境内设立代表处的目的，不是为了营业及通过营业而营利，而是为了与东道国联络方面的方便及便利。

4. 外国公司分支机构在东道国境内所实施的业务活动，须受东道国法律的规范。我国《公司法》第 196 条规定："经批准设立的外国公司分支机构，在中国境内从事业务活动，必须遵守中国的法律，不得损害中国的社会公共利益，其合法权益受中国法律保护。"

关于外国公司在东道国境内设立分支机构的程序，一般可以分为批准与登记两个阶段。批准的程序阶段从申请人提出申请开始。可以作为申请人者，或系该外国公司的法定代表人，或者是该外国公司法定代表人的代理人。申请人提出申请时，应附送证明申请人国籍的证件以及其拥有申请人资格的证书。申请书应载明东道国立法所要求的事项及内容，并附带上相关的证明文件及证书，以备东道国政府审批机关的审查。登记的程序阶段从外国公司接到批准证书开始，其具体程序原则上与东道国公司设立分支机构的程序相同。

对于外国公司分支机构营业活动的监督和管理，原则上与对本国公司分支机构营业活动的监督和管理相同，但在税收、外汇使用以及进出口业务等方面，应当认真贯彻东道国法律中的特别规定。另外，外国公司分支机构解散或依法被撤销时，应当依法进入清算程序。我国《公司法》明确规定，在未清偿债务之前，外国公司不得将其分支机构的财产移至中国境外。同时还规定，外国公司对其分支机构在中国境内的营业活动承担民事责任。这即是说，当外国公司的分支机构在中国境内的财产不足以清偿债务时，必须由外国公司予以全面清偿。

四、一人公司

（一）一人公司的概念与特征

一人公司是指股东仅为一人的有限责任公司或股份有限公司。包括原生型一人公司与继发型一人公司。前者指公司设立时股东即为一人；后者指公司设立时，股东非为一人，但在公司存续期间，因公司出资或股份全都转移而使股东归于一人。在理论上，将这种只有一个股东的一人公司叫做形式上的一人公司；将表面上有多个股东，但实际上公司的股份或出资只为一人持有，其他股东只为配合真正股东而充任挂名股东的公司叫做实质意义上的一人公司。一人公司的特征主要有：

1. 股东仅为一人。即全部股份或出资由一名股东持有。

2. 具有法人资格。对此尽管理论上不无争议，但通说认为一人公司作为企业法人之一种，应有法人资格，独立享有民事权利、承担民事责任，而股东对公司债务承担有限责任。

3. 股东控制着公司经营。因一人公司股东的单一性，所以股东通过对董事会的控制而控制着公司的经营。

（二）我国公司法对一人公司的态度

我国公司法允许设立一人有限责任公司。《公司法》第 57 条第 2 款规定："本法所称一人有限责任公司，是指只有一个自然人股东或者一个法人股东的有限责任公司。"但是我国不承认一人股份有限责任公司。我国《公司法》对于一人有限责任公司的规定较之其他有限责任公司而言，更为严格及更有针对性：①对自然人设立一人有限责任公司进行了限制。《公司法》第 58 条规定："一个自然人只能投资设立一个一人有限责任公司。该一人有限责任公司不能投资设立新的一人有限责任公司。"②一人有限责任公司的年度财务会计报告应当经会计师事务所审计。③规定了股东严格的责任。即股东不能证明公司财产独立于自己之财产的，应对公司债务承担连带责任。

■ 思考题

1. 简述有限责任公司的特征及设立。

2. 简述一人公司的概念与特征。

3. 试述国有独资公司的特征及组织机构。

4. 试述外国公司的分支机构及其设立。

第六章 股份有限公司

■学习目的和要求

　　本章的学习重点主要在于股东资格的取得、股东的法律地位、股东的权利和义务、资本和股份的概念及法律特征、股份转让的原则和程序等。本章的学习难点在于理解资本形成的过程。通过本章学习，应对上述学习重点熟练掌握，并能结合具体的理论对实践问题加以分析和运用；对上述学习难点有一定的理解和思考；对于其他问题，应有一般的了解。

第一节 股份有限公司概述

一、股份有限公司的概念与特征

　　股份有限公司又称股份公司，系指由合于法定人数的股东所组成、全部资本分为均等的股份、股东以其拥有的股份为限对公司承担财产责任，公司以其全部资产对公司债务承担责任的公司。

　　股份有限公司乃公司之一种，除具有公司的一般特征外，还具有区别于其他公司的鲜明特点，表现为：

　　1. 股份有限公司是最典型的法人组织。法律上完整的公司概念和法人概念，始于股份有限公司。股份有限公司的股东人数必须达到法定的最低人数以上，这是股份有限公司发挥面向社会、广泛集资重大作用的表现。股份有限公司具有完备的法人组织机构，股东会、董事会、监事会是股份有限公司的必设组织机构。股份有限公司作为一种商事主体，除具有商事权利能力和行为能力外，还拥有完全独立的财产，能够独立享受权利、承担义务和责任。股份公司完备的组织机构、完全独立的财产及其独立责任能力，充分体现了法人团体性、独立人格性等本质特征。在各国公司立法和公司法理论中，股份公司的法人地位早已确定无疑，但对于无限公司、两合公司是否为法人的问题一直存在分歧。

2. 股份公司是最典型的资合公司。股份公司本身的资产为清偿债务的总担保。公司的信用基础在于其资本，与公司成员的信用无关。这明显有别于人合公司，股份公司的股份可以自由转让，股东的频繁变动不会影响公司的存续及经营状况。股份公司的资合性质决定了公司股东只能以现金或实物出资，而不能以信用或劳务出资。

3. 股份有限公司资本具有股份性。资本平均分为股份，每股金额相等是股份有限公司的又一重要特征。股份乃公司资本的最小构成单位，依法可以自由转让。一股一权，权数与持股数成正比例，股东权的计算、行使、转让均以股份为单位。资本股份化不仅能适应股份有限公司公开发行股份、募集社会资金的需要，而且也便于股东权的行使和利润分配。

4. 股份有限公司资本的募集具有公开性。一些英美法系国家因股份公司具有这一个特征而直接称其为开放式公司。股份有限公司可以通过法定程序向社会公开招股，发行股票，筹集公司的资本。公司资本的公开募集有利于广泛吸收社会资金，积少成多，形成规模型企业所需的资本。公众只要支付股金，购买股票就可以成为股份公司股东。因此，股份公司的股东具有广泛性。这也决定了股份公司的账目必须公开，以使股东对公司经营情况有所了解，并达到保护股东合法权益的目的。

二、股份公司的历史地位

对于股份有限公司的起源问题，历来学者们看法不一致，但一般都认为，股份有限公司起源于 17 世纪初期的荷兰和英国，即著名的荷兰东印度公司和英国东印度公司，乃是最早出现的一批股份有限公司。当时，许多西方的经济学家和法学家将股份公司视为新时代的伟大发现，认为它的重要性并不亚于蒸汽机和电力的发明，没有它，大规模的现代化经营便是不可想象的。

（一）股份有限公司的历史地位

欧洲资本主义国家是股份有限公司的发源地。股份有限公司的出现是自由竞争时代日益发展的社会化大生产的要求，是自由竞争推动资本集中这一资本主义经济运动过程的必然结果。自由竞争时代客观上要求资本联合起来，集资经营。只有这样，才能兴办起单独一个所有者无力开设的大工业企业，防止和分散经营风险，在市场竞争中处于有利的地位。股份公司作为集资经营、共担风险的经济组织形式，是适应上述客观要求的最有效形式。其在社会经济生活中所起的作用是其他公司形态都无法取代的。它的产生极度地加速了社会资本集中的过程，并成为社会积累的新的强有力的杠杆。马克思曾对股份公司的作用给予了极高的评价。他指出："假如必须等待积累去使某些单个资本增长到能够修建铁路的程度，那么恐怕直到今天世界上还没有铁路。但是，集中通过股份公司转瞬之间就把这件事完成了。"[1] 可见，股份公司对于促进生产力的发展，具有十分重要的作用。

（二）对股份公司的评价

尽管股份公司在历史上一经产生就成为殖民主义者对外侵略、扩张和掠夺的工具，但其作为社会化大生产的组织形式，对生产力发展所起的促进作用是不应忽视的，因此，对股份公司的历史地位应予以全面、客观的评价。

1. 股份公司能加速社会资本的集中。股份公司是集中资本的一种最有效的公司形式。公司资本的股份性及向社会募集的公开性，使得社会上小额分散的资金能被最广泛地集中起来，这也使得股份公司具有最广泛的社会性。

2. 股份公司有利于减轻投资者的风险。任何企业的生产经营都存在着程度不等的风险，股份公司将公司资本划分为金额相等且数额较小的股份，以众多的小额股份来承担风险能使经营风险高度分散。公司的股东仅以其持有的股份为限对公司负责，一旦公司经营破产，投资者的其他财产也不会受到影响。

3. 股份公司是一种极为灵活、方便的投资场所。投资者可以基于自己的动机和意愿，自由地选择投资方式，或认购公司发行的普通股，或认购特别股，还可以认购公司发行的各种债券。如遇自身急需或看到公司经营不善、面临亏损或破产的情形，股东又可以根据自己的意志将投资转让出去，收回出资。

4. 股份公司使得社会生产的管理职能与资本所有者相分离，实现了管理的专门化。股份有限公司实现了股东所有权与公司法人财产所有权的分离。在股份公司中，生产和经营的管理活动是由以董事会和经理为中心的管理机构进行的，人数众多的股东只领取股息和红利。这种管理的专门化有利于提高公司的管理水平。

但不可否认，股份公司亦有其自身的局限性：

1. 股份公司设立程序比其他公司复杂严格；发起人的设立责任亦较重；公司管理机关比较复杂庞大，公司的活动也多受其约束和限制。

2. 股份公司资本的股份化，使股东人数众多，并且高度分散。这容易使部分股东因掌握一定比例的股份而操纵公司。

3. 股份公司股东流动性很大，一些股东常出于投机的目的购买股票，而

---

[1]《马克思恩格斯全集》（第23卷），人民出版社1965年版，第688页。

对公司缺乏责任感，即在公司经营稍有不佳时，股东就抛售股票、转移风险。这样，会使有可能扭亏为盈的公司因股票价格的跌落而一蹶不振。

针对股份公司的上述优点和弊端，西方国家的公司法一直注重于此类问题的解决，通过对公司的设立、经营、监督等进行严格的法律规定来扬长避短，使其符合社会经济发展的要求。在我国经济体制改革的进程中，人们对股份公司的应有地位已经有所认识。近年来的国有企业股份制改造是市场经济体制的必然要求。在这一改造过程中，我们必须对股份公司的优点和弊端有一个清楚的认识，要防止"股份制万能"和"股份制虚化"的两种错误倾向，并有必要对西方国家关于股份公司的理论研究成果及其立法经验予以借鉴。

第二节 股份有限公司的设立

股份有限公司的设立是指为组建股份公司并使其取得法人资格，而循序、连续完成的各种准备行为。该设立行为的核心部分或主要部分为法律行为。

根据公司首期发行的股份是否由发起人之外的人认购，股份公司的设立方式分为发起设立与募集设立两种。公司首期发行的股份全部由发起人认购而不向社会公众募集的设立方式称为发起设立。发起人只认购公司首期发行股份的一部分，其余部分公开向社会公众募集，即招募社会公众来认购公司股份的方式称为募集设立。

股份有限公司的设立条件与程序较无限公司、有限公司相比更为严格、复杂。

一、股份有限公司的设立条件

设立股份公司应具备以下条件：

1. 发起人符合法定人数。发起人是订立发起人协议，确定公司章程，认购公司股份，创办、筹备股份公司成立，并对公司设立承担责任的人。股份公司的设立阶段可能有重大的财产责任发生，因此，为确保设立行为的完成，维护认股人的利益，保证发起人对发起行为承担责任，各国公司法均对发起人的最低人数作出了规定。如法国、日本规定为7人，德国规定为5人。我国《公司法》第78条规定，设立股份有限公司，应当有2人以上200人以下为发起人。

对于发起人是否应限于本国人，各国公司法规定有所不同。大多数国家不加以限制，有的国家则规定发起人必须为本国人，或要求本国人应占发起人的一定比例。我国《公司法》规定，须发起人中半数以上的人在中国境内有住所。

股份公司的发起人是实施公司设立活动的人。一般认为，发起人是设立中公司的机关，其在公司设立中对外代表设立中的公司，对内履行设立公司的各项义务。公司成立后，发起人的行为就转化为公司的行为。但如果公司最终未成立，其行为产生的权利义务则由其自己承担。我国《公司法》第 94 条对股份公司发起人在设立中应当承担的责任有详细的规定。

2. 有符合公司章程规定的全体发起人认购的股本总额或者募集的实收股本总额。为了保证股份公司有足够的资本从事后来的经营活动，确保其至少具有最低的财产责任能力，许多大陆法系国家的公司法都规定了股份有限公司的最低资本限额，且这一最低资本限额普遍高于有限责任公司的最低资本额。如《法国公司法》规定，股份公司的最低资本限额为 10 万法郎（不向公众邀约认购股份）和 50 万法郎（向公众邀约认购股份）；《德国公司法》规定为 10 万马克。我国现行《公司法》为鼓励发展社会经济，已取消了股份有限公司注册资本最低限额的要求，但法律、行政法规以及国务院决定对股份有限公司注册资本实缴、注册资本最低限额另有规定的，从其规定。应当强调的是，公司资本只能以现金或公司所需要的实物出资构成，劳务、信用或经营能力等均不能作为出资构成公司资本。

3. 股份公司的股份发行、筹办事项应符合法律规定。股份公司股份发行、筹办事项包括制定公司章程、股份的认购、出资及股款的缴纳、选举董事会、召开创立大会、申请登记等。关于这些事项的办理，法律均有严格的规定。这类法律规定，发起人应严格遵守。只有全部筹办事项符合法律规定时，公司才能有效设立。

4. 具备股份公司的公司章程。股份有限公司的章程是股份公司设立的基本文件。股份公司的章程是由发起人拟定的，用于规定公司的组织机构及对内、对外行为。发起设立的股份公司，其章程须经发起人一致同意后才能生效；募集设立的股份公司，其章程须经创立大会通过后才能生效。

公司章程必须载明法定的必要记载事项，如公司的名称和住所、公司的宗旨和经营范围、公司的注册资本、股份总数、各类别股份总数、每股金额、发起人的姓名及认购的股份数、股东的权利义务、公司内部机构的组成、职权和议事规则以及公司利润的分配办法等。

5. 有公司名称和完备的组织机构。股份有限公司的名称是股份公司作为一个法人区别于其他企业法人的标志。股份公司的名称一般应遵守商法关于商业名称的法律制度。我国《公司法》第 8 条第 2 款规定："依照本法设立的股份有限公司，必须在公司名称中标明股份有限公司或者股份公司字样。"

股份公司的组织机构包括股东大会、董事会、经理、监事会等。股份公司的组织机构乃公司独立人格所必须。具有必要的组织机构，股份公司才能成为一个法人实体；具有完备的组织机构，股份公司才能得以有效设立。组织机构的组成、职权、议事规则在公司章程中应有明确的规定。

6. 有公司住所。缺少住所，股份公司亦不得设立。

二、股份公司的设立程序

股份公司的设立程序依设立方式的不同可以分为发起设立程序与募集设立程序两种。

（一）发起设立程序

以发起设立方式创办股份有限公司的，其设立程序必须经过以下步骤：

1. 订立公司章程。制订公司章程是发起人设立公司的一项重要工作，是进行其他设立活动的基础。在发起设立方式下，章程须经全体发起人同意后生效。

2. 认足股份，即由发起人认足全部股份。认足指全部认领，不同于认缴，即发起人只需口头或书面承诺每人要领多少股份，而并不需要同时按股份全额缴纳股款。

3. 缴纳股款，即由发起人按所认领的股份票面价额缴纳股款。股款是否需要全部缴足，各国的规定有所不同。如日本规定需全部缴足，法国、德国则规定可以分期缴款。我国《公司法》规定应缴股款可以分期缴纳，同时规定实物、知识产权、土地使用权等非货币资产均可作为缴纳的出资，但劳务、信用等无形财产不能作为出资。

4. 选举董事会和监事会。发起人在交付全部出资后，应当选举董事会、监事会。

5. 申请设立登记。选举产生的董事会，应向公司登记机关报送设立公司的申请及批准文件，如公司章程、验资证明等，申请设立登记。

6. 由登记机关进行登记，发给营业执照。公司登记机关在收到公司设立登记申请的法定时日内，应作出是否予以登记的决定。对于符合法定条件的，应予以登记注册，发给公司营业执照。

（二）募集设立程序

以募集方式设立股份有限公司的，其设立程序如下：

1. 草拟公司章程。公司章程的草拟由发起人进行。草拟的公司章程草案，是为日后提交创立大会审议、修改、通过所备。

2. 发起人认足部分股份。各国立法都对发起人的认股规定一些限度：或者规定发起人每人必须至少认购若干股，或者规定发起人至少需认购股份的比例。我国《公司法》第 84 条规定："以募集设立方式设立股份有限公司的，发起人认购的股份不得少于公司股份总数的 35%；但是，法律、行政法规另有规定的，从其规定。"

3. 办理公开募集申请及批准手续。股份公司募集设立，直接影响到公众利益，为防止不正当的投机活动，国家的控制和审查也就更加严格。所以，发起人在向公众公开募股之前，一般必须向国家的主管机关报送有关文书，并在主管机关审核批准后，才能开始募股。

4. 公告招募认股。在得到主管机关的审核批准之后，即可以向社会发出公告，邀请公众认购股份。发起人向社会公开募集股份时，应该与证券经营机构签订协议，由其代为承销股份。同时，发起人亦应同银行签订协议，委托其代收股款。认股人必须在认股书上写明自己所认的股份总数、住所并且盖章。

5. 缴纳股款。认股人应在规定期限内向代收股款的银行缴纳股款；不在法定期限内缴纳的，则丧失其权利。除特殊情况外，股款一旦缴纳，不得抽回。股款缴足后，必须经法定验资机构验资并出具证明。

6. 召开创立大会。所发行股份的股款缴足并经法定验资机构验资后，发起人应主持召开创立大会。创立大会由认股人组成，应有代表股份总数达到一定比例的认股人出席方可举行。召开创立大会时，才能通过公司章程，选举董事会、监事会成员。

7. 申请登记。董事会应于创立大会结束后向公司登记机关提交有关文件，申请公司设立登记。

《公司法》第 92 条规定，董事会应于创立大会结束后 30 日内，向公司登记机关报送下列文件，申请设立登记：①公司登记申请书；②创立大会的会议记录；③公司章程；④验资证明；⑤法定代表人、董事、监事的任职文件及其身份证明；⑥发起人的法人资格证明或者自然人身份证明；⑦公司住所证明。以募集方式设立股份有限公司公开发行股票的，还应当向公司登记机关报送国务院证券监督管理机构的核准文件。

第三节　股份有限公司的资本

一、股份公司资本的概念与特征

股份公司的资本，又称股本，是指在公司成立时，由公司章程所明确记载并由股东出资而形成的财产总额。依据我国《公司法》的规定，我国的股份公司资本具备以下法律特征：

1. 股份公司的资本必须记载于公司章程。这是因为，公司资本乃公司章程的绝对必要记载事项，所以，各国公司法均有这一立法上的明确要求。我国《公司法》第 81 条亦规定，股份有限公司章程应当载明股份总数、每股金额和注册资本。

2. 公司资本是公司成立时确定的资本总额，须由全体股东在公司成立时全部认足并缴足，否则公司不得成立。但在实行授权资本制和折中资本制的国家，公司的注册资本为名义资本，不需在公司成立时一次发行认足，可以分期发行缴纳股款。

3. 股份公司的注册资本，在发起设立时为登记的全体发起人认购的股本总额，在募集设立时为登记的实收股本总额，法律、行政法规以及国务院决定对股份有限公司注册资本实缴、注册资本最低限额另有规定的，从其规定。此为我国《公司法》第 80 条的明确规定。

4. 股份公司的资本须依法进行登记。对股份公司的资本依法进行登记，目的在于使公司资本具有法律上的公信力。奉行这种做法，既有助于维护公司人格的法律信念，也有助于树立公司良好的商业信誉。因此，这种做法为各国立法所普遍采用。我国公司法亦持相同的要求。

二、股份公司资本的立法原则

股份公司资本的立法原则，又称"资本三原则"，即资本确定原则、资本维持原则和资本不变原则。在当代公司法上，资本三原则并不单纯只是对股份公司的资本具有规范效力，对他种公司的资本亦具有规范的效力。但是，此三项原则的形成和完善却是以股份公司的出现为主要依据及背景的。因为资本三原则毕竟是公司法人具有独立人格、法人应负有限责任的产物。当代公司法上的公司皆具有法人资格，所以，有将资本三原则的规范效力扩及于一切公司资本之必要。事实上，资本三原则虽然为大陆法系的公司立法所首创，但其影响早已波及英美法系，表明此三项原则乃人类社会共有的法律文化财富。

（一）资本确定原则

它是指在公司设立时，公司资本总额应记载于公司章程，同时被认足或者募足，否则公司就不能成立的立法要求。这一原则的根本目的在于使公司在设立之际，其资本即是真实和可靠的。借此即可防止公司滥设并防止欺诈与不正当的投机行为发生，所以，这一原则又被称为法定资本制。该项原则的局限性主要表现为：既加大了公司设立的难度，又容易造成公司成立之初时资本的闲置和浪费。因此，这一原则多存在于大陆法系国家的早期立法当中。与大陆法系国家不同，英美法系国家采用授权资本制，即在公司成立时，公司资本总额亦需记载于章程，但股东仅按一定比例或按章程所定的最低限额认缴资本，公司即可成立及开业，未认足的资本则授权董事会根据营业需要及市场行情相机发行新股而募集。英美法系的授权资本制较大陆法系的法定资本制显然更符合社会生活的客观要求，因此使得大陆法系国家又纷纷采取折中资本制的立场，又称认可资本制。

根据我国《公司法》的规定，有限公司、股份公司的注册资本原则上已无最低限额的要求，因此，其他法律、行政法规以及国务院决定等规定的最低资本额要求，成为特别法的规定。

（二）资本维持原则

资本维持原则又称资本充实原则，是指在公司存续过程中，应经常保持与公司资本额相当的财产。这一原则的主要目的在于维持公司的清偿能力以及公司从事正常经营的资力。在我国的《公司法》中，体现该项原则的规定有：①公司的原始股东对货币之外的出资价值负保证责任；②股东的出资只可转让而不能抽回；③不得以低于股票面额的价格发行股票；④不依特别法之规定，公司不得收购本公司的股票；⑤在公积金提取之前，公司不得向股东分配利润。这些规定与国外立法的规定大体相同。

（三）资本不变原则

资本不变原则是指公司资本总额，非依法定程序变更公司章程则不得改变的立法要求。一般而言，资本不变原则的确立，在于杜绝公司资本增减的随意性和无序性，从而使其具有有序性以及法律上的严肃性。自法理逻辑的角度而言，资本不变原则不仅是资本确定原则、资本维持原则的进一步延伸和继续，同时也是上述两项原则在实施方面的保障，因此，有准确把握以及正确处理三项原则相互关系之必要。

总之，公司资本的三项原则不仅是股份公司法律规定的核心，同时也是整个公司法的重要内容。至于法定资本制与授权资本制的对立，无疑是由于两大法系的法律传统有异；而从法定资本制到认可资本制，无疑又有赖于整个社会商品经济发展水平的提高和市场经济规则的逐渐成熟。

三、股份公司的增资与减资

股份公司固然有恪守资本确定、维持以及不变三项原则的义务，但在事实上，公司资本不可能一成不变。因为，一方面，随着公司的开业，公司资产便处于有入有出的经常变动之中；另一方面，基于公司经营状况以及市场状况的变化，公司有必要相应增加或者减少自己的资本。正因为如此，公司法亦有必要对公司的增资和减资进行全面与系统的规范。

（一）增资

增资是指公司以扩大营业等事由为目的，依照法定条件和程序增加公司资本总额的行为。在法律性质上，增资与增加公司营业资金有别，前者属于下位概念，而后者属于上位概念。增资的方法主要有三种：①增加股份数额，简称增发新股，指在原定公司股份总数之外发行新的股份。这种发行新股不受公司原资本总额所限，因此与授权资本制下的发行新股不同。②增加股份金额，简称扩大股本，指在不改变公司原定股份总数的前提下增加每个股份的金额。这种方法实质上是要求公司的既有股东增加自己的股份出资，因此与第一种方法有别。③既增发新股，又扩大股本，即上述两种方法并行。依据我国《公司法》的规定，股份公司的增资方法限定于第一种方法。

由于增资既涉及公司股东的切身利益，也涉及公司财产的变化，因此在立法上均设定一定的条件和程序，用以维护公司增资的法律严肃性。关于增资的条件，我国《证券法》第13条规定了四项：①具备健全且运行良好的组织机构；②具有持续盈利能力，财务状况良好；③最近3年财务会计文件无虚假记载，无其他重大违法行为；④经国务院批准的国务院证券监督管理机构规定的其他条件。关于增资的程序，依据我国《公司法》的规定，主要是召开股东大会决议相关事项以及变更公司章程；公司董事会向法定机关提出发行新股的报批申请；公告新股招股说明书及公司财务会计报表；新股募足之后，办理公司章程、公司资本总额的变更登记及公告手续。

（二）减资

减资是指基于公司资本过剩或经营亏损严重并根据公司业务的实际需要，依法定条件和程序减少公司资本总额的行为。减资的方法有三种：①减少股份，即每股金额不减而只是减少股份总数。具体操作又可以分为消除股份法与合并股份法。前者指取消一部分股份或特定股份，又可以分为强制消除与任意消除；后者是指合并二股或三股以上的股份为一股。②减少股份金额，即不改变股份总数而仅减少每股金额。具体实施又可以分为免除、发还以及注销三种办法。免除指对尚未缴足股款的股份，免交一部分或其全部欠交的股款；发还指对已缴足股款的股份，发还一部分股款于股东本人；注销指在公司亏损时，以减少每股金额而抵销股东弥补资本的责任。③既减少股份数额又减少股份金额。

关于减资的程序一般包括：召开股东会会议作出减资决议；对章程作相应

修改；编制资产负债表、财产清单并向债权人发出通知或公告；办理减资登记手续等。自登记之日起，公司减资发生法律效力。

四、股份公司的最低资本额

近现代社会以来的公司立法表明，是否以立法的形式设定公司的最低资本限额，主要是由两个方面的因素所决定的：①一个国家公司立法所采取的资本制度。在大陆法系国家，由于以"法人人格论"为之确信，公司立法多采取法定资本制或折中资本制，因之就有必要在立法上明确公司的最低资本限额。相反，在英美法系国家，由于以"法人工具论"为之所好，才有授权资本制的面世，而该制度本身无从形成对公司最低资本限额的严格要求，故立法上亦无此项规定。②公司的法律科学性质。公司有人合性与资合性之分，前者的信用基础是合作者个人的良好信用，而后者的信用基础是公司的资本总额，二者的这一区别，使大陆法系国家立法上的最低资本限额，仅针对以资合性为主、以人合性为辅的公司。

显而易见，我国现行《公司法》通过抛弃"实缴登记制"而改采"认缴登记制"并取消公司的最低资本限额，客观上无疑是有利有弊的，故其结果到底是利大于弊还是弊大于利，有待于社会生活实践的进一步检验。

第四节　股份有限公司的股份

一、股份的概念与特征

股份有限公司的股份在法律上的含义有两个：①从公司角度而言，指公司资本的集合成分和公司资本的最小计算单位。股份公司的全部资本由不同类型的等额股份集合而成，因此，公司的全部资本以股份作为最小的计算单位。②从股东的角度而言，指股东权利义务大小的基本计算单位。因为唯有投资才能持股，唯有持股才能享有股权，并且所享股权的大小与所持股份数额之多少本来就是一种正比关系。大陆法系的立法和理论，多从公司乃股东之社员团体即公司团体主义的立场出发，侧重于突出股份的第一种含义，而英美法系则主要从股东个人主义的立场出发，偏重于突出股份概念的第二种含义。在社会生活中，基于股票乃股份的必然表现形式，在习惯上又多把股份与股票不加区分地视为一体。

股份作为股份公司资本构成的最小单位与股权大小的基本计算单位，同其他公司类型的股东出资相比较，具有以下几个特征：

1. 股份具有不可分性和平等性。股份既然是公司资本构成的最小计算单位，自然具有不可再分割性。股份可以共有，但这种共有以民法上的"合手共有"为限定；股份可以拆细，然拆细属于公司资本最小计算单位的变化，非属于股份的分割。股份的平等性主要表现为：每一股份表示一个独立存在的股东权，股东权的大小以持有股份数额的增减为根据；不同类别股份所表示的股东权虽然有质量方面的差异，但同类别股份所表示的则是同质同量的股东权。因此，平等性是股份的固有属性。

2. 股份具有证券性和可转让性。股份公司的股份以股票为必然的表现形式，因此具有证券性。股票作为一种证权证券而非设权证券，在其之上自然存在着两种权利：①证券的所有权；②基于股票的内容记载和证明作用而存在的证券权利——股东权。股东权的享有正是以拥有股票的所有权为前提条件的。将股份采用股票的形式，是为了转让和流通的方便，因此股份的可转让性，仍然是股份的固有属性。

二、股份的发行

在公司法上，股份发行一语含义较为宽泛，概略而言，是指以募集公司资本为目的，分配或出售公司股份的系列性行为。事实上，一个公司的股份发行绝非仅限于一次，因此，所谓的股份发行，应当首先区分为设立发行与新股发行两大类：

（一）设立发行

设立发行是指为使公司成立以募集到法定资本数额为目的的股份发行。由于公司的设立方式有发起设立与募集设立的区分，因此于该两种方式之下，股份发行的情形还有较大的差别。在发起设立中，股份发行表现为发起人不公开认足公司成立所需资本的全部股份；在募集设立中，依据我国《公司法》的规定，股份发行一方面表现为发起人须认足不少于公司股份总数的35%，另一方面表现为发起人须向社会或特定对象发出邀请认购公司股份的意思表示。

（二）新股发行

新股发行是指在公司成立之后，以增加公司资本或将公司资本募足为目的的股份发行。在立法与理论上，新股发行存在着众多类别的区分：①非增资发行与增资发行。前者是指公司基于授权资本制以及公司章程所定资本总额的限制，于公司成立之后以募足公司资本为目的的股份发行。由于这种股份发行并未增加公司资本，因此属于非增资发行。后者是指以增加公司资本为目的而从事的股份发行。这是新股发行一语的常义。②一般发行与特别发行。前者是指以募集公司资本为目的的新股发行，如增资发行与非增资发行均属于一般发行的范畴。后者是指非为募集资本而是为了他种特殊目的的新股发行，如为了把公司债转换成股份的新股发行等。③公开发行与不公开发行。新股发行倘若以社会公众为认购对象即成为公开发行；反之，如以特定主体为认购对象则构成不公开发行。

总之，股份发行的类别划分，意在展示不同类别股份的发行，其在立法上所确定的发行条件和程序均有很大的不同。

三、股份的转让

（一）股份转让的意义

股份转让是指通过转移股票所有权而转移股东权的法律行为。自证券法的角度而言，股票既然属证权证券，那么，股东权的转移当以股票所有权的转移为根据；股票又属流通证券，故各国的公司立法及证券立法均确立了股份自由转让的原则。我国《公司法》第137条的规定即是这一原则精神的体现。

关于股份转让的意义，可以概括为：①有利于维持公司资本的稳定。②有利于公司股权的合理集中与分散。③有利于公司成员以及公司内部机构的合理化调整。④有利于股东投资财产的适时变现及其风险移转。⑤有利于潜在的投资者加入公司。

（二）股份的转让方式

股份的转让方式基于股票的记名和不记名而有所不同。记名股票的转让方式，各国立法规定较为多样化，有的采用股票背书的形式，有的采用填写股份转让证书的形式，有的则采用股票交付的形式。无论采用何种形式，记名股票的转让都需要变更公司股东名册上股东姓名及其相关项目的记载。我国《公司法》第139条第1款规定："记名股票，由股东以背书方式或者法律、行政法规规定的其他方式转让。……"无记名股票的转让，国外立法多采取交付的方式。我国《公司法》第140条规定："无记名股票的转让，由股东将该股票交付给受让人后即发生转让的效力。"

（三）股权转让的限制

股份转让自由是股份转让的一般性原则，这表明这种自由并不是绝对的和毫无限制的。就多数国家的立法而言，除了立法对股份转让作有必要的限制条款外，也可以章程的条款方式限制股份的转让。依据我国《公司法》的规定，在我国，股份转让应受以下几个方面的限制：①发起人所持的本公司股份，自公司成立之日起1年内不得转让。②公司董事、监事、高级管理人员应当向公司申报所持有的本公司的股份及其变动情况，在任职期间每年转让的股份不得超过其所持有本公司股份总数的25%；所持本公司股份自公司股票上市交易之日起1年内不得转让。上述人员离职后半年内，不得转让其所持有的本公司股份。公司章程可以对公司董事、监事、高级管理人员转让其所持有的本公司股份作出其他限制性规定。③国家授权投资的机构转让其持有的股份时，必须遵守相应的法律、法规所规定的条件和程序。

第五节　股份公司的组织机构

股份公司作为典型的社团法人，除具备独立人格外，还具有权利能力和行为能力。因此，它必须具有一定的机构以形成法人的意志，以便于对公司内部进行管理和对外代表公司，以及对公司的业务执行活动实行监督。所以，股东会、董事会、监事会为股份公司必须有的组织机构。

一、股东与股东大会

（一）股东

1. 股东的概念与资格。股份公司的股东就是取得公司股份，作为公司成员的出资人，即公司股份的持有者。

股东与发起人、认股人是既相互密切联系又有所区别的概念。发起人是在公司成立前参与公司设立活动的人。由于法律规定发起人必须认足一定比例的股份，因而在公司成立后，发起人即当然转为股东。认股人是对认购公司股份的人的称谓，公司设立过程中的认股人在公司成立后即成为股东，公司发行新股过程中的认股人在发行程序结束后即转为公司股东。

法律对股东的资格一般并无限制。法人和自然人，本国人，外国人，完全、限制乃至无行为能力人均可以成为公司的股东。股东资格的取得可以分为原始取得与继受取得。前者如公司成立前或成立后发行新股时对股份认购的人；后者如因转让、继受、公司合并等而取得股份的人。股东资格可以因公司解散、股份转让而丧失。

2. 股东的权利与义务。股东地位平等，即以股份为基础，各股东按其拥有的股份的比例享有权利和承担义务，不得给予任何股东以歧视待遇。

股东权利，依行使目的为根据，可以分为自益权与共益权两类。自益权是指股东以自己的利益为目的而行使的权利，包括新股认购权，股息、红利请求权，公司剩余财产分配请求权等。共益权是指股东以公司利益为目的，参与公司管理事务的权利，如股东会上的表决权、任免董事等管理人员的请求权、查阅公司账簿的请求权、对公司经营的建议及质询权等。

股东负有遵守公司章程、缴纳股金、对公司债务承担有限责任的义务。

（二）股东大会

1. 性质和地位。股东会又称股东大会，是由全体股东组成的公司最高权力机关。公司的一切重大事项，如章程的变更，公司的解散、合并，董事的任免等都必须由股东会作出决议。股东会的这一法律地位，是由股份公司本身是股东出资组成的营利性法人所决定的。股东虽然没有直接参与管理公司事务的权利，但享有分红权和对公司的最终控制权。这种最终控制权即最高决策权，是由股东会来行使的。但从客观实际上看，由于股东及股东会的实际权力逐渐向董事会转移，股东会的地位已经大大削弱。

2. 股东大会的职权。

（1）审议批准有关方案与报告，即审议批准董事会、监事会提交的报告、方案。

（2）作出决议，由股东大会决议的事项通常由法律和公司章程予以规定。一般包括：①通常决议事项。任免董事、监事及其他人员，确定其报酬；对董事、监事提起诉讼的事项；承认董事会非会计表册；确定公司盈余的分配和股息红利等事项均属通常决议事项。②特别决议事项。增加或减少资本、变更公司章程、公司的解散和合并等事项属特别决议事项之列。

我国《公司法》第99条及第37条对股东大会的职权作了规定。

3. 股东会议的种类、召集和决议的产生。股东会议有两种：一种为股东会例会，也就是定期召开的例会，一般是一年召开一次，或一个业务年度召开一次；另一种为股东会临时会议，也就是股东会特别会议。临时会议一般可以因董事、股东等提议，由董事会召集而召开，但各国立法都规定了一定的条件要求。我国《公司法》第100条对召开临时会议的情况作了列举规定。

股东会议的召集权人，法律上有明确的规定。最主要、最经常的召集权人为董事会和监事会。我国《公司法》规定，股东大会会议由董事会召集，由董事长主持。股东大会会议召开的一定期限前，必须通知各股东。对于不记名股份的股东，采取公告的方式通知；对于记名股份的股东，除公告外，还应当专函告之。通知中应载明会议的日期、地点、议案等。对特别议案如变更公司章程，还须记载议案的要点。

股东会的决议分为普通决议和特别决议两种。普通决议指适用于公司普通的决议事项，以简单多数即可通过的决议。简单多数即指代表已发行股份总数过半数的股东出席，以出席会议股东表决权的过半数同意为通过。特别决议指适用于公司的特别决议事项，以绝对多数方式方能通过的决议。关于绝对多数方式，不同国家有不同的规定。如有的要求代表股份2/3以上的股东出席，以出席股东表决权过半数同意为通过；有的要求代表股份 3/4 以上的股东出席，以出席股东表决权过半数同意为通过。我国《公司法》则要求出席会议的股东以持表决权的 2/3 同意才为通过。股东表决权与股东一般不可分离，只能由其本人行使，但该表决权既可以由股东亲自行使，也可以委托他人代为表决。委托他人表决时，必须出具委托书，并应写明授权范围。为维护中小股东的合法权益，我国《公司法》第 105 条针对股东大会选举董事、监事，专门确立了累积投票制。

二、董事会

（一）董事

董事是指由股东大会选举产生，出席董事会会议，并管理公司事务的人。董事是公司最主要的管理人员，董事通过其会议的形式有权聘任或解聘公司经理，董事亦可以兼任经理，经理对董事会负责。

1. 董事的选任、任期。董事通常由股东会选任，如设雇员董事时，雇员董事由工会选任。董事的任期由公司章程规定，期满可连选连任。董事也可以随时辞职。董事有不称职或有其他违反法律和章程的行为时，原选举机关可以将其罢免。

2. 董事的资格。为了使有经营管理才能的人能够进入董事会，保证董事会能够公正、诚实地履行自己的职责，对于董事资格，法律一般都有一定的限制。一般来说，法人也可以担任董事，但个别国家规定只有自然人才能担任董事。依我国公司法的立法精神，公司的董事仅以自然人为限。我国《公司法》规定，具有该法第 146 条规定情形之一的人，不能担任董事。个别国家还对董事的年龄和国籍作出限制性规定。董事一般不得兼任其他公司的董事，有的国家虽然允许兼职，但对兼职数目有所限制。

董事是否必须由股东担任，各国的立法规定有所不同。英国、德国认为，公司董事"不以股东为限"；法国、瑞士等国家则认为，公司董事"必须以股东为限"；意大利规定，选任时可以不是股东，但被选任后必须取得股东资格。现代总的趋势是越来越放松对董事资格的限制，以选任适合的管理人才为标准。

3. 董事的义务和责任。董事对公司负有注意义务和忠实义务。注意义务即指董事应以善良管理人的注意力，细心管理公司的财产，认真经营。忠实义务即指董事对公司不得有虚假行为。《公司法》第 149 条规定，董事、监事、高级管理人员执行公司职务时违反法律、行政法规或者公司章程的规定，给公司造成损失的，应当承担赔偿责任。

（二）董事会

董事会是由一定人数董事组成的股份公司的执行机关。对董事会的组成人数，绝大多数国家的公司法都有规定，一般均要求 3 人以上。董事会设董事长 1 人，副董事长若干名。董事长负责主持董事会会议，代表董事会行使职权，其对外作为公司的法定代表人代表公司。

1. 董事会的性质和特点。董事会是股东大会的执行机构，但对除需股东会决议以外的事项，即公司日常业务活动中的具体事项也有决策权。董事会是公司的常设机构，自公司成立后便作为一个稳定的机构而存在。其成员依章程任免，成员的任免不影响董事会的存续与其活动的效力。

2. 董事会的职权和决议方式。董事会作为公司的执行机关，其职权分为对内和对外两个方面。对内是管理公司内部事务，具体来说，主要是负责股东大会的召集、经理人的任免、新股的发行、公司债的募集等。对外是代表公司与第三人进行交易活动。其具体方式是由董事长全权代表公司，有时执行董事或经董事会特别指定的董事也可以代表公司处理交易事务。我国《公司法》第 108 条第 4 款对董事会的职权作了规定。

董事会作出决议，一般须过半数的董事出席，并以出席会议的全体董事之过半数同意通过。对于某些特别决议事项，法律或章程还规定了更高的要求，如需 2/3 以上的董事出席等。另外，有的国家还规定与决议有特别利害关系的董事不准参加表决。

三、监事会

（一）监事会的概念与性质

监事会是股份公司的必设组织机构。它是对董事会及其成员和经理等公司管理人员执行业务的活动实行监督的机关。

监事会一般不参与公司的业务决策和管理，也不能对外代表公司进行业务活动。但监事会应具有独立性。监事会能否有效地行使监督、检查权，取决于它能否保持自身的独立性。法律对监事会的有关规定，旨在保证监事会的独立性。如各国公司法均规定监事会成员由股东大会选举产生，并且在选举过程中，限制多数股东的表决权；监事会成员不能兼任公司或子公司的董事、经理等。

（二）监事

1. 监事的资格。监事会由监事组成。一般认为，法人和自然人都可以担任监事。但有的国家不允许法人担任监事，以保持监事会的独立性。对监事的兼职，法律亦有限制，即监事不得同时担任该公司的董事、经理。

2. 监事的选任。监事一般由股东会选任。有的国家如德国还规定，一定规模以上的公司的监事会，除须有股东代表外，还必须有一定比例的雇员和工会代表。我国《公司法》规定，股份公司的监事会成员应有一定比例的职工代表，这对维护公司职工的利益具有实质性意义。监事会成员不得少于 3 人。

3. 监事会成员的任期。监事会成员的任期由公司章程规定。任期届满，可连选连任。监事会成员也可以辞职。原选任机关也可以依法定事由随时以法定多数表决罢免其选任的监事。

（三）监事会的职权

监事会的具体职权主要为：①监督董事会活动，定期和随时听取董事会的报告，阻止董事会违反法律和章程的行为发生；②随时调查公司的业务和财务情况；③审核公司的结算表册和清算时的清算表册；④召集股东会。

有涉及董事与公司之间的交易或公司与董事之间的诉讼时，监事会还有权代表公司进行活动，包括起诉和应诉。

监事会成员在行使职权时，也必须尽善良管理人应有的注意。怠于履行职责的，应对公司负赔偿的责任。按我国《公司法》第 118 条的规定，股份有限公司监事会的职权，是适用《公司法》第 53、54 条之规定的。

还应提及的是，我国《公司法》针对上市公司的组织机构，是有专节之特别规定的。

■思考题

1. 试述股份有限公司与有限责任公司的不同法律特征。
2. 简述股份有限公司的设立条件和程序。
3. 试述股份有限公司资本的含义，"资本三原则"的内容及其在我国公司法中的体现。
4. 试比较不同资本制度的利弊。
5. 简述股份有限公司增减资本的主要方式。
6. 简述股份有限公司股份转让的方式及股份转让的限制。

第七章 公司证券

■学习目的和要求

本章的学习重点主要在于公司股票发行的条件和程序、公司债的发行、债券的概念及法律特征、股份转让的原则和程序等。本章的学习难点在于理解公司融资的法律操作。通过本章学习，应能结合具体的理论对实践问题加以分析和运用；对上述学习难点有一定的理解和思考；对于其他问题，应有一般的了解。

第一节 公司证券概述

一、公司证券的概念与特征

（一）公司证券的概念

公司证券又称资本证券或投资证券，是指公司为了筹措作为长期投资的资本而发行的证券。公司证券与其他形式的证券，特别是与同为有价证券的货币证券不同。货币证券主要是作为流通手段和支付手段而发生作用的，是一种替代货币的信用工具。但货币证券只是推迟了既存货币的使用时间或变换了使用场所，并没有改变现有货币的存在形态。即是说，在有票据证券参与媒介的情况下，原来是资本的货币现在仍然是资本货币；原来是消费基金的货币，通过票据变换后现在仍然是消费基金，只是将消费时间推迟到了票据的兑付日。而公司证券则不同，公司证券主要是作为集资手段而发生作用的，其显著特征是可以变换货币的存在形态，即通过证券形式可以将消费基金和闲置资金变换成永久性的或长期性的投资，将普通货币转换为资本货币。

（二）公司证券的特征

与其他形式的有价证券相比，公司证券具有以下几个特征：

1. 公司证券是作为投资手段而使用的证券。这主要表现在两个方面：

①就证券的发行人来说，其发行证券的目的是利用证券形式筹措进行技术改造或进行扩大再生产的货币资本；②就购买主体来说，其购买证券的目的除进行投机外，主要是向发行主体进行投资，并借以取得投资收益。这种对利益的强烈追逐性是公司证券区别于作为信用工具的货币证券的根本标志。

2. 公司证券的对应形态是货币资本。公司证券的发行人之所以要发行股票和债券，其目的是筹措发展生产所需的生产资本，因此社会公众所持有的普通货币一旦通过公司证券的媒介，即转化成了货币形态的资本。公司证券的持有人因而可以参与生产资本的收益分配；当事人之间转让公司证券实质上是在转让这种资本的收益凭证。

3. 公司证券具有一定的风险性。由于公司证券是作为资本投资的手段而加以使用的，而货币资本要想有效发挥作用，则必定要有一个较长的时间间隔，例如对固定资产的投资就必须在该项固定资产实际建成之后才能产生效益。因此公司证券的投资期限一般较长，有的甚至是永久性的。在社会经济风云变幻，公司的生存环境经常受到非自身因素干扰的情况下，较长时间的收益等待期对投资来说无疑有很大的风险。

4. 公司证券的购买主体具有广泛性。公司证券一般是向不特定的任何人出售的，任何货币持有人都可通过购买公司证券而参与对发行公司的投资活动。另一方面，公司证券尤其是其中的股票的小额化，又使社会大众均可以成为公司证券的购买人。因此公司证券的购买人和持有人的范围都十分广泛。

（三）公司证券的分类

对公司证券可以按不同的标准进行分类：

1. 按公司证券是否可以进行流通，可以将其分为可流通的公司证券和不可流通的公司证券。前者是指对已经发行的公司证券，当事人可以根据自己的意志进行自由的转让和流通的证券。这是一种最典型的公司证券，它适应了公司证券的风险性要求。这种证券一般包括股票和债券。不可流通的证券则是指对于已经发行的证券，投资人不能单纯依自己的意志进行转让，转让必须经过其他投资人的一致同意。这种证券一般指的是有限责任公司向其股东所发行的股单。

2. 按证券的收益是否预先确定，可以将其分为收益确定的公司证券和收益不确定的公司证券。前者是指在证券购买人购买证券时该项投资的未来收益水平就已确定了，典型的如公司债券。后者则是指证券购买人在进行购买行为时实际收益并不能确定，将来的实际收益要取决于发行人的生产经营情况和其他社会条件，这主要指的是普通股票。

二、公司证券的作用

公司证券对于推动社会经济的发展，充分发挥货币资本的密集使用效用，以及保障社会财富得到最大限度的利用，均发挥着极为显著的作用。具体说来，公司证券的作用主要体现在以下几个方面：

（一）公司证券有利于扩大公司投资资本的来源

公司为了扩大生产规模、补充生产资本，可以采取各种手段，如可以向银行贷款或与其他公司合并、联营等。但通过发行公司证券的方式无疑是最为理想的渠道。其主要原因是公司证券所面向的是不特定的社会大众，且发行面值较小，这样可以为货币持有人提供一条较为理想的投资渠道，从而可以最大限度地调动社会闲散资金。特别是在社会财富比较分散、国家可供集中调动的资金匮乏的情况下，通过发行公司证券的方式来解决公司资金的缺乏就显得极为重要。而国际债券和跨国公司股票的发行，又可以将筹资的触角延伸到国外，从而促进外国资金服务本国的经济建设。

（二）公司证券有利于加速社会资本的流转

公司证券既是一种特殊的资本，又是一种特殊的商品。其资本属性表现在公司证券可以为其持有人定期带来一定的收益，即具有较强的生息能力。其商品属性表现在公司证券可以自由地买卖。正是这种资本和商品的证券化属性，使得公司证券的流通更加方便。投资人可以通过随时买卖证券以调节自己手持货币的余缺。这样不但加速了社会资本的流转，使现有的资本更加活跃，而且也为发行人充分利用市场扩大资本规模提供了广阔的可能性空间。

（三）公司证券有利于分散投资者的投资风险

公司证券是债权或股权的凭证，拥有公司证券即意味着对公司享有一定的权利。而公司证券又是向社会公众公开募集的，这就突破了无限公司和合伙只能由少数人共同出资创设的局限性，将投资者几乎扩大至所有的社会公众。出资人所负责任的有限性，也使得原本由少数人承担的风险变成为由社会大众共同承担的风险，从而将单个投资人的风险降至最低程度。

（四）公司证券有利于增加投资者的收益，维护投资者的利益

作为公司证券最主要形式之一的股票，其显著特征之一是其收益具有不固定性，收益的多少主要取决于公司的经营情况，且与公司的经营收益成正比。这就为投资人获得超额的股息收入提供了极大的可能性。债券的收益虽然是固定的，但其收益率一般要高于银行存款，债券正是以较为优厚的利率来吸引投资者的。不仅如此，公司证券还具有维护投资者利益的作用，其原因在于它具有极强的保值功能。就世界各国的经济生活来看，物价上涨和通货贬值是不可

避免的发展趋势，银行存款利率甚至不足以弥补因物价上涨而带来的损失。如果购买了公司证券，其收益就与公司的销售和收益联系在一起。由于公司特别是生产性公司的销售收入会因货币的贬值而上扬，因此证券的实际收益常可抵销因货币贬值而带来的损失。

（五）公司证券有利于保障社会财富得到最大限度的利用

这有两层含义：①公司证券可以将社会闲散资金最大限度地调动和利用起来。公司证券的高收益和高风险可以唤起持币人追逐高利的欲望，激发他们的投资热情。②公司证券可以使投资资本得到最优化利用。证券的流动性和证券价格的波动性，使投资资本总是流向利润较高的行业和企业，而利润较高的行业和企业通常又是生产短线产品和资金投入相对不足的行业和企业。因此通过社会资金在不同行业、不同企业间的自由流转，不但可以调整不合理的产业结构，还可以使现有的投资资本得到最优化的利用。

第二节　股　票

一、股票概述

（一）股票的概念与特征

股票是股份公司向其股东签发的证明股东所持股份的凭证。属于有价证券的一种。其特征主要表现在以下几个方面：

1. 股票具有划一性。即同一公司所发行的同类型的股票，其每股金额必须是同一的。股票的票面金额之所以要求一律，主要基于以下考虑：①便于对公司的股权进行计算。②有利于公司股息的计算和分配。③便于股票的上市买卖。

2. 股票具有社会性。由于股票是股份公司为了向社会公众募集资金而向社会公开发行的，故其购买主体是任何不特定的社会公众，任何社会主体均可通过投资而成为股票的持有人。除法律有特别规定之外，股票的购买人没有其他资格的限制。

3. 股票具有不可逆向性。即股票一经发行股东就不能再向公司清退股份。其原因在于股份公司的财产是通过发行股票的方式筹集的，股东一经向公司交付购买股票的款项，股份公司即取得现实的财产，该项财产随即转化为公司的自有资金。除出于缩股的目的，公司既没义务也没权利回购已发行在外的股票。

4. 股票具有可流通性。股票作为股份的外在表现形式，可以作为交易的对象，可以有与公司财产相脱离的独立价格。

（二）股票的分类

1. 按股票票面上是否记载股东的姓名，可以将股票分为记名股票和无记名股票。前者是将股东的姓名直接记载在股票的票面上的股票。这种股票只能由所记载的股东享有，股份转让时也须将受让人的姓名记载于股票票面上，并须同时进行股东名册变更登记，否则不发生转让的效力。后者则不要求在股票票面上记载股东姓名，持票人是当然的股东，享有该股东所代表的权利。在买卖股票时只需将股票交付于受让人，即可产生股票转让的效力。

2. 按股票票面上是否直接标明一定金额，可分为面值股票和无面值股票。前者又称额面股票，是指直接在股票票面上标明一定金额的股票。后者又称无额面股票或比例股票，即在股票的票面上并不标明具体金额，而只是标明每股占公司总资本的比例。

3. 按股票持有人所享权利义务的不同，可以将其分为普通股股票和优先股股票。前者是指记载有一般股东权利义务的股票。这种股票的持有人通常享有收益分配权、投票权和认股优先权等，对公司的重大决策活动也负有较大义务。后者则是指和普通股相比享有某些优先权的股票。其优先权主要体现在其股息可以预先确定、股息的支付可以优先于普通股。另外，当公司因破产倒闭需要对公司财产进行破产清算时，优先股可以先于普通股而受偿。但优先股通常不享有表决权，对公司的公积金通常也不享有权益。一般说来，只有公司发起人认购的股票才能作为优先股，并且其优先权的行使通常要有一定的时间限制。

4. 按股票所表现的股份多少的不同，可将其分为单数股票和复数股票。前者是指每张股票只表示一个股份的股票；而后者则是指每张股票上都表示两个以上的股份的股票。复数股票只是单数股票的集合体，并没有改变股份均等的基本特性，在公司股权的计算上也仍然以单数股票作为基本单位。根据规定，公司既不能擅自发行公司章程规定以外种类的股票，也不能强制股东接受表示复数股份的股票。股东则有权要求将自己所持的股票进行单复数的变更。

5. 按股票持有人是否享有表决权为标准，可以将其分为有表决权股票和无表决权股票。前者是指股票的持有人可以参加股东大会并享有董事和监事选举权与被选举权。无表决权股则无权对公司的决议事项进行表决。一般说来，优先股由于在股息分配上具有优先请求权，因此大多是无表决权股。但这并不排除优先股在特别情况下享有表决权，主要是指优先股在一定期限内如果不能按照法律规定或章程约定取得股息，则优先股可以作为有表决权股参加股东会并进行表决。

6. 按照股票存在形态的不同，可将其分为流通股票和库藏股票。前者是指那些已由公司发行出去且未加注销，可以参与市场流通的股票。后者则是指那些由公司发行出去后，经过一段时间的流通又返回本公司且尚未注销的股票。产生库存股票的原因可以是股东的捐赠，或是债务人折抵对公司所欠债务，或者是公司为减少资本而回购部分股份。按照我国《公司法》的规定，公司收购自己股票的，应当在法定日转让或注销，否则视为违法。

二、股票的发行

所谓股票的发行，是指股份有限公司或者设立中的股份有限公司为筹集公司资本而出售和分配股份的法律行为。股票的发行人必须是股份有限公司，这是股票发行人的法定资格。股份有限公司包括已成立的股份有限公司和经批准拟成立的股份有限公司。

股票发行一般应采取公开发行的方式。根据我国《证券法》第 10 条的规定，有下列情形之一的，为公开发行：①向不特定对象发行证券的；②向特定对象发行证券累计超过 200 人的；③法律、行政法规规定的其他发行行为。

股票的具体发行条件和程序因股票发行情况的不同而有所不同。

（一）股票设立发行的条件和程序

1. 股票设立发行的条件。股票设立发行的条件，是指设立股份有限公司过程中第一次向我国境内的公众投资者公开发行股票应当具备的条件。根据我国法律规定，这些条件主要包括：

（1）主体资格要求。发行人应当是依法设立且合法存续的股份有限公司，持续经营时间应在 3 年以上。发行人的注册资本已足额缴纳，发起人或者股东用作出资的资产的财产权转移手续已办理完毕，发行人的主要资产不存在重大权属纠纷。公司主营业务、实际控制人和董事、高管人员在 3 年内无重大变化。发行人的股权清晰、控股股东和受控股股东、实际控制人支配的股东持有的发行人股份不存在重大权属纠纷。

（2）独立性要求。发行人要具有完整的资产、业务体系以及直接面向市场独立经营的能力，与控制股东之间在人员、机构、财务、业务等方面保持独立性。

（3）规范运行要求。发行人已经依法健全股东大会，董事会、监事会、独立董事、董事会秘书制度，相关机构和人员要依法履行职责，在近 36 个月内没有受到行政处罚和涉嫌犯罪。

（4）产业政策要求。发行人的生产经营符合法律、行政法规和公司章程的规定，符合国家产业政策。

（5）进本财务要求。发行前股本总额不少于人民币 3000 万元（主板上市）；无形资产（扣除土地使用权、水面养殖权和采矿权等）占净资产的比例不高于 20%；最近一期末不存在未弥补的亏损；最近 3 年连续盈利，且累计净利润、现金流量或营业收入达到了证监会规定的数量标准。

（6）募集资金运用要求。募集资金原则上应当使用于主营业务。除金融类企业外，募集资金不得用于购买、持有交易性金融资产和可供出售的金融资产，也不得用于对外贷款、委托理财等财务性投资，不得直接或间接投资于以买卖有价证券为主要业务的公司。

（7）发起人认股要求。发起人认购的股本数额，不少于公司拟发行的股本总额的 35%。

（8）设立发行还应符合国家证券监督管理机构规定的其他条件。

2. 设立发行股票的程序。股份公司的设立方式分为发起设立和募集设立两种。由于发起设立的全部股份由发起人认购，因而不存在向社会公开发行股份的问题。在募集设立中，发起人必须首先认购股份的 35%，然后按照以下程序办理股票公开发行事宜：

（1）募股准备。发起人聘请资产评估机构、会计师事务所、律师事务所等专业机构，对其资信、资产、财务状况进行审定、评估，并就有关事项出具法律意见书，然后制作招股说明书。招股说明书，是申请人对于股票发行的有关事宜，按规定的内容进行说明的法定文件。招股说明书必须按中国证监会规定的格式制作。

（2）募股申请。发起人按国务院证券监督管理部门规定的报送方式，向国务院证券监督管理机构递交募股申请，并报送下列主要文件：批准设立股份有限公司的文件；公司章程；经营估算书；发起人姓名或者名称，发起人认购的股份数、出资种类及验资证明；招股说明书；代收股款银行的名称及地址；承销机构名称及有关的协议；国务院证券监督管理机构规定的有关文件。

（3）募股批准。国务院证券监督管理部门对符合法定条件的募股申请，予以批准；对不符合法定条件的募股申请不予批准。批准或者不批准的时间最长不超过 90 天。

（4）公告招股说明书。在获准公开发行股票后，发行人及其承销商应当在承销期开始前 2～5 个工作日内将招投说明书概要（1 万字左右）刊登在至少一种由中国证监会指定的全国性报纸上，并将招股说明书放置在发行人公司所在地、挂牌交易的证券交易所、各承销机构及其发售网点，供公众查阅，并且在发售网点全文张贴。

（5）办理发售事宜。发行人在公告招股说明书的同时，必须制作认股书。认股书是发行人制作的用以供认股人认股的书面文件。它实际上是认股人与发行人签订的股票购买合同。

由于目前在我国股票一级市场上求大于供，因此在发行股票之前需要确定股票的正式认购人。对此，通常是先行发售申请表，然后通过抽签方式确定股票的正式购买者。申请表的发售方式主要有无限量发售方式和与银行储蓄存款挂钩的发行方式两种。无限量发售方式是对申请表的具体发售数量不加限制，发行结束后根据申请表认购数量与拟发行股票的数量，进行公开摇号抽签，中签者为股票的正式购买者。与银行储蓄存款挂钩的发行方式是将申请表的发行数与居民在特定银行的存款多少挂钩，按居民在银行定期储蓄存款余额的一定比例配售申请表，然后对申请表上的号码进行公开摇号抽签，中签者为股票的正式认购人。认股人必须按照认股书所确定的时间，以指定的方式缴纳股款。如果认购人未在规定的期限内办理股款缴纳手续，经催告仍不缴纳者，可视为该认购人自动放弃认购，其所认购股份另行募集。如果由此给发行人带来损害的，发行人有权要求该认购人赔偿损失。代收股款的银行应当按照协议代收和保存股款，向缴纳股款的认股人出具收款单据，并负有向有关部门出具收款证明的义务。

（6）设立公司、交付股票。发行股票的股款缴足后，必须经法定的验资机构验资并出具证明。发起人应在 30 日内主持召开认股人组成的公司创立大会。若超过招股说明书规定的募股截止期限尚未募足股份，或发行股票的股款缴足后，发起人在 30 日内未召开创立大会的，认股人可以按所缴股款并加算银行同期利息，要求发起人退还。公司董事会应于创立大会结束后 30 日内，向登记机关申请设立登记。经核准登记，取得营业执照之日即公司成立之日。股份有限公司登记成立后，即向股东正式交付股票。公司登记成立前不得向股东交付股票。股票采用纸面形式或者国务院证券管理部门规定的其他形式。

（二）新股发行的条件和程序

1. 新股发行的条件。已经成立的股份有限公司为了扩大生产经营规模，可以增资发行新股筹集资金。根据我国《证券法》第 13 条的规定，公司公开发行新股，应当符合下列条件：①具备健全且运行良好的组织机构；②具有持续盈利能力，财务状况良好；③最近 3 年财务会计文件无虚假记载，无其他重大违法行为；④经国务院批准的国务院证券监督管理机构规定的其他条件。上市公司非公开发行新股，应当符合经国务院批准的国务院证券监督管理机构规定的条件，并报国务院证券监督管理机构核准。另外，按照《股票发行与交易管理暂行条例》的规定，股份有限公司增资申请公开发行股票，除应当符合股票设立发行的条件外，还应当符合下列条件：①前一次公开发行股票所得资金的使用与其招股说明书所述的用途相符，并且资金使用效益良好；②距前一次公开发行股票的时间不少于 12 个月；③从前一次公开发行股票到本次申请的期间没有重大违法行为；④证券委规定的其他条件。

2. 新股发行的程序。发行新股应当经以下程序：

（1）作出新股发行决议。股份有限公司发行新股，属于公司的增资行为，其决定权属于股东大会。因此，发行新股应当召开股东大会，并且作为重大事项必须经过出席会议的股东所持表决权的 2/3 以上通过。其决议的内容包括：①新股种类及数额；②新股发行价格；③新股发行的起止日期；④向原股东发行新股的种类及数额。

（2）新股发行申请。股东大会作出发行新股的决议后，董事会应聘请会计师事务所、资产评估机构、律师事务所等专业机构，对公司的资信、资产、财务状况进行审定、评估和就有关事项出具法律意见书，然后向国务院授权的部门或者省级人民政府申请批准。向社会公开募集的，须经国务院证券监督管理部门批准。

（3）公开有关新股发行资料。公司获准向社会公开发行新股时，必须公告新股招股说明书和财务会计报表及附属明细表。

（4）办理发售与认股事宜。公司向社会公开发行新股，应当由依法设立的证券公司承销。发行人应与承销人签订承销协议。

（5）登记和公告。公司发行的新股募足后，应当向公司的登记机关办理变更登记手续，并在指定的报刊上进行公告。

（三）人民币特种股票（B 股）的发行条件

B 股即境内上市外资股，是指以人民币标明股票面值，以外币认购和进行交易，专供外国和我国香港、澳门、台湾地区的投资者买卖，在境内证券交易所上市交易的股票。对于股份有限公司境内上市外资股的发行与交易，国务院于 1995 年 12 月 25 日发布了《国务院关于股份有限公司境内上市外资股的规定》，对外资股的设立发行与新股发行分别作出了明确规定。

1. 设立发行 B 股的条件。以募集方式设立公司，申请发行境内上市外资股的，应当符合以下条件：①所筹资金用途符合国家产业政策。②符合国家有关固定资产投资立项的规定。③符合国家有关利用外资的规定。④发起人认购的股本总额不少于公司拟发行股本总额的 35%。⑤发起人出资总额不少于 1.5

亿元人民币。⑥拟向社会发行的股份达公司股份总数的 25% 以上；拟发行的股份总额超过 4 亿元人民币的，其拟向社会发行股份的比例达 15% 以上。⑦改组设立公司的原有企业或者作为公司主要发起人的国有企业，在最近 3 年内没有重大违法行为。⑧改组设立公司的原有企业或者作为公司主要发起人的国有企业，最近 3 年内连续盈利。⑨国务院证券监督管理机构规定的其他条件。

2. 增资发行 B 股的条件。公司基于增资目的，申请发行境内上市外资股的，除应符合设立发行条件中第①、②、③项规定外，还应当符合以下条件：①公司前一次发行的股份已经募足，所得资金的用途与募股时确定的用途相符，并且资金使用效益良好。②公司净资产总值不低于 1.5 亿人民币。③公司从前一次发行股票到本次申请期间没有重大违法行为。④公司最近 3 年连续盈利；原有企业改组或者国有企业作为主要发起人设立的公司，可以连续计算。⑤国务院证券监督管理机构规定的其他条件。

以发起方式设立的公司首次增加资本，申请发行境内上市外资股的，还应当符合以下规定：拟向社会发行的股份达公司股份总数的 25% 以上；拟发行的股份总额超过 4 亿元人民币的，其拟向社会发行股份的比例达 15% 以上。

（四）股票发行的限制

对股票发行作出一定的限制规定，其目的在于防止不符合条件的或者可能有损投资者利益的股票流入社会，保护广大投资者的合法权益。从各国对股票发行所作的限制看，其限制主要包括以下几个方面：

1. 公司对前次发行所募集资金，未按招股说明书所述资金使用项目支出，或超出公司经营范围，未改正之前，或未经认可之前，不得发行新股票。

2. 不能按期支付已经发行的优先股约定股息的公司，不得再行公开发行优先股。

3. 当股份公司的实有资产不足以抵偿所欠债务，或是连续 2 年亏损，且在近期内不能有明显转机的，不得公开发行任何形式的新股。

（五）股票发行的价格

股票发行价格的形式、高低及其确定方法对于股票能否顺利发行和发行成本有着重要影响。根据我国法律规定，同次发行的股票，每股的发行条件和价格应当相同。任何单位或者个人所认购的股份，每股应当支付相同金额。

1. 影响股票发行价格的因素。在证券市场上，股票价格虽然是以其价值为基础，但又存在诸多影响价格的因素。股份有限公司在制定股票的发行价格时，通常需要考虑的因素有以下几个方面：①公司的获利能力。公司的获利能力，是公司生存与发展的内在因素的综合反映。它包括：公司资产状况，即公司的资产规模与资产结构，这是影响股份公司经营安全性和发展性的重要依据；股份公司所处行业及发展前途；前3年的财务、营运情况及发行年度的财务营运情况；股份公司领导人的领导才干和经营能力，技术人员的技术水平和技术开发能力。公司盈利水平是决定股票发行价格的最基本的经济因素。投资者对股份公司投资，最关心的就是股份公司的盈利。公司的盈利与股票的发行价格成正比关系。公司盈利高，则购买股票的投资者的投资收益也高，即投资所获红利多，公司的股票发行价格也高。反之，公司盈利低，投资者的投资收益也低，则公司股票的发行价格同样也低。②证券一级市场的供求关系。股票作为一种金融商品，其价格的形成必然要受证券一级市场上的供求关系及相关替代商品的供求关系状况的影响。如果证券一级市场上供大于求，股票的发行价格就较低；反之，证券一级市场上供小于求，则股票的发行价格就较高。③同类公司的股价水平。对同类公司的股价水平的分析考虑，是鉴于同类公司承受相同的经济发展周期和市场外部环境的影响，相互间存在较多的相同之处。因此，其价格也具有可比性，通常价格水平比较接近。考虑同类公司的价格情况，包括同类公司的股票发行价格和上市后的价格定位。④证券二级市场的基本情况。证券一级市场与二级市场存在关联性。在制定发行价格时，要考虑二级市场股票价格水平在发行期内的变动情况。⑤金融市场的利率水平。股票的发行价格与预期股息的收入成正比，与平均利息的高低成反比。⑥物价水平。物价水平与股票价格的关系较复杂：当物价呈稳定状态或温和上涨时，股份公司在较正常的流通条件下，可能实现利润增加，股票的价格相应升高。然而，一旦物价急剧上涨，股票的价格反而会降低。其原因在于：一是此时股份公司的生产成本会大幅增高，且无法全数转嫁给消费者，会引起股份公司利润下降，从而股价相应下降；二是此时投资者所要求的投资报酬率，即折现率会大幅提高，因而股票价格将降低；三是此时投资者为了保值，常常会从证券市场抽走资金，转而投向不动产和金银及耐用消费品方面，造成证券市场投资信心不足。

2. 股票发行价格的形式。股份公司的股票发行价格有三种形式，即平价、溢价、折价。所谓平价，是指发行价格就是股票的票面金额的价格形式。溢价是指发行价格超出股票票面金额的价格形式。折价是指发行价格低于股票票面金额的价格形式。我国《公司法》规定，股票的发行价格可以按票面金额，也可以超过票面金额，但不得低于票面金额。以超过票面金额发行股票所得溢价款列入公司资本公积金。

3. 股票发行价格的确定方式。股票发行时，其价格的确定方式可以分为议价法、竞价法、拟价法三种：①议价法，即股票发行人直接与股票承销商议定承销价格和公开发行的价格。承销价格与公开发行价格之间的差价为承销商的收入。证券承销商对股票发行人的经营状况、业务状况和财务状况加以考察，再商议应当发行何种股票，数量多少，承销及发行价格的高低等。我国目前股票发行价格的确定基本上采用议价法。②竞价法，也称招标定价法，是指由股票发行人将其股票发行计划和招标文件向一定范围的证券承销商公告，各证券承销商根据对发行人状况和筹资计划的了解以及自身情况拟定标书，并在标书上填注股票的投标价格等内容，由发行人在规定日期当众开标，出价最高者，即可获得新股发行的总承销权，中标标书中填注的价格就是股票的发行价格。采用竞价法时，股票发行人必须对招标条件作出详细的规定，并获得证券监督管理机构的批准。招标竞价能充分体现市场机制的作用，既符合公开竞争的市场规则，又能反映投资者对发行人的信心与预期。竞价法是 20 世纪 40 年代初在美国盛行起来的。③拟价法，是指在股票出售前，由股票发行人与股票承销商共同拟定一个承销价格并加以推销。采用拟价法制订承销价格的依据主要有三个：一是发行人最近 3 年每股税后纯收益和每股股利；二是发行人最近年度盈余分派后每股账面净值；三是预计当年纯收益及每股股利。同时参考当时市场利率水平。这种方法主要流行于我国台湾地区。

三、股票的收益

（一）股票收益的方式

所谓股票的收益，是指股票持有人基于买卖或持有股票所获得的利益。股票收益按其收益来源的不同可以分为两种：一种是通过买卖股票所获得的价差收益；另一种是因持有股票而定期从公司获得的收益。其中后者又可具体分为：①现金股利，即公司直接以现金的方式对股东所支付的收益。这是股票的最主要的支付方式，也是股东最理想的收益方式。但这种支付必须在公司具有足够盈利时才能实现。②股票股利，对于这种股利公司不是用现金而是用增发股票的方式进行支付。即按股东所持有的股份比例派发一定数量的新股作为股东的收益。其好处一是可以扩大公司资本，增加资本的再投资；二是可以使股东免交所得税，从而相对增加收益。③负债股利，这是公司用本公司的债券和其他应付票据等证券形式作为股息派发给股东以代替现金的支付。④财产股利，即以现金以外的其他公司财产作为股息派发给股东，其中最常见的是以其他公司的股票和债券作为支付对象。

（二）股票收益的决定

股息派发的时间、金额及其支付方式是由股东会决定的，通常先由董事会提出分配方案，然后交股东年会加以表决。股息分配方案属于公司的一般决议事项，只需到会股东所持表决权的过半数通过即可。

（三）收益分配的限制

股票收益的分配要受以下几种限制：①法律限制。按照各国的法律规定，公司当年无盈利的，原则上不能分配股息；有盈利的，用来派发股息的总金额，不能大于公司的实际盈利或结余盈利，即不能因派发股息而使公司的法定资本有所减少；公司实际拿来进行股息分配的利润，只能是公司作了各项法定扣除后的结余盈利。②合同的限制。公司在支付利息之前不得派发任何形式的股息；公司发行有优先股的，在支付优先股股息之前不得派发普通股的股息。③公司自身的限制，即公司为了积累资金进行扩大再生产，应当从公司的税后利润中拿出一部分作为公司的公积金。在提取公积金之前，公司不得派发任何形式的股息。

（四）收益分配的日期

公司的股息一般是按财政年度进行支付的，通常在每一财政年度结束后的一定期限内支付，称作末期息；有时也可以在中期加付一次，称作中期息。由于股票经常处于流动状态，为了确定哪些人可以领取本年度的股息，必须在发放股息之前确定一些界限。这些日期界限主要包括：

1. 宣布日。即董事会宣布将在今后某一特定日期发放股息。一般说来宣布日本身对股息的发放没有直接影响。

2. 除息日。即除去股息的日期。在除息日当天或者以后购入的股票，将无权领取最近一次的公司股息。由此可见，除息日实际上是股息支付的除斥日期，与特定持股人领取股息的多少有重大关系。

3. 登记日。即股票过户的截止日期。凡是在过户截止前登记在册的股东均有权领取公司派发的股息。

4. 付息日。即股份公司实际将股息交付给股东的日期。

以上日期界限，特别是除息日对股票交易来说非常重要。其主要原因在于，如果持股人是在除息日前卖出的股票，那么他将失去对此次股息收益的分享；如果持股人是在除息日后卖出的股票，那么他仍然可以领取最近一次的股息。因此在除息日前后成交的股票，其买卖价格应减去或者加上即将分配的股息。这种股票称为"除息股票"（简称"XD"），这种交易称为"除息交易"。

四、股票的回购与股票的抵押

（一）股票的回购

股票的回购，又称为股票的收购，是指股份公司基于缩股的目的，以市场价格收购本公司的部分股票并加以销毁的行为。

1. 股票回购的优缺点。公司股票回购的优点主要体现在以下几个方面：①股票收购可以减少公司流通在外的股份总量，从而便于维持甚至抬高公司股票的交易价格。②通过有目的地收购某种类型的股票，有利于优化公司的股权结构，便于维持和实现对公司的控股权。③通过回购部分流通在外的股票，可以作为公司进行反兼并的措施。④通过缩股可以减少公司盈利的分配参与人，从而变相提高现有股东的收益水平，有利于维护股东的合法权益。公司股票回购的缺点主要是：①有可能导致股票交易中发生欺诈行为。②有可能导致少数大股东对公司的垄断和控制。③有可能扰乱正常的股票流通秩序。

2. 股票收购的实施原因。按照我国《公司法》的规定，股票的回购只能发生在以下几种情况下：①公司为减少资本而消除部分股份。其发生原因可能是公司的注册资本额过多，或是公司的实有资本和注册资本之间不平衡，也可能是公司亏损严重。公司减资必须按法定程序来进行。②股份公司与持有本公司股票的其他公司发生合并。除此之外，公司股东对于公司股票的赠与，或是公司按约定条件兑付还本优先股时，也会产生股票回购的效力。③将股份奖励给本公司职工，但不得超过本公司已发行股份总额的5%，用于收购的资金应当从公司的税后利润中支出，所收购的股份应当在1年内转让给职工。④股东因对股东大会作出的公司合并、分立决议持异议，要求公司收购其股份的。⑤将股份用于转换上市公司发行的可转换为股票的公司债券。⑥上市公司为维护公司价值及股东权益所必需。

3. 股票收购的程序。股票的收购通常需要履行以下几个程序：①由股东会作出股票收购的决议。公司因上述股票收购的第①～③项原因收购本公司股份的，应当经股东大会决议。②由公司以市场价格或其他商定价格购买部分公司股票。③向国家工商行政管理主管机关办理变更登记手续。④在法律规定期限内注销已收购的股票，属于上述股票收购的第①项情形的，应当自收购之日起10日内注销；属于第②项、第④项情形的，应当在6个月内转让或者注销。⑤在法律要求的国家或地方性报纸上进行公告。

（二）股票的抵押

根据我国《公司法》的规定，股票可以作为抵押权的标的。但抵押公司股票的，必须具备以下条件：①用以作为抵押标的的股票必须是向社会公开发行的股票，包括已上市和尚未上市的社会股票；职工内部股票原则上不能进行抵押。②股票抵押的抵押人应对股票有充分的处分权。③在对股票进行抵押时，应同时将有关凭证转移给抵押权人占有。④股份公司不得接受本公司的股票作为抵押权的标的物。

第三节　公司债券

一、公司债券概述

（一）公司债券的概念与特征

所谓公司债券，是指公司依照法定程序发行的，约定在一定期限内还本付息的有价证券。它主要有以下几个法律特征：

1. 公司债券是一种有价证券，其发行要符合法定的条件和程序。公司债券和股票一起共同构成投资有价证券。作为有价证券的一种，具备有价证券的一切法律特征，其发行必须符合我国《公司法》和其他法律法规的有关规定。

2. 公司债券的收益具有稳定性。发债人向债券持有人支付的是预先确定的利息，无论发债人经营情况的好坏，都必须按照预先的约定向持券人支付固定的利息。因此对于债券持有人来说，除非公司破产，否则不存在无收益的问题。

3. 发债人和债券持有人之间的关系比较疏远。双方之间只是一种普通的债权债务关系。购买者所关心的只是能否按期收取预定的利息，而对发债人的经营好坏则不予过问也无权过问。

4. 公司债券要定期退还本金。发债人到了规定期限必须向债券持有人偿还本金，否则债权人即可以债务人支付不能为由，要求法院宣告债务人破产。

（二）公司债券的分类

对公司债券可以按不同的标准进行分类：

1. 按公司债券上是否载明债券持有人的姓名为标准，可以将公司债券分为记名公司债券和无记名公司债券。

2. 按公司债券的发行是否要求发债人提供担保为标准，可以将其分为无担保公司债券和有担保公司债券。前者是指发债公司除了凭借自己的信誉之外并不提供任何实物担保而发行的一种债券。由于这种债券的发行没有提供实物担保和保证，故其发行通常比较严格，一般都附有许多约束性条款，如发行债券所得的资金只能用于指定用途，不能用来偿付欠款或分派股息；无担保之债清偿之前，除短期借贷外，不得另举新债，特别是不能发行有担保债券。无担保债券的利息要高于有担保债券的利息。有担保债券则是指发债公司以自己财产的一部或全部作为偿还债务的担保而发行的债券。在特别情况下，这种担保财产也可来源于第三人。

（三）股票与债券的区别

股票和债券的区别主要表现在以下几个方面：

1. 主体地位不同。这里的主体包括发行主体和购买主体两个方面：①就发行主体而言，股票的发行主体仅限于股份有限公司，其他任何形式的企业组织都不能发行股票。而债券的发行主体则比较广泛，既可以是各类不同性质的公司，也可以是非公司企业，乃至国家和地方政府。②就购买主体而言，股票表示的是对公司的所有权，持票人处于一种社员（股东）的法律地位；而债券所表示的是一种债权债务关系，债券持有人与发行人之间是一种对立的合同关系。股票持有人通过投票选举董事会等领导机构和对公司的重大事项进行表决，从而实现对公司的管理和控制。而债券的持有人则没有这项权利，他无权参与对公司的直接或间接的经营管理活动。

2. 利益的收取方式和顺序不同。①就利益的收取方式而言，股票的收益方式是股息，支付多少主要取决于公司的经营情况；债券的收益方式则是债券利息，利息的多少通常是预先确定的。②就支付的顺序而言，债券利息的支付要优先于股息，即在债券利息得到全额支付之前，公司不能向股东分派任何股息。

3. 风险大小不同。股票的风险要大于债券。其主要原因在于：债券一旦到了清偿期，发债人就必须偿还本金；而股票则是一种永久性投资，只能转让，不能退股。当公司经营不善发生亏损甚至破产时，股票持有人不但不能得到预期股息，而且可能会损失本金。

4. 资本性质不同。股票是公司在筹集自有资本时发行的，通过发行所得的资本是作为自有资本而发生作用的。因此，即使公司长期没有对股东派发股息，也不能将此作为申请公司宣告破产的理由。而通过发行债券所筹集的资本在性质上属于借入资本，债券持有人与发债人之间是一种资金借贷关系。当公司没有按照约定期限偿还本息时，债权人可以债务人支付不能为由要求法院宣告发债公司破产。

5. 期限限制不同。股票是一种永久性的投资，没有法定的还本期限。只有在公司被宣告破产且清偿全部破产债务后，其股票持有人才可就剩余财产获得受偿。而债券则是一种有期限的借款凭证，约定有明确的还本付息期限。

6. 面额大小不同。一般而言，债券的面额要大于股票。面额的大小不但是一个技术问题，而且主要反映的是国家在资金使用上的不同政策导向，也体现了不同的发行对象。股票的发行对象主要是社会公众，因此其面额不能太大；而债券的发行对象在外国主要是其他公司和金融组织，因此其面额又不能太小。

二、公司债券的发行

（一）公司债券的发行条件

按照我国《证券法》的规定，公司债券的发行条件因其属于首次发行和非首次发行的不同而不同。

1. 公司债券首次发行的条件。根据我国《证券法》的规定，公司债券的首次发行条件主要有以下几个：①股份有限公司的净资产不低于人民币3000万元，有限责任公司的净资产不低于人民币6000万元。②累计债券余额不超过公司净资产的40%。③最近3年平均可分配利润足以支付公司债券1年的利息。④筹集的资金投向符合国家产业政策。⑤债券的利率不超过国务院限定的利率水平。⑥国务院规定的其他条件。公开发行公司债券筹集的资金，必须用于核准的用途，不得用于弥补亏损和非生产性支出。上市公司发行可转换为股票的公司债券，除应当符合上述条件外，还应当符合《证券法》关于公开发行股票的条件，并报国务院证券监督管理机构核准。

如果是发行可转换为股票的公司债券，除应具备债券的发行条件之外，还应具备股票的发行条件。发行公司债券所筹集的资金，必须用于审批机关批准的用途，不得用于弥补亏损和其他非生产性支出。

2. 公司非首次发行债券的条件。按照我国《证券法》的规定，公司再次发行公司债券的，除应具备首次发行债券的积极条件之外，还应当不具有以下消极条件（即排除条件）：①前一次发行的公司债券没有募足。②对已公开发行的公司债券或者其他债务有违约行为或者有延迟支付本息的事实，且仍处于继续状态。③违反公司法规定，改变公开发行公司债券所募资金的用途。

（二）公司债券的发行程序

按照有关的法律规定，公司债券的发行应当履行以下程序：

1. 公司债券发行实行核准制。与股票发行核准相同，我国公司债券的发行实行核准制。我国《证券法》第10条第1款规定："公开发行证券，必须符合法律、行政法规规定的条件，并依法报经国务院证券监督管理机构或者国务院授权的部门核准；未经依法核准，任何单位和个人不得公开发行证券。"《企业债券管理条例》第11条第2款规定："中央企业发行企业债券，由中国人民银行会同国家计划委员会审批；地方企业发行企业债券，由中国人民银行省、自治区、直辖市、计划单列市分行会同同级计划主管部门审批。"1998年国务院机构改革后，中国人民银行撤销了省级分行，设立跨省、自治区、直辖市分行；原国家计划委员会更名为国家发展计划委员会，又于 2003 年将原国务院体改办和国家经贸委部分职能并入，改组为国家发展和改革委员会。因此，《证券法》第 10 条规定的"国务院授权的部门"，是指中国人民银行及其分行、国家发展和改革委员会及其省级发展和改革委员会。根据《证券法》第 23 条的规定，国务院授权的部门依照法定条件负责核准公司债券发行申请。核准程序应当公开，依法接受监督。参与审核和核准公司债券发行申请的人员，不得与发行申请人有利害关系，不得直接或者间接接受发行申请人的馈赠，不得持有所核准的申请发行的公司债券，不得私下与发行申请人进行接触。

2. 申请公开发行公司债券应提交的文件。依据我国《证券法》的规定，申请公开发行公司债券，应当向国务院授权的部门或者国务院证券监督管理机构报送下列文件：①公司营业执照；②公司章程；③公司债券募集办法；④资产评估报告和验资报告；⑤国务院授权的部门或者国务院证券监督管理机构规定的其他文件。依照《证券法》规定聘请保荐人的，还应当报送保荐人出具的发行保荐书。

国务院证券监督管理机构或者国务院授权的部门应当自受理证券发行申请文件之日起 3 个月内，依照法定条件和法定程序作出予以核准或者不予核准的决定，发行人根据要求补充、修改发行申请文件的时间不计算在内；不予核准的，应当说明理由。如果核准或者审批机关在 3 个月内未作出决定，或申请人认为核准或者审批机关作出的不予以核准或者审批的决定及其说明不符合有关法律、行政法规的规定，申请人可以向有关机关提出行政复议或者向人民法院提起行政诉讼。证券发行申请经核准，发行人应当依照法律、行政法规的规定，在证券公开发行前，公告公开发行募集文件，并将该文件置备于指定场所供公众查阅。发行证券的信息依法公开前，任何知情人不得公开或者泄露该信息。发行人不得在公告公开发行募集文件前发行证券。

根据《证券法》和有关行政法规的规定，公开发行股票的公司在获准公开发行股票后，发行人及其承销商应当在承销期开始前 2~5 个工作日内将招股说明书概要刊登在至少一种由中国证监会指定的全国性报刊上，并将招股说明书放置在发行人公司所在地、拟挂牌交易的证券交易所、各承销机构及发售网点，供公众查阅，并且在发售网点全文张贴，同时报送中国证监会 10 份，用以备案和投资公众查阅。公司债券的发行申请获得批准后，发行人应当至少在发行前 10 日将发行公告刊登在指定的报纸上，公告前须向发行审批机关报告，公告的信息不得与经发行审批机关审定的内容有异。在发行期间，承销人须将发行公告置于营业场所显著位置，并有提醒认购人阅读的义务。发行股票或公司债券的信息必须依照法律、行政法规规定的时间、方式和程序公开。发行股票或公司债券的信息依法公开前属于内幕信息，任何知情人不得公开或者泄露该信息，否则，应当按照《证券法》有关规定进行处罚。根据《证券法》第 26 条的规定，对于股票或者公司债券发行核准或审批决定不符合法律、行政法规规定的，国务院证券监督管理机构或者国务院授权的部门可以采取以下三种补救措施：①予以撤销；②尚未发行的，停止发行；③已经发行的，股票或者公司债券的持有人可以按照发行价并加算银行同期存款利息，要求发行人返还。保荐人应当与发行人承担连带责任，但是能够证明自己没有过错的除外；发行人的控股股东、实际控制人有过错的，应当与发行人承担连带责任。

（三）公司债券的发行方式

债券的发行主要有两种制度，一为直接发行；一为间接发行。

1. 直接发行。所谓直接发行，是指由发债人直接从投资者那里募集资金。这种发行的好处是发行成本比较低，其缺点是发行人要自己承担发行风险，筹措资金的时间一般比较长。

2. 间接发行，即由发行商或其他金融机构代为进行的发行。目前，我国的一些地方规定，凡是超过一定数额（如 1000 万元）的债券，均应通过证券商代为发行。间接发行又可具体分为：①委托募集，又称"代销"，即发债人委托代理发行机构以发债人的名义发行债券，代理机构只对实际发行的数额承担责任。双方之间只是一种代理关系。其优点是支付的代理费用比较低，其缺点是发行的数量不稳定，发行人承担的风险比较大。②全额认购，又称"包销"，是承销机构在发行结束后将未能售出的债券全部由自己买下的承销方式。这种发行的优点是资金的筹措数量比较稳定，资金到位时间较短；其缺点是发行人须向承销人支付较高的发行费用。③承受募集，即发债人与代理发行的机关事先确定一个最低的应募额，一旦实际发行的数量未达这一标准，则由承销机关自己认购该不足部分。

（四）公司债券的利息

1. 公司债券利息的确定。公司债券利息的确定通常要考虑以下几个因素：①发债公司的信用程度。公司信用程度的高低与债券利率的高低成反比。②发债公司的预期收益。债券的利率不能高于发债公司的预期收益。③债券期限的长短，债券利率的高低与债券期限的长短成正比。④同期银行存款利率的高低。债券利率应略高于同期的银行存款利率，但最多不能超过同期居民银行储蓄定期存款利率的40%，且不得高于同期的国库券利率。⑤发债公司的平均利润率和对债务的承受能力，债券利率在通常情况下不能高于公司的平均利润率。

2. 债券利息的支付方式。债券利息的支付方式主要有三种：①息票方式，又称剪息票方式，指通过裁剪息票的方式定期从发债人处获得利息。②折扣利息，即通过以低于债券票面额的价格进行发行（即贴水发行），到期后按票面额进行支付。其中的折扣额即为持券人的利息。③本息合一方式，即通过债券到期后的一次还本付息而支付利息。它又可具体分为三种：一是固定利息的一次还本付息，即在每一个年度都按同一的固定利率来支付利息；二是累进的还本付息，即债券的利率随期限的延长而逐年递增；三是复利计算的一次还本付息，即将每年的应付利息加入下一年度的本金中参与对利息的分配。

（五）公司债券的发行期限

所谓公司债券的发行期限，又称债券的偿还期限，是指从债券发行之日起直至还本付息日届满之日止的时段。

1. 债券期限的分类。按债券期限时间长短的不同可将其分为三种：①短期债券，即还本期在1年或1年之内的债券。②中期债券，即还本付息期限在1年以上、10年以下的债券。③长期债券，即偿还期限在10年以上的债券。

2. 债券期限的选择。债券发行期限的选择一般考虑两个因素：①债券筹资的用途，其基本要求是还本期限不能短于投资项目的建设周期。②发债公司所能负担的利率水平，因为期限长短是和利率水平的高低成正比的。特别是第一个因素尤为重要。如果债券规定的期限太短，在投资尚未到期的情况下即已到还本期，那么为了偿还已到期的债券，只有靠发行新债来兑换旧债。这种发行不但不能缓解发债公司对资金的需求，还会大大增加债券还本付息的工作量，并人为提高了发债公司的筹资成本，增加了公司的利息负担。

（六）公司债券的回赎

又称公司债券的偿还，指发债人以约定的时间、利息和本金，将已发出的债券赎回进行注销的行为。按其回赎时间的不同可将其分为两种：

1. 期终回赎，即在债券规定的期限届满之时进行的回赎。

2. 中期回赎，即在债券规定的期满日之前所进行的回赎。这种回赎的好处是可以使发债人及早摆脱债务负担，以减少筹资成本。中期回赎又可具体分为：①强制回赎，又称定期偿还，指发债公司在债券发行说明书中公开声明，经过一定的恩惠期后每过半年或一年偿还一定比例的债券，到期后将剩余的部分一次还清。如发行期为10年的债券，从第6年起每年回赎15%，到期后将剩余的40%一次还清。定期偿还可选择两种途径：一是从交易市场上购回一部分债券；二是通过抽签等方式购回某种号码的债券。②选择性回赎，又称不定期回赎，是发债公司根据自己的经营情况和偿债能力，随时从证券市场购回本公司的部分证券予以注销的行为。③债权人决定的回赎，指发债人与债券购买人在签订债券购买契约时商定，债权人可以在债券期满前的一个或几个不同的日期，以指定的价格将债券回售给发债公司。

三、公司债券的转让

（一）公司债券的转让场所

根据我国《证券法》的规定，转让公司债券应当在依法设立的证券交易场所进行，包括正式设立的全国性的证券交易所和其他经国家批准设立的地方性证券交易场所。

（二）公司债券的转让价格和转让方式

1. 公司债券的转让价格。公司债券的转让价格由转让人与受让人根据公司经营状况及市场的变动情况加以约定。双方在约定价格时一般考虑以下因素：①债券到期时间的长短。②发债公司的资信情况。③银行的同期存款利率。银行的存款利率与债券售价成相反方向变动。④债券息票率的大小。债券的转让价格与债券息票率的大小成同一方向变动。⑤票据贴现率的高低。票据贴现率与债券利率成相反方向变动。⑥税收情况。免税债券的价格会优于不免税的债券。⑦债券的供求情况。

2. 公司债券的转让方式。公司债券的具体转让方式因记名债券和无记名债券的不同而有所不同：①记名债券的转让。记名债券由债券持有人以背书方式或者法律、行政法规规定的其他方式进行转让，由公司将受让人的姓名或者名称及住所记载于公司的债券存根上。②无记名债券的转让。无记名债券的转让由持券人将债券交付于买受人即可。

第四节 证券上市

一、股票上市

（一）股票上市的原因

所谓股票上市，是指股份公司所发行的股票公开在证券交易所进行交易。股份公司之所以极力想使自己的股票能够上市，主要基于以下原因：

1. 股票上市有利于提高公司的信誉，便于吸引社会资金。上市公司定期公布财务会计报表能起到一种广告宣传的作用。活跃的股市交易也可大大刺激社会公众对上市股票的关注。

2. 股票上市便于社会公众对公司的活动进行监督，从而有利于提高公司的管理水平。上市公司为了吸引社会资金，保持自己股票的价格具有良好的走势，必须十分注重树立良好的信誉，为此必须时时刻刻以诚实、信用、公开、公平、公正为原则处理问题，必须建立完备的规章制度和高效的管理机构，必须充分尊重广大股东的合法权益，并努力为股东营谋利益。

3. 股票上市有利于分散股权，扩大投资来源，减少投资风险。

4. 股票上市有利于盘活国有资产，并可增加持股职工的实际收益水平。

5. 有些国家对上市公司实行税收方面的某些优待，从而使公司可以获得税收方面的一些好处。

（二）股票上市的条件

根据我国《证券法》的规定，股票上市应当具备以下条件：①股票经国务院证券监督管理机构核准已公开发行。②公司股本总额不少于人民币 3000 万元。③公开发行的股份达到公司股份总数的 25% 以上；公司股本总额超过人民币 4 亿元的，公开发行股份的比例为 10% 以上。④公司最近 3 年无重大违法行为，财务会计报告无虚假记载。证券交易所可以规定高于上述规定的上市条件，并报国务院证券监督管理机构批准。国家鼓励符合产业政策并符合上市条件的公司股票上市交易。

（三）股票上市的程序

根据我国的有关法律规定，股票上市应当履行以下程序：

1. 上市申请。申请股票上市交易，应当向证券交易所提出申请，由证券交易所依法审核同意，并由双方签订上市协议。根据《证券法》第 52 条的规定，申请股票上市交易，应当向证券交易所报送下列文件：①上市报告书；②申请股票上市的股东大会决议；③公司章程；④公司营业执照；⑤依法经会计师事务所审计的公司最近 3 年的财务会计报告；⑥法律意见书和上市保荐书；⑦最近一次的招股说明书；⑧证券交易所上市规则规定的其他文件。

2. 证券交易所审核同意。股份有限公司申请其股票上市交易，必须向证券交易所提出申请，由证券交易所依法审核。证券交易所在收到发行人的上市申请后，应当依法作出是否同意上市的决定，并通知发行人。

3. 签订上市协议。证券交易所同意发行人的申请后，应当自接到该股票发行人提交的规定文件之日起 6 个月内，安排该股票上市交易。证券交易所作出股票上市交易的安排后，应将有关安排文件报送国务院证券监督管理机构备案，并向申请人出具"上市通知书"。申请人在接到上市通知书后，应与证券交易所签订上市协议书。

4. 上市公告。股票上市申请经证券交易所同意后，上市公司应当在上市交易的 5 日前公告经核准的与股票上市有关的文件，并将其公告书和其他申请文件置备于指定场所供公众查阅。这些场所一般包括公司所在地、拟挂牌交易的证券交易所、有关证券经营机构及其网点等。上市公告书是公司股票上市前的重要信息披露资料，上市公司必须保证所披露资料的真实、完整、准确。为了保证投资者在购买公司股票之前对该公司有一个尽可能全面的了解，以便能够对是否购买该公司的股票作出正确的判断和选择，法律要求上市公司除了在股票上市交易前公告上述文件外，还应当公告下列事项：①股票获准在证券交易所交易的日期。②持有公司股份最多的前十名股东的名单和持股数额。③公司的实际控制人。④董事、监事、高级管理人员的姓名及其持有本公司股票和债券的情况。

5. 挂牌交易。在公开上市公告书后，申请上市的股票将根据证券交易所安排和上市公告书披露的上市日期挂牌交易，直至该股票丧失上市条件。

（四）股票上市的拒绝

股票上市虽然对提高公司的信誉，扩大筹资来源等方面有诸多好处，但并非所有的公司都愿意将自己的股票拿来上市。这种已符合上市条件的股份公司，以消极的方式不申请股票上市称为上市的拒绝。之所以发生股票上市的拒绝，主要有以下几种原因：

1. 公司不愿意公开自己的财务状况和业务状况。这可能有各种原因，可能是公司的财务状况很好，现有股东不愿社会分享公司盈利；也可能是公司的财务状况很差，公司不愿公开自己的财务以免影响自己的信誉；或者是公司的全部或部分业务不合法，公司不敢过分予以披露。

2. 公司不愿接受证券评级机构的苛刻审查。股票上市在有些国家须进行公司的资信评级。某些资信不是很好的公司惧怕评级结果于己不利而影响到资本的筹集。

3. 公司已发行的股票主要为少数大股东所持有，出于控股权的需要，由少数大股东控制的公司不愿分散股权。

4. 公司不愿使自己的股票成为证券交易所内进行投机的对象。

5. 公司的资本规模较小，不需要通过股票上市筹集资本。

（五）股票上市的暂停和终止

1. 股票上市的暂停。所谓股票上市的暂停，是指证券交易所根据国家证券管理部门的指示，在一定期限内暂时停止某种股票通过证券交易所进行交易。根据我国《证券法》第55条的规定，上市公司有下列情形之一的，由证券交易所决定暂停其股票上市交易：①公司股本总额、股权分布等发生变化，不再具备上市条件；②公司不按照规定公开其财务状况，或者对财务会计报告作虚假记载，可能误导投资者；③公司有重大违法行为；④公司最近3年连续亏损；⑤证券交易所上市规则规定的其他情形。

2. 股票上市的终止。所谓股票上市的终止，是指证券交易所根据国家证券管理部门的指令，依法取消不符合上市条件的公司股票继续在证券交易所进行交易的资格。我国《证券法》第56条规定了股票上市终止的情形。上市公司如果出现下列情形之一的，由证券交易所决定终止其股票上市交易：①公司股本总额、股权分布等发生变化不再具备上市条件，在证券交易所规定的期限内仍不能达到上市条件；②公司不按照规定公开其财务状况，或者对财务会计报告作虚假记载，且拒绝纠正；③公司最近3年连续亏损，在其后一个年度内未能恢复盈利；④公司解散或者被宣告破产；⑤证券交易所上市规则规定的其他情形。

二、公司债券的上市

(一) 公司债券上市的条件

根据我国《证券法》的规定，公司申请其发行的公司债券上市交易，必须符合下列条件：①公司债券的期限为1年以上；②公司债券实际发行额不少于人民币5000万元；③公司申请债券上市时仍符合法定的公司债券发行条件。

(二) 公司债券上市的程序

根据我国《证券法》的规定，公司债券上市交易的程序与股票上市交易的程序大致相同，只是证券交易所安排上市的时间缩短为3个月，具体阶段如下：

1. 上市申请。依法公开发行的公司债券需要上市交易的，应当首先向证券交易所提出申请。提出申请时，应当提交下列文件：①上市报告书；②申请公司债券上市的董事会决议；③公司章程；④公司营业执照；⑤公司债券募集办法；⑥公司债券的实际发行数额；⑦证券交易所上市规则规定的其他文件。申请可转换为股票的公司债券上市交易的，还应当报送保荐人出具的上市保荐书。

2. 证券交易所审核同意。证券交易所在收到发行人的上市申请后，应当依法进行审核，作出是否准予上市的决定，并通知发行人。

3. 签订上市协议。证券交易所经审查认为发行人的申请符合本所上市标准的，即向申请人出具"上市通知书"，同意该债券在交易所上市交易。证券交易所和发行人双方应当签订上市协议，明确双方权利义务关系。证券交易所应当自接到该债券发行人提交规定的文件之日起 3 个月内，安排该债券上市交易。

4. 上市公告。公司债券上市交易申请经证券交易所审核同意后，签订上市协议的公司应当在上市交易的 5 日前公告公司债券上市文件及有关文件，并将其申请文件置备于指定场所供公众查阅。

5. 挂牌交易。在上市报告书公告后的确定日期内，公司债券即可根据证券交易所的安排挂牌交易，直至该债券丧失上市条件。

（三）债券上市的暂停和终止

1. 债券上市的暂停。根据我国《证券法》第 60 条的规定，公司债券上市交易后，公司有下列情形之一的，由证券交易所决定暂停其公司债券上市交易：①公司有重大违法行为；②公司情况发生重大变化不符合公司债券上市条件；③发行公司债券所募集的资金不按照核准的用途使用；④未按照公司债券募集办法履行义务；⑤公司最近 2 年连续亏损。

2. 债券上市的终止。公司债券上市的终止情形与暂停情形基本一样，只是在程度和要求方面有所差异。公司有《证券法》第 60 条第 1 项、第 4 项所列情形之一经查实后果严重的，或者有《证券法》第 60 条第 2 项、第 3 项、第 5 项所列情形之一，在限期内未能消除的，由证券交易所决定终止其公司债券上市交易。公司解散或者被宣告破产的，由证券交易所终止其公司债券上市交易。

■ 思考题

1. 简述证券发行的概念、特征。
2. 简述股票发行的条件。
3. 简述公司债券发行的条件。
4. 简述股份的概念、特征及分类。

第三编 破 产 法

第八章 破产法概述

■学习目的和要求

　　本章主要阐述破产法的基本概念及范畴。应着重研习破产的概念，破产法的性质与作用，以及破产法的立法准则，了解我国破产法的历史发展和《企业破产法》的特点。

第一节 破产和破产法

一、破产的概念

（一）传统的破产概念

　　在传统破产法上，"破产"首先意味着一种法律上的地位，它必然伴随着倒闭清算的结果。从词源上讲，英文中的 bankrupt（破产）一词源于意大利语"banca rotta"，banca 意为"板凳"，rotta 意为"砸烂"。它来源于中世纪后期意大利商业城市的习惯。当时，商人们在市中心交易市场中各有自己的板凳。当某个商人不能偿付债务时，他的债权人就按照惯例砸烂他的板凳，以示其经营失败。事实上，在破产法领域，长期以来存在着一个似乎是约定俗成并且无可动摇的观念：破产就是倒闭清算。其次，在法律上，"破产"常常被用来指称在债务人无力偿债的情况下以其财产对债权人进行公平清偿的法律程序。在传统破产法上，这种法律程序主要指破产清算程序。破产清算的基本目的是强制地将债务人的财产加以变卖并在债权人中间进行公平分配。在企业破产的场合，破产清算必然导致企业法律人格的消灭和出资人权益的丧失。

（二）现代的破产概念

按照现代的破产法概念，"破产"首先是一种事实状态。这种事实状态，并不等同于传统意义上的破产事件，因为它并不必然地导致清算程序的发生。当债务人处于无力偿债的状态时，债务人和债权人可以有多种不同的选择。通常的做法是，通过协商找出解决债务问题的办法（例如延期偿还），或者依照破产法向法院提出受理破产案件的申请。破产案件被法院受理以后，无力偿债的债务人可以寻求通过再建型程序（如和解程序、重整程序）清理债务。也就是说，现代破产法对无力偿债案件的处理，并不以清算为唯一的程序手段。所以，倒闭清算并不是无力偿债的必然结局。

现在，"破产"在法律程序的意义上也不再与"倒闭清算"相等同。破产法不再是单纯的清算法，它可以担负起救助债务人，特别是拯救困境企业的任务。自20世纪70年代以来，各发达国家纷纷改革破产法，采用重整程序，以强有力的法律手段对陷于债务困境的企业予以拯救。与此相适应，作为法律程序的破产概念也在内涵上发生了显著的变化。当代的破产程序不仅包括以变价分配为目标的清算制度，而且包括以企业再建为目标的重整及和解制度。

除此之外，法庭外的协商解决（workout）也是处理无力偿债的重要手段。它实际上是当事人遵循合同自由原则，在平等协商的基础上达成的涉及债的变更、解除的协议。在当代的许多国家，协商解决在治理企业困境的社会工程中正发挥着越来越重要的作用。

（三）小结

总而言之，在破产法上，"破产"一词有多种不同的含义。而且，它的内涵是随着破产法的演进而不断丰富和发展的。因此，没有包罗无余和凝固不变的"破产"定义。对于破产概念的理解，需要注意以下几点：

1. 传统的破产概念与现代破产概念的区别。传统的破产概念以破产为法律事件，把倒闭清算作为债务人无力偿债的必然结果。而现代的破产概念则以破产为事实状态，在这种事实状态下存在种种不同的处理方式和可能结果。在企业无力偿债的情况下，现代破产法尤其注重通过某种拯救程序使企业复兴。

2. 作为事实状态的破产概念与作为法律程序的破产概念的区别。按照现代的破产概念，无力偿债的事实状态只是适用破产程序的必要原因（破产原因）。没有破产原因就没有破产程序的适用，但破产原因的存在并不必然地导致破产程序的适用。在无力偿债的事实状态下，人们可以运用司法上的破产程序来清理债务，也可以采用法庭外的适当程序或方法来处理债务人的债务清偿问题。

3. 广义破产程序与狭义破产程序的区别。就破产程序而论，有广义破产程序与狭义破产程序之分。广义的破产程序包括破产法上的各种债务清理程序，无论是再建型的程序（如重整、和解）还是清算型的程序。而狭义的破产程序仅指破产清算程序，它实际上是传统破产概念的延续。

二、破产法的性质和作用

（一）债务清偿法与企业法

1. 破产法与债务清偿法。市场经济条件下的破产法首先是债务清偿法。从破产法的角度讲，所谓债务清偿法，就是在债务人无力清偿到期债务的情况下，依法在债务人现有财产的范围内，在多数债权人之间实现公平清偿。也就是说，破产法的首要任务是在债务人无力偿债的特殊情况下建立实现债权和了结债务的公平秩序。债是市场经济的纽带和桥梁。从某种意义上说，市场就是无数债的关系的总和。市场的运行就是千千万万的债不断地发生和消灭的过程。对于市场的正常运行来说，债的消灭与债的发生同样重要。在经济生活中，旧债的消灭往往是新债成立的前提条件；大量的到期债务不能及时清偿，常常使当事人无法订立和履行新的合同。我国长期以来存在的所谓"三角债"现象，就是大量债务长期积淀的结果。这种情况导致许多企业陷入困境甚至破产倒闭。

总的说来，破产法的基本任务就是建立债务清偿的秩序。而这种秩序的重要意义，可以从以下三方面来说明：

（1）债务清偿秩序是经济流转的保障。在正常情况下，债务清偿意味着合同实现，而合同实现也就是人们所预期的经济流转的实现。卖方交货、买方付款、赁房交租、借债还钱，都是在债务清偿中实现商品流通和资源配置。

（2）债务清偿秩序是市场信用的保障。债务清偿意味着依法成立的给付义务的履行。只有在法律秩序保证这种义务得以履行的情况下，人们才能够信赖其对于义务履行的合理预期。这种对合理预期的信赖，是市场信用的基础。在现代，信用是市场效率的源泉；高效率的市场是靠信用建立和运行的。因此，一个国家的债务清偿秩序的状况，直接关系到它的市场运行和经济效率。

（3）债务清偿秩序是金融安全的保障。现代经济是金融主导的经济，金融的浮沉直接关系到经济的盛衰。在许多国家，银行和其他金融机构的资产质量是影响金融稳定的最重要因素之一，而金融资产的质量又直接受到不良资产即呆坏账情况的制约。如果一国的法律秩序不能有效地保障债权实现和促成债务清偿，就会形成大量银行不良资产，从而侵蚀该国金融稳定和经济繁荣的基础。1999 年，国际货币基金组织在题为《有序和有效的破产程序：重要问题》的报告中指出："当前的经验已经表明，缺乏有序和有效的破产程序可能加重经济危机和金融危机。没有确定无疑地得到适用的有效程序，债权人可能无法收回他们的债权，这将对信贷在将来的可用性产生有害影响……有序和有效的程序的稳定适用对于促进增长和竞争起着至关重要的作用，并有助于防范和化解金融危机：这样的程序导致债务人对责任承担的更高谨慎，并导致债权人对扩大信贷和重组债权的更大信心。"

2. 破产法与企业法。现代的商事主体主要为企业。现代企业是产权社会化、交易集合化和财产人格化的产物。在现代社会的经济活动中，企业是最重要的资源拥有者和交易主体。企业具有前所未有的经营规模和财富创造能力，在社会经济生活中处于举足轻重的地位。从本质上讲，企业是有组织财产的集合体，企业的生命系于其财产。当一个企业陷入不能清偿到期债务的财务困境时，按照债务清偿秩序的要求，它的全部财产就应当成为债权人集体受偿的标的。而一旦企业失去其赖以生存的财产，它的法律人格即无法存续。所以，从企业法的角度讲，破产法是一种企业优胜劣汰的机制。从这个意义上可以说，破产法是企业淘汰法。

一般说来，破产法可以淘汰技术落后或者经营不善的企业，同时通过清算变价和分配使破产企业的财产转移到能够更有效利用这些资源的企业手里，从而实现产业结构和资源配置的优化。但是，在某些情况下，企业陷入困境不一定是因为其技术落后或经营不善，外来的因素如市场波动、经济萧条或其他意外风险也可能使一些素质优良的企业陷入债务困境。此外，当这些企业被清算时，往往会伴随着巨大的财产流失（例如高额的清算费用，一部分财产难以变现或者只能低价变现，等等）。在这种情况下，拯救企业往往成为理智的选择。为此，现代破产法设立了重整、和解等制度，以帮助企业恢复生机。所以，从企业法的角度看，破产法也是一种企业解困复兴的机制。从这个意义上说，破产法是企业拯救法。

破产法还具有促进企业法人改善治理的作用。英国学者瓦尼萨·芬奇（Vanessa Finch）指出："董事责任可以通过多种机制发挥作用……而这些机制所达成的目标也可以是多重的。例如，破产法可以规定对失职董事的惩罚，可以使尽职的董事免于承担管理行为的风险，也可以使那些因董事的行为蒙受损失的当事人得到赔偿。破产法和公司法还可以致力于实现一些其他目标，如完善商界和企业家阶层的行为标准。"[1] 世界银行在 2003 年《有效的破产和债权人权利制度的原则与指南》中也指出："关于管理董事和高级职员对其在企业处于财务困境或破产情况下作出有害于债权人的决定承担责任的法律规则，将有助于增进有责任感的公司行为并培育理性的风险决策。"

3. 破产法是债务清偿法与企业法的结合。就企业破产而论，破产法担负着双重的任务：公平清理债务和治理困境企业。总的说来，这两个任务是相辅相成的。一方面，通过重整、和解等企业拯救制度，使债务人得以复兴，从而为债权人的权利实现提供较为有利的条件。另一方面，通过破产清算，淘汰那些无法挽救的企业，从而将其现有财产用于对债权人的公平分配。破产法应当尽可能求得债务清偿法目标与企业法目标之间的统一。

（二）实体法与程序法

如果把破产法理解为处理债务人无力偿债事件的法律规范的总和，那么，我们可以看到，在各国的破产法中，总是包含着实体法和程序法两类规范。

1. 破产法的实体法规范。处理债务人无力偿债事件，总是会涉及债权债务问题、财产权问题、法律关系主体的法律人格问题和法律责任问题。这些都属于实体法规范的对象。而处理这类事件所适用的实体法规范，又可分为两类：①普通实体规范，即在破产案件和非破产案件中均得适用的实体法律规范。例如，物权法、债与合同法、担保法、公司法、合伙法、票据法、保险法、劳动法、税法等法律中的有关规定。②特殊实体规范，即仅适用于破产案件的实体性规范。例如，有关破产财产、破产债权、破产无效行为、破产撤销权、破产取回权、破产抵销权、别除权、破产免责、破产违法行为的法律责任等的制度和规则。这些特殊实体规范，构成了破产法的一个重要组成部分。

2. 破产法的程序法规范。破产法以债务清偿为首要任务。从债务清偿的角度讲，破产程序属于执行程序的范畴。因为，破产程序要解决的不是民事权利的争议，而是既定民事权利的实现。而且，破产程序从始至终的每一步骤都以法院的裁定为依据（从这个意义上可以把破产程序看成一个实施法院裁定的过程）。执行程序不同于审判程序。"二者的区别在于：审判程序是保护和确定当事人之间的民事权利义务关系的程序，而执行程序是保证生效法律文书得以实施，民事权利得以实现的程序。"[2]

---

[1] Vanessa Finch, *Corporate Insolvency Law*: *Perspectives and Principles*, Cambridge University Press, 2002, p. 495.

[2] 柴发邦主编：《民事诉讼法教程》，法律出版社 1983 年版，第 378 页。

执行程序有一般执行程序与个别执行程序之分。前者以破产程序为代表，为全体债权人集体受偿的程序。后者以民事诉讼法上的强制执行程序为代表，为单个债权人个别受偿的程序。

集体受偿是破产程序的一个显著特征，也是破产法的一项基本原则。英国著名破产法学者弗莱切（Fletcher）指出："发达的破产法的一个最重要特点就是集体受偿原则（principle of collectivity）……集体受偿原则的根本信条就是，在管理债务人资产和处理债权人请求时，不必考虑资产取得和债务发生的时间顺序。破产法运行的进一步特点则是它旨在体现道德正当性的独特理念，这种道德正当性贯穿在债权人与他们的无力偿债的债务人的关系中，也贯穿在作为一个群体的债权人当中。"[1]

3. 破产法是实体法与程序法的结合。关于破产法中的实体法与程序法的关系问题，在多数国家，人们把破产法看作商法的一个分支，而商法总的来说属于实体法范畴。在个别国家（如日本），破产法主要被看作程序法。在中国，一些学者为了避免这种"实体"与"程序"之争，采用了"破产制度"的概念。其实，我们可以把破产制度看作是债务人在无力偿债情况下，通过一定法律程序，运用一系列涉及当事人权利义务的调整手段，实现公平清理债务和治理困境企业的综合性方案。在这一方案中，调整实体权利义务的法律政策和规则对于实现债务清理和企业治理的制度目标起着决定性的作用，而程序规范则为这种清理和治理的过程提供了秩序保障。

（三）私法与公法

按照大陆法系的传统分类方法，程序法属于公法，商事实体法属于私法。故严格坚持私法与公法相区分的学者，在论及破产法的归类时，往往一筹莫展。

按照现代的观点，私法与公法的划分是相对的，它们之间没有不可逾越的鸿沟。现代法律制度中存在许多介乎私法和公法之间的法，或者说，有许多既包含私法因素，又包含公法因素的规则群。这反映了在现代经济生活中，个人利益与社会利益之间、当事人意思自治与国家干预之间以及效率价值与公平价值之间相互协调、沟通和配合的发展趋势。这种趋势，已经表现在破产法改革的运动中。

实际上，私法与公法的划分并不单纯是一个对法律部门分类的技术方法问题。它代表了一种法的观念。这就是要在当事人自治与国家干预之间保持适当

---

〔1〕 I. F. Fletcher, *The Law of Insolvency*, 2nd edn. , Sweet & Maxwell, London, 1996.

的界限，以便给当事人意志以必要的自由空间，同时给国家的干预职能划定合理的活动范围。在破产程序中，同时存在国家干预和当事人自由意志的空间，但它们有各自不同的活动范围。例如，法院的裁定是国家司法权力的体现，而债权人会议的决议则是当事人自由意志的表现。破产法应当对需要由法院裁定的事项和需要由债权人会议决定的事项作出明确的规定。

当事人自治在破产法上最重要的体现，就是债权人自治原则。按照这一原则，法院在破产程序中主要决定程序问题；而有关债权人实体权利的问题，主要由债权人自己决定。在多数情况下，债权人是通过债权人会议集体表达意志和行使权利的。当然，当事人自治原则不仅适用于债权人，有时也适用于债务人。例如，在和解程序和重整程序中，债务人在与债权人谈判时享有自主地位。

破产法的私法自治精神的另一个重要体现，就是法律并不强行规定必须通过司法程序处理无力偿债事件。破产法给了债权人和债务人以协商解决的广阔空间。当事人可以在法庭外通过自行协商作出他们认为适当的债务清偿安排，当事人也可以在法庭内通过协商达成有关和解或重整计划的协议。在法庭外解决的情况下，破产法的作用主要表现为两个方面：①指导作用，即当事人根据破产法对实体权利的有关规定，以及参照破产清算或者和解、重整的处理办法，确定他们之间的偿债安排。②促进作用，即破产清算的分配结果是当事人确定偿债安排的重要参照系，当事人在考虑了破产清算的可能分配结果以及司法破产程序的费用以后，一般比较容易达成以债权人让步为条件的偿债协议。

（四）小结

1. 破产法的综合性质。破产法所要解决的是债务人无力偿债（特别是企业无力偿债）的问题，是一个涉及多种社会关系和多方利益诉求，同时又关系到社会的经济发展和政治安定的问题。因此，它具有多重的目标，需要运用多种法律机制进行综合调整。破产法规范结构的综合性，决定了它的作用的多重性。

2. 破产法是特别法。破产法是以无力偿债事件为对象，依据特定的政策目标而制定的法律规范。破产法与普通的民法、商事法和民事诉讼法之间既有联系又有区别。破产法的规则在基本原则和法律概念上，应当尽可能与普通法律保持一致，以实现规范协同。此外，破产法又有一系列不同于普通法律的特殊规则。所以，在处理破产案件时，破产法规则总是处于优先适用的地位。

3. 破产法的灵活性与强制性。从实际出发，尽可能公平而妥善地处理无力偿债情况下的债务清偿问题和尽可能减少破产事件带来的消极后果，是实施破产法必须遵循的基本指导思想。因此，破产法不仅允许当事人自行协商解决，而且鼓励当事人在破产程序中通过谈判和妥协达成协商解决，并提供了相应的程序条件。当然，这并不意味着可以动摇破产法规则（特别是程序规则）的强制性。这种强制性是公平清偿秩序的保障，而公平清偿是破产法的灵魂。

4. 破产法的意义。我们可以把破产法的意义归纳为以下几个方面：①对债权人来说，通过破产程序，可以使他们的债权请求得到公正的待遇，避免了在缺乏公平清偿秩序的情况下可能受到的损害。②对债务人企业来说，破产制度可以起到两种作用：一是淘汰落后；二是起死回生（通过和解、重整、破产企业的整体变价）。对于破产自然人来说，破产制度还为他们提供了重新开始的机会。③对社会来说，破产制度的意义有三：一是通过规范破产行为，维护正常的债务清偿秩序；二是妥善处理破产事件，减少其消极影响，维护社会安定；三是通过优胜劣汰机制，实现资源优化组合，促进经济发展。

第二节 破产法的立法准则

在不同的国家和不同的历史时期，对于破产法的若干制度，存在不同的立法范例。从这些立法范例中，可以归纳出这样那样的学说，或者各种各样的立法准则。下面介绍的是其中较为重要的部分。从这些不同立法准则中，我们可以看到破产法在不同社会历史条件下的差异性和变异性。

一、商人破产主义与一般破产主义

在破产法的适用范围问题上，存在商人破产主义和一般破产主义两种立法准则。商人破产主义主张破产法仅适用于商人破产事件。一般破产主义主张破产法适用于一切破产事件，无论是商人破产还是非商人破产。

13 世纪以后，意大利各商业城市陆续创立了自己的商事破产制度，由此奠定意大利的商人破产主义传统。1865 年的《意大利王国破产法》和 1883 年《意大利商法典》，乃至 1942 年民商统一后的《意大利破产法》，均采用商人破产主义。法国 1673 年的《商事敕令》，将调整范围局限于以商人为主体的商事关系，故其破产制度只适用于商人。这一立法体制一直沿用至今。法国法系国家（如比利时、卢森堡）采用此例。英国 1571 年的破产立法，曾采用商人破产主义。

17 世纪德意志各邦的破产立法普遍采用一般破产主义。德国于 1871 年统一后，以 1855 年《普鲁士破产法》为蓝本，编纂了统一的破产法典。该法采用一般破产主义。以后，德国法系中各国的破产立法，如奥地利、日本的破产法，均循此例。英国 1542 年的《破产条例》和 1571 年以后的《破产法》，均采用一般破产主义。但长期以来，英国的破产法只适用于自然人，而法人（公司）破产则适用公司法上的破产清算程序。直到 1986 年，法人破产和自然人破产才在立法体例上合二为一。美国自 1800 年第一部破产法以来，一向实行一般破产主义，并且从未将法人破产与自然人破产分别立法，但是，在美国现行《破产法》中，设有专用于自然人破产（消费者破产）的程序。

此外，还用一种被称作折中主义的体制，即破产法的实体部分统一规定，程序部分分别规定。17 世纪西班牙破产法发展了两种清算程序，一种适用于商人，一种适用于非商人。1829 年《西班牙商法典》实行折中主义体制。此制为葡萄牙、阿根廷、巴西等国所采用。

二、清算主义与再建主义

关于破产程序的目的，存在清算主义和再建主义两种立法体例。清算主义主张，破产程序的目的是将债务人的全部财产用来清偿全部负债。也就是说，要将债务人的资产全部变卖，以变卖所得的价金来偿还债务。再建主义主张，在保全债务人资产和营业的基础上，通过一定的偿债安排，使债务人企业得以拯救与复兴，并使债权人得到清偿。这种区分是在 20 世纪 70 年代以后的全球性破产法改革运动中被提出的。

当今破产法改革的趋势是强调再建主义，但并不否定清算程序。不过，各国在再建程序（如和解、重整）和清算程序适用顺序的问题上，有前置主义和并列主义两种体例。前者将再建程序置于优先适用的地位，只有当再建程序不能奏效时才转为清算程序。后者将两类程序并列，当事人对适用何种程序有选择的自由。《法国商法典》第 6 卷是前置主义的代表。该法规定无力偿债案件必须首先进入重整程序，只有在企业无可拯救的情况下，才实行清算。[1]当前多数国家的破产立法实行并列主义，允许当事人自行选择适用再建程序或者清算程序。

三、惩罚主义与非惩罚主义

在自然人破产的情况下，对破产人的人身权利，存在惩罚主义和非惩罚主义两种立法准则。惩罚主义以限制或剥夺破产人的人身自由和具有人身性质的权利（如出任公职或企业高级职位）为破产事件的必然结果。破产人被限制或剥夺的自由和权利，必须在破产程序终结以后，依照法定复权条件恢复，故含有惩罚之意。非惩罚主义不以对破产人人身自由的拘束为破产程序的结果，

---

〔1〕 参见《法国商法典》第 6 卷第 620 – 1 条。

或者仅以这种拘束为破产程序的辅助条件，其目的在于保证破产程序的进行，一俟破产程序完成即自行解除，并无惩罚之意。

惩罚主义古已有之。随着文明的进步，法律逐渐转向非惩罚主义。现代各国破产法在自然人破产问题上的基本政策是给予债务人重新开始的机会，故一般采用非惩罚主义。但是，对于有破产欺诈等违法行为者，以及有渎职行为的企业负责人，仍予以制裁。例如，《法国商法典》第 6 卷规定，商自然人或者企业领导人，有该法规定的违法情事者，法院可以宣告其个人破产或者宣告其禁治产；处分期限不低于 5 年，期满自动终止；受此处分者 5 年内无履行公职资格。[1]

四、免责主义与不免责主义

在自然人破产的情况下，对于破产法在程序终结后的债务清偿责任，存在免责主义和不免责主义两种立法准则。免责主义主张于破产程序终结后免除债务人在破产程序中无法清偿的债务，使其得以解脱。不免责主义则主张在破产程序终结后，债务未清偿的部分依然存续，债务人于日后恢复偿债能力时，仍须负清偿之责。不免责主义注重对债权人的保护，但对债务人过于严酷。使债务人长期甚至终身陷于债务牢笼，既不人道，也不利于经济发展和社会安宁。

早期的破产法实行不免责主义。免责主义源于英国，[2] 进而蔓延于整个英美法系，最后扩大陆法系，现已成为各国破产法普遍采用的立法准则。例如，日本于 1952 年改不免责主义为免责主义。在新近的破产法改革中，法国（1985 年）和德国（1994 年）均抛弃了以往的不免责主义，转而采用免责主义。[3]

实行免责主义的国家，通常都将免责范围局限于诚实的债务人，所以，有欺诈行为者不在免责之列。此外，还有一些国家规定，债务人在破产案件终结后的一段期间内仍应承担债务清偿责任，期间届满后才能免责。

五、属地主义与普及主义

关于破产程序的域外效力，存在两种主张。属地主义主张，域内的破产程序不对债务人位于域外的财产直接发生效力；同样，域外的破产程序也不对债

---

〔1〕 参见《法国商法典》第 6 卷第 5 章"个人破产及其他禁止措施"（第 625－1 条至第 625－10 条）。

〔2〕 据学者考证，在英国，债务人免责的概念来源于《圣经·旧约全书》申命记第 15 章第 1～2 节（和合本）："每逢 7 年，末 1 年，你要施行豁免。豁免的定例乃是这样：凡债主要把所借给邻舍的豁免了，不可向邻舍和弟兄追讨，因为耶和华的豁免年已经宣告了。"参见 Martin A. Fray, *An Introduction to Bankruptcy Law*, West Publishing Company, 1992, p. 1.

〔3〕 参见《法国困境企业司法重整及清算法》第 169 条，德国 1994 年《破产法》第 286～291 条。

务人位于域内的财产直接发生效力。普及主义则主张承认域内破产程序的域外效力和域外破产程序的域内效力，以便使债权人得到更充分的保护。迄今为止，只有少数国家有处理跨国界破产的普及主义法律框架。但是，近年来，国际上推动各国破产法转向普及主义的潮流正变得越来越强劲。一个显著的例证就是1997年5月联合国国际贸易法委员会第30届会议通过的《跨国界破产示范法》。中国作为该委员会的36个成员之一，参加了本次会议。该《示范法》分为5章，共32条。各章的题目分别为：总则；外国代表和债权人对本国法院的介入；对外国程序的承认和补救；与外国法院和外国代表之间的合作；同时进行的程序。该示范法在相当程度上反映了长期以来的国际性努力的成果。目前，已有100多个国家的破产立法采用了《跨国界破产示范法》的原则。2000年，欧盟发布了《破产程序规定》，共5章45条，建立了欧盟内部跨国破产的统一规则。

第三节　我国破产法的历史发展

一、历史概况

（一）古代中国的债务执行

中国古代律法，未见有破产清偿程序的规定。对欠债不还者，有官吏收捕监押的实例，但法无明文规定。故对于债务人的人身强制，听任官衙斟酌决定。唐律规定，债务人违契不偿，债权人可以在债务额范围内自行扣押债务人财产，但必须告官司听断；如不告官司而自行扣押超过债务数额的，以盗窃论处（"坐赃论"）。清律禁止债权人未经官府允许而自行扣押债务人财产，违者杖八十。至于以人作奴抵偿债务，自唐以后为法所禁止。不过，以劳役抵债和以其他财物抵偿钱债，为历来通行的做法。

私债必偿、父债子还，是历代法律和民间习惯公认的准则，故古代中国不存在破产免责的概念。但是，在特殊情况下的债务免除还是存在的。自两晋南北朝起，皇帝因重大庆典或比岁荒歉而下诏赦免民间债务已成常例。私人债主自愿焚券免债的事例亦十分常见。清律规定，贫民欠官府之债，如果债务人人亡产绝，可请求豁免。

（二）近代中国的破产习惯和破产立法

1. 近代中国有关破产还债的商事习惯。古代中国由于商业不发达，加上政府的重农抑商政策，破产法制进步缓慢。但民间习惯，因受儒家文化浸润，在债务清理方式上仍不失人道精神。及至近代，又受商业文明熏染，破产还债制度在民间渐露端倪。例如，据民国初年对地方民事习惯的调查，在湖北省一些地区，有所谓"摊账"的做法。"债务人负债过巨，以所有财产摊还债务，谓之摊账。"摊账的开始，通常由债务人邀请各债权人到场，提出摊还请求，也可由个别债权人邀集其他债权人共同向债务人要求摊还。在个别地方，摊账须经全体债权人同意；若遇个别反对，其他债权人可以"从优议还"。摊还时，允许债务人"酌留财产，以资养赡"。在多数地方，由债务人自主管理财产。摊还时，债务人当场将财产酌提十分之一二，以资安家，然后将余产和盘托出，由债权人公议分配。有的地方，则由债权人共同管理财产，双方邀请调停人，三面同算。也有的地方，财产的管理、变价和分配悉由全体债权人做主。摊账完毕，"至清算则席清"，债务从此了结。[1]

2. 近代中国的破产立法。1906 年，清朝政府起草《破产律》，共9 节，计69 条，采商人破产主义，程序自始至终由地方官主持，商会协助。其中第40 条规定"归还成数，各债主一律办理"，即采用债权人平等受偿原则。户部认为该条有悖于"先洋款、后官款、后华商分摊"的先例，行文商部表示反对。而商部及京、沪商人则坚持原文，因此发生激烈争论。结果，该法虽经奏准施行，终于 1908 年 11 月被明令废止。

1915 年，北京法律修订馆受政府之命，以德国和日本破产法为蓝本，拟定《破产法草案》，内容分为实体法、程序法和罚则 3 编，计 337 条。此草案因错误缺失较多，未能公布施行。1933 年 10 月司法行政部颁布《商人债务清理暂行条例》，不分章节共 68 条，建立强制和解制度，和解不成时则以清理程序迅速了结债务。该条例仅限商人适用。1935 年 4 月，立法院民法委员会开始起草《破产法》。当时，国际经济动荡，国内农业衰退，工商倒闭频仍，个人无力偿债的现象大量出现。为解燃眉之急，于同年 7 月颁布《破产法》，并于同年 10 月施行。该法分总则、和解、破产、罚则 4 章，共 159 条。该法有如下特点：①将破产程序与和解程序集于一法；②采用一般破产主义；③采用和解程序与破产程序分离主义；④程序发动采用申请主义，辅以职权主义；⑤破产宣告的效力采用不溯及主义；⑥破产财产范围采用膨胀主义；⑦对破产人实行非惩罚主义和免责主义；⑧破产程序的地域范围采用属地主义。该法于1937 年、1980 年和 1993 年有过局部修改，现仍在我国台湾地区施行。我国台湾地区于 1960 年引进美国和日本的公司重整制度，在"公司法"中增设第五章第十节"公司整理"，1966 年修订时改称"公司重整"，其后经多次修订。

---

[1] 法政学社编：《中国民事习惯大全》（影印本），台湾文星书店 1962 年版，第 43 页。

最近的一次重大修订于 2001 年 11 月公布。

（三）20 世纪 50 年代处理破产问题的规范性文件

中华人民共和国成立后，废除了前政权颁布的所有法律。20 世纪 50 年代，虽然没有破产法，但在城市私营经济的范围内，仍有一定数量的破产案件被提交司法机关处理。为此，最高人民法院和司法部曾经对私营企业的破产问题颁布过一些规范性文件[1]这些文件明确了某些破产程序规则，如工资优先受偿、无限公司股东或合伙人负无限连带清偿责任等。此外，"未参加公私合营或合作社的行商、摊贩、市民、小作坊等，因资不抵债而停业时"，也可以申请破产[2]

对于农村债务的处理，政府曾发布一些文件[3]在土地改革运动中，政府的基本方针是废除农民（包括贫农、中农和富农）欠地主的所有债务。所以，农村不存在破产还债的做法。

在大规模废除债务的社会氛围下，银行的债权受到了一定的影响。当时，曾有法院以"人民欠国家的钱没有关系"为由，拒绝保护银行向私人提出的还债请求。1951 年 4 月，最高人民法院和司法部发布《关于保护国家银行债权的通报》，对加强法院对银行债权的保护作出了若干具体规定。

二、我国破产法的立法进程

（一）1986 年《企业破产法（试行）》

20 世纪 50 年代后期，国民经济进入"一大二公"和计划经济的轨道，作为市场纽带的债的关系失去了存在意义。所以，债务人因无力偿债而破产的现象无从发生。但是，生产经营状况差的企业总是存在的。1961 年，在国民经济极度困难的情况下，国家对一部分企业采取了"关停并转"的措施。但是，"关停并转"只是政府对国有资产的自主处分行为，它完全不同于债务清偿意义上的破产程序。1979 年以后，中国走上改革开放的道路。城市经济改革的一个重要目标就是让企业自负盈亏。随着企业亏损和不能偿还债务的情况日益突出，亟须一套法律机制来加以处理。于是，制定破产法的任务便提上了议事

---

〔1〕 例如，1955 年 10 月最高人民法院、司法部《关于私营企业破产还债程序中两个问题的批复》，1956 年 1 月最高人民法院《关于私营企业破产还债中的问题的批复》，1957 年 1 月最高人民法院《关于破产清偿的几个问题的复函》。

〔2〕 参见 1957 年 1 月最高人民法院《关于破产清偿的几个问题的复函》第 2 条。

〔3〕 例如，1950 年中央人民政府政务院《关于新区农村债务纠纷处理办法》、中南军政委员会土改委员会《有关农村债务几个问题的解答》、1951 年最高人民法院华东分院《关于城市债务纠纷中如何区别城乡债务问题的通令》等。

日程。1980 年 10 月，国务院发布《关于开展和保护社会主义竞争的暂行规定》，引发了关于"淘汰"落后企业的讨论。1984 年 5 月，在第六届全国人大第二次会议上，部分代表提出了制定企业破产法的提案。随后，国务院多次召开会议讨论制定破产法的问题。讨论中存在着激烈的争论。同年 10 月，中共十二届三中全会通过《关于经济体制改革的决定》，提出将所有权与经营权适当分开，"使企业真正成为相对独立的经济实体，成为自主经营、自负盈亏的社会主义商品生产者和经营者，具有自我改造和自我发展的能力，具有一定权利和义务的法人"。这成为制定破产法的理论依据。同年 12 月，企业破产法起草小组正式成立。1985 年 9 月，起草小组拟出《企业破产法征求意见稿》，在广泛征求意见的基础上，形成《企业破产法（草案）》。1986 年 6 月和 9 月，草案两次提交人大常委会审议，但因意见分歧大而未获通过。为了使破产法早日出台，国务院于同年 7～9 月发布了一系列配套法规。同年 10 月，全国人大法制工作委员会和财经委员会在京召开了近百人参加的企业破产法座谈会。事后，全国人大法律委员会对草案进行了修改。1985 年 2 月～1986 年 8 月，沈阳市、武汉市、重庆市、太原市和山西晋中地区的 27 家企业率先试行企业破产法。1986 年 8 月 3 日，沈阳防爆器材厂宣告破产倒闭，成为中国改革开放以来的企业破产第一案。1986 年 12 月 2 日，全国人大常委会通过了《中华人民共和国企业破产法（试行）》（以下简称《企业破产法（试行）》）。该法的适用对象为全民所有制企业，于 1988 年 11 月 1 日（《全民所有制工业企业法》实施满 3 个月之日）生效试行。1991 年《民事诉讼法》颁布，该法设第十九章"企业法人破产还债程序"，共 8 条，适用于非全民所有制的企业法人。

《企业破产法（试行）》和《民事诉讼法》第十九章的颁布实施，适应了当时经济体制改革的需要，对维护经济秩序，促进企业自主经营、自负盈亏，建立企业优胜劣汰的竞争机制，规范企业破产行为，保护债权人、债务人的合法权益，发挥了积极作用。

（二）新破产法起草过程

1992 年，中共十四大提出了建立社会主义市场经济体制的历史任务。1993 年，中共十四届三中全会通过《关于建立社会主义市场经济体制若干问题的决定》，提出"加快经济立法，进一步完善民商法律"，实现"本世纪末初步建立社会主义市场经济的法律体系"的目标。为此，该决定要求"适时修改和废止与建立社会主义市场经济不相适应的法律和法规"。

就破产法而论，尽管《企业破产法（试行）》的颁布和施行对冲破国有企业不能破产的旧观念，建立企业优胜劣汰的竞争机制起了促进作用，但是，由于受"有计划商品经济"的认识局限和缺乏破产实践经验等主客观条件限制，该法从指导思想到具体内容已不适应建立社会主义市场经济体制的需要。其主要问题有：①立法宗旨偏重企业改革，对实现债务公平清偿重视不够。②适用范围过窄，仅限于全民所有制企业法人。③政企不分、司法职能与行政职能不分，在破产程序中设置了一些不应有的政府职权。④不少条文比较笼统，可操作性差，适用时随意性大。⑤和解整顿程序缺乏可行性，不能发挥拯救企业的作用。⑥缺少对破产违法行为的制裁措施。而《民事诉讼法》第十九章只有 8 条原则性规定，难以解决破产案件中复杂的程序和实体问题。

《企业破产法（试行）》实施以来，破产企业数量急剧上升。从 1990 年到 1994 年，全国各级法院受理的破产案件呈现几何级数增长的现象：1990 年 32 件，1991 年 117 件，1992 年 428 件，1993 年 710 件，1994 年 1625 件。破产案件迅速大量增加的趋势，提出了完善破产立法特别是建立企业拯救制度的迫切要求。

1994 年 3 月，全国人大财经委员会根据第八届全国人大常委会立法规划的要求，着手组织新破产法的起草工作。起草组通过调查研究和分析论证，明确了重新起草破产法的指导思想和基本原则，提出了立法中的若干主要问题及解决办法。在此基础上，拟订了《中华人民共和国破产法（草案）》初稿。1995 年 9 月，全国人大财经委员会将草案提交全国人大常委会。但是，由于强大的阻力，草案未付诸审议。这种阻力主要来自两方面：①由于大量的国有企业等待破产，而国有企业破产面临的职工安置和补偿问题已经成为一个严重的社会问题。为此，国务院制订了一套由财政、债权人和职工多方分担改革成本的政府主导型"政策性破产"计划。如果立即施行新破产法，将不利于这一计划的开展，从而给财政和社会稳定带来巨大压力。②我国金融体制改革刚刚起步，商业银行以其现有经营体制和资产状况，还不具备承受大量企业破产风险的能力。

2000 年 3 月，第九届全国人大又一次启动新破产法的起草工作。新的起草工作组决定删除 1985 年草案中的"国有企业破产的特殊规定"专章，将普通破产法与"政策性破产"的特别规定相区分。同时，吸取 1997～1998 年亚洲金融危机的经验，将加强债权保护和维护债务清理秩序作为起草工作的着力点。2002 年春，正当起草组完成新的草案稿，准备提交审议时，国内个别地区发生了与企业破产和职工下岗有一定关联的职工群体性事件，破产法立法进程被突然叫停。在新破产法一时难以出台的情况下，最高人民法院为适应审判实践的需要，采取主动措施，于 2002 年 7 月 30 日发布了《关于审理企业破产案件若干问题的规定》。其中吸收了新破产法草案的一些制度设计。但是，这一司法解释并不能代替一部具有高度系统性、权威性和稳定性的法律。

2003 年 8 月，第十届全国人大再次启动新破产法的起草工作。在既往成果的基础上，起草组进一步开展调研活动和组织研讨，并于同年 11 月将草案送国务院和地方政府征求意见，并与中央有关部门多次协商，基本达成共识。2004 年 5 月，全国人大财经委员会组织了较大规模的立法座谈会，并于事后再次听取中央有关部门的意见。同年 6 月 15 日，新破产法草案被提交全国人大常委会审议。在随后的审议过程中，出现了强化职工债权保护的强烈呼声。为此，法律委员会在修改草案时采用了使职工债权能够优先于担保债权受偿的方案。这一方案引来了金融机构和多数专家的批评。于是，关于职工债权与担保债权的清偿顺序的意见分歧，成为新破产法出台的最后一道障碍。经过长时间的讨论和协商，人们终于就这一问题达成妥协。2006 年 8 月 27 日，在第十届全国人大常委会第二十三次会议上，《中华人民共和国企业破产法》（以下简称《企业破产法》）获得通过。至此，这一历经 12 年艰难历程的立法成果终于面世。

第四节　我国新破产法的主要成就

破产法草案经过 12 年反复磨砺，终成今日之华章。尽管还有某些不尽如人意之处，但总的说来，这是一部与时俱进、力求适应我国改革开放和现代化建设需要的立法，是一部面向市场经济、面向世界、面向未来的立法。这部立法所取得的重要成就，可以归纳为以下五点：

一、着眼债务清偿，重视市场信用

自 1994 年开始起草新破产法时，一个重要的指导思想就是制定一部适应社会主义市场经济需要的统一的破产法。市场经济的基本要求，首先就是主体平等和当事人意思自治。同时，市场经济也要求法制的统一性和透明性。因此，新破产法首先需要解决的就是法律的适用范围问题。对此，经过广泛地征求意见，取得了以下共识：①打破所有制界限，为各种市场主体制定统一的破产法；②将破产程序的适用范围由原来的企业法人扩大到包括企业法人和自然人企业（合伙企业、个人独资企业）在内的所有市场主体。这样，破产法在性质上发生了一个重要的转变：如果说 1986 年《企业破产法（试行）》是配合国企改革的特别法，那么新破产法就是建立和维护市场经济秩序的普通法。

建立市场经济秩序的另一个要求就是转变政府职能。以往那种政府操纵下的破产程序，具有政企不分、行政权与司法权不分的特点。新破产法清晰地界定了企业与政府的责任边界，以及政府与法院的权力边界。这有助于防止地方保护主义对程序公正的干扰。同时，新破产法贯彻了当事人意思自治的民法原则。例如，尊重债务人申请破产的权利，取消了须经政府批准的前置条件；破产程序中有关债权人利益的重大问题均由债权人会议决定；设立债权人委员会制度，强化债权人对破产管理的监督权；和解程序完全实行当事人意思自治，废弃了过去那种将和解程序与政府整顿"捆绑"进行的立法方案。

二、注重企业拯救，强调社会利益

新破产法的起草从一开始就十分重视企业拯救。早在 1995 年，草案就参考一些发达国家的立法经验，设立了重整制度。这一设计从一开始就得到了中央各部门和学术界的广泛认同，并在 1999 年得到了中央最高领导层的充分肯定。

诚然，《企业破产法（试行）》也很重视企业拯救，并专章规定了"和解和整顿"制度。但是，新破产法的重整制度具有更强的科学性和可操作性：①在重整程序中，把拯救企业的任务交给了重整企业和专业管理人。②法律规定了一系列保护企业继续营业的措施。③债权人在重整过程中有充分的参与权、监督权和议决权。④重整计划体现了债权让步与营业振兴有机结合的综合治理思想。⑤重整计划的制定过程体现了多方参与、合作共赢的精神。⑥重整制度采取了一些防止程序滥用的措施，如规定提交重整计划草案的时限、终止重整程序的事由、债务人自行营业情况下的管理人监督等。⑦新破产法还将重整程序适用于有可能发生破产原因的情形，体现了"早期拯救"的思想。

一些国家在制定重整制度时，基于私权本位与社会本位相调和的思想，在尊重当事人意思自治的同时，给司法干预留有一定的空间。我国是社会主义国家，尤其强调企业拯救对于保护生产力、维持就业和维护社会稳定的重要性。因此，新破产法在重整程序中建立了在重整计划未获通过时人民法院可依据一定条件强行批准的制度。

三、规范破产程序，维护交易秩序

《企业破产法（试行）》在实施过程中，长期受到"假破产、真逃债"现象的困扰。其重要原因之一就是法律过于笼统，漏洞较多，可操作性较差。这种情况导致了交易环境的恶化，增加了金融危机的隐患。在新破产法的起草工作中，建立"有序和有效的破产程序"是一个重点目标。为此，新法作出了一系列规范破产的制度安排。例如，规定破产申请受理时的公告和接管程序；

建立管理人制度，对管理人的任命、更换、资格、职权、报酬、责任等问题作出了明确的规定；规定各种破产无效行为，并区别不同情况延长了这类行为的追诉期。尤其重要的是，新法创立了债权人委员会制度，使债权人集体能够适时监督管理人和债务人在破产程序中的行为。

新破产法还注意发挥对改善企业治理的促进作用。新法在总则中，明确规定了"依法追究破产企业经营管理人员的法律责任"。在其他章节中，规定了对破产程序前行为的追究，包括对债务人经营失败的个人责任的追究、对程序开始前的欺诈性交易和转让行为的个人责任的追究以及对个人非正常收入和侵占行为的追究。这是从源头上治理破产逃债等不法行为的积极措施。

四、平衡各方利益，实现和谐共存

在破产事件中存在着多方利益冲突。使破产程序成为"人人各得其所"的正义实现过程，不仅有利于破产案件审理的公正和效率，而且有利于社会的和谐与稳定。

新破产法将保护劳动者权益置于突出地位。在总则中，明确规定"依法保障企业职工的合法权益"。在程序方面，赋予职工和工会代表出席债权人会议、参加债权人委员会和表决重整计划的权利。在实体权利方面，对职工债权的细目做了列举规定并将其置于破产分配的优先地位，规定了在重整、清算时对这些债权的特别保护措施，还规定了债务人在申请破产时提交职工安置预案的义务。

在新破产法草案审议过程中，关于职工债权与担保债权的清偿顺序问题曾一度成为争论焦点。这实际上是一个要不要把国有企业"政策性破产"中职工债权优先于担保债权的做法普遍化和长期化的问题。在以往的"政策性破产"实践中，银行的债权损失在一定程度上是由中央财政直接或间接承担的，而中央财政承担的损失则是由消灭亏损源而节省的财政资源填补的。可以说，这种措施是国有经济内部分配改革成本的策略性安排，而不是建立市场经济秩序的制度性安排。已经通过的新破产法，最终采用了一审稿的方案：在债务人的所有财产中，担保债权在担保物上享有最优先受偿的地位；无担保的财产在支付破产费用和共益债务后用于破产分配；在破产分配中，职工债权处于最优先受偿地位。这一方案对职工债权的保护水平达到了国际劳工组织大会《雇主破产情况下保护工人债权公约》的要求。而它对担保债权的保护，也符合国际上大多数国家的做法。这有利于我国金融业的发展，并将最终使企业和职工受益。

在破产程序中，不同债权人之间的利益冲突也十分常见。因此，坚持集体清偿原则、完善债权人会议制度是实现债权人利益协调的根本路径。新破产法在这方面采取的措施有：规定破产申请受理前个别清偿的撤销制度；规定共同承担破产成本的共益债务制度；规定各种债权的具体申报方法；规定担保债权人参加债权人会议的权利；规定在债权人会议无法表决通过某些事项而使程序陷于僵局时人民法院的裁定权，以及债权人对裁定不服时的复议申请权。

五、注意与国际接轨，照顾中国国情

新破产法在起草过程中十分注意学习借鉴发达国家的经验，并保持了与国际社会的经常性对话。以重整制度为例，起草中曾参考过美国、法国、德国、英国、澳大利亚、日本等国的立法，并与国外的专家学者进行过广泛的交流。例如，防止滥用重整程序的制度设计，就受到了美国律师和学者对其《破产法》第11章的批评意见的启发；对重整期间的时间限定，吸收了法国和美国的经验和教训；对债务人自行管理营业事务的监督规定，也是在比较了多个国家的经验并考虑到中国的国情后确定的。

新破产法的起草过程，正值国际破产法改革高潮。其间，联合国国际贸易法委员会、世界银行、国际货币基金、经合组织、亚洲开发银行、国际破产协会等召开过许多以破产为主题的国际会议。这些会议均邀请了我国破产法起草专家参加。在此期间，这些组织还发表了有关破产法改革的一系列指导性文件，表明了国际社会对破产法改革的目标和准则达成的一些基本共识，主要有：①可预见性，即破产法应该使市场参与者对破产的风险和后果有明确的预见，从而成为其行为选择的依据。②公平待遇，即破产程序应当公平地对待破产事件涉及的各方主体的权益。③透明度，即破产程序的操作应当公开透明。④资产价值最大化，即破产程序不应满足于债权人之间的公平清偿，而应注重对债务人资产和营业价值的最大限度地维护。⑤国际合作，特别是在跨国界破产的情况下，不同司法管辖区之间的程序要衔接和相互配合。这些文件为我国破产法改革提供了有益的参考。

应该说，新破产法为实现这些目标已经作出了很大的努力并取得了显著的成绩。但是，我国的市场经济体系毕竟刚刚建立，破产法的制定和实施还受到种种社会因素的制约，特别是受到国有企业改革的成本和社会对企业破产的承受能力的制约。司法资源和专业队伍的不足，也是一个制约因素。

总之，2006年《企业破产法》是我国破产法改革的一项意义重大的成果。我国的破产立法还将随着改革的深入和建设事业的发展继续进行下去。我们有理由相信，本着与时俱进的精神，通过不懈的探索和努力，我国的破产法将会不断地进步和完善，为现代化建设发挥更加充分的保障作用和更大的促进作用。

■ **思考题**

1. 简述破产的概念。
2. 如何理解破产法的性质和作用?
3. 简述我国破产法的历史发展。
4. 如何评价我国《企业破产法》取得的成就?

第九章 破产程序总论

■学习目的和要求

　　本章主要围绕破产的一般规则、破产申请和受理、债务人财产、管理人、债权申报、债权人会议、破产法律责任等问题进行阐述。应重点把握破产程序中各利益方的权利及相关当事人的义务。

第一节 一般规则

一、破产程序的适用范围

（一）一般规定

根据 2006 年《企业破产法》第 2 条的规定，本法的适用范围为企业法人，这其中不仅包括国有企业法人，同时包括承担有限责任的其他所有制的企业法人。与《企业破产法（试行）》相比较，《企业破产法》将适用主体范围扩大到所有的具有法人资格的企业，不再区分是否为全民所有制企业。其范围包括具有法人资格的集体企业、民营企业以及设在中国领域内的中外合资经营企业、中外合作经营企业和外资企业等。

（二）特别规定

1. 国有企业破产。《企业破产法》第 133 条规定："在本法施行前国务院规定的期限和范围内的国有企业实施破产的特殊事宜，按照国务院有关规定办理。"这里所说的"有关规定"，目前主要指 1994 ~ 1997 年国务院和中央有关部门通过发布一系列文件所确立的一系列特别规定。这些文件主要包括：1994年 10 月国务院《关于在若干城市试行国有企业破产有关问题的通知》（国发〔1994〕59 号）；1996 年 7 月国家经贸委、中国人民银行《关于试行国有企业兼并破产中若干问题的通知》（国经贸企〔1996〕492 号）；1997 年 3 月国务院《关于在若干城市试行国有企业兼并破产和职工再就业有关问题的补充通知》（国发〔1997〕10号）。这些特别规定的要点如下：①仅以"企业优化资本结构"试点城市（起初为18个，后增至111个）的国有工业企业为适用对象。②企业破产在各级政府的领导下进行。③基本工作流程是，首先由政府编制计划，按照上级下达的呆坏账准备金规模进行企业破产的总量控制，然后由企业主管部门制订破产预案，经政府批准后，最后交人民法院按法定程序实施。④鼓励兼并，对兼并企业给予推迟还本、减免利息等优惠政策。⑤强调妥善安置破产企业职工，规定土地出让金和破产财产应优先用于职工安置。⑥银行参与计划编制和预案制订，并派员参加清算组。⑦企业在申请破产前，经拥有2/3以上债权额的债权人同意，并经政府批准，可将企业效益较好的部分同企业分立。

最高人民法院1996年11月15日《关于人民法院审理企业破产案件若干问题的紧急通知》（现已失效）和1997年3月6日《关于当前人民法院审理企业破产案件应当注意的几个问题的通知》（法发〔1997〕2号，现已失效），曾对贯彻国务院的上述文件作出了规定。

2. 金融机构破产。一般来讲，商业银行、证券公司、保险公司等金融机构的破产应该适用《企业破产法》所规定的程序。但由于这类金融机构的资产分为自有资产和客户资产两部分，破产时法律需要对其客户资金的保护作出专门规定。同时由于这类机构破产时涉及的利害关系人人数众多，社会敏感度较高，因而对金融机构启动重整或破产清算程序需由国务院金融监督管理机构向人民法院提出申请。为了建立金融机构破产的法律机制，《企业破产法》第134条第2款规定，金融机构实施破产的，国务院可以依据本法和其他有关法律的规定制定实施办法。这里所说的"有关法律的规定"，主要包括《商业银行法》第71条、《保险法》第90条。对于证券公司的破产，《证券法》尚无特别规定，但2008年国务院发布的《证券公司风险处置条例》有专章规定。对于金融机构破产，特别法和行政法规无特别规定的事项，适用《企业破产法》的一般规定。

3. 合伙企业破产。不具有法人资格的合伙企业、个人独资企业的合伙人、出资人应对企业债务承担无限连带责任。这些企业破产，必然会连带牵涉到企业合伙人、出资人的个人破产问题。我国目前尚未出台有关个人破产的程序规定。所以，《企业破产法》第135条规定："其他法律规定企业法人以外的组织的清算，属于破产清算的，参照适用本法规定的程序。"这意味着，合伙企业、个人独资企业的破产对本法规定的适用，需要由有关法律进一步规定。

（三）问题研究：自然人破产

有人主张将破产法的适用范围扩大到所有的自然人，这种意见目前还未被采用。主要原因是：①我国社会普遍的消费习惯是"储蓄未来"而不是"透支未来"，而居民储蓄在很大程度上弥补了现阶段社会保险制度的不足，对社会稳定起到了重要作用。通过自然人破产免除个人消费债务，将起到鼓励超前消费的作用。②消费者破产免除住房等消费信贷的债务，将增加银行的不良资产，不利于维护我国的金融安全。③我国审判机关和中介服务机构承担企业破产案件的力量严重不足，难以将大量的公民消费债务纳入破产程序。近年来，主张建立自然人破产制度的呼声日益强烈。其主要理由是：①有利于适应普惠金融和民间金融发展的新形势，引导合理的市场预期，规范债务清偿秩序。②有利于完善征信体系，加强市场主体的预算约束，遏制个人信贷和民间借贷中的逃债、赖债现象，也有助于破解"执行难"问题。③有利于将合伙企业、个人独资企业等商自然人的破产事件纳入法治轨道，在实现公平清偿的同时，给诚实而不幸的债务人以重新开始的机会。

二、破产原因

破产原因是适用破产程序所依据的特定法律事实，是法院进行破产宣告所依据的特定事实状态。按照现行法律，它也是破产案件受理的实质条件。其特点是：①它必须是实际存在的事实状态；②它必须是符合法律规定的事实状态。作为破产原因的法律事实，可以是单一的，也可以是复合的。目前，各国关于破产原因的立法通例是采用单一规定，即以债务人不能清偿到期债务为唯一原因。而我国《企业破产法》第 2 条第 1 款采用了复合规定和单一规定并存的方式。

1. 复合规定：企业法人不能清偿到期债务，并且资产不足以清偿全部债务。"不能清偿到期债务"，即无力偿债，国际上也称作"非流动性"，又称"现金流标准"，其含义是"债务人已全面停止偿付到期债务，而且没有充足的现金流量偿付正常营业过程中到期的现有债务"。"债务人全面停止付款的标志可以包括债务人未能支付租金、税款、薪金、员工福利、贸易应付款和其他主要业务费用。采用这一标准，是为了在债务人财务困难期间尽早启动破产程序，以尽量减少资产的散失并避免债权人争夺资产，若造成债务人的资产被瓜分，反而对全体债权人不利。等到债务人能证明资产负债表破产才允许启动程序，可能只会延迟必然要发生的事情，减少可收回的资产"[1] 无力偿债的

---

[1] 参见联合国国际贸易法委员会：《破产法立法指南》，中文版，第 43 页。

认定，不以债权人提出请求为必要条件。

"资产不足以清偿全部债务"，又称"资不抵债"，国际上也称作"资产负债表标准"，主要是指企业法人的资产负债表上，全部资产之和小于其对外的全部债务。这一标准的依据是：资不抵债表明遇到财务困难。但是，"由于这一标准依赖受债务人控制的资料，因此，资产负债表标准有其实际局限性：债务人的财务状况究竟如何，在水落石出、成为不可改变的事实之前，其他当事人几乎无从得知，因此，债权人恐怕不易以此为根据提出申请。此外，采用这一标准可能发出关于债务人财务状况的令人误解的信号，因为这一标准的重点实际上是一个如何对资产进行评估的会计问题（如与一个营运资产的价值相对比的清算价值），而且还提出了债务人的资产负债表是否可靠和是否真实地反映了债务人的支付能力的问题，这在会计标准和估值方法会产生一些并非反映债务人资产的公平市场价值的结果或是因为市场尚未充分发展或市场的稳定度不足以确立这种价值的情况下，尤其如此。服务性企业的情形可能尤其如此，按照这一标准，即使企业基本上是健全的，但从技术上来说，由于缺乏资产，可能已经破产。或者，在没有维持企业所需的现金流量的情况下，企业也可能有显示正值的资产负债表"。[1]

在能够证明企业同时存在"不能清偿到期债务"和"资产不足以清偿全部债务"的情况时，企业有充分理由适用破产程序。此时，如果企业管理层既不申请破产，又不采取积极措施对企业实施拯救，造成企业财产流失，甚至实施导致企业责任财产减少的资产处分或个别清偿的行为，致使债权人权益受损的，相关责任人员应当依照《企业破产法》第125、128条的规定承担法律责任。

2. 单一规定：企业法人不能清偿到期债务，并且明显缺乏清偿能力。以"明显缺乏清偿能力"替代"资不抵债"作为与"不能清偿到期债务"并列的条件，是对后者的一个限定。根据这一限制，一时不能支付但仍有偿付能力的企业不适用破产程序。因为，"债务人无力清偿到期债务，可能只表明现金流量或清偿能力暂时出现问题，而企业在其他方面则是健全的。当今市场竞争激烈，竞争可能迫使市场的参与者为保持竞争力和维持或取得市场份额而暂时接受更低的利润，甚至承担损失。虽然在每个案件中都会成为一个事实问题，但可取的做法是，破产法对法院提供引导，指导其判断是否已达到启动标准，以

---

[1] 参见联合国国际贸易法委员会：《破产法立法指南》，中文版，第43～44页。

避免过早裁定破产"。[1]

本项标准代表了《企业破产法》起草的一个指导思想，即鼓励适用破产程序，特别是再建型的破产程序（重整、和解），以积极清理债务，避免社会中大量的债务积淀和资产闲置，并减少企业长期困境下的道德风险以及由此造成的经济损失。

此外，《企业破产法》第7条第2款规定："债务人不能清偿到期债务，债权人可以向人民法院提出对债务人进行重整或者破产清算的申请。"《商业银行法》第71条规定，商业银行不能支付到期债务，经国务院银行业监督管理机构同意，由人民法院依法宣告其破产。这些也属于单一规定。

最高人民法院2011年《关于适用〈中华人民共和国企业破产法〉若干问题的规定（一）》（以下简称《破产法解释（一）》）第2条规定，下列情形同时存在的，人民法院应当认定债务人不能清偿到期债务：①债权债务关系依法成立；②债务履行期限已经届满；③债务人未完全清偿债务。第4条规定，债务人账面资产虽大于负债，但存在下列情形之一的，人民法院应当认定其明显缺乏清偿能力：①因资金严重不足或者财产不能变现等原因，无法清偿债务；②法定代表人下落不明且无其他人员负责管理财产，无法清偿债务；③经人民法院强制执行，无法清偿债务；④长期亏损且经营扭亏困难，无法清偿债务；⑤导致债务人丧失清偿能力的其他情形。

三、破产案件

（一）破产案件的概念

现代破产法上的"破产"概念有两重含义：①破产是指债务人无力偿债的事实状态；②破产是指在债务人无力偿债的情况下公平清理债务的一种法律程序（即破产清算）。因此，我们应当把"破产案件"概念理解为通过司法程序处理的无力偿债事件。而这里所说的司法程序，可以包括三种：和解、重整和破产清算。在这种情况下，不能把破产案件简单地归结为清算倒闭事件。我们认为，通过法律程序处理破产事件，是以公平清理债务为目的，而不是以企业倒闭为目的。破产清算是公平清理债务的一种方法，但不是唯一方法。我国《企业破产法》鼓励当事人积极寻求避免企业倒闭清算的方式实现债务的公平清理。

（二）破产案件的适用程序

《企业破产法》设立了重整、和解和破产清算三种程序。这三种程序之间

---

[1] 参见联合国国际贸易法委员会：《破产法立法指南》，中文版，第43页。

存在一定的可转换性，当事人有一定程度的选择自由。具体说，包括以下要点：①债务人在提出破产申请时可以选择适用重整程序、和解程序或者清算程序，债权人在提出破产申请时可以选择适用重整程序或者清算程序；②债权人申请债务人破产清算的案件，在破产宣告前，债务人可以申请和解，债务人或者其出资人可以申请重整；③债务人进入重整程序或者和解程序后，可以在具备破产法规定的特定事由时，经破产宣告转入破产清算程序；④债务人一旦经破产宣告进入破产清算程序，则不得转入重整或者和解程序。

（三）破产案件的管辖

1. 地域管辖。《企业破产法》规定，企业破产案件由债务人所在地人民法院管辖。按照最高人民法院的司法解释，所谓债务人所在地，指企业主要办事机构所在地。当企业的注册地与主要办事机构所在地不一致时，应当以后者为准。债务人无办事机构的，由其注册地人民法院管辖。

2. 级别管辖。《企业破产法》未规定破产案件的级别管辖。根据最高人民法院 2002 年 7 月 18 日《关于审理企业破产案件若干问题的规定》（以下简称《审理破产案件的规定》）第 2 条的规定，破产案件的级别管辖，按如下原则确定：①基层人民法院一般管辖县、县级市或者区的工商行政管理机关核准登记企业的破产案件；②中级人民法院一般管辖地区、地级市（含本级）以上的工商行政管理机关核准登记企业的破产案件；③纳入国家计划调整的企业破产案件，由中级人民法院管辖。

3. 移送管辖。根据最高人民法院《审理破产案件的规定》第 3 条的规定，上级人民法院审理下级人民法院管辖的企业破产案件，或者将本院管辖的企业破产案件移交下级人民法院审理，以及下级人民法院需要将自己管辖的企业破产案件交由上级人民法院审理的，依照《民事诉讼法》第 39 条的规定办理；省、自治区、直辖市范围内因特殊情况需对个别企业破产案件的地域管辖作调整的，须经共同上级人民法院批准。

（四）破产案件的裁定和公告

1. 破产案件中的裁定。在破产案件中，法院对程序问题和实体问题作出的裁判，一律采用裁定的形式。根据《企业破产法》的规定，人民法院在破产案件中的裁定主要用于以下事项：①受理或不受理破产申请；②确认债权表记载的无异议的债权；③撤销债权人会议决议；④确定债权人会议表决未通过的特定事项；⑤开始重整程序；⑥终止重整程序；⑦批准延期提交重整计划；⑧批准重整计划；⑨延长重整计划执行的监督期限；⑩终止执行重整计划；⑪开始和解程序；⑫认可债权人会议通过的和解协议；⑬终止和解程序；⑭确认和解协议无效；⑮终止执行和解协议；⑯认可债务人和债权人达成的和解协议；⑰破产宣告；⑱认可债权人会议通过的破产财产分配方案；⑲终结破产程序；⑳承认和执行外国法院的破产判决、裁定。

2. 破产案件中的公告。在破产案件中，法院通过公告的形式，将重大的程序性事件公之于众。按照现行规定，人民法院在破产案件中需要公告的事项有：①受理破产案件；②开始重整程序；③终止重整程序；④开始和解程序；⑤终止和解程序；⑥破产宣告；⑦终结破产程序。

公告的方式有两种：①在受理破产案件的人民法院公告栏内张贴；②根据具体案情（如债权人所分布的区域、破产财产所在的区域等），在地方或全国性报刊上登载。这两种方式应当同时采用。张贴的公告应加盖人民法院印章。

公告不同于通知。通知的对象是特定的，故其效力的发生以送达为条件。公告的对象是不特定的，故其效力的发生以发布为条件。因此，对于已经发布的公告，所有当事人均视为已得知，并自动承受相应的法律后果。例如，在人民法院确定的债权申报期间未申报债权的债权人，即使能够证明其未曾获悉该破产案件的受理公告，仍要受到《企业破产法》第56条的约束。

第二节　破产申请和受理

一、破产案件的申请

（一）破产申请概述

1. 申请的意义。破产申请是破产申请人请求法院受理破产案件的意思表示。在我国，破产程序的开始不以申请为准而是以受理为准。因此，破产申请不是破产程序开始的标志，而是破产程序开始的条件。

2. 破产申请人。破产申请人是与破产案件有利害关系、依法具有破产申请资格的民事主体。需要说明的是，并非所有与破产案件有利害关系的人都具有破产申请资格。例如，公司的股东、董事，不得以股东或董事名义申请公司破产。

根据我国法律规定，只有债权人和债务人才是合格的破产申请人。因此，破产案件的申请分为两类：债权人申请和债务人申请。

3. 破产申请的形式。根据《企业破产法》第8条的规定，提出破产申请，应当采用书面形式，即"提交破产申请书和有关证据"。"破产申请书"采用法院规定的统一格式。"有关证据"是指破产申请书所列事项的真实性证明，例如，用于证明申请人身份真实性的文件（如企业法人的营业执照、公民的身份证或护照等），用于证明申请事实和理由的文件（如债权人用以证明债权有效存在和债务人到期不履行的合同、借据、催款通知书等）。

（二）债权人申请

1. 债权人的申请资格。在破产法上，债权人申请不具有集体诉讼的性质；提出破产申请的债权人只能行使自己的请求权。因此，按照《企业破产法》规定的精神，提出破产申请的债权人的请求权必须具备以下条件：①须为具有给付内容的请求权；②须为法律上可强制执行的请求权；③须为已到期的请求权。

在以下几种情况下，当事人没有破产申请权：①基于物权或人身权提出的无给付内容的请求。例如，排除妨害、赔礼道歉、消除影响。对特定物的原物返还请求权人，原则上无破产申请权，但是，因原物不能返还而转化为损害赔偿请求权的有破产申请权。②已超过诉讼时效期间的债权。根据民法的诉讼时效制度，已超过诉讼时效期间的请求权，人民法院不予保护。③丧失了申请执行权的债权。对于生效法律文书确定的给付内容，申请执行权人在《民事诉讼法》第219条规定的申请执行期限内未申请执行的，丧失请求法院强制执行的权利。④未到期的债权。对于未到期的债权，不能够提前强制执行，也不存在到期不能清偿的事实，故无破产申请权。但是，在破产程序开始后，未到期债权视为已到期。因此，未到期债权的请求权人虽无申请债务人破产的资格，却享有参加破产程序的权利。

2. 债权人申请的形式条件。根据最高人民法院《审理破产案件的规定》，债权人申请债务人破产，应当向人民法院提交的材料有：①债权发生的事实与证据；②债权性质、数额、有无担保，并附证据；③债务人不能清偿到期债务的证据。根据《企业破产法》第10条第1款的规定，人民法院应当在收到申请之日起5日内通知债务人。债务人对申请有异议的，应当自收到人民法院的通知之日起7日内向人民法院提出。人民法院应当自异议期满之日起10日内裁定是否受理。如果债务人对债权人的申请未在法定期限内向人民法院提出异议，或者异议不成立，根据《破产法解释（一）》第6条第1款的规定，人民法院应当依法裁定受理破产申请。

3. 债权人申请的实质条件。《企业破产法》第7条第2款规定："债务人不能清偿到期债务，债权人可以向人民法院提出对债务人进行重整或者破产清算的申请。"在这里，法律对债权人申请的实质条件只规定了"债务人不能清偿到期债务"，但这并不意味着在债权人申请的情况下，破产原因的事实构成只有一项。法律之所以这样规定，是因为债务人"资产不足以清偿全部债务或者明显缺乏清偿能力"的事实属于企业内部情况，债权人通常无法确知，因而不应要求债权人在提出破产申请时加以证明。有鉴于此，该法第11条第2款规定："债权人提出申请的，人民法院应当自裁定作出之日起5日内送达债务人。债务人应当自裁定送达之日起15日内，向人民法院提交财产状况说明、债务清册、债权清册、有关财务会计报告以及职工工资的支付和社会保险费用的缴纳情况。"如果债务人拒不提交上述有关材料，根据《破产法解释（一）》第6条第2款的规定，人民法院可以对债务人的直接责任人员采取罚款等强制措施。如果债务人确实不具备该法第2条规定的破产原因所要求的其他事实，人民法院受理破产申请后至破产宣告前经审查发现后，可以裁定驳回申请。

（三）债务人申请

1. 债务人申请的决定权。根据《企业破产法》第7条第1款的规定，债务人有该法规定的破产原因的，可以向人民法院提出重整、和解或者破产清算申请。

在一般情况下，债务人享有申请破产的自主决定权。对此，司法机关采取不干涉政策。根据《企业破产法》规定的精神，在民事诉讼程序或民事执行程序进行中，人民法院获悉债务人不能清偿到期债务时，仅负有告知其向所在地法院申请破产的义务；如果债务人不申请破产，人民法院不得依职权宣告债务人破产，而只能继续进行原诉讼程序或执行程序。但是，很明显，此项规定不适用于清算法人具备破产原因的情形。

2. 债务人申请时的提交义务。根据《企业破产法》第8条的规定，债务人向人民法院提出破产申请时，除应当提交破产申请书和有关证据外，还应当向人民法院提交财产状况说明、债务清册、债权清册、有关财务会计报告、职工安置预案以及职工工资的支付和社会保险费用的缴纳情况。最高人民法院《审理破产案件的规定》第6条规定，债务人申请破产，应当向人民法院提交下列材料：①书面破产申请；②企业主体资格证明；③企业法定代表人与主要负责人名单；④企业职工情况和安置预案；⑤企业亏损情况的书面说明，并附审计报告；⑥企业至破产申请日的资产状况明细表，包括有形资产、无形资产和企业投资情况等；⑦企业在金融机构开设账户的详细情况，包括开户审批材料、账号、资金等；⑧企业债权情况表，列明企业的债务人名称、住所、债务数额、发生时间和催讨偿还情况；⑨企业债务情况表，列明企业的债权人名称、住所、债权数额、发生时间；⑩企业涉及的担保情况；⑪企业已发生的诉讼情况；⑫人民法院认为应当提交的其他材料。

（四）清算责任人申请

企业法人已解散但未清算或者未清算完毕的，属于清算法人，即为清算目的而存在的法人。企业法人解散是指企业因发生章程规定或者法律规定的除破产以外的事由而停止业务活动，进入待清算状态或者实施清算的过程。此时其法人人格在法律上视为存续，但其营业资格已经丧失。此时，如果企业存在资不抵债的事实，则应当适用破产清算程序清理债务。《企业破产法》第 7 条第 3 款规定：“企业法人已解散但未清算或者未清算完毕，资产不足以清偿债务的，依法负有清算责任的人应当向人民法院申请破产清算。”其中“依法负有清算责任的人”依照相关的法律确定。例如，在公司清算的场合，根据《公司法》第 183 条的规定，依法负有清算责任的人包括有限责任公司的股东、股份有限公司的董事或者股东大会确定的人员以及特定情形下人民法院指定有关人员组成的清算组。在合伙企业解散清算的场合，根据《合伙企业法》第 86 条的规定，依法负有清算责任的人包括全体合伙人、经全体合伙人过半数同意指定的一个或者数个合伙人以及特定情形下人民法院指定的清算人。

《企业破产法》第 7 条第 3 款的规定是依法负有清算责任的人在破产法上的一项特别申请义务。其特点是：①清算义务人无权选择不提出破产申请，也不得故意拖延申请；②在提出破产申请时，破产清算程序是唯一选择，其不得选择重整或和解的程序；③清算义务人提出破产申请后，人民法院应当受理并于受理时宣告债务人破产。清算义务人违反此项义务不及时申请，导致债务人财产减少，给债权人造成损失的，应当承担赔偿责任。

此外，对于清算法人，债权人也有权申请其破产。《破产法解释（一）》第 5 条规定，企业法人已解散但未清算或者未在合理期限内清算完毕，债权人申请债务人破产清算的，除债务人在法定异议期限内举证证明其未出现破产原因外，人民法院应当受理。

（五）破产申请的撤回

根据《企业破产法》第 9 条的规定，人民法院受理破产申请前，申请人可以请求撤回申请。我国破产法采取受理开始主义，即法院收到破产申请之时，程序尚未开始，只有当法院对破产申请作出受理裁定时，程序才告开始。除清算责任人外，申请人向人民法院提出破产申请是行使法律赋予的权利，其撤回申请也是行使权利。但是，申请人的撤回权是有时间限制的，即请求撤回申请只能在人民法院受理破产申请之前；在人民法院受理破产案件后，申请人请求撤回破产申请的，应予驳回。

如同在普通民事诉讼中原告撤诉一样，由于破产事件已经进入司法权的控制范围，当事人处分自己的权利要受制于司法机关的决定。因此，人民法院对于申请人提出的撤回申请的请求，有权审查其处分权利的正当性，以及考虑其撤回行为是否存在恶意的权利滥用、是否有害于其他当事人的合法权益等，并最终以裁定的形式决定是否准许其撤回申请。

根据相关的司法解释，人民法院准许申请人撤回破产申请的，在撤回之前已经支出的费用由破产申请人承担。

（六）诉讼时效的中断

债权人提出破产申请，具有请求法院保护其民事权利的性质；债务人提出破产申请，具有承认一般债务的性质。因此，破产申请具有中断诉讼时效的效力。但是，在债权人申请的场合，诉讼时效中断的效力仅及于申请人的请求权；而在债务人申请的场合，诉讼时效中断的效力及于申请人在当时已有的所有债权人的请求权。

（七）破产申请未获受理时的救济

针对有些法院在受理破产申请时"不作为"的现象，《破产法解释（一）》第9条规定，申请人向人民法院提出破产申请，人民法院未接收其申请，或者未依破产法的规定作出是否受理的裁定，亦未在法定期间内告知补充、补正相关材料的，申请人可以向上一级人民法院提出破产申请。上一级人民法院接到破产申请后，应当责令下级法院依法审查并及时作出是否受理的裁定；下级法院仍不作出是否受理裁定的，上一级人民法院可以径行作出裁定。上一级人民法院裁定受理破产申请的，可以同时指令下级人民法院审理该案件。

（八）执行案件转为破产案件

2015年1月30日最高人民法院发布了《关于适用〈中华人民共和国民事诉讼法〉的解释》（以下简称《民诉法解释》），其中第513～516条规定了民事执行程序向企业破产程序转化（简称"执转破"）的若干规则。其要点为：①在民事执行中，作为被执行人的企业法人符合破产法规定的破产原因的，执行法院经申请执行人之一或者被执行人同意，应当裁定中止对该被执行人的执行，将执行案件相关材料移送被执行人住所地人民法院。②被执行人住所地人民法院应当自收到此材料之日起30日内将是否受理破产案件的裁定告知执行法院。③被执行人住所地人民法院裁定受理破产案件的，执行法院应当解除对被执行人财产的保全措施。④被执行人住所地人民法院裁定宣告被执行人破产的，执行法院应当裁定终结对该被执行人的执行。这样，在《企业破产法》规定的由债务关系当事人申请启动破产程序的方式之外，增加了由执行法院经执行案件当事人同意启动破产程序的方式，从而使困境企业进入破产程序的渠道更加多样。由于将当事人同意作为适用条件，"执转破"规则本质上仍属于债权人申请或者债务人申请的范畴。这一规则在《企业破产法》破产申请制度的基本框架内，发挥司法机关在启动破产程序中的主动性，以灵活变通的方式打通执行不能的案件转入破产程序的通道，有利于健全市场主体救治和退出机制，并化解执行积案。

二、破产案件的受理

（一）受理的意义

破产案件的受理，又称立案，是指人民法院在收到破产案件申请后，认为申请符合法定条件而予以接受，并由此开始破产程序的司法行为。法院裁定受理破产申请，是破产程序开始的标志。由于破产程序开始具有一系列的法律效果，有关破产案件受理的规则在破产法上具有重要的意义。当债权人或者债务人向人民法院提出债务人破产的申请时，破产程序并未开始。人民法院收到破产申请后，应当在法定时限内对破产申请进行审查，包括形式审查和实质审查。法院经审查认为破产申请符合法定条件的，应当裁定受理破产申请；法院认为破产申请不符合法定条件或者申请理由不成立的，则应裁定驳回破产申请。

（二）破产申请的受理时限

1. 对债权人提出破产申请的受理时限以及债务人的异议期限。根据《企业破产法》第10条的规定，债权人提出破产申请后，人民法院应当自收到破产申请之日起5日内通知债务人。这是因为，破产对债务人来说是生死攸关的事情，故债务人有权及时知道自己被申请破产，而且有权就自己是否具备破产原因或者是否有不适用破产程序的其他理由提出意见。实践中，由于债权人不能够详尽地了解债务人的财务状况，可能会在债务人并不具备破产原因的情况下提出破产申请；也可能会有债权人为了达到不正当的目的，试图借破产程序损毁债务人的商誉或者阻止债务人将要进行的某项交易，甚至以此对债务人进行敲诈或胁迫。因此，《企业破产法》第10条规定，债务人对债权人的申请有异议的，应当自收到人民法院的通知之日起7日内向人民法院提出。从债务人接到人民法院所送达的破产申请通知之日起的7日内为债务人对破产申请的异议期。债务人有异议的，必须在异议期内提出。异议期满后，无论债务人是否提出异议，法院有不超过10天的审理期。也就是说，法院将在异议期满后10日内作出受理或者不受理破产申请的裁定。

2. 债务人或清算责任人提出破产申请的受理时限。在债务人或者清算责任人提出破产申请的情形下，不存在债务人提出异议的问题。因此，人民法院应当自收到破产申请之日起 15 日内裁定是否受理。

3. 特殊情况下人民法院受理破产申请期限的规定。以上是对一般情况下人民法院受理破产申请的时限规定。但是，当出现一些比较特殊的情况时，例如债权人人数众多、债权债务关系复杂、资产状况混乱等，人民法院难以在很短的时间内完成对破产申请的审查。此时，为了保证受理裁定的正确性，人民法院可以经上一级人民法院批准，将裁定受理的时间延长 15 日。因此，在特殊情况下，从法院收到破产申请到法院作出受理裁定的最长时间，债权人提出申请的案件为 37 日，债务人或清算责任人提出申请的案件为 30 日。

（三）受理审查

《企业破产法》第 10 条规定的受理裁定时间，实际上就是人民法院在受理前的审查期间。我国的破产程序开始制度，实行的是对破产申请审查受理制而不是当然受理制。因此，对破产申请的审查是案件受理程序的必要环节。对破产申请的审查包括形式审查和实质审查两方面。

1. 形式审查。形式审查旨在判定破产申请是否具备法律规定的申请形式，其内容主要包括：①申请人是否具备破产申请资格，即是否为《企业破产法》第 7 条规定的债权人、债务人或者清算责任人；②债务人是否为依法可适用企业破产程序的主体，即是否为《企业破产法》第 2 条规定的企业法人或者《企业破产法》第 135 条规定的其他组织；③受案法院对本案是否有管辖权，这要依据《企业破产法》第 3 条及相关司法解释确定；④申请文件是否符合《企业破产法》第 8 条的要求，即申请书内容完整、相关证据齐备、法定文件齐全。

形式审查中，发现有可补正的形式缺陷的，法院可以在本条规定的时限内，责令申请人补正。

2. 实质审查。实质审查旨在判定破产申请是否具备法律规定的破产申请的实质条件，即债务人是否存在破产原因。破产原因的存在是一个事实问题。对这种事实的确定通常需要一个调查和证明的过程，而这个过程只能在破产程序开始以后才能进行。所以，在破产案件受理阶段的实质审查是一种表面事实的审查，即依据申请人提交的材料，对债务人是否具有《企业破产法》第 2 条或者（在债权人申请的情况下）第 7 条第 2 款规定的事由进行审查。

受理破产案件的实质审查实行表面事实审查制，有利于及时启动破产程序，以保全债务人财产和保护债权人的合法权益，也有利于企业的及时拯救。当然，在实践中，不排除案件受理时的表面事实与真实情况不符，或者案件受理后因情况变化而致原有破产原因消除的可能性。在这样的情况下，可以适用

《企业破产法》第 12 条第 2 款的规定，驳回破产申请并终结破产案件。

（四）破产申请的驳回

1. 裁定不受理破产申请。人民法院在收到破产申请书以及相关的证据材料后，通过形式审查和实质审查，认为不符合破产条件的，应该依法作出不受理的裁定。人民法院通过对破产申请的不受理，可以有效地防止债权人滥用破产申请损害债务人的商业信誉等合法权益，也可以防止债务人假借破产之名逃避债务、损害债权人的合法权益。根据《企业破产法》第 12 条的规定，人民法院不受理破产申请的，应当自裁定作出之日起 5 日内送达申请人，并说明不受理的理由。申请人对裁定不服的，可以自裁定送达之日起 10 日内向上一级人民法院提起上诉。

申请人因相关证据不足被裁定不受理的，可以在补足证据后重新提出破产申请。

2. 受理后驳回破产申请。由于破产案件受理时的实质审查是表面事实的审查，实践中可能存在债务人实际上不存在破产原因的情形。因此，人民法院在受理以后，有必要通过进一步审查证据和了解情况，确定表面事实的真实性。根据《企业破产法》第 12 条第 2 款的规定，在受理破产申请后，裁定破产宣告前，人民法院发现债务人不具备该法第 2 条规定的破产原因时，可以驳回该申请，终结破产程序。

此外，根据最高人民法院《审理破产案件的规定》第 12 条，人民法院经审查发现有下列情况的，破产申请不予受理：①债务人有隐匿、转移财产等行为，为了逃避债务而申请破产的；②债权人借破产申请毁损债务人商业信誉，意图损害公平竞争的。

破产申请人对驳回破产申请的裁定不服的，可以自裁定送达之日起 10 日内向上一级人民法院提起上诉。

（五）受理裁定的送达

1. 受理裁定的送达时限和送达对象。《企业破产法》第 11 条规定，人民法院受理破产申请的，应当自裁定作出之日起 5 日内送达受理破产申请的裁定书。送达的对象，在债务人申请或者清算责任人申请的情况下，为申请人；在债权人申请的情况下，为申请人和债务人。受理裁定的送达，应直接送交受送达人。直接送达有困难的，可以根据实际情况，采用《民事诉讼法》规定的其他方式送达。

2. 债务人在送达后的提交义务。无论破产申请由谁提出，受理破产申请的裁定都应当及时送达债务人，以便债务人能够就履行《企业破产法》第 15

条规定的义务做好相应的准备。而在债权人提起破产申请的情况下，申请人不能提供关于债务人的财产、债权债务、财务会计和职工债权等与企业破产案件关系极为密切的情况，为了使人民法院能够及时、公正和有效地审理破产案件，保护债权人和债务人的合法权益，法律规定债务人负有在收到受理破产申请裁定后的 15 日内，向人民法院提交财产状况说明、债务清册、债权清册、有关财务会计报告以及职工工资的支付和社会保险费用的缴纳情况的义务。违反此项义务的，依照该法第 127 条的规定承担法律责任。

（六）管理人的任命

《企业破产法》第 13 条规定："人民法院裁定受理破产申请的，应当同时指定管理人。"这对于实现债务人财产的及时保全是十分必要的。在《企业破产法（试行）》中，清算组的任命是在破产宣告之后。实践中，从案件受理到破产宣告，往往需要经过一定的审理期间。在此期间，由于破产企业的财产和事务仍然掌握在企业原领导班子的手中，他们有充分的机会转移、私分或者浪费企业财产，以及隐匿、销毁或篡改企业账目以掩盖罪行。本条规定的"同时指定"，正是在吸取这一教训之后，为保护债权人合法权益和保障破产程序的公正有效而采取的有力措施。[1]

（七）受理通知和公告

1. 通知和公告的对象和方式。人民法院受理破产申请，破产程序即被启动。为了能够使破产企业的各方利害关系人及时参加破产程序行使权利或者按照破产程序的要求履行义务，人民法院应该自受理破产申请的裁定作出后尽快通知债权人并以公告周知所有的利害关系人。

公告以不特定主体为对象。对利害关系人而言，凡属已公告的事项，均视为其已知。

通知和公告的时间，为人民法院裁定受理破产申请之日起 25 日内。公告的意义，在于使未得到通知的债权人和其他利害关系人能够尽可能地得知破产申请受理的事实及相关事项，并使破产程序对他们与债务人之间的法律关系自动地发生约束力。这里所说的"其他利害关系人"，包括作为本案债务人企业的债务人、该企业财产的持有人、该企业的出资人、职工和待履行合同的相对人、对该企业占有的财产享有取回权的人以及其他对该企业享有权利或者负有义务的人。

2. 通知和公告的内容。《企业破产法》第 14 条第 2 款规定，通知和公告的内容如下：①申请人、被申请人的名称或者姓名；②人民法院受理破产申请

---

〔1〕　有关管理人的详细论述，见下一节。

的时间；③申报债权的期限、地点和注意事项；④管理人的名称或者姓名及其处理事务的地址；⑤债务人的债务人或者财产持有人应当向管理人清偿债务或者交付财产的要求；⑥第一次债权人会议召开的时间和地点；⑦人民法院认为应当通知和公告的其他事项。

三、破产案件受理后的法律效果

（一）债务人有关人员的义务

1. 债务人有关人员的义务范围。人民法院受理破产申请就意味着破产程序的开始，从破产程序开始到破产终结的整个期间内，债务人及其有关人员都将受到破产法的约束。破产程序开始后，管理人将接管破产企业，开展包括接管债务人财产、调查债务人财产状况、管理和处分债务人财产等一系列工作。这些工作必须得到债务人有关人员的配合。为了保证破产程序有序、高效地进行，《企业破产法》第15条第1款规定了债务人的有关人员在破产程序中应遵守的以下三方面的义务：

（1）合作与协助义务。债务人的有关人员应当妥善保管其占有和管理的财产、印章和账簿、文书等资料，应当根据人民法院、管理人的要求进行工作。其中，前一种义务具有财产保全的性质。保全债务人的财产以及与之相关的重要资料，对破产程序的有序和有效进行至关重要。有关人员如果违反这些义务，拒不向管理人移交财产、印章和账簿、文书等资料，或者伪造、销毁有关财产证据材料而使财产状况不明，将被追究法律责任。后一种义务对于人民法院审理破产案件和管理人接管、管理债务人财产，有着重要的意义。这里称的"工作"，不仅包括企业的生产经营和管理事务，也包括程序进行中的具体工作，如受管理人指派外出调查或追债，按法院或管理人的要求查阅资料、制作文书，等等。

（2）信息提供义务。债务人企业的有关人员在破产法上负有对两类特别对象的信息披露义务：①对人民法院和管理人的信息披露义务，即如实回答人民法院和管理人的询问的义务；②对债权人的信息披露义务，包括列席债权人会议并如实回答债权人询问的义务。

（3）附属义务。债务人的有关人员还负有与履行上述义务相联系的两种附属义务：①不擅离义务，即未经人民法院许可不得离开住所地；②不新任义务，即在破产程序进行期间不得新任其他企业的董事、监事、高级管理人员。

2. "有关人员"的定义。根据《企业破产法》第15条第2款的定义，该条第1款所称"有关人员"包括两类人员：①由法律直接规定的人员，即企业的法定代表人；②由人民法院确定的人员，其范围包括企业的财务管理人员和其他经营管理人员，例如企业的董事、监事、经理、财务总监等人员。

（二）个别清偿无效

《企业破产法》第16条规定："人民法院受理破产申请后，债务人对个别债权人的债务清偿无效。"这里所称的"个别清偿"，须具备以下要件：①债务人实施的清偿；②债务人对实际存在的债务实施的清偿；③债务人在破产申请受理后实施的清偿。因此，以下情形不构成该条所称的个别清偿：①债务人的担保人或者其他连带债务人实施的清偿（此为合法清偿）；②债务人对虚假债务实施的清偿（此为本法第33条禁止的行为，依照第34条和第128条处理）；③债务人在破产申请受理前实施的清偿（此为本法第32条禁止的行为，依照第34条和第128条处理）。

《企业破产法》第16条规定的个别清偿无效是绝对无效，即任何人皆得主张的无效。这种情况不同于该法第32条规定的破产申请受理以前6个月内的个别清偿，后者属于可撤销的行为，而且只有管理人才可以请求撤销。

按照民法上的行为无效的法律后果，在个别清偿无效的情况下，接受清偿的债权人负有恢复原状即返还因该清偿所得财产利益的义务。

（三）对管理人为给付

1. 债务人的给付义务人应当向管理人为给付。在企业破产的情况下，债务人的财产处于保全状态，所有应当对债务人履行的给付，无论是基于债权关系的给付还是基于物权关系的给付，都是债务人财产的所得，均属于财产保全的范畴。根据《企业破产法》的规定，人民法院在裁定受理时指定的管理人负责接管和管理债务人的财产。为了保证对债务人的各种给付能够顺利加入受保全的债务人财产，该法第17条第1款规定："人民法院受理破产申请后，债务人的债务人或者财产持有人应当向管理人清偿债务或者交付财产。"这是一种强制性规定。这意味着，向管理人清偿债务和交付财产是给付义务人正确履行义务的行为准则。原则上，义务人的给付只有符合这一准则才能为法律所承认。

2. 给付义务人错误给付的法律效果。《企业破产法》第17条第2款规定："债务人的债务人或者财产持有人故意违反前款规定向债务人清偿债务或者交付财产，使债权人受到损失的，不免除其清偿债务或者交付财产的义务。"这里需要掌握以下三点：①行为的界定。这里所称的"违反前款规定"，指违反向管理人履行给付的义务。所谓"故意"，是指明知法院受理破产申请的事实而错误给付。按照"公告之事实，利害关系人视为已知"的法理，应当认定，给付义务人在法院受理公告以后实施的向债务人清偿债务或者交付财产的行为，为故意行为，行为人不得以不知该公告作为抗辩。②行为后果的认定。个别清偿的直接结果是债务人责任财产的减少，由此造成的损失，可以是债权人集体的清偿利益损失，也可以是部分或个别债权人的清偿利益损失。③行为的法律效果。如果债务人的给付义务人故意违反破产法的规定，不向债务人清偿债务或者交付财产，使债权人受到损失，不免除其给付义务。在这种情况下，给付义务人在向管理人履行义务后，有权向实际受领人追偿；追偿不能的风险由其自行承担。但是，管理人也可以适用不当得利的法理，请求实际受领人返还其受领的财产，从而使给付义务人的义务归于消灭。

（四）待履行合同的处理

1. 待履行合同的意义。程序开始前成立的尚未履行或者尚未履行完毕的商事合同，在企业进入破产程序后，是否继续履行，关系到债务人的继续营业，也关系到债务人的资产价值。在破产情况下，如果允许合同的另一方当事人以债务人已经发生的或预期将会发生的违约为理由拒绝履行合同，债务人的营业便可能难以为继，甚至会蒙受一定的财产损失。从另一个方面看，鉴于债务人的经济状况，有些合同的履行可能成为沉重的负担；有时候为了调整营业计划或者缩小营业规模也需要解除一些合同。如果允许合同的另一方当事人主张合同实际履行，债务人就可能不堪重负并造成无谓的财产减少。

在破产情况下，对于待履行合同如何处理，实际上是一个不同政策目标之间的权衡问题。"如何决定破产情况下合同的处理方法，首先涉及这样一个问题：一方面是在破产情况下坚持一般合同法，另一方面是某些因素表明有必要干预那些既定的合同原则，对于这两者，应如何权衡其彼此的相对重要性。有些相竞利益可能需要加以权衡，以确保在一般公共政策目标、破产目标和商业关系具有可预测性的必要性之间保持适当平衡。"[1] 对于这个问题，我国《企业破产法》的政策是将公共政策目标和破产目标置于优先地位。为此，《企业破产法》第18条规定了破产申请受理后，管理人对合同继续履行或者解除的权利，同时也规定了相对人的催告权和无担保情况下的解除权。

2. 管理人的选择权。管理人对程序开始时已成立但尚未履行的合同，有权选择履行或者拒绝履行。如果管理人选择履行，合同相对人有对待给付的义务。如果管理人拒绝履行，相对人仅得以合同不履行所生的赔偿请求作为破产债权依破产程序受偿。这是各国一致的规定。我国《企业破产法》关于管理人选择权的规定如下：

---

〔1〕　参见联合国国际贸易法委员会：《破产法立法指南》，中文版，第100～101页。

（1）选择权的范围。破产程序开始后，管理人对于符合下列条件的合同有决定继续履行或者解除的权利：①为双务合同。例如，买卖合同（包括保留标的物所有权的买卖合同），租赁合同，有偿提供劳务、服务的合同。②为破产申请受理前成立的合同。③双方尚未履行或者尚未履行完毕的合同。原则上，合同一方已经履行完毕，而另一方尚未履行或者尚未履行完毕的，不适用《企业破产法》第18条的规定。此时，如享有请求权的是破产债务人，管理人可以依合同请求相对人履行债务；如享有请求权的是相对人，则其只能按破产程序申报债权。

下列行为不属于管理人选择权的范围：①附条件或附期限的继续履行或者解除；②延长选择权的行使时间或者指定选择权的行使条件；③在决定继续履行时修改或增加合同条款；④在决定继续履行时剥夺相对人依照《企业破产法》第18条第2款享有的请求担保的权利以及与此相关的解除权；⑤在解除合同时免除债务人的违约责任。管理人的此类行为，未经相对人同意，不发生行使选择权的效力。此时管理人被视为未行使选择权，相对人有权行使《企业破产法》第18条第1款规定的催告权及解除权。至于债务人在程序开始前有不履行合同的行为，管理人是否能够主张合同的继续履行或者解除的问题，根据破产法的立法政策和相关条文的文意，回答是肯定的。

（2）选择权的行使和消灭。根据《企业破产法》第18条第1款的规定，管理人自破产申请受理之日起2个月内享有选择权。在这2个月期间内，相对人有催告权。相对人催告后，管理人有30日的答复期间。选择权行使的方式是意思通知，即管理人将合同解除或者继续履行的决定告知相对人。管理人自破产申请受理之日起2个月内不行使选择权的，或者自相对人催告之日起30日内不答复的，其选择权消灭，合同视为解除。

（3）选择权的法定性。破产程序中管理人的待履行合同选择权是一项法定权利，其目的在于实现公共政策和破产目标，以及优先保护多数债权人的利益，所以，当事人事先以约定条款加以排除或限制的，无效。

3. 合同相对人的权利。

（1）相对人的催告权。在管理人怠于行使选择权的情况下，相对人的权利处于不稳定状态，对交易安全有所不利。故法律赋予相对人以催告权，以保护其利益。催告权的基本内容是，在管理人未表示将继续履行或者解除合同的情况下，相对人可以要求管理人作出履行或者不履行的表示；如果管理人在规定期间内未作出表示，视为或推定其放弃履行。我国《企业破产法》规定，自破产申请受理之日起2个月内，只要管理人没有行使选择权，相对人就有权催告。所谓催告，就是要求管理人尽快作出解除或者继续履行合同的决定。管理人答复催告的最长期限是 30 日。超过这一期限，视为解除合同。

（2）相对人的担保要求权。管理人决定继续履行合同的，相对人无权反对，但有权就自己应得的对待给付要求对方提供担保。如果管理人不提供担保，视为解除合同。一般说来，管理人选择继续履行的合同，都是使债务人财产受益，从而使全体债权人受益的合同。因此，依照合同应当履行的对待给付义务，属于共益债务，即根据《企业破产法》第 42 条第 1 项和第 43 条的规定应当由债务人财产随时清偿的债务。但是，由于债务人处于破产状态，其是否确有足够的资金来清偿此项债务，不免存在疑问。如果管理人不能在相对人实施给付之前或者同时履行其对待给付义务，相对人就有事后得不到清偿的风险。因此，法律赋予相对人以要求对方提供担保的权利。这种权利本质上是一种不安抗辩权。由于债务人的破产状态已经构成了合同法上的不安抗辩事由，而享有不安抗辩权的一方在对方未恢复履行能力又不能提供履行担保的情况下享有合同解除权。《企业破产法》为了减少法律关系的不确定状态和提高程序效率，没有设定相对人的解除权，而是直接规定了"视为解除合同"的法律后果。

（3）相对人的给付请求权。在合同继续履行的情况下，相对人的对价请求权按照共益债务规则随时清偿。在合同解除的情况下，相对人的原物返还请求权按照取回权规则处理，其欠款请求权和违约赔偿请求权则按普通债权处理（已设置担保物权的除外）。

（五）保全解除和执行中止

1. 破产程序对民事保全和民事执行程序的优先地位。破产制度的目标就是通过集体程序实现全体债权人之间的公平受偿。因此，在破产程序开始后，不允许个别债权人通过个别清偿获得满足而使其他债权人的清偿利益受损。破产案件受理之前已经发生的服务于民事诉讼程序的财产保全措施和执行程序，都是以实现个别债权为目的的。破产程序代表的是全体债权人的集体清偿利益，在法律政策上，对这种集体利益的保护要求相对于个别债权人利益保护的要求而言，处于优先的地位。因此，破产程序开始后，针对债务人财产的保全措施应当解除，执行程序应当中止，以便使债务人的财产和债权人的权利行使都纳入统一的集体程序之中。

2. 保全措施的解除。破产案件受理后，一切依个别债权人请求而实施的对债务人的财产保全应当中止。对于已经查封、扣押、冻结或者以其他方式予以保全的债务人财产，应当解除保全措施，纳入破产财产的管理。

3. 民事执行程序的中止。这里所说的"民事执行程序"，是指对非依破产程序所产生的法律文书的个别执行程序，这些文书包括：①未执行或者未执行完毕的已生效民事判决；②未执行或者未执行完毕的已生效民事裁定，如先予执行裁定；③未执行或者未执行完毕的已生效刑事判决、裁定的财产部分；④已向人民法院提出执行申请但尚未执行或者未执行完毕的仲裁裁决；⑤已向人民法院提出执行申请但尚未执行或者未执行完毕的公证机关依法赋予强制执行效力的债权文书。人民法院受理破产申请后，对债务人的执行程序尚未完结的，应当无条件中止。执行程序中止后，请求执行的债权人可以向管理人申报债权。

（六）民事诉讼或者仲裁的中止

民事诉讼或仲裁是解决有关债务人财产或法律关系争议的程序制度。破产程序开始后，不同类型的诉讼或仲裁，对破产程序的影响不同。一般来说，与破产程序相冲突的诉讼和仲裁程序，例如以追索债务为目的的给付之诉，按照集体程序优先的原则，应当被搁置，直到集体程序因破产原因被确定不存在或者已消除而归于终结；与集体清偿程序不相冲突的诉讼或仲裁案件，例如债务人追索财产或债务的诉讼或者有关债权或物权的确认之诉，则可以在管理人接管债务人财产之后继续进行。

根据司法解释，破产案件受理后，有关债务人财产和权利的诉讼程序，按下列不同情况分别处理：①以债务人为原告的民事纠纷案件，尚在一审程序的，受诉人民法院应当将案件移送受理破产案件的人民法院；案件已进行到二审程序的，受诉人民法院应当继续审理。②以债务人为被告的其他债务纠纷案件，尚未审结的，根据下列不同情况分别处理：一是无其他被告和无独立请求权的第三人的，应当中止诉讼，由债权人向受理破产案件的人民法院申报债权。在企业被宣告破产后，终结诉讼。二是有其他被告或者无独立请求权的第三人的，应当中止诉讼，由债权人向受理破产案件的人民法院申报债权。待破产程序终结后，恢复审理。三是债务人为从债务人（例如他人债务的保证人）的债务纠纷案件，继续审理。

（七）破产程序开始后的民事诉讼

《企业破产法》第21条规定："人民法院受理破产申请后，有关债务人的民事诉讼，只能向受理破产申请的人民法院提起。"这里所说的"有关债务人的民事诉讼"，包括对债务人提起的民事诉讼和由债务人提起的民事诉讼。也就是说，在破产程序中，破产案件受理法院成为债务人财产和法律关系的处理中心，所有与之相关的民事诉讼都应当汇聚于此。这样，才有利于最大限度地节省破产费用，提高程序透明度和程序效率。而《民事诉讼法》等其他法律关于民事诉讼管辖权的规定，凡是与该条规定不一致的，都必须以该条的规定为准。

（八）诉讼时效中断

根据 2013 年 9 月最高人民法院《关于适用〈中华人民共和国企业破产法〉若干问题的规定（二）》（以下简称《破产法解释（二）》）第 19 条的规定，债务人对外享有的债权，其诉讼时效自人民法院受理破产申请之日起中断。债务人无正当理由未对其到期债权及时行使权利，导致其对外债权在破产申请受理前 1 年内超过诉讼时效期间的，人民法院受理破产申请之日起重新计算上述债权的诉讼时效期间。

第三节　管理人

一、管理人的概念

破产程序开始后，无论是进行重整、清算还是和解，都需要对企业法人进行持续的管理。这其中包括必要的财产清理、营业维持、权利行使和财产处分。由于在破产清算的预期下，债务人及其管理层存在着较高的道德风险，各种当事人之间也存在着较尖锐的利益冲突，因此有必要设立中立的专门机构来执行破产程序管理，特别是破产财产和事务的管理。这种专门机构就是许多国家的破产法所设立的破产管理人。

各国破产法使用了不同的称谓来指代负责破产管理的人，其中包括"管理人""受托人""监督人""接管人"等。无论采用何种称谓和以何种方式任命，"破产管理人均在有效和高效地执行破产法中起关键作用，对债务人及其资产享有某些权力，有义务对这些资产及其价值以及债权人和雇员的权益提供保护，并确保有效、公正地适用法律。因此，关键是破产管理人要称职，拥有必要的知识、经验和个人素质，使之不但能确保程序的有效和高效率进行，而且能使人们对破产制度抱有信心"。[1]

在我国《企业破产法》中，管理人制度是一个引人注目的亮点。在 1986 年《企业破产法（试行）》中，破产程序中的管理职能由"清算组"担任。这种"清算组"的制度设计有三个特点：①清算组成立于破产宣告之后。从破产案件受理到破产宣告的期间往往是比较长的，企业的财产和事务仍由企业管

---

〔1〕　联合国国际贸易法委员会：《破产法立法指南》，中文版，第156页。

理层继续控制，并且无任何法定监督，这就使资产流失的风险增大。②清算组的成员主要来自地方的政府部门，缺乏中立性和专业性，其具体的操作也缺乏透明度。③对于清算组的行为，缺乏必要的监督机制、罢免机制和责任追究机制。早在1994年，《企业破产法》的起草者就意识到1986年《企业破产法（试行）》的上述弊端，在最初的草稿中，设计了"临时管理人"，以填补破产宣告前的管理空白。随后，确立了自案件受理时起由管理人接管的制度，并将管理人定位于社会中介机构，使之与政府脱离。之后，将管理人与清算人、重整人合为一个破产程序的从始至终的唯一职能机构，统称为"管理人"。

二、管理人的任命

（一）管理人的性质

关于管理人的任命方式，在我国《企业破产法》立法过程中存在两种方案：①由法院甄选和指定；②由债权人会议选定。这两种主张实际上与人们对管理人的法律性质的不同理解有关。关于管理人的性质，学理上存在不同的学说，如"债权人代表说""债务人代表说""财团代表说""受托人说"和"法定机构说"。债权人代表说和债务人代表说不符合破产管理人的中立性原则。财团代表说和受托人说分别以破产财团概念和信托概念为基础，但我国《企业破产法》未采用这两种概念。在《企业破产法》起草过程中，主导性意见是法定机构说，即管理人被认为是法律为实现破产程序的目的而设定的履行法定职能的机构。讨论中，曾有人主张债权人代表说，并建议由债权人会议选任管理人。但多数人同意这样的分析：尽管维护债权人利益是破产程序的主要目的之一，但管理人应该保持独立和中立，并且可以为保护破产财产和维护全体债权人以及债务人、职工等其他利害关系人的利益而与个别债权人进行诉讼。因此，《企业破产法》第22条规定，管理人由人民法院指定。同时，为了实现债权人集体对管理人的监督，又规定了债权人会议有请求人民法院对不称职的管理人予以更换的权利。

（二）管理人的指定时间

管理人应当在人民法院裁定受理破产申请时同时指定。这对于实现债务人财产的及时保全是十分必要的。在《企业破产法（试行）》中，清算组的任命是在法院作出破产宣告之后。实践中，从案件受理到破产宣告，往往需要经过一定的审理期间。在此期间，由于破产企业的财产和事务仍然掌握在企业原领导班子的手中，他们有充分的机会转移、私分或者浪费企业财产，以及隐匿、销毁或篡改企业账目以掩盖罪行。《企业破产法》规定"同时指定"，正是吸取了这一教训，为保护债权人合法权益和保障破产程序的公正有效而采取的有力措施。

（三）管理人的选任方式

根据 2007 年 4 月最高人民法院《关于审理企业破产案件指定管理人的规定》（以下简称《指定管理人的规定》），人民法院审理破产案件，一般应当从事先编制的管理人名册中选定管理人。该规定对管理人名册的编制方法、管理人指定、更换的条件和程序，都作了详细的规定。通常情况下，应指定管理人名册中的社会中介机构担任管理人；对于事实清楚、债权债务关系简单、债务人财产相对集中的企业破产案件，可以指定管理人名册中的个人为管理人。一般情况下，应当按照管理人名册所列名单采取轮候、抽签、摇号等随机方式公开指定管理人。对于商业银行、证券公司、保险公司等金融机构或者在全国范围有重大影响、法律关系复杂、债务人财产分散的企业破产案件，可以采取公告的方式，邀请编入各地法院管理人名册中的社会中介机构参与竞争，从参与竞争的社会中介机构中指定管理人。参与竞争的社会中介机构不得少于 3 家。采取竞争方式指定管理人的，人民法院应当组成专门的评审委员会，结合案件的特点，综合考量参选机构的专业水准、经验、机构规模、初步报价等因素，择优指定管理人。

（四）管理人的费用和报酬

管理人经人民法院许可，可以聘用必要的工作人员。根据最高人民法院 2018 年 3 月 4 日发布的《全国法院破产审判工作会议纪要》（以下简称《2018 年破产审判纪要》）的意见，管理人经人民法院许可聘用企业经营管理人员，或者管理人确有必要聘请其他社会中介机构或人员处理重大诉讼、仲裁、执行或审计等专业性较强工作，所需费用需要列入破产费用的，应当经债权人会议同意。

管理人的报酬由人民法院确定。债权人会议对管理人的报酬有异议的，有权向人民法院提出。管理人执行职务的费用、报酬和聘用工作人员的费用，作为破产费用由债务人财产随时清偿。2007 年 4 月最高人民法院制定的《关于审理企业破产案件确定管理人报酬的规定》，确定了根据债务人最终清偿的财产价值总额，在不同比例限制范围内分段确定管理人报酬的办法。

根据《企业破产法》第 41 条、第 43 条的规定，管理人执行职务的费用、报酬和聘用工作人员的费用属于破产费用，应当由债务人财产随时清偿。所谓随时清偿，就是一旦发生即予清偿。其中，费用的发生时间以支付义务的履行时间为准，报酬的发生时间以债权人会议通过管理人报酬方案的时间为准。

三、管理人的资格

管理人的良好业务素质和品行状况是破产程序得以顺利进行的重要条件，许多国家的立法都规定具有专门知识与技能的人或组织才能担任管理人。从各国立法实践看，大部分破产管理人由会计师或者律师担任。《企业破产法》对担任管理人的人员和机构也作出了相应的规定。

（一）管理人的积极资格

1. 由机构担任管理人。规模大的企业法人进入破产程序后，无论是开展重整、和解、破产清算中的何种程序，都会面临债权债务关系复杂、企业职工安置困难等一系列复杂的问题。这种情况下，个人往往难以胜任管理人职位。对此，《企业破产法》第 24 条规定，管理人可以由有关部门、机构的人员组成的清算组或者依法设立的律师事务所、会计师事务所、破产清算事务所等社会中介机构担任。

（1）中介机构担任管理人。人民法院受理破产案件时，一般应在管理人名册上的社会中介机构中指定管理人。这里的"社会中介机构"，主要指律师事务所、会计师事务所和破产清算事务所。被指定为管理人的社会中介机构，应当具备相关司法解释所规定的条件。其成员应当具有法律和财务知识，以及企业管理、金融、贸易等相关专业知识。

（2）清算组担任管理人。《企业破产法》所称的清算组，通常指在破产程序开始前已经依照其他法律成立的清算组。例如，公司根据《公司法》第 183 条的规定成立清算组以后，发现债务人资产不足以清偿全部债务的，应当向人民法院申请宣告破产；人民法院受理破产申请后，可以指定该清算组为管理人。

2. 由个人担任管理人。对于一些规模较小、债权债务关系比较清楚的破产案件，人民法院可以根据债务人的实际情况，在征询有关社会中介机构的意见后，指定该机构具备相关专业知识并取得执业资格的人员担任管理人。为了降低管理人的职业风险，《企业破产法》规定，个人担任管理人的应当参加执业责任保险。

（二）管理人的消极资格

根据《企业破产法》第 24 条的规定，机构或者个人有以下情形之一的，不得担任管理人：①因故意犯罪受过刑事处罚；②曾被吊销相关专业执业证书；③与本案有利害关系；④人民法院认为不宜担任管理人的其他情形。对于其中的第 4 项，最高人民法院《指定管理人的规定》第 9 条列举了以下情形：①因执业、经营中故意或者重大过失行为，受到行政机关、监管机构或者行业自律组织行政处罚或者纪律处分之日起未逾 3 年；②因涉嫌违法行为正被相关部门调查；③因不适当履行职务或者拒绝接受人民法院指定等原因，被人民法院从管理人名册除名之日起未逾 3 年；④缺乏担任管理人所应具备的专业能力；⑤缺乏承担民事责任的能力；⑥人民法院认为可能影响履行管理人职责的其他情形。

四、管理人的职责

（一）管理人的一般职责

《企业破产法》第 25 条规定了管理人的一般职责，包括：①接管债务人的财产、印章和账簿、文书等资料；②调查债务人财产状况，制作财产状况报告；③决定债务人的内部管理事务；④决定债务人的日常开支和其他必要开支；⑤在第一次债权人会议召开之前，决定继续或者停止债务人的营业；⑥管理和处分债务人的财产；⑦代表债务人参加诉讼、仲裁或者其他法律程序；⑧提议召开债权人会议；⑨人民法院认为管理人应当履行的其他职责。

（二）管理人的特别职责

《企业破产法》除在“管理人”一章外，还在其他章节中规定了管理人的一些特别职责。其中主要有：①决定待履行合同的解除或继续履行；②对债务人在破产程序前的不正当财产处分行为行使撤销权和追回权；③接受债权申报、调查职工债权和编制债权表；④重整期间主持债务人营业或者对债务人自行营业进行监督；⑤制备重整计划草案；⑥申请人民法院批准重整计划草案；⑦监督重整计划的执行；⑧在破产宣告后，拟定破产变价方案；⑨拟定和执行破产分配方案；⑩破产程序终结时，办理破产人的注销登记。

五、管理人的义务

（一）忠实义务和勤勉义务

1. 忠实义务。又称诚信义务、忠诚义务，指管理人在执行职务时，应当最大限度地维护债务人财产和全体债权人的利益，不欺瞒，不谋私利。

2. 勤勉义务。又称善管义务，指管理人在履行职务的过程中，应当以善良管理人的注意，认真、谨慎、合理、高效地处理事务，不疏忽，不懈怠。

（二）报告义务

1. 一般报告义务。这是法律规定的一般性义务，即未划定范围和指定特殊事项的义务。《企业破产法》第 23 条规定了管理人向人民法院报告工作的义务和列席债权人会议并报告职务执行情况和回答询问的义务。

2. 特殊报告义务。这是就法律规定的特殊事项报告的义务。《企业破产法》第 69 条规定了 10 种重大的财产处分行为应当及时报告债权人委员会。第一次债权人会议尚未召开，或者债权人会议未设立债权人委员会的，应当报告人民法院。

（三）不辞任义务

为了保证破产管理的稳定性和连续性，《企业破产法》第 29 条规定："管理人没有正当理由不得辞去职务。管理人辞去职务应当经人民法院许可。"

第四节　债务人财产

一、债务人财产的范围

（一）债务人财产的概念

债务人财产，是指在破产程序中被纳入破产管理的、为债务人所拥有的财产。

2006 年《企业破产法》中的"债务人财产"概念，与 1986 年《企业破产法（试行）》中的"破产财产"概念不同。后者指在破产过程中扣押的、由管理人依照破产程序分配给债权人的全部财产。"破产财产"是清算主义立法的概念，"债务人财产"是再建主义立法的概念。按照再建主义的立法理念，破产法对债务人的财产实行全程化的统一管理，并尽可能地给企业提供拯救的机会。因此，即使是被申请破产清算的案件，在受理后也存在转为重整或和解的可能性。因此，在破产宣告以前，债务人的财产管理都服从于债务清理和企业拯救这两个目的。只有在破产宣告以后，债务人财产才成为以清算分配为目的的破产财产。

破产程序开始后，债务人的财产应当由管理人接管。对于因各种原因不能被管理人实际控制的债务人财产，受理破产案件的人民法院有权采取保全措施。

（二）债务人财产的范围

《企业破产法》第 30 条规定："破产申请受理时属于债务人的全部财产，以及破产申请受理后至破产程序终结前债务人取得的财产，为债务人财产。"对这一规定的理解，应掌握以下两个要点：

1. 破产申请受理时属于债务人的财产。这是一个广义的概念，主要包括以下情形：①有形财产、无形财产、货币和有价证券、投资权益和债权。其中，无形财产包括土地使用权、知识产权、专有技术、特许经营权等。②未成为担保物的财产和已成为担保物的财产。③位于中华人民共和国境内的财产和位于中华人民共和国境外的财产。

2. 破产申请受理后至破产程序终结前债务人取得的财产。主要包括以下情形：①程序开始后债务人财产的增值，包括孳息、经营收益和其他所得。例如，租金、利息、销售利润、股票红利、不动产升值、新投资、退税等。②程序开始后收回的财产，如追收的债款、追回的被侵占财产、接受返还的财产、因错误执行而获得执行回转的财产等。③债务人的出资人在尚未完全履行出资义务的情况下补交的出资。

《破产法解释（二）》第1条规定："除债务人所有的货币、实物外，债务人依法享有的可以用货币估价并可以依法转让的债权、股权、知识产权、用益物权等财产和财产权益，人民法院均应认定为债务人财产。"第2条进一步规定了不属于债务人财产的情形：①债务人基于仓储、保管、承揽、代销、借用、寄存、租赁等合同或者其他法律关系占有、使用的他人财产。②债务人在所有权保留买卖中尚未取得所有权的财产。③所有权专属于国家且不得转让的财产。④其他依照法律、行政法规不属于债务人的财产。

需要指出的是，债务人已设定担保物权的特定物，即抵押物、质押物和留置物，属于债务人财产。此外，债务人对按份享有所有权的共有财产的相关份额，或者共同享有所有权的共有财产的相应财产权利，以及依法分割共有财产所得部分，亦应认定为债务人财产。

二、撤销权和追回权

(一) 撤销权和追回权的意义

在债务人无力偿债或者即将无力偿债的情况下，利益相关者对于债务人的财产存在公平清偿和企业维持的合理预期。由此产生法律对债务人财产加以保全和防止个别人抢先受偿的秩序要求。破产法针对程序开始前的交易活动设立的撤销权和追回权，就是为了适应这种秩序要求。

债务人在处于破产状态或者预期将处于破产状态的情况下，从事的使破产财产不当减少或者不公平清偿的交易，具有恶化债务人的资产和信用、损害多数债权人和其他利益相关者利益的作用，历来是各国破产法严加规制的对象。

当代破产法的一个重要目标是实现债务人财产价值的最大化。而实现这一目标的重要途径之一，就是最大限度地追回破产前流失的财产，并通过对行为人的制裁来遏制企业管理者导致破产前财产流失的行为。

(二) 撤销权和追回权的追诉对象

《企业破产法》第31～33条规定了三类破产前交易，分别赋予其可撤销或者无效的法律效果。同时，第34条赋予管理人追回权，以收回因这些交易而让与的财产。

此外，该法第 128 条还规定，债务人有第 31～33 条规定的行为，损害债权人利益的，债务人的法定代表人和其他直接责任人员依法承担赔偿责任。另外，最高人民法院 1991 年和 2002 年关于审理破产案件的司法解释也对企业负责人和其他责任人员的法律责任作出了规定。

1. 欺诈破产行为。欺诈破产行为是基于破产预期而以交易或者其他方式处分财产而使债务人财产受到损害的行为。《企业破产法》将欺诈破产行为分为两类：

（1）可撤销的欺诈破产行为。《企业破产法》第 31 条规定："人民法院受理破产申请前 1 年内，涉及债务人财产的下列行为，管理人有权请求人民法院予以撤销：①无偿转让财产的；②以明显不合理的价格进行交易的；③对没有财产担保的债务提供财产担保的；④对未到期的债务提前清偿的；⑤放弃债权的。"这类行为的特点是，在正常情况下，它们是法律许可的财产处分行为，而在企业出现困境的情况下，实施这些行为具有恶意减少破产财产从而损害债权人利益的性质。因此，破产法将它们列为可撤销的行为，由管理人在破产程序期间进行追索。在《企业破产法（试行）》中，这类行为的追溯期是破产案件受理前 6 个月。《企业破产法》将这一期限增加到 1 年。其原因在于，根据实践经验，企业从陷入财务困境到启动破产程序，往往要经过很长的时间，6 个月的追溯期显然不足以遏制这类行为。

对于上述第 4 种行为，《破产法解释（二）》第 12 条设置了以下限制："破产申请受理前 1 年内债务人提前清偿的未到期债务，在破产申请受理前已经到期，管理人请求撤销该清偿行为的，人民法院不予支持。但是，该清偿行为发生在破产申请受理前 6 个月内且债务人有《企业破产法》第 2 条第 1 款规定情形的除外。"

（2）无效的欺诈破产行为。《企业破产法》第 33 条规定："涉及债务人财产的下列行为无效：①为逃避债务而隐匿、转移财产的；②虚构债务或者承认不真实的债务的。"这些行为的特点是，在任何情况下均为法律所禁止。因此，作为无效行为，无论其何时发生均为无效，且任何人在任何时候均得主张其无效。在过去的《企业破产法（试行）》中，没有这样的无追溯期规定。

2. 个别清偿行为。《企业破产法》第 32 条规定："人民法院受理破产申请前 6 个月内，债务人有本法第 2 条第 1 款规定的情形，仍对个别债权人进行清偿的，管理人有权请求人民法院予以撤销。但是，个别清偿使债务人财产受益的除外。"

在债务人已具备破产原因的情况下，实施对个别债权人的清偿，显然违反公平清偿的原则，并刺激债权人争夺债务人财产的"勤勉竞赛"，从而断送困境企业的拯救前景。因此，公平有序的清偿秩序，在破产程序启动前即具有维护的必要。

但是，在破产程序开始前，债务人从事正常的经营，仍不免发生债务的清偿。因此，该条通过但书规定，使债务人财产受益的个别清偿，仍受到法律的保护。所谓"使债务人财产受益"，是指在此期间给债务人财产带来相应的利益。例如，为维持企业经营而支付的水电费、通信费，为购买维持生产所需的原材料而支付的货款，为对外追索债务而支付的律师费，以及依据劳动合同支付的劳动报酬等，都属于第32条的例外情形。

《破产法解释（二）》第14、15条规定了两种不适用《企业破产法》第32条的情形：①债务人对以自有财产设定担保物权的债权进行的个别清偿，但是，债务清偿时担保财产的价值低于债权额的除外。②债务人经诉讼、仲裁、执行程序对债权人进行的个别清偿，但是，债务人与债权人恶意串通损害其他债权人利益的除外。

（三）对企业管理层和出资人的特别追回权

1. 对出资人的特别追回权。《企业破产法》第35条规定："人民法院受理破产申请后，债务人的出资人尚未完全履行出资义务的，管理人应当要求该出资人缴纳所认缴的出资，而不受出资期限的限制。"根据《破产法解释（二）》第20条的规定，此项追回权的范围包括出资人向债务人依法缴付未履行的出资或者返还抽逃的出资本息。对管理人的追回主张，出资人不得以认缴出资尚未届至公司章程规定的缴纳期限或者违反出资义务已经超过诉讼时效为由抗辩。

2. 对企业管理层的特别追回权。《企业破产法》第36条规定："债务人的董事、监事和高级管理人员利用职权从企业获取的非正常收入和侵占的企业财产，管理人应当追回。"这是针对我国企业特别是国有企业中大量存在的管理层在企业困境情况下继续领取高额薪金、奖金和各种补贴或者为自己修建高档住房等"穷庙富方丈"现象作出的规定，目的在于遏制企业高层管理人员的不正当自利行为，维护企业利益和改善法人治理。

关于此处的"非正常收入"，根据《破产法解释（二）》第24条的规定，包括以下情形：绩效奖金、普遍拖欠职工工资情况下获取的工资性收入、其他非正常收入。

三、取回权

（一）取回权的概念

取回权是指从管理人接管的财产中取回不属于债务人的财产的请求权。取回权有以下法律特征：

1. 取回权是对特定物的返还请求权。这种返还请求权应具备三项条件：①以被请求人占有请求人财产的事实为前提；②以特定物为请求标的；③以该物的原物返还为请求内容。缺乏这三项条件之一的，不构成取回权。至于被请求人占有财产的依据如何，在所不论。

2. 取回权是以物权为基础的请求权。也就是说，取回权的发生依据不是债的关系而是物权关系。取回权人是以物的所有人的身份提出权利请求的，若无物的所有权（或者由所有权派生的其他物权，如国有企业的经营管理权）作为权利基础，则不得主张取回权。

3. 取回权是在破产程序中行使的特别请求权。其特殊性表现为不参加债权申报和债权人会议，而由权利人个别行使权利。

4. 取回权标的物在被取回以前，视为债务人财产，由管理人管理和支配。该财产若受到不法侵犯，管理人得请求法律保护。

（二）取回权的种类

1. 一般取回权与特殊取回权。适用破产法概括性规定的取回权为一般取回权；适用破产法特别规定的取回权为特殊取回权。《企业破产法》第38条规定："人民法院受理破产申请后，债务人占有的不属于债务人的财产，该财产的权利人可以通过管理人取回。但是，本法另有规定的除外。"这是一般取回权的规定。实践中，作为取回权标的物的"不属于债务人的财产"主要包括以下两项：

（1）合法占有的他人财产，即有合法根据而占有的属于他人的财产。它包括：①共有财产；②委托管理的财产；③租赁财产；④借用财产；⑤加工承揽财产；⑥寄存财产；⑦寄售财产；⑧基于其他法律关系交破产人占有但未转移所有权的他人财产。

（2）不法占有的他人财产，即无合法根据而占有的属于他人的财产。例如：①非法侵占的财产；②受领他人基于错误所为之给付而取得的财产；③破产人据为己有的他人遗失财产。

在国外，特殊取回权主要有出卖人取回权和行纪人取回权两种形式。出卖人取回权是指在异地交易中，出卖人发运买卖标的物以后，买受人没有付清价款，而于收到标的物以前被宣告破产的，出卖人有权解除合同并取回该项财产。行纪人取回权是指行纪人受委托人的委托购入物品并交付给委托人，在货物发运后，委托人尚未收到货物又未付清价款而被宣告破产的，行纪人对于已发运的财产拥有取回权。我国《企业破产法》第 39 条规定了出卖人取回权："人民法院受理破产申请时，出卖人已将买卖标的物向作为买受人的债务人发运，债务人尚未收到且未付清全部价款的，出卖人可以取回在运途中的标的物。但是，管理人可以支付全部价款，请求出卖人交付标的物。"

2. 原物取回权与赔偿取回权。原物取回权是根据原物返还的民法原理而取得的权利。例如，依据租赁合同、保管合同而由破产人占有的财产，其所有权人有权请求返还原物。赔偿取回权是根据损害赔偿的民法原理取得的权利，它是指在依法律关系移交破产人占有的财产已不能原物返还的情况下以金钱赔偿方式满足的取回权。例如，在管理人已将标的物处分或者共有物无法分割的情况下的赔偿取回权。很明显，赔偿取回权是在无法通过原物取回权实现权利的情况下采用的一种替代补救。所以，在原物存在的情况下，所有权人只能请求返还。

关于赔偿取回权的满足，分为两类情况：①已经处分的；②毁损灭失的。原物在破产申请受理前被处分或者因债务人的责任毁损灭失的，权利人以直接损失额申报债权；原物在破产申请受理后被处分或者因管理人的责任毁损灭失的，权利人按共益债务获得赔偿。

例如，根据《破产法解释（二）》第 30、31 条的规定，在债务人占有的他人财产被违法转让给第三人的情形下，原权利人不能取回财产的，按以下不同情况处理：其一，依据《物权法》第 106 条的规定，第三人已善意取得财产所有权的，按照以下规定处理：①转让行为发生在破产申请受理前的，原权利人因财产损失形成的债权，作为普通破产债权清偿；②转让行为发生在破产申请受理后的，因管理人或者相关人员执行职务导致原权利人损害产生的债务，作为共益债务清偿。其二，第三人已向债务人支付了转让价款，但依据《物权法》第 106 条的规定未取得财产所有权，原权利人依法追回转让财产的，对因第三人已支付对价而产生的债务，按照以下规定处理：①转让行为发生在破产申请受理前的，作为普通破产债权清偿；②转让行为发生在破产申请受理后的，作为共益债务清偿。

（三）取回权的行使

破产宣告后，破产程序终结前，取回权人得随时向管理人请求取回财产。管理人收到取回权人的请求后，经证明属实的，应予以返还。

根据《破产法解释（二）》第 26 条的规定，权利人行使取回权，应当在破产财产受价方案或者和解协议、重整计划草案提交债权人会议表决前向管理人提出。权利人在上述期限后主张取回相关财产的，应当承担延迟行使取回权增加的相关费用。

取回权标的物应当原物返还（原物取回权）。取回权标的物因已经被处分或者毁损灭失而不能原物返还的，应当折价返还（赔偿取回权）。

管理人在处理以取回权为由提出的给付请求时，如果认为请求人缺乏权利根据，可以拒绝给付。由此发生争议的，请求人可以向受理破产案件的人民法院提起诉讼。

根据《破产法解释（二）》第28条的规定，权利人行使取回权时未依法向管理人支付相关的加工费、保管费、托运费、委托费、代销费等费用，管理人拒绝其取回相关财产的，人民法院应予支持。

四、抵销权

（一）破产抵销权概述

1. 破产抵销权的概念和意义。破产抵销权，是指破产债权人在破产宣告前对破产人负有债务的，不论债的种类和到期时间，得于清算分配前以破产债权抵销其所负债务的权利。《企业破产法》第40条规定："债权人在破产申请受理前对债务人负有债务的，可以向管理人主张抵销。……"

一般认为，抵销具有担保债权回收的作用。例如，银行在对存款客户贷款时已经预见到，如客户到期不能还贷，则它可以以客户的存款抵还贷款，即通过抵销而免除对客户的存款返还义务，从而使自己的贷款请求权得以满足。这就是所谓"抵销的担保机能"。日本学者认为："对一般担保权，只要它被承认为正当的权利，破产法就以别除权的形式予以保护，对抵销也尊重其担保机能，允许对破产人负有债务的破产债权人以行使抵销权的形式，不以破产程序行使权利。"[1] 联合国的专家也认为："根据破产法对债务人的启动前交易或活动引起的互负债务执行抵销权，不仅对商业预测和信贷提供很重要，而且有助于避免在策略上误用破产程序。鉴于这些理由，由破产法为这种抵销权提供保护是十分可取的。"[2]

在通常情况下，抵销免除双方的债务，双方是同等受益的。也就是说，以抵销的方法实现清偿的结果，与双方分别向对方履行给付的结果是一致的。但是在破产情况下，破产债权与破产财产由抵销所受的利益是不均等的。因为，

〔1〕 ［日］伊藤真：《破产法》，刘荣军等译，中国社会科学出版社1995年版。
〔2〕 联合国国际贸易法委员会：《破产法立法指南》，中文版，第139页。

债权人通过破产清算获得的清偿是不足额的，而债务人财产从它的有清偿能力的债务人处获得的清偿则是足额的。所以，破产抵销所实现的清偿结果与各自分别清偿的结果并不一致，前者有利于主张抵销的债权人而不利于债务人财产，因而不利于全体破产债权人的一般清偿利益。这种情况导致少数国家的破产立法不允许破产抵销。我国《企业破产法》第40条规定，债权人在破产申请受理前对债务人负有债务的，可以向管理人主张抵销。这表明我国破产法是承认破产抵销权的。

2. 破产抵销权的特点。破产抵销权与民法上的抵销权相比较，有三个主要的特点：

（1）享有破产抵销权的人须为债权人。在民法上，互负债务的双方当事人都有主张抵销的权利。可是，在破产法上，只有债权人才有抵销权，而与之相对的管理人则无此权利。也就是说，在债权人对债务人财产负有债务的情况下，根据最有利于债务人财产的原则，管理人只能要求相对人清偿债务，而不能主张拿债务人拥有的对债权人的债权去抵销其对该债权人的债务。

（2）债权人用于抵销的债务须为其于破产申请受理前对破产债务人所负的债务。民法对可抵销债务的形成时间并无限制。而在破产法上，可用于破产抵销的债务被明确地限定为破产债权人于破产申请受理前对破产人所负的债务。这意味着，破产申请受理以后，破产债权人对破产财产所负的债务必须全部履行，而不得与破产债权相抵销。例如，在破产变价过程中，破产债权人购买属于破产财产的财物的，应当实际履行支付价金的义务。在这种情况下，如果允许买受人以价金支付义务与他的破产债权相抵销，则无异于允许个别破产债权人由破产财产优先获得全额清偿，这有悖于破产法的公平清偿原则。

（3）该债权和债务的抵销不受债的种类和履行期限的限制。民法上的抵销，以债务标的种类相同和二者均已到期为条件。因此，种类不同的债务不得相互抵销，未到期的债务亦不得抵销。但是，在破产申请受理后，所有债务都转换为金钱债务，并且都被视为已到期。由此推论，破产申请受理后的所有债务都具有可抵销性。也就是说：①非金钱之债与金钱之债之间，以及非金钱之债相互间，都可以折价抵销。②破产债权人可以不论原有的债务履行期，于破产申请受理后随时主张破产抵销。

（二）破产抵销权的行使

破产抵销权的行使，不仅关系到破产抵销权人的利益，而且关系到破产财产及全体破产债权人的利益，因此，应当遵守一定的规则：

1. 破产抵销权的行使，应以管理人为对象，以意思表示为之。破产抵销权的行使应以抵销的单方意思表示为之。这种意思表示应向特定的对象作出，这一特定对象就是破产管理人。债权人向管理人提出破产抵销的通知，经审查无异议的，抵销自管理人收到通知之日起生效。具体说：①抵销的意思表示必须是明示的，并且必须送达于管理人。②抵销的单方意思表示的生效虽不以管理人的同意为条件，但受到管理人否认的意思表示的阻却。这种否认表示可以是直接的，也可以是间接的。例如，债权人作出抵销的表示后，管理人对其发出履行债务的催告。这种催告意味着不承认此债务已经因抵销而消灭。在这种情况下，该破产债权人可以以破产抵销权作为拒绝履行的抗辩。由此引起的争议，可以向人民法院提起诉讼。③抵销的意思通知为单方法律行为，其生效时间以管理人收到通知为准（到达主义）。④管理人对抵销主张有异议的，应当在约定的异议期限内或者自收到主张债务抵销的通知之日起 3 个月内向人民法院提起诉讼；无正当理由逾期提起的，人民法院不予支持（《破产法解释（二）》第 42 条第 2 款）。

2. 附条件破产债权的抵销。债权附条件的，依条件的性质不同，按以下两类情况区别处理：

（1）附停止条件的债权。附停止条件的债权，在条件未成就时，债权人不得主张抵销。在条件未成就期间，管理人向该债权人要求清偿其对破产财产的债务时，应予履行。同时，该债权人有权要求管理人将相当于应抵销债权额的金额提存。在破产财产最终分配前，如果条件成就，则将提存金额支付给该债权人；如果条件未成就，则按破产分配方案规定的比例，付给其作为普通债权人所应分得的金额。

（2）附解除条件的债权。附解除条件的债权，在条件未成就时，债权人有权主张抵销。但是，在破产程序终结前，如果条件成就，则抵销应予解除。由于在破产程序进行期间主张抵销能够使债权人免于向债务人履行债务，为保证日后抵销解除时债务人能够及时地收回债权，债权人在解除条件成就前主张抵销的，必须按抵销债务额提供相应的担保，或者提供相当于抵销额的货币交管理人提存。在最终分配前，如果解除条件成就，则处分担保物所得或者将提存金额纳入破产财产供清算分配，该破产债权人按照破产分配方案领取其分配额；如果解除条件未成就，则抵销确定地有效，管理人应将担保物或者提存金额退还该破产债权人。

3. 抵销后的差额处理。被主张抵销的双方债务的数额通常并不相等，因而在抵销后难免有差额发生。对此差额部分，应按以下两种不同情况区别处理：

（1）债权人的债权大于其所欠债务的，在抵销以后，债权超过被抵销债务的部分，可以参加破产程序的清偿。

（2）债权人的债权小于其所欠债务的，在抵销以后，债务超过债权的部分仍属债务人财产。管理人有权就这一部分债务请求该债权人清偿，后者应当履行相应的给付义务。

（三）不适用破产抵销的情形

由于破产抵销权具有优先权的性质，能够使债权人得到优于清算分配的清偿结果，如果不加限制，则可能被滥用，从而损害破产清算的秩序和多数债权人的正当权益。有鉴于此，我国《企业破产法》第40条具体规定了不适用破产抵销的三种情形：

1. 债务人的债务人在破产申请受理后取得的他人对债务人的债权，不得用于抵销。由于债权可自由转让，以十分低廉的价格购买对债务人的债权是很容易做到的。因此，存在这样一种可能性：对债务人财产负有债务的人低价收购债权，随后通过破产抵销来不正当地免除其对债务人的债务。有鉴于此，为了杜绝债务人的债务人通过廉价收购对债务人的债权而由破产抵销免除其债务的情况发生，凡承认破产抵销的国家都规定，债务人的债务人在破产申请受理后受让取得的他人对债务人的债权，不得用于抵销。

2. 债权人已知债务人有不能清偿到期债务或者破产申请的事实而对债务人负担的债务，不得抵销。但是，债权人因为法律规定或者有破产申请1年前发生的原因而负担债务的除外。

债权人在得知其债务人出现破产原因甚至已经提出破产申请的情况后，通常的反应就是设法抢先获得个别清偿。但是，在多数国家，这时的个别清偿是受禁止的。在这种情况下，如果法律对破产抵销没有限制，则债权人可以通过对债务人负债的方式取得债务人的财产。例如，按照市价赊购债务人的财产，从而形成对破产财产的债务，然后通过破产抵销，免除这笔债务。这实际上是以实物形式使自己的破产债权抢先得到满足，从而逃避破产程序。为了杜绝这种情况的发生，法律必须将这种债务排除于破产抵销的范围之外。因此，凡是已知债务人有不能清偿到期债务或者破产申请的事实，而对破产人负担债务的，必须如数清偿，不得以其债权加以抵销。但是，如果能够证明债权人对债务人负担债务是基于法律的规定或者破产申请1年前发生的原因，则可以认为该债权人负担此债务时没有通过破产抵销获得抢先满足的恶意，因而不在法律禁止之列。

3. 债务人的债务人已知债务人有不能清偿到期债务或者破产申请的事实，

而对债务人取得的债权，不得抵销。但是，债务人的债务人因为法律规定或者有破产申请1年前所发生的原因而取得债权的除外。

此外，对于股东与公司之间的破产抵销，司法解释有特别限制。《破产法解释（二）》第46条规定，债务人的股东主张以下列债务与债务人对其负有的债务抵销，债务人管理人提出异议的，人民法院应予支持：①债务人股东因欠缴债务人的出资或者抽逃出资对债务人所负的债务；②债务人股东滥用股东权利或者关联关系损害公司利益对债务人所负的债务。

债务人的债务人以取得（通常为受让取得）对债务人的债权来使自己免除对破产财产的给付义务，其行为性质与上述情形相同，故不得用于抵销。但是，取得债权时有法律规定的正当原因的不在此限，其理由也与上述相同。

至于债务人的债务人已知债务人有不能清偿到期债务或者破产申请的事实，直接与债务人交易而取得的债权，如果该交易有恶意串通、显失公平等无效或可撤销事由，则除了不得适用破产抵销外，还可适用无效或可撤销的规定，丧失破产债权的地位。

（四）问题研究：破产前抵销的效力

在债务人破产之前，特别是在破产申请受理前6个月内，其债权人在具备抵销条件的情况下实施抵销行为（例如银行以直接划扣债务人存款的方式收回贷款），在破产程序中，管理人主张依《企业破产法》第32条的规定予以撤销的，应当如何处理？一种意见认为，抵销的本质为债务清偿，故应适用第32条的规定。另一种意见认为，破产法不允许程序开始后的个别清偿，但允许抵销，可见抵销属于禁止个别清偿规则的例外情形。况且，如果撤销破产前的抵销，则撤销后恢复的债权关系状态，仍可按《企业破产法》第40条的规定予以抵销，故否认破产前抵销的效力并无实际意义。

五、破产费用和共益债务

（一）破产费用和共益债务的范围

1. 破产费用。破产费用，是指破产程序开始后，为破产程序的进行以及为全体债权人的共同利益而从债务人财产中优先支付的费用。《企业破产法》第41条规定："人民法院受理破产申请后发生的下列费用，为破产费用：①破产案件的诉讼费用；②管理、变价和分配债务人财产的费用；③管理人执行职务的费用、报酬和聘用工作人员的费用。"

2. 共益债务。共益债务，又称财团债务，是指破产程序中为全体债权人的共同利益而管理、变价和分配破产财产而负担的债务。与之相对应的权利，为共益债权。《企业破产法》第42条规定，人民法院受理破产申请后发生的下列债务，为共益债务：①因管理人或者债务人请求对方当事人履行双方均未履行完毕的合同所产生的债务；②债务人财产受无因管理所产生的债务；③因债务人不当得利所产生的债务；④债务人继续营业而应支付的劳动报酬和社会保险费用以及由此产生的其他债务；⑤管理人或者相关人员执行职务致人损害所产生的债务；⑥债务人财产致人损害所产生的债务。

（二）破产费用和共益债务的清偿

根据《企业破产法》第43条的规定，破产费用和共益债务的清偿，采用以下原则：

1. 随时清偿。破产费用和共益债务由债务人财产随时清偿。在债务人财产足以清偿破产费用和共益债务时，二者的清偿不分先后。

2. 破产费用优先清偿。在债务人财产不足以清偿所有破产费用和共益债务的情况下，先行清偿破产费用。

3. 按比例清偿。债务人财产不足以清偿所有破产费用或者共益债务的，按照比例清偿。

4. 不足清偿时终结程序。债务人财产不足以清偿破产费用的，管理人应当提请人民法院终结破产程序。如果此时尚未宣告债务人破产，则无需宣告。

第五节　债权申报

一、债权申报的概念

债权申报是债权人在破产案件受理后依照法定程序主张并证明其债权，以便参加破产程序的法律行为。债权申报是债权人参加破产程序行使权利的必要条件。

债权申报具有以下特征：①债权申报是债权人的单方意思表示。根据意思自治原则，债权人享有申报和不申报的自由。②债权申报以主张并证明债权为内容。申报人主张债权以外的其他权利（例如财产取回权）的，或者不能提出债权证据的，不予接受。③债权申报是债权人参加破产程序的必要条件。债权人申报债权并经确定后，即具有参加债权人会议的资格，并依法享有相应的程序权利。未申报的债权人，不得参加破产程序。④申报债权，必须符合法定的程序规范。

有关债权申报的法律规则即债权申报制度，在破产法上具有重要的意义。它是债权人集结一处，依照法律规定实现集体公平受偿的必经程序。因此，债权申报制度必须坚持保护各债权人实体权利和维护公平清偿秩序的原则。

二、债权申报的程序规则

(一) 申报期限

债权申报期限是允许债权人向法院申报其债权的固定期间。限定债权申报期限，对于破产程序及时、顺利进行是必要的。因为，只有在债权人人数和债权数额业已确定的情况下，才能召开债权人会议和进行清算分配。

对债权申报期限的立法体例有法定主义和法院酌定主义两种。我国《企业破产法》对债权申报期限实行法定范围内的法院酌定主义，即人民法院受理破产申请后，确定债权人申报债权的期限。该期限自人民法院发布受理破产申请公告之日起计算，最短不得少于 30 日，最长不得超过 3 个月。债权人应当在人民法院确定的债权申报期限内向管理人申报债权。债权人未依照破产法规定申报债权的，不得参加破产程序行使权利。

(二) 申报范围

1. 一般规定。可申报的债权要满足以下几点要求：

(1) 须为以财产给付为内容的请求权。给付标的为劳务或者不作为的请求权，不能申报，但是，因它们的不履行或者不适当履行而产生的赔偿请求权，为可以申报的债权。

(2) 须为以债务人财产为受偿基础的请求权。此处的债务人财产是指受破产程序拘束的财产。故信托财产或者根据法律规定不受破产程序拘束的财产，不是此处所称的债务人财产；以这些财产为受偿基础的请求权，不得申报。至于请求权所指向的财产是债务人的一般财产还是特定财产，不影响申报的资格。因此，有财产担保的债权和无财产担保的债权，均在申报之列。

(3) 须为法院受理破产申请前成立的对债务人享有的债权。至于债权的到期时间，不影响申报资格。根据破产法的规定，未到期的债权，在破产案件受理时视为已到期。

(4) 须为平等民事主体之间的请求权。因此，对债务人的罚款等财产性行政处罚，不得申报。在企业破产清算的情况下，债务人财产最终将归属于债权人；此时若执行对债务人的财产性行政处罚，事实上处罚的是债权人，这样既不能达到行政处罚的目的，又损害了债权人的合法权益。但是，在破产程序终结后，如果债务人因重整或和解而继续存续，处罚机关可以根据情况，决定是否执行原来的处罚决定。

(5) 须为合法有效的债权。因此，以下债权不得申报：①存在合同法或者其他法律规定的无效原因的债权。②诉讼时效已经届满的债权。③无证据或者证据为虚假的债权，有相反证据证明为虚假的债权（申报人提供的证据材料不足以证明其真实性和有效性的债权，在补足证据前推定为不得申报）。

不具备上述条件的债权被申报的，管理人有权提出异议。申报人坚持申报的，管理人可以在债权表中另页记载，并载明所发现的问题，以供债权人会议作出决定。必要时，管理人可以请求人民法院裁定不予确认。

2. 特别情形。

（1）职工债权。债务人所欠职工的工资和医疗、伤残补助、抚恤费用，所欠的应当划入职工个人账户的基本养老保险、基本医疗保险费用，以及法律、行政法规规定应当支付给职工的补偿金，为我国破产法上的职工债权。职工不必申报，由管理人调查后列出清单并予以公示。职工对清单记载有异议的，可以要求管理人更正；管理人不予更正的，职工可以向人民法院提起诉讼。

（2）利息请求权。附利息的债权自破产申请受理时起停止计息。破产申请受理前的利息，随本金一同申报。

（3）待定债权。又称"或然债权"，是指其效力有待确定的债权，包括附条件、附期限的债权和诉讼、仲裁未决的债权。这些债权可以申报，但必须说明其待定的状况。

（4）连带债权。连带债权人可以由其中一人代表全体连带债权人申报债权，也可以共同申报债权。申报的债权是连带债权的，应当说明。

（5）连带债务人的代位求偿权。债务人的保证人或者其他连带债务人，已经代替债务人清偿债务的，以其对债务人的求偿权申报债权；尚未代替债务人清偿债务的，除债权人已经向管理人申报全部债权的外，以其对债务人的将来求偿权申报债权。[1]

（6）连带债务的债权人。在连带债务人中的一人破产时，其债权人享有在破产程序中申报债权的权利。连带债务人中的数人被裁定适用破产程序的，其债权人有权就其全部债权分别在各破产案件中申报债权。

（7）待履行合同相对人的赔偿请求权。管理人或者债务人依照《企业破产法》第18条的规定解除合同的，对方当事人以因合同解除所产生的损害赔偿请求权申报债权。

（8）善意受托人的请求权。债务人是委托合同的委托人，被裁定适用破产程序，受托人不知该事实，继续处理委托事务的，受托人以由此产生的请求

---

[1] 对于后一种情况，司法实践中也称"或然债权"，但是，这种债权就债务人的给付义务而言是确定的，只是申报人的受领权尚未确定，这与待定债权的债务人给付义务尚未确定的情形有所不同。

权申报债权。

（9）票据付款人的请求权。债务人是票据的出票人，被裁定适用破产程序，该票据的付款人继续付款或者承兑的，付款人以由此产生的请求权申报债权。

（三）申报方式

债权人申报债权时，应当书面说明债权的数额和有无财产担保，并提供如下证据：

1. 债权证明。即证明债权的真实性、有效性的文件，如合同、借据、法院判决等。

2. 身份证明。债权人自己申报的应当提交合法有效的身份证明。代理申报人代为申报的，代理申报人应当提交委托人的有效身份证明、授权委托书和债权证明。

3. 担保证明。申报的债权有财产担保的，应当提交证明财产担保的证据。

破产案件受理后，债权人向人民法院提起新诉讼的，应予驳回。其起诉不具有债权申报的效力。

（四）逾期申报和未申报

在人民法院确定的债权申报期限内，债权人未申报债权的，可以在破产财产最后分配前补充申报；但是，此前已进行的分配，不再对其补充分配。为审查和确认补充申报债权而发生的费用，由补充申报人承担。

债权人未依照《企业破产法》规定申报债权的，不得依照该法规定的程序行使权利。其后果是：①债务人破产清算的，除非债务人有保证人或者其他连带债务人，该未申报债权成为永久履行不能。②债务人重整的，该未申报债权在重整计划执行期间不得行使权利；在重整计划执行完毕后，可以按照重整计划规定的同类债权的清偿条件行使权利。③债务人和解的，该未申报债权在和解协议执行期间不得行使权利；在和解协议执行完毕后，可以按照和解协议规定的清偿条件行使权利。

（五）登记造册

管理人收到债权申报材料后，应当登记造册，对申报的债权进行审查，并编制债权表。债权表应当记明债权人名称、住所、开户银行、申报债权数额、申报债权的证据、财产担保情况、申报时间、联系方式以及其他必要的情况。登记造册时，应当对有财产担保的债权和无财产担保的债权分别登记。

（六）核查确认

依照以上规定编制的债权表应当提交第一次债权人会议核查。债务人、债权人对债权表记载的债权无异议的，由人民法院裁定确认。申报的债权，必须经债权人会议核查无异议并经人民法院裁定确认，方为确定。原则上只有债权被确定的债权人，才能够出席债权人会议并行使表决权和接受破产分配。

（七）查阅和异议

债权表和债权申报材料由管理人保存，供利害关系人查阅。

债务人、债权人对债权表记载的债权有异议的，可以向受理破产申请的人民法院提起诉讼。

第六节　债权人会议

一、债权人会议的法律地位

（一）债权人会议的性质

债权人会议是全体债权人参加破产程序并集体行使权利的决议机构。有时，"债权人会议"一词也被用于表示这个决议机构的集会活动。但从性质上来讲，债权人会议是债权人团体在破产程序中的意思发表机关。也就是说，债权人会议的职能是要使全体债权人能够作为一个整体，就他们的权利行使和权利处分作出共同的意思表示，并为维护他们的共同利益而采取必要的行动。所以，债权人会议本质上是一个组织体，而不是临时的集会活动。

（二）债权人自治原则

债权人自治，是指全体债权人通过债权人会议，对破产程序进行中涉及债权人利益的各重大事项作出决定，并监督破产财产管理和分配的一系列权利，以及保障这些权利实现的有关程序制度。债权人自治是破产法的一项重要原则。

债权人自治原则是确定债权人会议地位的基本依据。根据这一原则，有关债权人权利行使和权利处分的一切事项，均应由债权人会议独立地作出决议。债权人在债权人会议上应享有充分的自由表达和自主表决的权利。债权人会议作出的关于债权确认、与债务人和解、破产财产变价和分配等重大事项的决议，是程序进行的重要根据。债权人会议还应享有监督破产财产管理和处分的权利。

二、债权人会议的程序规则

（一）债权人会议的组成

1. 债权人会议成员。债权人依法申报债权后，便成为债权人会议的成员。凡是债权人会议的成员，都享有出席会议的权利。

债权人会议成员有以下情形的，不得再出席债权人会议：①已经由担保财产优先受偿并获得足额清偿的。②已经由债务人的保证人或者其他连带债务人足额清偿的。

2. 债权人会议成员的表决权。债权人会议成员分为有表决权的债权人和无表决权的债权人两种。

（1）有表决权的债权人。这是指有权出席债权人会议和发表意见，并有权对债权人会议决议事项投票表达个人意志的债权人。凡是依法申报债权的债权人，除了存在法律规定无表决权的情形外，都享有表决权。

有表决权的债权人又分为两种情况：①对所有的表决事项都有表决权的债权人。②对部分表决事项有表决权的债权人。这是指有财产担保而未放弃优先受偿权利的债权人，对于通过和解协议的决议和通过破产分配方案的决议，不享有表决权。

（2）无表决权的债权人是指有权出席债权人会议和发表意见，但无权对债权人会议决议事项投票表达个人意志的债权人。其情形主要包括：①债权尚未确定，而人民法院未能为其行使表决权而临时确定债权额的，不得行使表决权。②债权附有停止条件，其条件尚有待成就的，或者债权附有解除条件，其解除条件已成就的，不享有表决权。③尚未代替债务人清偿债务的保证人或者其他连带债务人，不享有表决权。

（3）表决代理。债权人可以委托代理人出席债权人会议，行使表决权。代理人出席债权人会议，应当向人民法院或者债权人会议主席提交债权人的授权委托书。

3. 债权人会议主席。债权人会议主席为债权人会议的召集人，由人民法院从有表决权的债权人中指定。

4. 职工代表参加会议。职工为企业的内部成员，同时又与企业存在劳动关系。职工基于劳动关系对企业享有的工资等请求权，受到破产法的特殊保护，因此，职工不是债权人会议的成员。但是，破产程序对于职工权益必须予以充分重视。为此，《企业破产法》规定，债权人会议应当有债务人的职工和工会的代表参加，对有关事项发表意见。这里所说的"有关事项"，主要是指：①核查债权时职工债权清单的确认；②债务人继续营业时的职工待遇；③重整计划中的职工债权清偿方案；④破产财产分配方案中的职工债权清偿方案；⑤债务人财产管理方案、变价方案中涉及职工利益的问题（如职工住房的处置问题）。

（二）债权人会议的职权

债权人会议行使下列职权：①核查债权；②申请人民法院更换管理人，审查管理人的费用和报酬；③监督管理人；④选任和更换债权人委员会成员；⑤决定继续或者停止债务人的营业；⑥通过重整计划；⑦通过和解协议；⑧通过债务人财产的管理方案；⑨通过破产财产的变价方案；⑩通过破产财产的分配方案；⑪人民法院认为应当由债权人会议行使的其他职权。

（三）债权人会议的召开程序

1. 会议的召集。

（1）召集人。第一次债权人会议，由人民法院召集。以后的债权人会议由会议主席召集。

（2）召集的时间。第一次债权人会议为法定会议，应当在债权申报期限届满后 15 日内召开。以后的债权人会议，在人民法院认为必要时召开，或者在管理人、债权人委员会、占债权总额 1/4 以上的债权人向债权人会议主席提议时召开。

（3）召集通知。召开债权人会议，管理人应当提前 15 日通知已知的债权人。

2. 会议的决议。

（1）决议的方式。《企业破产法》第 64 条第 1 款规定："债权人会议的决议，由出席会议的有表决权的债权人过半数通过，并且其所代表的债权额占无财产担保债权总额的 1/2 以上。但是，本法另有规定的除外。"这里所说的"另有规定"，是指该法第 84 条关于通过重整计划的规定和第 97 条关于通过和解协议草案的规定。

（2）决议的效力。债权人会议的决议，对于全体债权人均有约束力。一旦决议依法定程序获得通过，各债权人不论是否出席了会议，不论是否参加表决，也不论是否投票赞成，都当然地受到决议的约束。

（3）对决议的异议。债权人认为债权人会议的决议违反法律规定，损害其利益的，可以自债权人会议作出决议之日起 15 日内，请求人民法院裁定撤销该决议，责令债权人会议依法重新作出决议。

这里所说的"违反法律规定"，解释上应包括违反实体法和程序法。常见的情况有：①决议内容违法；②决议程序违法；③会议程序违法；④其他违法情事，导致产生决议的程序不公，或者导致债权人合法权益受到损害。

对于债权人认为债权人会议决议违法提出的裁定请求，人民法院在审理以后，认为决议确有违法情事，请求有理的，应当裁定撤销该决议。

（4）决议的记录。债权人会议应当对所议事项的决议作成会议记录。

（5）决议未通过的补救。对于债务人财产的管理方案或者破产财产的变价方案，债权人会议表决未通过的，由人民法院裁定。对于破产财产分配方案，债权人会议表决未通过的，应当再次表决；再次表决仍未通过的，由人民法院裁定。这样规定，是为了防止在债权人会议对这些事项久拖不决时造成财产的无谓消耗，损害全体债权人的利益。人民法院在对这类决议进行裁定时，应当在充分了解情况、听取各方意见的基础上，确定一个合理的方案，并以裁定的形式加以公布。

三、债权人委员会

（一）债权人委员会的组成

债权人会议不是一个常设机构，一般不能经常性地召集和作出决定。为了保证债权人充分地行使权利，特别是行使对债务人财产的管理、处分和破产财产变价、分配过程的监督权，有必要将债权人的集体决定权授予他们的代表机构。这种代表债权人会议行使监督权利的机构，就是债权人委员会。

债权人委员会由债权人会议决定设立。债权人会议有权决定其设立或不设立，自然也就有权决定其变更或解散。按照《企业破产法》的规定，债权人委员会由债权人会议选任的债权人代表和一名债务人的职工代表或者工会代表组成。债权人委员会成员不得超过9人。

债权人委员会成员应当经人民法院书面决定认可。

（二）债权人委员会的一般监督权

债权人委员会行使下列职权：①监督债务人财产的管理和处分；②监督破产财产分配；③提议召开债权人会议；④债权人会议委托的其他职权。

债权人委员会执行职务时，有权要求管理人、债务人的有关人员对其职权范围内的事务作出说明或者提供有关文件。管理人、债务人的有关人员违反《企业破产法》的规定拒绝接受监督的，债权人委员会有权就监督事项请求人民法院作出决定；人民法院应当在5日内作出决定。

（三）债权人委员会的特别监督权

管理人实施的下列行为，属于对债权人利益关系重大的处分行为，应当及时报告债权人委员会：①涉及土地、房屋等不动产权益的转让；②探矿权、采矿权、知识产权等财产权的转让；③全部库存或者营业的转让；④借款；⑤设定财产担保；⑥债权和有价证券的转让；⑦履行债务人和对方当事人均未履行完毕的合同；⑧放弃权利；⑨担保物的取回；⑩对债权人利益有重大影响的其他财产处分行为。

未设立债权人委员会的，管理人实施以上行为应当及时报告人民法院。

在重整程序中，债务人自行管理企业事务的，其行为视为管理人的行为，其实施上述行为时也应当履行对债权人委员会的报告义务。

与上述报告义务相对应的是债权人委员会的知情权和监督权。债权人委员会对管理人实施上述行为有异议的，可以向管理人提出，也可以向人民法院提出。必要时，可以提议召开债权人会议，由债权人会议作出决议，请求人民法院更换管理人。管理人的重大处分行为构成渎职的，可以根据《企业破产法》第130、131条的规定，追究其相应的法律责任。

第七节　破产法律责任

一、破产法律责任的意义

破产法律责任是为维护破产法律秩序，遏制破产违法行为而由法律设立的制裁机制。所谓破产法律秩序，是指破产法所要求和保障的公平清偿秩序、权利保障秩序和其他社会经济秩序。所谓破产违法行为，是指妨害公平清偿，损害当事人尤其是债权人合法权益和妨碍社会经济秩序的行为。对破产违法行为的制裁，包括强制措施和刑事处罚，这在破产法的历史上由来已久。现代各国的立法的趋势是，强化对破产违法行为的制裁，无论有关的制裁条款是规定在破产法之内，还是破产法之外。

二、破产法律责任的分类

《企业破产法》第十一章用7个条文规定了破产法上的法律责任。这些责任可以从不同的角度进行分类。

（一）破产前行为的责任和破产后行为的责任

根据破产发生的时间，违法行为可以分为两类：一类是发生在破产案件受理前的行为，包括债务人管理层造成所在企业破产的行为和损害债权人利益的欺诈破产行为、个别清偿行为。另一类是发生在破产案件受理后的行为，如债务人的有关人员违反合作与协助义务、信息提供义务以及附属义务的行为，管理人的渎职行为。

（二）直接损害利害关系人合法权益的责任和妨碍破产程序的责任

从行为后果看，以上行为中的前一类是直接损害债权人、债务人等利害关系人的合法权益的行为；后一类是妨碍破产程序，从而间接地损害利害关系人的合法权益的行为。

（三）债务人有关人员的法律责任和管理人的法律责任

根据承担责任的主体，可以分为两类：债务人有关人员的法律责任和管理人的法律责任。其中，债务人有关人员的法律责任又可以分为两种情况：①基于个人行为的责任，主要指高级管理人员造成所在企业破产的责任和妨碍破产程序的责任。②基于债务人行为的责任，主要指因债务人企业的欺诈破产行为或个别清偿行为所产生的法律责任。

（四）民事责任、行政责任和刑事责任

根据行为人承担责任的种类，可以分为以下三类：

1. 民事责任。①赔偿责任。例如：企业董事、监事或者高级管理人员违反忠实义务、勤勉义务而致所在企业破产，对债务人企业或者其债权人承担的赔偿责任；债务人的法定代表人和其他直接责任人员因债务人的欺诈破产行为、个别清偿行为对债权人承担的赔偿责任；管理人未勤勉尽责、忠实执行职务，给债权人、债务人或者第三人造成损失的赔偿责任。[1] ②资格限制责任。《企业破产法》第125条规定，企业董事、监事或者高级管理人员违反忠实义务、勤勉义务，致使所在企业破产的，自破产程序终结之日起3年内不得担任任何企业的董事、监事、高级管理人员。这是民事特别法对于自然人身份权的特别限制。[2]

2. 刑事责任。《企业破产法》第131条规定："违反本法规定，构成犯罪的，依法追究刑事责任。"根据现行刑法规定和有关司法解释，债务人及其有关人员实施破产违法行为或者管理人在执行职务时有不当行为，构成贪污罪、受贿罪、单位受贿罪、企业人员受贿罪、盗窃罪、职务侵占罪、挪用资金罪、挪用公款罪、诈骗罪、为亲友非法牟利罪、虚假出资罪、抽逃出资罪、签订（履行）合同失职被骗罪、私分国有资产罪、徇私舞弊低价折股罪、徇私舞弊造成破产罪、虚假破产罪、妨害清算罪等犯罪的，人民法院应当将涉嫌犯罪的有关情况和材料移送有关国家机关处理。

3. 司法强制措施。①罚款，主要针对妨碍破产程序的行为，如违反合作与协助义务、违反信息提供义务等。②训诫、拘留，主要针对违反不擅离住所地义务的情形。这些措施由人民法院根据《民事诉讼法》的相关规定决定适用。

■ 思考题

1. 试论我国破产法中的破产原因。

---

[1] 参见《公司法》第149条："董事、监事、高级管理人员执行公司职务时违反法律、行政法规或者公司章程的规定，给公司造成损失的，应当承担赔偿责任。"

[2] 参见《公司法》第146条："有下列情形之一的，不得担任公司的董事、监事、高级管理人员：……③担任破产清算的公司、企业的董事或者厂长、经理，对该公司、企业的破产负有个人责任的，自该公司、企业破产清算完结之日起未逾3年……"

2. 试析破产程序与破产申请的种类。
3. 试论破产管理人的法律地位。
4. 试论撤销权和追回权在破产法上的意义。
5. 简述债权人在破产程序中的权利行使。

第十章 重 整

■学习目的和要求

　　本章主要阐述破产重整制度。应了解破产重整的意义、重整保护期间的营业以及重整计划的通过和执行，重点掌握重整制度的理论根据、重整期间的营业保护和重整计划的通过与批准规则。

第一节　重整制度概述

一、重整的意义

　　重整是指在企业无力偿债的情况下，依照法律规定的程序，保护企业继续营业，实现债务调整和企业整理，使之摆脱困境，走向复兴的再建型债务清理制度。自 20 世纪 70 年代后期以来，以建立重整制度为重要标志之一的破产法改革运动风靡全球。目前，我国《企业破产法》已经设立了重整的专章，并在其他章节规定了相关条款。

　　重整制度在性质上，具有债务清偿法和企业法相结合、私权本位和社会本位相调和、程序法和实体法相融合、多种法律事实及法律效果相聚合的特点。试分述之：

　　（一）债务清偿法和企业法相结合

　　这里所说的债务清偿法，指的是在债务人无力清偿到期债务的情况下，依法在债务人现有财产的范围内，实现（多数）债权人之间的公平分配和债务了结。这里所说的企业法，指的是对陷入经济困境的企业，进行从产权、资本结构到内部管理、经营战略等多方面的调整和变更，使之恢复生机。重整制度的这种双重属性，是它有别于破产清算制度和传统和解制度的一个重要特点，后两种制度一般被认为属于债务清偿法的范畴。

　　重整制度把清理债务与拯救企业紧密地结合在一起。它把债权人的权利实现建立于复兴的基础上，力图使企业的营运价值得以保留，从而使债权人得到比在破产清算的情况下更为有利的清偿结果。通过债务调整，消除破产原因，使企业摆脱经济困境，获得复兴的机会。这样，就在债务清偿法和企业法之间，建立起一种相互配合、相互补充的关系。

应当看到，债务清理和企业拯救这两个目标中，后者是主要的。也就是说，重整制度的首要任务是实现企业复兴。正如美国学者安德森指出的："重整法涉及的是陷入财务困境的商事企业的复兴。这种企业在正常情况下为债务人即公司、合伙、个人或者其他有资格以破产法申请救济的实体所拥有。重整制度试图提出和解决困境实体所面临的三个方面的问题：①为了使陷于困境的债务人在经济上康复，应当采取何种财务决定和行动。②为使这种复兴对所有的当事人都不失公平，应当在债权人与股东之间达成何种权利调整。③如果企业复苏无望，因而不能继续营运，则债务人资产的清算应当如何进行，才能使之有条不紊并且使所有利害关系人得到最大限度的财产恢复。实质上，重整是通过法律机制实现财务解决以求造就稳定的、恢复活力的企业的过程。"[1]

（二）私权本位和社会本位相调和

重整制度打破了私法与公法之间的传统界限，将私权本位与社会本位相调和。当它把企业置于中心地位时，它并不仅仅着眼于包含在企业关系中的各方当事人利益，还着眼于企业在社会经济生活中的地位以及企业的兴衰存亡对社会生活的影响。

基于社会本位的立场，一些国家在重整制度中实行了一定程度的司法干预。例如，《美国破产法》第十一章基本上采用了当事人意思自治的原则，把有关债权人调整和企业整理的一系列事项的决定权，交给了对企业享有债权和其他权益的人们。但同时又规定，法院有权不顾重整计划应当为各类债权人所接受的规定而强行批准该计划，只要它符合"公平与衡平"的标准。法国1985年《困境企业司法重整及清算法》把关注的焦点放在企业拯救和维持就业上，而把了结债务放在比较次要的地位，因此，该法赋予法院以更多的决定权，而在较大程度上限制了债权人主宰债务人命运的权力。

（三）程序法和实体法相融合

基于拯救企业的需要，重整制度有必要采取一些保护性措施，来维护企业的继续营业。而这些保护性措施所针对的，首先是来自债权人的"攻击"，即

---

[1] Anderson, J. C., Chapter 11 Reorganizations, McGraw - Hill, Inc. 1993, at 1 - 1, 1 - 2.

债权人行使权利的行为，例如，债权人对债务人提起诉讼和申请强制执行，有财产担保的债权人行使对担保物的处分权，以及其他单独索取清偿支付和单独对债务人的财产实施的行为。其次，针对的是企业在无力偿债的情况下从事营业所面临的困难，例如，因信用下降而难以获得贷款，待履行合同的相对人要求解除合同或者要求继续履行合同，因裁减人员所引起的劳动争议。所以，重整制度对债务人企业的营业保护，不仅要有程序法上的安排，还要有实体法上的措施。

当然，我们绝不可轻视程序制度的意义，因为公正的程序是实现公平而有效率的债务清理的基本保证。而债务清理的公平和效率，不仅关系到债权人和其他当事人的权益，而且关系到债务人在妥善处理债务的基础上的复兴。因此，只有使程序法规则与实体法规则形成一个有机整体，重整制度才可能实现其多重目标和多重价值。

（四）多种法律事实及法律效果相聚合

重整制度沿着债务清理和企业拯救两条主线，本着私权保护和社会利益保护双重目标，通过程序上和实体上的法律调整，引起一系列法律关系的发生、变更和消灭。从这个意义上说，重整是一个综合性的法律事件，一个由多种法律事实和法律效果聚合而成的民事法律关系变动过程。

重整包含了对多种法律关系的调整，其中主要有：①债权关系，包括对重整债权的约束、保护、变更和清偿，待履行合同的解除或继续履行，为企业经营而新缔结的借贷、买卖、租赁合同，为清偿债务而出让财产的合同，聘请律师、会计师等专业人员的合同，等等。②物权关系，包括对企业财产的保全，对担保物权的限制，取回权的行使与限制，企业产权的出让，等等。③投资关系，包括现有股东的权益保护和权利限制，债权转换为股权，增加或减少资本，新股募集，等等。④劳动关系，包括职工的权益保障，人员裁减以及被裁减人员的补偿、安置，等等。⑤税收关系，包括欠税的清理，重整期间继续营业的税收问题，等等。此外，重整还可能涉及某些经济行政管理关系，如商业登记、不动产登记、抵押登记，等等。由于多种法律关系的存在，形成了多种当事人介入重整程序的局面。实践中，主要的当事人是债务人、债权人、债务人的股东（或者其他形式的出资人）和企业员工。

重整是引起上述法律关系发生、变更或者消灭的概括的法律事实，其中包括了一系列的行为和事件。这里所说的事件，最常见的就是程序上的事件，如重整的开始、终止或者破产案件的终结。这些程序事件的发生，总是对当事人的程序权利和实体权利产生一定的影响。例如，重整开始后，债权人非依法定程序不得行使其权利。又如，重整因计划执行完毕而终结后，债务人免除对于重整债权中依重整计划被削减的部分的清偿责任。而这里所说的行为，可分为以下几种：①民事行为与非民事行为。②民事行为中的表意行为与事实行为。③程序行为与非程序行为。④当事人行为和司法行为。

重整过程中的上述行为和事件，引起一系列法律效果的发生。从某种意义上说，重整就是通过鼓励各种符合秩序要求的行为和事件，以及抑制种种违反秩序要求的行为和事件，来实现制度的预期目标。

二、重整制度的理论根据

重整制度的理论根据，涉及两个基本的问题：①为什么需要建立重整制度。②重整制度为什么能够达到其设立的目的。这就是所谓必要性和可能性的问题。

我们可以把重整制度的理论根据概括为三个论题：营运价值论、利益与共论和社会政策论。这三个论题是相互联系的。其中，营运价值论无论在历史上还是逻辑上，都处在出发点的位置。

（一）营运价值论

重整制度最初的理论根据是建立在"营运价值（going concern value）"的基础之上的。所谓营运价值，就是企业作为营运实体的财产价值，或者说，企业在持续营业状态下的价值。在许多情况下，企业的营业价值高于其清算价值，即高于它的净资产通过清算变价所能获得的价值回收。正如1977年美国第95届国会关于破产法修订的委员会报告中所指出的："企业重整的前提是，被用于其所设计的工业生产的资产，其价值远远高于同样的资产被零散出售时的价值。""重整比清算在经济上更有效率，因为它维持了企业的就业和资产。"[1] 如果我们把困境企业比作一匹病马。那么，对于这匹病马，可以有两种选择：或者杀马卖肉，或者把它治好。很明显，马肉的价值与活马的价值是不可比拟的。债权人的清偿利益，是寄托于"马肉"的价钱好呢，还是寄托于"活马"的价值好？其答案是不言而喻的。

总的说来，企业资产的营运价值高于清算价值的原因主要有以下三点：①营运价值包含了资本组合的成本。例如，成立公司的各种费用，配置资源的费用，员工培训的费用，保险费、律师费等必要开支，技术革新的风险成本和交易风险成本，等等。这些费用和成本不能被物化在可供清算变价的财产中。

---

[1] House Report 95 – 595, Report of the Committee on the Judiciary, on Bankruptcy Law Revision, 95th Cong., 1st sess., 1977.

这意味着，在企业资产清算变卖的情况下，由这些成本形成的那一部分营运价值将会丧失，而任何购买者要把他从清算变价中购得的破产财产变成一个具备其以往的正常生产经营规模和营利能力的企业，都必须重新支付这样的资产组合成本。②营运价值包含了无形的资产和利益。例如，商业信誉，供应渠道，客户网络，公共关系，内部协作，企业文化，技术秘密，商业情报，特许经营权，可享受的税收减免，有利可图的待履行合同，等等。这些大都难以在清算时出售变现。而这一切对一个营运中的企业来说，都是其创造价值的重要因素。而且，这些因素的获得通常都需要直接或间接地付出经济上的代价。③企业资产在清算变价中可能存在价值损耗。例如，管理人因为对企业财产缺乏必要的技术知识，或者缺乏出售这类财产的必要经验，并且因为缺乏最大限度地获取资产价值回收的内在动机，而不能获取较高的变卖值。又如，由于市场需求不足或者供应过剩，尤其是在经济衰退或萧条时期（而企业困境常常发生在此时期），破产财产难以变现或者不得不在较低价位上变现。

企业资产的营运价值高于清算价值的理论，还有一个重要的理由，就是在多数情况下，企业无力清偿到期债务，不是因为它的资产贬值，而是因为它在财务上的困难。这种财务困难可能归咎于经营上的失误，也可能归因于市场的变化或者其他不可预料的外部因素。因此，一个无力偿债的企业并不一定是无营利能力的企业。

（二）利益与共论

承认保存企业营运价值的必要性，还仅仅是提供了一种经济上的合理目标。在法律基于种种理由而必须保留破产清算制度的情况下，要实现这一合理目标，必须采用一种能够促使当事人尤其是债权人自愿选择以保存企业营运价值的方式行使权利的产权安排。换句话说，如果被保存下来的营运价值仅仅属于债务人而不能使债权人受益，或者说，如果债权人的清偿利益只能寄托于企业资产的清算价值，那么毫无疑问，债权人宁可选择清算分配。因此，法律制度需要作出一种安排，以便使债权人成为保存企业营运价值的第一受益者。这意味着，法律应当使债权人成为重整企业的事实上的所有人，从而在债权人和债务人以及债务人的投资者之间建立起一种利益与共的关系，使他们共同致力于企业拯救。

重整制度对债务人财产的产权安排，实际上是一种"双重产权"的设计。具体说，在承认债务人及其出资人的已有产权地位的前提下，赋予债权人以财产支配者的法律地位。在这种双重产权的情况下，财产的实际支配被委托给一个中立者——法院任命的管理人。在重整期间，可以由债务人继续掌握财产和营业，也可以由法院任命的其他人接管财产和营业；在重整计划的制定过程中，债权人和债务人（及其出资人）都有发言权；除了债权人外，股东有时也享有对重整计划发表意见的权利。总之，重整程序提供了一个多方协商机制，其协商决定的内容，不仅包括债务清偿方案，而且包括企业复兴方案。而这一切都是建立在债权人和债务人均享有产权地位的基础上的。

为了维持这种利益与共的关系，要求在重整过程中将所有的权利请求都置于停止状态，使所有的权利人都尽可能地加入拯救行列而不是"拿了就走"。所以，在重整程序中，债权人变成了像股东那样的对企业的重大事务享有决定权的"内部人"。只有这样，才能在维护债权人利益与拯救企业这两个政策目标之间建立起平衡和互动的关系。

（三）社会政策论

创立和发展重整制度的动力，不仅来自当事人基于个别利益的个别理性判断，而且来自社会基于整体利益的整体理性判断。这种整体理性判断就是我们所说的社会政策。它所依据的理性标准就是效率和公平的价值。

建立重整制度，是对传统的以破产清算为中心的制度取向的重大变革。这种传统制度取向存在着两个重大的缺陷：①造成资产价值流失和失业救济、连锁破产等社会成本，导致社会资源的浪费；②造成普遍的"破产畏惧症"，导致社会中的"债务积淀"，即大量到期债务不能清偿并且越积越多的现象。因此，建立重整制度的作用，不仅在于个别债务人的"重新开始"，而且在于社会资源的保护和有效利用；不仅在于个别债务的及时了结，而且在于社会经济的健康运行。

受企业破产事件影响的社会利益群体是多种多样的。除了债权人、债务人及其投资人以外，还涉及企业的职工、与债务人有交易往来或利益关联的其他企业、企业所在的社区、国家的财政收入和社会保障负担等。应该说，扩大对破产事件社会影响的关注范围以适应现代公平价值的要求，是当前破产法改革运动中的一个重要的观念更新。但是，这并不意味着必须扩大案件当事人的范围。那样做将会增加案件的操作难度和成本，并且最终也难以实现公平目标。一个比较妥当的安排是，把这种更广泛的社会关怀融合到程序和规则的设计中，使法律制度能够反映或顾及这些人们的利益要求。正是这些外围受影响者的利益寄托于企业的复兴。因此我们说，重整制度的建立，本身就适应了社会公平的需求，体现了对多数人的关心和保护。除此之外，法律还直接设立了一些保护非请求权人的规定，特别是保护劳动者的规定。

三、重整与其他破产程序的关系

（一）重整程序与破产清算程序

建立重整制度和强调企业再建，并不意味着对破产清算制度的否定。应当认识到，在破产企业中，有一部分是无可拯救的。对那些"病入膏肓"的"病马"，如果勉强适用重整程序，花费大量财力去进行无谓的抢救，只能导致资源浪费和债权人蒙受损失。因此，各国破产法在制定重整程序规则时，都充分考虑到一部分企业无可拯救的可能性，并设立了随时由重整程序转为破产清算程序的规则。也应当看到，破产清算制度是一种优胜劣汰机制。市场经济的健康运行，总是伴随着新兴企业的不断诞生、壮大和落后企业的衰落、消灭。重整制度的目标只是拯救那些值得拯救和能够拯救的企业，而不是盲目地阻止破产清算的发生和不加区别地保护那些落后的、没有生命力的企业。对那些无可拯救的企业，只有适用破产清算，才能更加有效地实现尚存资源的保护和有效利用。

（二）重整程序与和解程序

从历史沿革看，和解是较早时期的再建型债务清理制度。随着重整制度的出现，和解程序的去留自然成为人们关心的话题。法国和德国在破产法改革中曾放弃和解程序，但英国《1986 年破产法》改革则保留了和解程序。我国在《企业破产法》起草过程中曾讨论过和解程序的存废问题。我们认为，和解程序与重整程序各有自己的优点：重整程序比较复杂，有较多的法律干预，是一种力度较大但费用较高的企业拯救制度，适合规模较大、困境较严重的企业。和解程序充分尊重当事人意思自治，具有简便灵活的特点，适合规模较小、拯救难度较小的企业，尤其是合伙企业和独资企业。和解制度也可以用在破产宣告以后，当事人通过自愿协商达成灵活的偿债安排，以便及时完成破产分配和终结破产案件。因此，按照《企业破产法》的程序设计，和解和重整将成为两种独立的程序。其中，和解程序作为一个独立的法律程序，不与任何企业整顿程序挂钩。

按照《企业破产法》的设计，重整与和解在程序规则上主要有如下区别：①重整不仅适用于已经具有破产原因的企业，也适用于那些因经营或财务困难将要出现破产原因的企业，而和解仅适用于前一种情形。②重整申请可以由债权人、债务人或者债务人的出资人提出，而和解申请仅可由债务人提出。③重整程序不仅包括重整计划通过的规则，而且包括一系列营业保护的规则，而和解程序仅包括和解协议通过的规则。④担保物权的行使，在重整期间受到约束，而在和解期间不受约束。⑤重整计划草案在重整开始后提出，和解协议草案在和解开始前提出。⑥重整计划草案可以由管理人或者自行营业的债务人提出，而和解协议草案仅可由债务人提出。⑦重整计划包括债权调整、债务人营业改善等一系列旨在进行企业拯救的综合性方案，而和解协议仅为以债权人让步为条件的债务调整方案。⑧在债权人会议未通过的情况下，重整计划可以由法院强行批准，而和解协议则不可这样批准。⑨重整程序于重整计划执行完毕时终结，和解程序于和解协议成立时终结。

第二节　重整期间

一、重整的开始

（一）重整原因

由于重整程序与破产清算程序的目标不同，破产法对适用重整程序的原因需要作扩大的规定。这就是，企业因为经营或者财务发生困难将导致不能清偿到期债务的，也可以适用《企业破产法》规定的重整程序。换句话说，企业法人无论是基于已经发生的无力偿债的事实状态，还是将要发生的无力偿债的事实状态，都可以申请企业重整。所以，重整原因的范围比一般的破产原因大。这一概念体现了对企业困境"早发现，早治疗"的思想，符合重整程序拯救企业的制度目标。

根据我国《企业破产法》第2条第2款的规定，重整程序可适用于两种情形：①债务人具备破产原因，即不能清偿到期债务并且资产不足以清偿全部债务的，或者不能清偿到期债务并且明显缺乏清偿能力的。②债务人将要出现破产原因，即有明显丧失清偿能力可能的。

（二）申请和受理

按照《企业破产法》的规定，重整程序的申请人分为两种情况：①破产案件受理前的初始申请，可以由债务人或者债权人提出。②破产案件受理后、破产宣告前的后续申请，无论初始申请人为何人，均可由债务人、一名或数名债权人或者持有债务人注册资本1/3以上的一名或数名出资人提出。

申请人在申请重整时应当提交一定的文件，包括重整申请书和有关证据。初始申请提交的证据应当能够证明申请人具有法律规定的申请资格和债务人具备重整原因；后续申请提交的证据应当能够证明申请人具备法律规定的申请资格。

人民法院经审查认为重整申请符合破产法的规定的，应当裁定许可债务人进行重整并予以公告。关于裁定前的审查，根据最高人民法院《2018年破产审判纪要》，实践中有两个工作环节：①识别。根据债务人的资产状况、技术工艺、生产销售、行业前景等因素，对困境企业的挽救价值和可能进行识别，如果认定其明显不具备重整价值以及拯救可能性，则裁定不予受理。②听证。对于债权债务关系复杂、债务规模较大或者涉及上市公司重整的案件，可以组织申请人、被申请人听证。债权人、出资人、重整投资人等利害关系人经法院准许也可以参加听证。听证期间不计入重整申请审查期限。

二、重整期间的营业

（一）重整期间的概念和期限

重整期间是重整程序开始后的一个法定期间，它在美国被称为"冻结期间（period of freeze）"，在澳大利亚被称为"延缓偿付期（moratorium）"，在法国被称作"观察期间"，其目的在于防止债权人在重整管理期间对债务人及其财产采取诉讼或其他程序行动，以便保护企业的营运价值和制定重整计划。

我国《企业破产法》第 72 条规定："自人民法院裁定债务人重整之日起至重整程序终止，为重整期间。"除了具备法定原因提前终止重整程序的外，重整期间包括两个阶段：①重整计划制备阶段，即从人民法院裁定债务人重整之日起，到债务人或者管理人向人民法院和债权人会议提交重整计划草案时止。这一期间通常为 6 个月，但有正当理由的，经债务人或者管理人请求，人民法院可以裁定延期 3 个月。②重整计划通过阶段，即从重整计划草案提交时起，到债权人会议表决后人民法院裁定批准或不批准重整计划并终止重整程序，或者依据表决未通过的事实裁定终止重整程序时止。这一期间没有法定期限，由人民法院酌情决定。

（二）自动停止

自动停止是重整期间对债务人营运价值的保护措施，其宗旨是制止债权人的一切个别追讨行动。这些保护措施主要体现在以下几个方面：

1. 民事程序的停止。《企业破产法》在第二章第二节关于破产申请受理后的法律效果的规定中，就民事程序的自动停止作出以下规定：①有关债务人财产的保全措施应当解除，执行程序应当中止（第 19 条）。②已经开始而尚未终结的有关债务人的民事诉讼或者仲裁应当中止（第 20 条）。此外，人民法院受理破产申请后，有关债务人的民事诉讼，只能向受理破产申请的人民法院提起（第 21 条）。

2. 对担保物权的影响。按照《企业破产法》的规定，对债务人享有的担保物权如抵押权、质权，只能在和解程序或者清算程序开始后才能行使。同时，该法第 75 条第 1 款规定："在重整期间，对债务人的特定财产享有的担保权暂停行使。但是，担保物有损坏或者价值明显减少的可能，足以危害担保权人权利的，担保权人可以向人民法院请求恢复行使担保权。"

3. 对取回权的影响。债务人通过租赁、借用、合作经营等法律关系占有、使用的他人财产，对于债务人在重整期间的继续营业常常是重要的。因此，《企业破产法》第76条规定："债务人合法占有的他人财产，该财产的权利人在重整期间要求取回的，应当符合事先约定的条件。"例如，债务人租赁的场地、设备，如果租期未到，则出租人不得在重整期间要求取回。

4. 对出资人和管理层的影响。企业拯救的一个决定性因素是债权人和其他利益相关者对企业复兴的信心。而债务人的出资人和高级管理人员在重整期间兑现分配和转让股权的"撤离"行动，往往会导致人们对企业前景的消极预测。而且，兑现分配还会导致企业流动资金的减少。因此，《企业破产法》第77条规定："在重整期间，债务人的出资人不得请求投资收益分配。在重整期间，债务人的董事、监事、高级管理人员不得向第三人转让其持有的债务人的股权。"但是，在某些情况下，股权转让不会对重整产生消极影响，甚至有积极作用（例如吸引新投资者）。所以，该条规定了管理层的股权转让经人民法院同意的例外情形。

（三）继续营业的保护

1. 继续营业的主持机构。营业，从一般的意义上讲，是指营业者以营利为目的，运用有组织的营业财产所进行的市场交易活动以及与市场交易活动相关联的种种资源开发和利用行为。从一个企业的角度讲，营业就是它的生命运动。营业既是企业生命力的表现，也是企业生命力的来源。现代破产法以企业再建为立法重心。再建主义以拯救企业为宗旨，自然要设法维持企业的继续营业。一般说来，破产案件被受理后，尤其是在重整程序开始后，债务人企业继续营业的保护，其首先要解决的问题，就是继续营业的主持机构。

继续营业的主持机构，就是在重整期间负责管理债务人财产和营业事务的机构。它有权决定债务人的全部或者部分营业的继续，有权为继续营业进行必要的财产处分，有权以债务人的名义订立、履行合同和参加诉讼。我国《企业破产法》在第八章的重整程序中，对继续营业机构的设计，采用了两种方案，即管理人监督下的债务人自行营业和管理人主持营业并可辅之以聘任管理。一般认为，债务人自行管理的好处是有利于发挥其管理层熟悉市场和本企业情况的优势，但由于其道德风险的存在，在公平方面不无隐忧；管理人主持营业的好处是能够充分维护债权人的利益，但由于其对债务人业务不熟悉，在效率方面有所不足。本着扬长避短的考虑，《企业破产法》对债务人自行营业附加了管理人监督的措施，对管理人主持营业则增加了聘用债务人经营管理人员的选择。

（1）管理人监督下的债务人自行营业。根据《企业破产法》第73条的规定，采用这种方案必须经债务人申请，人民法院批准。人民法院批准后，如果管理人已经接管了债务人的财产和营业事务，则应当办理移交。

债务人在自行营业的情况下，行使破产法规定的管理人职权，并履行管理人对债权人会议和债权人委员会的报告义务。同时，债务人还要接受管理人的监督，其财产管理和营业的重要决定和有关信息，应当报告管理人。

（2）管理人主持营业并可辅之以聘任管理。在债务人没有提出自行营业的申请，或者其自行营业申请未获法院批准的情况下，管理人当然地负责重整期间债务人财产管理和营业事务。但是，为了提高经营效率，管理人不妨将债务人的全部或部分营业事务，以聘任方式委托债务人的经营管理人员负责办理。由于在聘任制下，管理人承担着法律上的责任，故受聘人员的营业行为自然应接受管理人的监督。所以，这些人员在签订重要合同和实施重大财产处分行为时，应当征得管理人的同意。

2. 继续营业的特别权利。破产程序中债务人企业的继续营业，是指在特定条件下，依照法律的特别规定和一定的法律程序所进行的营业。它既是企业法意义上的企业拯救措施，又是债务清理法意义上的财产保全措施。与此同时，它也是陷于财务困境、濒临破产或者已经具备破产原因的企业在其财产受到债权人集体追索、商业信用又十分欠缺的情况下"死里逃生"的自救措施。因此，法律需要对继续营业给予积极的扶助。这种扶助，主要体现为法律对那些与继续营业有关的法律行为的特殊调整。具体说，主要有以下四个方面：

（1）财产的使用和处分。财产的使用和处分是从事营业的基本手段。关于重整企业的继续营业，有两个问题需要解决：①担保标的物的使用与担保权人行使担保物处分权的矛盾。②为继续营业而处分无担保的财产与普通债权人的清偿利益的矛盾。

关于第一个问题，各国的立法政策是在保证担保权人的基本利益不受损害的前提下，适当限制其权利行使，以便那些为债务人营业所必要的财产能够被继续使用。例如，作为抵押物的机器设备或者作为质物、留置物的产品或货物，如果任凭担保权人扣押和变卖，则企业的生产经营将难以进行。由此造成的损害，有可能远远高于担保权人因处分权受限制而蒙受的不利益。因此，为了企业的复兴和债权人的一般利益，令持有担保权的个别债权人在权利行使上作出暂时的忍让，应该说是公平的。为此，我国《企业破产法》第75条规定了重整期间担保权暂停行使，同时第37条赋予管理人通过清偿债务或者提供替代担保取回质物、留置物的权利。

在第二个问题上，各国破产法普遍采用的立法政策是在正常经营的范围内给管理人（或被允许自行营业的债务人）以充分的自主权，而仅对超出这一范围的处分行为以一定的限制。我国《企业破产法》第25条规定管理人有权决定债务人的日常开支和其他必要开支，有权管理和处分债务人的财产。同时，第69条进一步规定不动产权益的转让、全部库存或者营业的转让等重大财产处分行为或负担行为应当及时报告债权人委员会。此外，第28条还规定管理人聘用工作人员（这涉及费用支出）应当经人民法院许可。

（2）贷款的取得。对债务人企业的继续营业来说，取得资金和其他资源供应是至关重要的。各国重整立法的经验证明，重整期间债务人或者管理人面临的重要问题之一，是在重整计划制定和通过期间为继续营业获取资金。这种增量资金对几乎所有的企业复兴都是至关重要的。然而，一个重整企业获取资金总是比一个正常营业中的企业困难得多。其原因很简单：重整企业处于破产或濒临破产状态，信用基础较差。解决这个问题的一个办法，就是强化对新债权的保障，即赋予其优先清偿地位乃至提供财产担保。我国《企业破产法》在第41条和第42条中，将继续营业情况下的财产管理费用、人员聘用费用列为破产费用，将待履行合同的履行所产生的债务、为继续营业而应支付的劳动报酬和社会保险费用以及由此产生的其他债务、管理人或者相关人员执行职务致人损害所产生的债务等列为共益债务，使之处于随时清偿和优先清偿的地位。《企业破产法》第75条第2款进一步规定："重整期间债务人或者管理人为继续营业而借款的，可以为该借款设定担保。"由于这种担保设定于债务人的无担保财产之上，故其权利人实际上取得了一种优先于破产费用和共益债务的"超优先权"。

（3）商事合同的履行和解除。在程序开始前成立的尚未履行或者尚未履行完毕的商事合同，在企业继续营业的情况下是否继续履行，也是一个重要的问题。从一个方面看，某些合同的履行对于继续营业可能是必要甚至是至关重要的。例如，原材料和能源的供应合同和产品销售合同，可能是维持现有生产所必不可少的。在这种情况下，如果允许合同的另一方当事人以债务人已经发生的或预期将会发生的违约为理由拒绝履行合同，债务人的企业复兴便可能化为泡影。从另一个方面看，鉴于债务人目前的经济状况，有些合同的履行可能成为沉重的负担；有时候为了调整营业计划或者缩小营业规模也需要解除一些合同。在这种情况下，如果允许合同的另一方当事人主张合同实际履行，债务人就可能因不堪重负而失去复兴机会。为此，我国《企业破产法》第 18 条规定了破产案件受理后管理人对待履行合同的解除或继续履行的决定权。

（4）劳动合同的变更和解除。为了使债务人的继续营业能够有效地进行，尤其是考虑到企业在无力偿债情况下资金紧张的情况，法律应当允许管理人裁减企业职工。虽然这种裁减给部分职工带来了不利，但企业复兴毕竟是符合职工一般利益的。因此，破产法赋予管理人以裁减职工的权利，同时，又对这种权利规定了一定的条件，这些条件包括：①必须具备的事由。②与职工代表的协商。③法院的批准。根据我国《企业破产法》第 25 条的规定，管理人有权决定债务人的内部管理事务，其中包括了对债务人劳动人事方面的管理事务，因而不排除管理人根据继续营业的需要对职工的岗位、工资待遇等事项作出变更决定。另外，该法第 18 条关于待履行合同的解除权的规定，其适用范围不排除劳动合同。但是，根据本法第 6 条"人民法院审理破产案件，应当依法保障企业职工的合法权益"的规定，债务人或者管理人在重整期间变更或解除劳动合同时，应当得到人民法院的许可。

（四）继续营业的限制

继续营业通常伴随着重整企业财产减少和债务增加，这可能损及债权人的清偿利益。因此，债权人可能对企业财产的转让或者以企业财产设置担保的借贷提出异议。面对这样的情况，立法者需要考虑在企业拯救与债权人保护之间寻找一个平衡点。例如，在美国，破产法设立了一些被称为"充分保护"的措施，旨在对权利被自动停止的担保权人提供救济。如在担保物因使用而价值减少的情况下，法院可以判令向担保权人定期支付相当于该减少价值的现金，或者以其他财产提供替代担保。

我国《企业破产法》也对有担保债权人的利益保护作出了一些规定。例如，根据该法第 37 条的规定，只有通过清偿债务或者提供为债权人接受的担保，管理人才可以取回质物、留置物。该法第 75 条第 1 款进一步规定："在重整期间，对债务人的特定财产享有的担保权暂停行使。但是，担保物有损坏或者价值明显减少的可能，足以危害担保权人权利的，担保权人可以向人民法院请求恢复行使担保权。"

三、重整程序的提前终止

各国重整立法都承认，企业拯救并不是破产法的唯一目标。在某些情况下，破产清算不失为更为明智的选择。在重整程序开始以后，如果企业拯救已无成功的可能，或者因拯救成本过高或存在其他障碍而难以继续进行，则应当终止重整程序而转入破产清算程序。另外，这种转为破产清算的可能性，对遏制债务人滥用重整程序和促使债务人努力拯救企业也有重要作用。因此，重整程序的提前终止规定是重整制度的一个重要组成部分。

我国《企业破产法》规定，在重整计划提交表决前，可以基于两类原因提前终止重整程序：

1. 继续重整存在重大障碍。如果债务人的经济状况或者行为显示其没有拯救可能，则应当立即终止重整并转入破产清算，以避免因债务人财产的无谓消耗给债权人带来清偿利益的损失。所以，《企业破产法》第78条规定，在重整期间，有下列情形之一的，经管理人或者利害关系人请求，人民法院应当裁定终止重整程序，并宣告债务人破产：①债务人的经营状况和财产状况继续恶化，缺乏挽救的可能性。②债务人有欺诈、恶意减少债务人财产或者其他显著不利于债权人的行为。③由于债务人的行为致使管理人无法执行职务。

2. 未按时提交重整计划草案。为了减少重整程序的成本和避免重整程序的滥用，破产法对提交重整计划草案有严格的时间规定。根据《企业破产法》第79条的规定，债务人或者管理人自人民法院裁定债务人重整之日起6个月内，或者在6个月期满后特定条件下，经人民法院裁定延期后的3个月内，没有向人民法院和债权人会议提交重整计划草案的，人民法院应当裁定终止重整程序，并宣告债务人破产。

第三节 重整计划

一、重整计划的意义

重整计划是重整程序中最重要的法定文件。它是债务人、债权人和其他利害关系人在协商基础上就债务清偿和企业拯救作出的安排。围绕重整计划的制定、通过、批准、执行、变更和终止的一系列规定，形成了一个由法律规制和有法院参与的多边协商机制。重整计划既是当事人彼此让步寻求债务解决的和解协议，也是他们同舟共济争取企业复兴的行动纲领。

重整计划具有以下特征：①重整计划以企业拯救和债务清理为目的；②重整计划由管理人或者自行营业的债务人负责制备；③重整计划包括债务清偿方案和经营方案，以及融资方案、资产重组方案和有助于企业复兴的其他方案；④重整计划原则上需征得债权人会议的同意；⑤重整计划经法院批准后生效；⑥重整计划由债务人负责执行。

二、重整计划的制备

（一）重整计划的制备人

重整计划的制备是指重整计划草案的制作和相关文件的准备。根据《企业破产法》第80条的规定，重整计划应当由重整期间负责财产管理和营业事务的人制备。也就是说，债务人自行管理的，债务人为重整计划的制备人；管理人负责管理的，管理人为重整计划的制备人。

根据《企业破产法》的设计，重整计划的制备是一个协商过程。因此，债务人或者管理人在制备重整计划草案时，应当听取债权人、出资人、职工代表以及专家的意见。如果重整计划涉及融资或者企业资产重组，则重整计划的制备过程还包括与此类交易的相对人的谈判。

在重整计划的制备过程中，法院发挥着沟通和协调的作用。对此，最高人民法院《2018年破产审判纪要》强调了两个方面：一是与管理人或债务人沟通，引导其分析债务人陷于困境的原因，有针对性地制定重整计划草案，促使企业重新获得盈利能力，提高重整成功率；二是与政府建立沟通协调机制，帮助管理人或债务人解决重整计划草案制定中的困难和问题。

（二）重整计划的内容

《企业破产法》第81条规定了重整计划应当包括的最低限度的内容：①债务人的经营方案；②债权分类；③债权调整方案；④债权受偿方案；⑤重整计划的执行期限；⑥重整计划执行的监督期限；⑦有利于债务人重整的其他方案。总的说来，重整计划包括以下三个部分：

1. 债权调整和清偿的方案。重整计划的债权调整，是以各种类别的债权在破产清算情况下的清偿预期为参照系的。因此，在破产清算时清偿顺序较为优先的债权，在重整计划中的清偿待遇也较为优越。由于这种清偿待遇的不同，债权人会议对重整计划的表决必须采取分组表决的办法。所以，破产法关于债权分类的规定，既是债权调整和清偿的方案的依据，也是债权人会议表决重整计划的分组依据。对此，《企业破产法》第82条第1款规定了重整计划的债权分类：①对债务人的特定财产享有担保权的债权；②债务人所欠职工的工资和医疗、伤残补助、抚恤费用，所欠的应当划入职工个人账户的基本养老保险、基本医疗保险费用，以及法律、行政法规规定应当支付给职工的补偿金；③债务人所欠税款；④普通债权。在普通债权中存在众多小额债权人的情况下，人民法院在必要时可以决定在普通债权组中设小额债权组，在重整计划中给予其特别的清偿待遇，并让其作为单独的债权组参加表决。

重整计划可以分别对各类债权，采用以下调整方法：①延期偿付；②减免利息；③减免本金清偿额；④其他清偿条件（如偿付形式、费用负担）的变更；⑤债权转换为股权（"债转股"）。同组的债权，原则上应按同等条件受偿。

根据《企业破产法》第83条的规定，重整计划不得规定减免债务人欠缴的除应划入职工个人账户的基本养老保险、基本医疗保险费用以外的社会保险费用；该项费用的债权人不参加重整计划草案的表决。

2. 企业营业振兴的方案。重整计划可以在分析企业困境原因的基础上，根据企业的资产、财务、营销、管理、技术和市场等方面情况，选择各种有利于改善企业资产负债、财务流动性、产出能力、盈利能力和市场竞争力的方案。例如，调整经营范围，改组企业管理层，改组企业组织架构，企业合并或者分立，获取新贷款，引进新投资者，裁减人员，等等。

3. 重整计划执行的方案。按照《企业破产法》的规定，重整计划的执行由债务人负责。但这不排除重整计划允许以委托等方式将执行事务交给第三者承担。在重整计划规定的监督期内，其执行应接受管理人的监督。

重整计划应当对它的执行期限和执行的监督期限作出规定。执行期限通常以债权清偿方案的完成时间为准，而监督期限通常是以营业振兴方案和债权清偿方案的主要部分的完成时间为准。所以，重整计划的监督期限可以小于执行期限。

三、重整计划的通过和批准

《企业破产法》对重整计划的通过和批准设立了一系列的程序规则。这些规则，大体上可分属于两个环节：①表决程序；②批准程序。

（一）表决程序

1. 提交程序。按照《企业破产法》第79条的规定，债务人或者管理人应当在破产法规定的6个月的期限内或者在人民法院批准的延长期内，同时向人民法院和债权人会议提交重整计划草案。

按照诚信原则和充分信息披露义务，债务人或者管理人在提交重整计划草案时，应当附有相应的材料。例如：资产负债表，现金流量表，企业困境原因调查分析报告，重整经营方案的可行性研究报告，融资协议，接受新投资的协议，职工代表大会意见或决议，专家咨询报告，等等。

2. 召集程序。人民法院应当自收到重整计划草案之日起30日内召开债权人会议。此次会议的中心议题就是对重整计划草案进行表决。如果这是第一次债权人会议，其议题还应当包括核查债权和其他必要事项。

3. 审议和表决程序。在债权人会议审议重整计划时，债务人或者管理人应当向债权人会议就重整计划草案作出说明，并回答询问。债务人的出资人代表可以列席讨论重整计划草案的债权人会议。在正式表决前，可以根据相关各方的意见对重整计划草案进行适当的修改。

债权人会议应当依照破产法规定的债权分类分成不同的表决组，对重整计划进行分组表决。出席会议的同一表决组的债权人过半数同意重整计划草案，并且其所代表的债权额占该组债权总额的 2/3 以上的，即为该组通过重整计划草案。

重整计划草案涉及出资人权益调整事项的，应当设出资人组，对该事项进行表决。其表决通过的规则与债权人表决组相同。

各表决组均通过重整计划草案时，重整计划即为通过。自重整计划通过之日起 10 日内，债务人或者管理人应当向人民法院提出批准重整计划的申请。

（二）批准程序

批准程序是人民法院行使司法审查权的过程。在审查过程中，人民法院可以根据案情的需要，进行开庭或不开庭的审理。人民法院审理后，可以针对不同情况作出不同的裁定结果。

1. 通过后的审查批准。对于已获通过并提请批准的重整计划，人民法院应当进行审查。最高人民法院《2018 年破产审判纪要》强调，重整不限于债务减免和财务调整，其重点是维持企业的营运价值。该纪要要求人民法院在审查重整计划时，除了进行合法性审查，还应审查其中的经营方案是否具有可行性。重整计划中关于企业重新获得盈利能力的经营方案具有可行性、表决程序合法、内容不损害各表决组中反对者的清偿利益的，人民法院应当自收到申请之日起 30 日内裁定批准重整计划，同时终止重整程序，并予以公告。

如果人民法院审查后认为提请批准的重整计划在实体上或者程序上不符合破产法的规定，应当裁定不予批准，同时终止重整程序，并宣告债务人破产。

2. 未通过时的强行批准。由于企业重整不仅关系到债权人的利益，而且关系到其他利害关系人的利益和社会公共利益，因此，面对个别表决组出于自身利益而拒绝通过重整计划的情形，需要在不同利益之间进行理性的权衡。我国《企业破产法》借鉴了《美国破产法》第十一章中著名的"强行批准（cram down）"规则，[1] 在第 87 条中规定了重整计划未通过时的强行批准制度。具体说，分为两个步骤：

（1）协商基础上的再次表决。债务人或者管理人可以同未通过重整计划

---

〔1〕 参见《美国破产法典》第 1129 条。

草案的表决组协商，该表决组可以在协商后再表决一次。但是，双方协商的结果不得损害其他表决组的利益。

（2）再次表决未通过时的审查批准。未通过重整计划草案的表决组拒绝再次表决或者再次表决仍未通过重整计划草案，但重整计划草案符合下列条件的，债务人或者管理人可以申请人民法院批准重整计划草案：①按照重整计划草案，担保债权就担保财产将获得全额清偿，其因延期清偿所受的损失将得到公平补偿，并且其担保权未受到实质性损害，或者该表决组已经通过重整计划草案。②按照重整计划草案，职工债权和税收债权将获得全额清偿，或者相应表决组已经通过重整计划草案。③按照重整计划草案，普通债权所获得的清偿比例，不低于其在重整计划草案被提请批准时依照破产清算程序所能获得的清偿比例，或者该表决组已经通过重整计划草案。④重整计划草案对出资人权益的调整公平、公正，或者出资人组已经通过重整计划草案。⑤重整计划草案公平对待同一表决组的成员，并且所规定的债权清偿顺序不违反破产清算程序中的法定清偿顺序。⑥债务人的经营方案具有可行性。其中，前4项条件是以债权人在清算条件下的预计清偿为基准。[1]

人民法院经审查认为重整计划草案符合上述规定的，应当自收到申请之日起30日内裁定批准，终止重整程序，并予以公告；反之，经审查认为重整计划不符合上述规定的，则应当裁定终止重整程序，并宣告债务人破产。

需要指出的是，重整计划的强制批准本质上属于司法干预，是当事人自治原则的例外。因此，法院行使强制批准权必须保持审慎和节制。最高人民法院2009年6月《关于正确审理企业破产案件为维护市场经济秩序提供司法保障若干问题的意见》指出："人民法院适用强制批准裁量权挽救危困企业时，要保证反对重整计划草案的债权人或者出资人在重整中至少可以获得在破产清算中本可获得的清偿。对于重整计划草案被提请批准时依照破产清算程序所能获得的清偿比例的确定，应充分考虑其计算方法是否科学、客观、准确，是否充分保护了利害关系人的应有利益。人民法院要严格审查重整计划草案，综合考虑社会公共利益，积极审慎适用裁量权。对不符合强制批准条件的，不能借挽救企业之名违法审批。上级人民法院要肩负起监督职责，对利害关系人就重整程序中反映的问题要进行认真审查，问题属实的，要及时予以纠正。"《2018

---

[1]　正如约翰·安德森指出的："债权人最大利益的检验方法就是清算标准，即债权人按照重整计划将会获得的清偿应当多于他们在清算情况下所能得到的清偿。"参见 Anderson J. C. , *Chapter 11 Reorganizations*, Mc Graw-Hill Inc. , 1993 edition, pp. 1 ~ 20.

年破产审判纪要》再次强调，人民法院应当审慎适用《企业破产法》第87条第2款，不得滥用强制批准权。

四、重整计划的执行

（一）重整计划的执行人和监督人

1. 执行人。重整计划由债务人负责执行。管理人在重整期间主持营业的，应当在人民法院裁定批准重整计划后，将其接管的财产和营业事务移交给债务人。

2. 监督人。

（1）监督期间。自人民法院裁定批准重整计划之日起，在重整计划规定的监督期内，由管理人监督重整计划的执行。经管理人申请，人民法院可以裁定延长重整计划执行的监督期限。

（2）债务人的报告义务。在监督期内，债务人应当向管理人报告重整计划执行情况和债务人财务状况。债务人的行为违反重整计划的，管理人有权提出异议；情节严重，构成重整计划的不执行或者不能执行的，管理人有权请求人民法院裁定终止重整计划的执行并宣告债务人破产。

（3）监督期满终止。监督期届满时，管理人应当向人民法院提交监督报告。自监督报告提交之日起，管理人的监督职责终止。对于管理人向人民法院提交的监督报告，重整计划的利害关系人有权查阅。

（二）重整计划的约束力

经人民法院裁定批准的重整计划，对债务人和全体债权人均有约束力。

债权人未依照破产法规定申报债权的，在重整计划执行期间不得行使权利；在重整计划执行完毕以后，可以按照重整计划规定的同类债权的清偿条件行使权利。这意味着，未申报债权只有在已申报债权按照重整计划获得清偿以后才能获得清偿，而且其获得的清偿不得高于同类债权在重整计划中的清偿比例。

债权人对债务人的保证人和其他连带债务人所享有的权利不受重整计划的影响。在这种情况下，无论该债权人是否参加重整计划的清偿，均可就其未获清偿部分向债务人的保证人或者其他连带债务人要求清偿。

（三）重整计划的变更

在《企业破产法》中，没有规定已获批准的重整计划的变更。但这并不意味着对计划的任何修改都受到禁止。对于经过了复杂程序的仔细审查和慎重批准的重整计划，原则上应当严格执行。但是，如果客观情况发生了重大变化，只有对重整计划的某些部分作适当修改才能实现企业拯救和保护债权人的利益时，则不加变更而坐等计划失败显然是不可取的。例如，对企业经营方案、融资方案的某些修改，如果有利于营业复兴并符合债权人利益，债务人和管理人可以提出修改方案，在取得债权人委员会同意后，报请人民法院作出批准决定。至于债权调整方案和清偿方案，一般不允许变更，除非债务人与相关债权人已经达成了债务和解协议。

目前，重整计划的变更在我国的司法实践中已经积累了一些经验。最高人民法院《2018 年破产审判纪要》在这方面强调两点：①因出现国家政策调整、法律修改变化等特殊情况，导致原重整计划无法执行的，债务人或管理人可以申请变更重整计划一次。债权人会议决议同意变更重整计划的，应自决议通过之日起 10 日内提请人民法院批准。债权人会议决议不同意或者人民法院不批准变更申请的，人民法院经管理人或者利害关系人请求，应当裁定终止重整计划的执行，并宣告债务人破产。②人民法院裁定同意变更重整计划的，债务人或者管理人应当在 6 个月内提出新的重整计划。变更后的重整计划应提交给因重整计划变更而遭受不利影响的债权人组和出资人组进行表决。表决、申请人民法院批准以及人民法院裁定是否批准的程序，与原重整计划的相同。

（四）重整计划的执行终止

1. 重整计划因执行不能而终止。

（1）终止的原因——重整计划执行不能，包括债务人不执行和不能执行两种情形。在重整计划执行不能时，人民法院经管理人或者利害关系人请求，应当裁定终止重整计划的执行，并宣告债务人破产。

（2）债权让步的效力。在执行不能而终止的情况下，债权人在重整计划中作出的债权调整的承诺失去效力，其基于让步而放弃的债权恢复原状。债权人在重整计划执行过程中已经接受的清偿仍然有效，无需返还；其债权未受清偿的部分，作为破产债权参加破产清算程序。但是，如果同顺位债权的各债权人在重整计划执行中已经接受的清偿未达到同一比例，则破产分配时应当首先对其中受偿比例较低的债权人进行分配；受偿比例较高的债权人只有在其他同顺位债权人同自己所受的清偿达到同一比例时，才能继续接受分配。例如，甲、乙同为普通债权人，按照重整计划应获得 20% 的清偿，在重整计划执行终止时分别已获得 10% 和 8% 的清偿。在破产分配中，应先给乙补足该 2% 的未清偿部分，然后以剩余的破产财产对二人进行按比例分配。

（3）担保的效力。在执行不能而终止的情况下，已经为重整计划的执行提供的担保继续有效，管理人有权依据担保协议，请求担保人履行担保义务。

2. 重整计划因执行完毕而终止。重整计划执行完毕后，债务人应当及时向人民法院提交执行报告。人民法院审查确认后，裁定终结破产案件。自法院裁定终结破产案件时所确认的重整计划执行完毕之日起，债务人对于依照重整计划减免的债务免除清偿责任。

■ **思考题**

1. 如何理解重整制度的理论依据？
2. 重整期间对债务人继续营业的保护包括哪些方面？
3. 如何防止重整程序的滥用？
4. 重整计划的通过和批准需要经过哪些程序？
5. 重整计划的法律效力如何？

第十一章　和　解

■学习目的和要求

　　本章主要介绍和解的意义和基本程序。应掌握和解的特点及其与重整制度的区别，把握实现和解的条件，并了解和解协议执行不能的法律效果。

第一节　和解概述

一、和解制度的一般特征

　　和解是指具备破产原因的债务人，为避免破产清算，而与债权人团体达成以让步方法了结债务的协议，协议经法院认可后生效的法律程序。

　　综合各国的经验，和解制度有如下特征：

　　1. 债务人已具备破产原因。按照和解制度理论的一般看法，立法者设立和解制度的目的，在于为债务人提供避免破产清算的机会。若债务人不具备破产原因，破产清算程序无从适用，自然也没有适用和解制度的必要。

　　2. 由债务人提出和解的请求。一般认为，适用和解制度以避免破产清算，是出于债务人的利益需要。一般说来，通过和解，可以在债权人让步的基础上，使债务人免于破产清算，故债务人最有寻求和解的动机。但是，由于和解以后债务人将继续承担债务清偿责任，故破产清算有时也不失为破产企业的出资人或者破产自然人了结债务、重新开始的一种选择。因此，是否请求和解应由债务人自行决定。

　　3. 和解请求以避免破产清算为目的。在符合法律程序的情况下，债务人为避免破产清算而提出延缓履行债务、减免债务、第三人承担清偿等请求，为法律所认许。和解制度所遵循的法律政策是，尽可能地减少破产清算事件的发生，以避免破产清算可能带来的一系列消极后果。这些消极后果包括：①普通债权人由于只能得到比例很低的清偿且其余债权利益将归于消灭而蒙受巨大损失；②商自然人经破产宣告而失去信誉，加上其经营财产被变价分配，事业的重新开始将面临严重困难；③债务人企业的破产倒闭对其他企业造成影响，可能引起连锁反应；④企业破产清算导致劳动者失业，加重社会负担。

4. 和解协议采用让步方法了结债务。破产清算是以债务人的现有财产即时了结债务。这虽然有及时清偿之利，但债权人的清偿所得受到现有财产的局限，往往损失巨大。而和解不仅以债务人的现有财产，而且以其将来财产作为债权人实现债权的基础。所以，债权人通过和解协议的执行，往往能够获得比在破产清算情况下更多的清偿。为了达到这一目的，债权人通常需要作出减少本金、放弃或减少利息、延长偿债期限以及同意第三人承担债务等方面的让步，以利于债务人保持继续经营的能力，并避免债务人选择适用破产清算程序。为了保证和解协议的执行，可以由第三人为债务人履行和解协议的清偿义务提供担保。

5. 债务人与债权人团体之间达成协议。以让步方法了结债务属于当事人对自己权利的处分，必须在平等自愿的基础上达成协议，而不能由国家加以强迫。法律设立和解程序，实际上是为当事人提供一种平等协商的谈判缔约机制。在这一缔约过程中，债务人提出的和解请求及和解协议草案属于要约，而债权人会议表决通过和解协议草案则为承诺。和解协议草案经债权人会议表决通过，即成为债务人与债权人团体之间有关债务清偿的具有法律约束力的合同。

6. 和解程序受法定机关监督。和解程序为债务人无力偿债状态下实现债务公平清偿的一种法律程序。为保证程序公正，各国将和解程序置于一定机关（审判机关、审判机关指定的特别机关、法律规定的其他机关）的监督之下。其监督职能的范围主要有：①对和解申请的认可；②债权人会议的召集；③对已达成的和解协议的认可；④对执行和解协议的监督。

二、我国和解程序的特点

我国 1986 年《企业破产法（试行）》第四章规定的和解制度，具有两个重要的特点：①和解程序与行政整顿程序相结合；②和解和整顿只适用于债权人申请破产的案件。实践证明，这种程序设计存在偏重行政权力、对债权人保护不力和适用范围过窄的弊端，不利于实现破产法再建主义的目标。2006 年《企业破产法》对和解制度的设计，克服了这些弊端：①和解程序不仅适用于债权人申请的案件，而且适用于债务人申请的案件；②和解程序以和解协议草案的提出为起点，以债权人会议通过和解协议草案为终点，不与任何行政程序挂钩。这样，可以使和解程序有更大的适用空间，同时使这一程序更加符合当事人自治的精神。

我国《企业破产法》的和解程序与重整程序相比，有以下特点：①和解申请的主体单一，即只能由债务人提出；②适用和解程序的条件较单纯，即具备破产原因；③和解制度的结构简单，即仅规定和解协议的成立、生效和履行；④和解协议的内容单纯，即仅涉及债务清偿关系；⑤参加和解协议的债权人单一，即仅为无财产担保的债权人；⑥和解协议未获债权人会议通过时，法院不加干涉；⑦和解协议一经法院认可，破产程序即告终结。

由此可见，和解程序比重整程序更为简单、便捷和节省费用。这种简便节省的程序，较适合于中小企业的破产案件。它既可以被用于企业拯救，也可以被用作债务人财产变现困难情况下替代破产清算的债务清理方式。

第二节　和解的程序规则

一、和解申请

根据《企业破产法》的规定，和解程序的申请，必须符合以下三项条件：

1. 和解的申请人必须是已经具备破产原因的债务人。实践中，债权人希望和解的，可以与债务人协商，由债务人提出和解申请。

2. 申请和解的债务人应当遵守有关破产申请的一般规定，向人民法院提交相关的证据和文件。

3. 债务人在申请和解时必须提交和解协议草案。和解协议草案应具备如下内容：①清偿债务的财产来源；②清偿债务的办法；③清偿债务的期限。当事人认为需要时，还可以在和解协议中约定其他的条款。

应当注意的是，和解协议不得处分有财产担保并且没有放弃优先权的债权，也不得处分该担保权的标的物。

二、和解协议的成立和生效

（一）和解协议的成立

和解协议成立的方式，实质上是一种合同订立的方式，即债务人以提出和解协议草案的形式向债权人团体发出要约，债权人会议以通过和解协议草案的决议形式作出承诺。债权人会议通过和解协议草案的决议，符合"由出席会议的有表决权的债权人的过半数同意，并且其所代表的债权额占无财产担保债权总额的2/3以上"的条件时，即为达成和解协议。

（二）和解协议的生效

债务人和债权人达成和解协议，必须经人民法院裁定认可方能生效。这样有利于保护债权人合法权益和维护程序公正。

经债权人会议通过的和解协议，提交人民法院认可的，人民法院应当从协议内容和会议程序两个方面进行审查。如未发现违法情事，则予以认可。如果发现违法情事（例如，同一顺序的债权未按比例减让或未按比例分配，未经权利人同意处分了有财产担保的债权或担保权标的物），人民法院可责令债权人会议纠正，也可以裁定不予认可并宣告债务人破产。

人民法院认可和解协议的，应当发布公告，终止破产程序。和解协议自公告之日起具有法律效力。和解协议生效后，管理人应当向债务人移交财产和营业事务，并向人民法院提交执行职务的报告。

三、和解协议生效的法律效果

生效的和解协议，具有以下法律效果：

（一）破产程序终结和债务人恢复财产管理

自和解协议生效时起，破产程序终结。在这种情况下，破产程序对债务人财产的保全解除，管理人办理财产和事务的移交手续，债务人恢复对财产和事务的自主管理。

（二）全体和解债权人受和解协议的约束

和解协议对全体和解债权人均有拘束力。和解债权人是指人民法院受理破产申请时对债务人享有无财产担保债权的人，无论其是否参加和解协议的表决。

这种约束力主要表现为：①债权人必须按照和解协议规定的数额、时间和方式请求和接受清偿，不得超出和解协议规定的范围进行个别追索，也不得私下向债务人谋取和解协议以外的特别清偿利益。②和解债权人未依照破产法规定申报债权的，在和解协议执行期间不得行使权利；在和解协议执行完毕后，可以按照和解协议规定的清偿条件行使权利。但是，和解债权人对债务人的保证人和其他连带债务人所享有的权利，不受和解协议的影响。

（三）债务人受和解协议的约束

债务人作为和解协议的另一方当事人，自应受协议之约束。这种约束力主要表现为：①债务人应当按照和解协议规定的条件清偿债务，不得实施任何有损债权人利益的个别优惠清偿，也不得实施有损其清偿能力的财产处分；②债务人不按和解协议规定的内容对个别债权人清偿债务的，该债权人可以申请人民法院强制执行；③债务人不履行或者不能履行和解协议的，经债权人申请，人民法院应当裁定恢复破产程序。和解协议系在破产宣告前达成的，人民法院应当在裁定恢复破产程序的同时裁定宣告债务人破产。

四、和解完毕的法律效果

和解完毕以和解协议规定的清偿义务完全履行为标志。和解完毕的法律效果就是剩余债务的自动免除。所以，《企业破产法》第 106 条规定："按照和解协议减免的债务，自和解协议执行完毕时起，债务人不再承担清偿责任。"

五、和解失败的法律效果

按照《企业破产法》第九章的设计，和解实质上是一个合同的成立、生效和履行的过程。在这一过程中，如果出现合同不成立、不生效、无效或者不履行的事实，则应当有相应的法律效果。为此，该法针对不同情形作出了以下规定：

（一）和解协议不成立、不生效

和解协议草案经债权人会议表决未获得通过，或者已经债权人会议通过的和解协议未获得人民法院认可的，人民法院应当裁定终止和解程序，并宣告债务人破产。

（二）和解协议无效

因债务人的欺诈或者其他违法行为而成立的和解协议，无论该违法事由是被发现于协议生效之前还是协议生效之后，人民法院都应当裁定其无效，并宣告债务人破产。

和解协议在生效以后因存在违法事由而被裁定无效的，和解债权人因执行和解协议所受的清偿，在其他债权人所受清偿同等比例的范围内，予以返还。例如，债权人甲、乙因执行和解协议已分别接受 15% 和 10% 的清偿，和解协议被裁定无效后，甲应当向破产财产返还该 5% 的部分。

（三）和解协议执行不能

债务人不能执行或者不执行和解协议的，人民法院经和解债权人请求，应当裁定终止和解协议的执行，并宣告债务人破产。

人民法院裁定终止和解协议执行的，和解债权人在和解协议中作出的债权调整的承诺失去效力。和解债权人因执行和解协议所受的清偿仍然有效，和解债权未受清偿的部分作为破产债权。

在和解协议终止执行以前，各债权人已经接受的清偿比例如果不同，则受偿比例较高的债权人，只有在其他债权人同自己所受的清偿达到同一比例时，才能继续接受分配。例如，债权人甲已经接受的清偿比例为 10%，而其他债权人已经接受的清偿比例为 5%，则破产财产应当首先对其他债权人进行分配，直到他们的清偿比例达到 10%，然后各债权人再就剩余财产进行按比例清偿。

在和解协议因执行不能而中止执行的情况下，第三人为和解协议执行提供的担保继续有效，担保人仍须对债权人承担约定的担保责任。

六、法庭外的和解

破产案件受理后，当事人自行达成和解协议，其法律效果如何？实践中，在和解申请前或者申请后，当事人之间就和解事项开展法庭外谈判是十分正常的现象。破产法的法律政策应该鼓励当事人开展企业拯救。因此，承认当事人可以在法庭外自行和解，经法院认可后具备相当于法庭内和解的效力，体现了对当事人意思自治的尊重，也体现了立法者鼓励和解和重视企业拯救的政策。而且，允许当事人自行和解也有利于节省司法资源。此外，为防止滥用庭外和解和侵犯部分债权人利益的情况，法律对和解协议的法庭外成立规定了更加严格的条件：①必须经全体债权人一致同意；②不损害有担保债权人的权益；③经人民法院审查认可。

我国《企业破产法》规定，人民法院受理破产申请后，债务人与全体债权人就债权债务的处理自行达成协议的，可以请求人民法院裁定认可，并终结破产程序。

在法庭外达成的和解协议经人民法院裁定认可的，与经由债权人会议表决通过后人民法院裁定认可的和解协议，具有同等效力。其以后的执行或终止执行，适用相同的法律规则。

■ **思考题**

1. 试述和解的立法宗旨及其在程序中的体现。
2. 简述我国和解程序的特点。
3. 简述和解协议成立和生效的条件。
4. 试述和解协议生效的法律效果。
5. 试述和解失败的法律效果。

第十二章　破产清算

■学习目的和要求

　　本章主要阐述破产程序的重要组成部分——破产清算。应了解破产宣告的概念与破产管理人的性质与选任，重点理解和把握取回权、别除权和抵销权的概念及行使要件、破产债权的概念与范围以及免责的意义与免责事由。

第一节　破产宣告

一、破产宣告的裁定

（一）破产宣告的概念

破产宣告就是法院对债务人具备破产原因的事实作出有法律效力的认定。破产宣告是一种司法行为，它产生一系列法律效果。这一司法行为和它的法律效果，构成了破产法上的一个重要事件。这一事件标志着破产案件无可逆转地进入清算程序，债务人无可挽回地陷入破产倒闭。因此，破产宣告的法律制度在破产法上有着十分重要的意义。《企业破产法》规定，债务人被宣告破产后，债务人称为破产人，债务人财产称为破产财产，人民法院受理破产申请时对债务人享有的债权称为破产债权。这些特殊称谓，是对破产清算程序目标的特别宣示，即破产人以其全部破产财产对全体破产债权为清偿。

（二）破产宣告的依据

债务人具备破产原因是破产宣告的基本依据和必要条件。没有破产原因的事实存在，则不得进行破产宣告。债务人具备破产原因，但有法律规定的特定事由的，不予宣告破产。这种规定为破产宣告的例外规定。根据《企业破产法》第108条的规定，破产宣告前，有下列情形之一的，人民法院应当裁定终结破产程序，并予以公告：①第三人为债务人提供足额担保或者为债务人清偿全部到期债务的。②债务人已清偿全部到期债务的。

在破产案件的审理流程中，破产宣告的发生可分为两种情形：

1. 由案件受理进入破产宣告。这是指人民法院受理破产清算申请到第一次债权人会议结束，无人提出重整申请或和解申请，管理人在债权审核确认和必要的审计、资产评估后提出破产宣告申请，人民法院宣告债务人破产。

2. 由重整或和解转入破产宣告。这是指当事人提出破产和解申请或重整申请后，出现应当宣告破产的法定原因，人民法院宣告债务人破产。根据《企业破产法》，这些法定原因包括：①重整申请或和解申请被法院驳回的；②重整期间出现第 78 条规定的情形之一的；③重整计划草案未按期提交的；④重整计划草案未获通过或者未获批准的；⑤债务人不能执行或者不执行重整计划，管理人或者利害关系人请求破产宣告的；⑥和解协议草案未获通过或者虽经通过但未获法院认可的；⑦和解协议是因债务人的欺诈或者其他违法行为而成立的；⑧债务人不能执行或者不执行和解协议，和解债权人请求破产宣告的。

（三）破产宣告的裁定

破产宣告的裁定，是法院对债务人具备破产原因的事实作出认定的法定方式。《企业破产法》第 107 条第 1 款规定："人民法院依照本法规定宣告债务人破产的，应当自裁定作出之日起 5 日内送达债务人和管理人，自裁定作出之日起 10 日内通知已知债权人，并予以公告。"按照最高人民法院司法解释的规定，人民法院宣告企业破产应当公开进行，应当通知债权人、债务人到庭，当庭宣告裁定；拒不到庭的，不影响裁定的效力。

司法实务中，宣告债务人破产的裁定应作成正式的民事裁定书。裁定书正本应及时送达破产人和已知的债权人。裁定书的副本，可以连同清偿债务或者交付财产的通知送达给破产人的债务人或财产持有人。裁定书的副本还可以送达破产人的开户银行、破产人所在地的工商登记机关、政府监察部门和审计部门、人民检察院。

根据相关的司法解释，在破产宣告后，债权人或者债务人对破产宣告有异议的，可以在人民法院宣告企业破产之日起 10 日内，向上一级人民法院申诉。上一级人民法院应当组成合议庭进行审理，并在 30 日内作出裁定。

二、破产宣告的效果

（一）对破产案件的效果

破产宣告对于破产案件的效果就是破产案件转入破产清算程序。在破产案件受理后破产宣告以前，债务人还可以通过和解或者其他方式（如取得担保，在短期内清偿债务）而避免破产清算。而一旦破产宣告，则破产案件不可逆转地进入清算程序。

（二）对债务人的效果

破产宣告对债务人产生身份上、财产上的一系列法律后果。具体说，主要有以下几项：

1. 债务人成为破产人。在我国，被申请破产的企业，在破产宣告前称为债务人，在破产宣告后称为破产企业。破产企业的身份，就是破产人。所谓破产人，就是民事权利受到破产程序拘束的人。

2. 债务人财产成为破产财产。破产宣告后，债务人的财产成为破产财产，即成为由管理人占有、处分并用于破产分配的财产。破产财产在归属、用途和处置方法上都服从于破产清算的目的。破产财产作为一个财产集合体，受到破产法有关规定的保护。

3. 债务人丧失对财产和事务的管理权。破产宣告后，债务人的财产和事务必须全部置于管理人的控制之下。因此，由债务人自行管理的重整程序经破产宣告转为清算程序的，或者和解协议生效后经破产宣告转为破产清算的，债务人应当及时向管理人办理财产和事务的移交手续。破产宣告后，原则上应当停止破产人的业务活动。但是，继续经营有助于破产财产的保值增值，符合债权人利益的，人民法院可以许可。

（三）对债权人的效果

对债权人来说，破产宣告使他们获得了行使权利的特别许可。在破产宣告前，所有的债权请求都处于冻结状态。破产宣告后，因破产宣告以前的原因而发生的请求权，得依照破产程序的规定接受清偿。为此，破产法对破产宣告后的债权行使作出了一些特别规定：

1. 有财产担保的债权人即别除权人可以由担保物获得清偿。根据《企业破产法》第109条的规定，自破产宣告之日起，别除权人可以随时从担保物中获得优先清偿。第110条进一步规定，有财产担保的债权人行使优先受偿权利未能完全受偿的，其未受偿的债权作为普通债权；放弃优先受偿权利的，其债权作为普通债权。因此，具备这些情形的别除权人应当在破产宣告后及时行使权利，以便参加随后开始的破产分配。

2. 无担保债权人依破产分配方案获得清偿。无担保债权人不享有从特定财产中优先受偿的权利，而只能依照法律规定的清偿顺序，通过法定程序集体确定分配方案，从破产财产中获得清偿。

第二节　别除权

一、别除权的概念

别除权是大陆法系破产法上的概念，指债权人不依破产程序，而由破产财产中的特定财产单独优先受偿的权利。别除权具有以下法律特征：

（一）别除权以担保权为基础权利

别除权不是破产法创设的实体权利，而是破产法给予某些既成的实体权利的特殊待遇。享有这种特殊待遇的权利基础是担保权，而担保权是依据民法担保制度发生的。也就是说，只有在破产案件受理时已经合法取得担保权的债权人才能够享有别除权。这里所说的担保权，指是物的担保意义上的担保权，即所谓担保物权。

我国现行破产法给予担保权以比较充分的保护。《企业破产法》第 109 条规定："对破产人的特定财产享有担保权的权利人，对该特定财产享有优先受偿的权利。"这里所说的"财产担保"，包括三种形式：抵押、质押、留置。因此，在我国，依据《民法通则》和《担保法》成立的抵押权、质权和留置权是别除权的基础权利。

（二）别除权以实现债权为目的

民法设立担保制度是以保障债权的实现为目的的。因此，担保权从属于受担保的债权。债权的有效和存续是担保权有效和存续的前提，债权消灭，担保权随之消灭。同样，债权的范围和实现条件，也就是担保权的范围和实现条件。这一基本原理，亦为破产法的别除权制度所遵循。别除权对被担保债权的从属性主要表现在以下两个方面：

1. 在破产程序中，别除权的行使以债权申报和确认为前提。未按期申报债权或者债权不被确认者，不得享有和行使别除权，也不得在破产程序以外行使其担保权。

2. 别除权的行使以实现债权全部清偿为限度。如果别除权标的物在清偿被担保的债权以后还有余额，则该余额应当归属于破产财产。

（三）别除权以破产人的特定财产为标的物

别除权享受优先清偿的财产来源是依照合同约定或法律规定被设置了担保权的担保物。在破产法上，这种财产被称作别除权标的物。别除权标的物必须是特定财产（特定物或者特定化的种类物）。

根据别除权标的物具有特定性的原理，当别除权标的物不足清偿被担保的全部债务时，别除权人不得就未受足额清偿部分请求从破产财产中获得优先清偿，而只能作为普通破产债权参加集体清偿。

（四）别除权的行使不参加集体清偿程序

享有别除权的债权人，称作别除权人。别除权的权利内容，就是别除权人有权就担保物单独优先受偿。所谓优先受偿，就是在全体债权人的集体清偿程序以外个别地和排他地接受清偿。所以，别除权制度是破产法集体清偿原则的一个例外。按照我国《企业破产法》的规定，破产宣告后，别除权人即可对标的物实施处分并由此获得清偿，而不受破产清算程序进展情况的影响。

（五）别除权标的物不计入破产财产

根据我国《企业破产法》第109条的规定，别除权人有权就别除权标的物优先受偿，则其他破产债权人不能对别除权标的物提出清偿请求，管理人也不得擅自将别除权标的物纳入破产分配；只有当别除权人放弃优先权而自愿加入集体清偿时，其别除权标的物才转变为破产财产。因此，破产申请受理后，别除权标的物虽然也属于债务人财产，并且可能在破产宣告前为管理人接管（除已经被担保权人占有的外），但为了实现别除权的优先受偿，管理人需要将别除权标的物与其他债务人财产进行区分，不能用别除权标的物清偿破产费用和共益债务。

二、别除权的行使

（一）权利行使条件

债权人在破产程序中享有和行使别除权，需具备以下条件：

1. 债权和担保权合法成立和生效。作为别除权根据和基础的债权和担保权，必须符合《民法通则》《民法总则》《合同法》和《担保法》的有关规定。例如，当事人之间的借款合同，必须具备行为人有相应的民事行为能力、意思表示真实和不违反法律或社会公共利益的基本条件，同时符合有关借款合同的法律和行政法规的规定。双方签订的抵押合同必须采用书面形式，其标的物必须符合《担保法》的有关规定，并且必须办理抵押物登记手续。欠缺这些条件之一的，不得在破产程序中享有别除权。

2. 债权和担保权符合破产法的规定。作为别除权根据和基础的债权和担保权，还必须符合破产法的有关规定。具体说，有以下三项：

（1）债权和担保权必须指向破产人及其财产。①该债权必须以破产人为债务人（单独债务人或者连带债务人）；非以破产人为债务人的债权，不享有别除权。②该担保权必须以破产人的财产为标的物；以不属于破产人的财产为标的物的担保权（例如第三人提供的抵押），不享受别除权待遇。

（2）债权和担保权必须成立于破产宣告以前。在破产案件受理后至破产宣告前期间，一般情况下是不允许以债务人财产设立新的担保的。但是，在重整期间，依据《企业破产法》第75条第2款的规定为继续营业借款而设定担保的，在重整程序转为破产清算程序后，该担保权仍得享受别除权的地位。同样地，管理人依据《企业破产法》第18条的规定为待履行合同的继续履行而提供的担保，以及管理人依据第37条的规定为取回质物、留置物而提供的替代担保，在破产宣告后亦享有别除权地位。

（3）债权和担保权的成立不存在破产法上的无效或可撤销事由。例如，债务人在破产申请受理前虚构债务或者承认不真实债务的，该债务对应的债权及其担保权无效。又如，在人民法院受理破产申请前1年内，债务人对原来没有财产担保的债务提供财产担保，破产申请受理后，管理人提出撤销请求并得到人民法院支持的。再如，在人民法院受理破产申请后，管理人无正当理由擅自设定新的财产担保，债权人会议或者债权人委员会提出异议并得到人民法院支持的。

3. 债权已依法申报并获得确认。根据《企业破产法》第44条的规定，无论是有财产担保的债权还是无财产担保的债权，均应当依照破产法规定的程序行使权利。债权申报是债权人参加破产程序的必经环节。又根据该法第58条的规定，已申报的债权应提交第一次债权人会议核查并由人民法院确认。所以，未获确认的有担保债权，不享受别除权的地位。

（二）标的物的占有和处分

别除权人行使别除权，不受破产程序的约束。行使别除权的方法，依对标的物的占有状态，分为两种情况：

1. 别除权人占有标的物的。按照担保法的规定，在质押的情况下，标的物应移交债权人占有；而留置则以债权人依合同占有标的物为前提。所以，在破产宣告时，质权人、留置权人是别除权标的物的实际占有人。他们行使别除权，可以不经管理人同意，而依担保法的规定，以标的物折价抵偿债务，或者将标的物拍卖、变卖后以价款优先受偿。

2. 别除权人未占有担保物的。根据担保法的规定，在抵押的情况下，标的物不转移占有。所以，在破产宣告时，抵押权人不是别除权标的物的实际占有人。此时，管理人依照破产法的规定，取得对抵押物的合法占有。在这种情况下，抵押权人要行使别除权，必须向管理人主张权利，经管理人同意，取得对抵押物的占有，然后按担保法的规定，以抵押物折价抵偿债务，或者以拍卖、变卖后的价款优先受偿。

（三）与别除权相关的争议

在别除权人占有标的物的情况下，管理人对其权利有异议，或者认为标的物价款超过了债权数额，因而应当归还超过部分的，可以直接提出归还请求。如果双方经协商不能达成一致，可以诉请人民法院裁决。

在别除权人不占有标的物的情况下，别除权人向管理人主张权利遭到拒绝的，或者别除权人不向管理人归还超过债权数额的标的物价款的，如果双方经协商不能达成一致，可以诉请人民法院裁决。

（四）清偿余额和差额

别除权标的物折价或者拍卖、变卖后，其价款超过债权数额的部分，应当归入破产财产。其价款不足清偿全部债务的，不足清偿的部分作为破产债权，通过清算分配程序受偿。

三、别除权标的物的回赎

如果别除权标的物对于破产企业的继续营业或者破产财产的整体变价具有重要意义，因而需要收回和列入破产财产的，则管理人可以在被担保债权由该标的物所能实现的清偿范围内，提供相同数额的清偿或者替代担保，从而收回该标的物。

1. 根据《企业破产法》第110条的规定，有财产担保的债权人放弃优先受偿权利的，其债权作为普通债权，依破产清算程序行使权利。这是破产法赋予别除权人的一种选择权。实践中，如果别除权标的物的变价十分困难或者费用很高，而破产分配的预期偿还率较高，债权人有可能放弃优先受偿权。在这种情况下，法律应当允许债权人放弃优先权。质权人、留置权人在放弃优先权时，应当及时返还其占有的担保物。

2. 根据《企业破产法》第37条的规定，管理人可以通过清偿债务或者提供为债权人接受的担保，收回质物、留置物。这一规定有助于在充分保护别除权人合法权益的前提下，使管理人能够通过收回方式使别除权标的物被用于继续营业或者破产财产整体变卖。考虑到标的物因种种原因而贬值的可能性，该条还规定，在别除权标的物的现时市价低于被担保的债权额时，为收回别除权标的物而提供的债务清偿或者替代担保，应当以该质物或者留置物当时的市场价值为限。因为，这种清偿属于个别优先清偿，它是对债权人通过别除权标的物可能获得的清偿利益的补偿。显然，这种补偿不应超过债权人的可得清偿利益范围。

第三节 破产变价和分配

一、破产变价

（一）破产变价的概念

破产变价，是指管理人将非金钱的破产财产，通过合法方式加以出让，使之转化为金钱形态，以便于清算分配的过程。破产宣告后，管理人在接管破产财产以后，即应迅速着手进行破产变价的工作。

破产清算以金钱分配为原则，实物分配为例外，此为各国之通例。我国破产法也贯彻这一原则。破产变价是贯彻金钱分配原则的必要环节，也是制约金钱分配实施的主要因素。

作为金钱分配原则的例外，破产法允许实物分配，这是为了避免因部分财产难以变现而拖延破产清算时间、增加破产费用，不得已而采用的替代办法。在我国的司法实践中，部分破产财产无法变现的情况比较常见，因而实物分配的做法较为普遍。但是，应当看到，由于实物的市场价值存在一定的变动性，加上实物估价过程存在一定的随意性，实物分配通常难以保证较高程度的公平。所以，破产清算应当尽可能地采用金钱分配。为此，就需要做好破产变价的工作。

（二）破产变价的方法

1. 破产财产的估价。破产财产在变价前，有必要进行估价的，应当进行估价。破产财产的估价应当由具备合法资格的评估机构或评估师进行。对于房屋、土地使用权等重要财产的估价，应当由符合有关规定资格的评估人员，按照规定的程序进行。

对于不能变卖的实物进行折价分配的，一般也应当进行估价。实物为动产，并有可供参照的市场价格的，为节省时间和费用，也可以采取全体债权人协商定价的办法。协商定价时，除市场价格外，还要适当考虑财产的折旧、用途、市场供求等因素。

2. 破产变价方案。根据《企业破产法》第 111 条的规定，管理人进行破产变价，应当拟订破产变价方案，提交债权人会议讨论和表决。该方案经债权人会议表决未通过的，由人民法院裁定。管理人应当按照由债权人会议通过的或者在未通过时由人民法院裁定的破产变价方案，适时变价出售破产财产。

由于破产变价常常受到市场变化的影响，提交债权人会议的破产变价方案一般应是原则性的方案。例如，其内容多为变价工作的组织，需要变卖的财产以及其中应予公开拍卖的财产，重要财产变价的程序，等等。一般来说，管理人在破产变价方案的范围内，对破产财产的处分应有一定的灵活处置权。这对于提高破产变价的效率和效益是必要的。鉴于存在这种灵活处置权，管理人实施破产变价时应当接受人民法院和债权人会议的监督。各债权人有权随时就破产变价情况向管理人提出询问、查阅有关材料和进行必要的调查。对于管理人在破产变价过程中利用职权谋取私利和损害债权人利益者，人民法院应解除其职务并追究其法律责任。

3. 公开变卖原则。变卖破产财产，原则上应当公开进行。实践中，变卖破产财产可采用的形式通常有以下几种：

（1）拍卖。这是以公开竞价的方式出售破产财产的办法。这种办法的好处是可以通过出价者之间的竞争提高财产的售价，其缺点是出售程序较复杂，操作成本较高。所以，采用拍卖形式变价的破产财产，应该是那些价值较高并有多个购买者竞价可能的财产，如土地使用权、房屋、成套设备等。

（2）招标出售。招标形式类似于拍卖，且费用较低，因为投标系不公开竞价，投标者不了解彼此的出价情况，故难以达到拍卖的竞价效果。

（3）标价出售。对零星财产，可以直接提出价格，寻求买主。其具体方式多样，如散发报价单、举办交易会、在公开市场陈列出售、个别联系买主等。标价出售可给予求购者议价机会。标价出售操作简单，费用较低，但不大容易获得最有利的售价。

根据《企业破产法》第 112 条的规定，以上三种方式中，一般应采用第一种。但是，债权人会议决议采用其他方式的，从其决议。按照国家规定不能拍卖或者限制转让的财产，应当按照国家规定的方式处理。

4. 破产财产的整体变卖。《企业破产法》第 112 条第 2 款还规定："破产企业可以全部或者部分变价出售。企业变价出售时，可以将其中的无形资产和其他财产单独变价出售。"所谓全部出售，主要包括两种情形：①成套设备或生产线的出售；②企业整体出售。成套设备是按照特定的技术目的和要求，依据一定的整体设计，由多种不同的技术装备组合而成的生产系统。而企业整体上不仅包括了生产系统，还包括了内部管理、市场销售、技术研发等系统。通常这些系统中都包含了专利、专有技术、商标、版权、商誉、客户网络、专家团队等各种各样的无形资产。一般说来，整体变卖的收入明显高于有形财产分零出售的收入。所以，在整体变卖时，可以对现有财产进行优化组合。在组合过程中，可以剥离出一部分有形财产或无形财产单独出售，也可以将现有财产分为若干整体分别出售。破产财产的整体变卖，通常应采用拍卖或招标的方式。

二、破产分配

（一）破产分配的概念

破产分配，又称破产财产的分配，是指破产管理人将变价后的破产财产，根据符合法定顺序并经合法程序确定的分配方案，对全体破产债权人进行公平清偿的程序。破产分配标志着破产清算的完成。破产分配结束是破产程序终结的原因。

破产分配的概念包括以下要点：①破产分配由管理人负责实施。②破产分配以变价后的破产财产为标的。所谓变价后的破产财产，包括财产变现所得的现金和因不能变现而需要折价分配的实物、债权和投资权益。③破产分配根据符合法定顺序并经合法程序确定的分配方案进行。

（二）破产分配的法定顺序

1. 请求权的顺序。根据《企业破产法》第 113 条的规定，破产财产在优先清偿破产费用和共益债务后，依照下列顺序清偿：①破产人所欠职工的工资和医疗、伤残补助、抚恤费用，所欠的应当划入职工个人账户的基本养老保险、基本医疗保险费用，以及法律、行政法规规定应当支付给职工的补偿金（第一顺序）。②破产人欠缴的除前项规定以外的社会保险费用和破产人所欠税款（第二顺序）。③普通破产债权（第三顺序）。

在计算第一顺序的债权分配时，根据第 113 条第 3 款的规定，破产企业的董事、监事和高级管理人员的工资按照该企业职工的平均工资计算。

破产审判实践中，对于一些特殊情形的债权，最高人民法院《2018 年破产审判纪要》就其清偿顺位有如下特别安排：①垫付的职工债权，由第三方垫付的，原则上按第一顺序清偿；由欠薪保障基金垫付的，按第二顺序清偿。②债务人欠缴的住房公积金，按第一顺序清偿。③债务人侵权行为造成的人身损害赔偿，可以参照第一顺序清偿，但其中涉及的惩罚性赔偿除外。④破产受理前产生的民事惩罚性赔偿金、行政罚款、刑事罚金等惩罚性债权，在第三顺序清偿后有剩余财产的情况下依次清偿。

2. 按顺序清偿的规则。破产法规定分配顺序的意义在于：依据一定的法律政策确定不同类别的请求权人的受偿顺序，使顺序在先的请求权人能够优先于顺序在后的请求权人获得清偿。为了实现这一目的，按顺序清偿必须遵守如下规则：①首先清偿在先顺序的债权。②在先顺序清偿完毕后，有剩余财产的，进行下一顺序的清偿。③对每一顺序的债权，破产财产足够清偿的，予以足额清偿；不足清偿的，按比例清偿。例如，清偿第二顺序债权后剩余的破产财产为 10 万元，第三顺序债权总额为 100 万元，则按每 10 元债权偿付 1 元的比例进行清偿。④按比例分配后，无论是否有未获分配的下一顺序债权，破产分配均告结束。例如，在清偿第一顺序债权后，剩余财产不足清偿第二顺序债权的，则在第二顺序债权按比例清偿后，结束破产分配。

（三）破产分配方案

1. 破产分配方案的制备。破产分配方案是载明破产财产如何用于破产分配和各破产债权人如何获得破产分配的书面文件。从本质上讲，破产分配方案是全体破产债权人就集体清偿达成的共同意志。管理人应当按照这一意志，实现清算分配。

破产分配方案的制备，由管理人负责进行。管理人在接管破产财产后，应当尽快完成破产财产的清理和估价，并从速制备破产分配方案，以便债权人会议及时讨论通过和付诸执行。

根据《企业破产法》的规定，破产分配方案应当载明下列事项：①参加破产分配的债权人名称或者姓名、住所。②参加破产分配的债权额。③可供分配的破产财产数额。④破产分配的顺序、比例及数额。⑤实施破产分配的方法。

根据最高人民法院的司法解释，破产分配方案的内容应符合以下具体要求：①对于可供破产分配的财产，要说明其种类、总值，已变现的财产和未变现的财产。②对于债权清偿顺序，要说明各顺序的种类与数额，包括破产人所欠职工工资、劳动保险费用和所欠税款等的数额和计算依据。③对于破产分配方法，要说明分配的方式和时间。④有将来能够追回的财产的，应就追加分配加以说明。

2. 破产分配方案的通过。破产宣告后，管理人应当及时拟订破产财产分配方案，提交债权人会议讨论。在债权人会议讨论时，如果个别债权人认为分配方案的记载事项有错误的，可以要求更正。债权人会议通过破产财产分配方案的决议是由出席会议的有表决权的债权人的过半数通过，并且其所代表的债权额必须占无财产担保债权总额的 1/2 以上。该决议经债权人会议二次表决仍未通过的，由人民法院裁定。

经债权人会议通过的分配方案，须报请人民法院裁定认可后，方可执行。人民法院认为分配方案符合法律规定并且无损害债权人利益的情事的，应当裁定予以认可。

债权人认为债权人会议的决议违反法律规定，损害其利益的，可以自债权人会议作出决议之日起 15 日内，请求人民法院裁定撤销该决议，责令债权人会议依法重新作出决议。

对于债权人会议通过的破产分配方案，已申报的债权人有异议的，可以按照《企业破产法》的规定，在债权人会议作出决议后的 7 日内提请人民法院裁定。人民法院认为分配方案有错误的，可以要求管理人予以变更。管理人应将变更意见提交债权人会议批准后，报请人民法院裁定认可。

3. 破产分配方案的执行。

（1）分配执行人。破产分配方案由管理人执行。管理人应于人民法院裁定认可分配方案后，及时通知应接受分配的债权人限期到指定的地点领取分配。逾期不领取的，可以提存。现金分配的，债权人应提供注明其具体地址、开户银行账号的证明，由管理人直接将分配款项汇入债权人指定的银行账户。债权人领取分配财产的费用（包括汇款费用、差旅费等）应当由其自行负担。

（2）多次分配。破产分配可以一次分配，也可以多次分配。破产财产分配方案采用多次分配的，管理人进行分配时，应当公告本次分配的财产额和债权额。管理人实施最后分配的，应当在公告中指明，并载明对于附条件债权的提存额的分配事项。

（3）附条件债权的提存。对于附生效条件或者解除条件的债权，管理人应当将其分配额提存。由此提存的分配额，在最后分配公告日，生效条件未成就或者解除条件成就的，应当分配给其他债权人；生效条件成就或者解除条件未成就的，应当交付给债权人。

（4）未受领分配额的提存。债权人未受领的破产财产分配额，管理人应当提存。债权人自最后分配公告之日起满 2 个月仍不领取的，视为放弃受领分配的权利，管理人或者人民法院应当将提存的分配额分配给其他债权人。

（5）诉讼未决债权的提存。破产财产分配时，对于诉讼或者仲裁未决的债权，管理人应当将其分配额提存。自破产程序终结之日起满 2 年仍不能受领分配的，人民法院应当将提存的分配额分配给其他债权人。

三、追加分配

（一）追加分配的概念

追加分配是在破产分配完成、破产程序终结以后，对于新发现的属于破产人而可用于破产分配的财产，由法院按照破产程序的有关规则对尚未获得满足的破产请求权进行清偿的补充性程序。

追加分配具有如下特点：①用于追加分配的财产是破产程序终结后新发现的财产。②追加分配受法定除斥期间的限制。③追加分配由法院负责实施。④追加分配的方案应符合破产清算的有关规定。

（二）我国破产法上的追加分配

根据《企业破产法》第 123 条的规定和相关司法解释，追加分配应实行如下规则。

1. 追加分配的财产范围。用于追加分配的财产，主要包括以下两类：①依据《企业破产法》第 31、32、33、36 条规定应当追回的财产，如破产人隐匿、转移或者无偿转让的财产，第三人因破产人虚构债务或者承认不真实的债务、以明显不合理的价格压价出售财产、提供新担保、提前清偿未到期债务或者放弃债权而获得的不当收益，债权人接受不正当个别清偿的所得，债务人的董事、监事和高级管理人员利用职权从企业获取的非正常收入或者侵占的企业财产。②破产程序终结后收回的属于破产人的其他财产，如有关部门发还的遗失财产、被盗财产，破产程序中因纠正错误支出收回的款项，因权利被承认追回的财产，债权人放弃的财产和破产程序终结后实现的债权、物上请求权等财产权利。

2. 追加分配的除斥期间。追加分配的除斥期间，是破产程序终结后连续计算的不能中断和不能延长的固定期间，在此期间内发现符合上述规定的财产的，应当予以追回并进行追加分配。按照《企业破产法》的规定，追加分配的除斥期间为 2 年。此期间的起算点有两种：①因债务人财产不足以清偿破产费用，破产程序依照第 43 条规定终结之日。②因破产人无财产可供分配，破产程序依照第 120 条规定终结之日。

3. 财产的追回和分配。对破产程序终结后发现的破产财产，可以由破产人的上级主管部门或者投资权人追回后，交人民法院分配，也可以由破产债权人直接请求受理原破产案件的人民法院予以追回后进行分配。

对有权参加分配的债权人应当通知，并对追加分配的时间和金额进行公告。未收到通知的债权人，认为自己有权参加追加分配的，可以向人民法院提出请求。

4. 追加分配的方案。追加分配应依照破产法规定的顺序进行清偿。已经在清算分配中获得满足的债权，不得参加追加分配。尚未获得完全清偿的请求权属于不同顺位的，应首先清偿在先顺位的请求权。同一顺位的请求权不能全部满足的，按比例清偿。实践中，可以根据最后分配的方案，确定应接受追加分配的债权人名单。

5. 小额财产的归属。进行追加分配总是需要一定的人员和费用。没有必要以较多的人力和费用分配较少的财产。所以，如果追回财产的数额较少，不足以支付分配费用的，则不再进行追加分配，由人民法院将其上交国库。

第四节 破产程序终结

一、终结的事由

（一）破产程序终结的概念

破产程序的终结，是指破产程序不可逆转地归于结束。破产程序的终结，可能意味着破产程序预期目标的实现，也可能意味着预期目标的不能实现。

根据我国《企业破产法》的直接规定或条文本意，破产程序的终结事由有：①重整计划执行完毕（第94条）；②人民法院裁定认可和解协议（第98条）；③债务人有不予宣告破产的法定事由（第108条）；④债务人财产不足以清偿破产费用（第43条）；⑤破产人无财产可供分配（第120条第1款）；⑥破产财产分配完毕（第120条第2款）。

（二）破产程序终结的种类

以上六种事由中，前三种发生于破产宣告前，第四种可以发生在破产程序期间的任何时候，最后两种发生于破产宣告后。其中，依前三种事由终结破产程序的，除和解协议规定企业自愿解散的外，债务人的法律人格不消灭，因而无需办理企业注销登记。依后三种事由终结破产程序的，债务人的法律人格消灭，因而必须办理企业注销登记。所以，破产程序终结可以分为两类：维持债务人法律人格的程序终结和消灭债务人法律人格的程序终结。

二、消灭债务人法律人格的程序终结

（一）终结裁定

有上述后三种事由即债务人财产不足以清偿破产费用、破产人无财产可供分配或者破产财产分配完毕的，管理人有义务提请人民法院裁定终结破产程序。人民法院应当自收到管理人终结破产程序的请求之日起15日内作出是否终结破产程序的裁定。如果管理人不履行或者不能履行提请终结的义务，人民法院可以依职权裁定终结。终结破产程序的裁定，应当予以公告。

破产宣告时的终结，通常由人民法院依职权裁定。破产申请受理后，经管理人调查，发现债务人财产不足清偿破产费用且无人代为清偿或垫付的，人民法院应当同时裁定宣告破产和终结破产程序。这种情况称为"同时终结"。同时终结也可以由债务人提请人民法院裁定。

（二）终结后的有关事项

破产程序终结后的有关事项，按以下规则处理：

1. 办理注销登记。管理人应当自破产程序终结之日起10日内，持人民法

院终结破产程序的裁定，向破产人的原登记机关办理注销登记。注销登记的意义是破产企业的法律人格归于消灭。管理人在办理注销登记时，应当提交人民法院宣告破产和终结破产程序的裁定书、人民法院指定管理人的决定书、破产企业的营业执照、公章以及工商管理部门要求的其他文件。

在人民法院依职权裁定终结的情况下，终结后的有关法律事务，如企业注销登记，由人民法院或者人民法院委托的人员办理；由此发生的费用，管理人未提请终结有过失的，由管理人承担。

2. 管理人职务终止。管理人于办理注销登记完毕的次日终止执行职务。但是，存在诉讼或者仲裁未决情况的除外。

3. 连带债务的存续。破产人的保证人和其他连带债务人，在破产程序终结后，对债权人依照破产清算程序未受清偿的债权，依法继续承担清偿责任。

4. 新发现财产与追加分配。破产程序终结后新发现破产人有应当供分配的财产的，按照前节所述的追加分配程序办理。

5. 其他事务。破产程序终结后的其他事务，如收回国有土地使用权、安置企业职工等，由地方政府有关部门办理。

■思考题

1. 试述破产宣告对债权人与债务人的法律效力。
2. 简述别除权的法律特征和行使方法。
3. 简述破产变价的概念和基本规则。
4. 如何理解破产分配顺序与破产分配方案的关系？

第四编 票 据 法

第十三章 票据与票据法概述

■学习目的和要求

　　本章内容包括票据和票据法的基本知识、基本理论。通过本章学习，应掌握票据及票据法的概念与特征，票据权利的特征和取得条件，票据行为的基本原理以及票据时效与利益返还请求权，票据伪造、票据变造、票据丧失的补救措施。

第一节 票据概述

一、票据的概念

　　在现实社会生活中，票据一词被人们广泛运用，其含义也十分宽泛，归纳起来，可以作广义和狭义两种解释。

　　广义的票据是指一种反映债权债务关系，以有价证券的形式流通的书面凭证。例如，债券、股票、仓单、车船票等。

　　狭义的票据是指受票据法规范的票据，仅包括汇票、本票和支票。本章所称票据就是狭义上的票据。由于各国立法体例的不一致，各国的票据概念也就不同。根据我国票据法，票据是指出票人依法签发的，承诺自己或委托他人在见票时或在票据到期日，无条件支付确定的金额给持票人的一种有价证券。

　　狭义上的票据（以下称票据）与其他有价证券显著不同，主要体现在票据有以下几个特征：

（一）票据是一种设权证券

有价证券是一种权利凭证，能够证明当事人权利的存在，按权利产生与证券作成先后，可分为证权证券和设权证券。证权证券在作成之前，证券所反映的权利已经存在，即证券所反映的权利不以作成证券为前提，例如股票，投资者出资即取得股份和股东权，股票只是用以表彰股份和股东权，因为股东投资在先，股票取得在后，股票只是证明股份和股东权之存在及其大小。设权证券的证券权利必须基于证券而发生，这种有价证券的作成，有创设证券上所表彰权利的效力。票据权利基于票据而产生而非基于其他关系所产生，发行票据有创设票据权利的作用，在未发行票据之前，票据权利尚未发生，更不可能存在。

（二）票据是一种完全证券

按证券与其所表彰的权利是否可以分离，有价证券可以分为不完全有价证券和完全有价证券。不完全有价证券在一定的情况下，证券与权利可以分开。例如，提单丢失后，买方可以用其他的方式证明自己对于所购货物的权利，其物权并不当然丧失。完全有价证券的权利与凭证合为一体。票据债务人履行票据义务后，持票人应将票据缴还给已经履行票据义务的债务人。可见，票据与票据权利是紧密结合，不可分开的。所以，通常情况下，持有票据，即被推定为拥有票据权利。

（三）票据是一种无因证券

按有价证券的法律关系与其原因关系是否分离，有价证券可以分为有因证券和无因证券。证券的作成是有原因的，有的原因是合法有效的，有的原因因违法而法律不承认其效力。证券作成的原因无效，证券因此当然无效的，为有因证券，如提单、仓单。证券作成原因无效，证券本身仍可有效的为无因证券。票据就是典型的无因证券，出票人依法作成票据并交付，那么票据上的权利义务关系就确定有效。在流通过程中，票据关系不因原因关系无效或有瑕疵而归于消灭或受影响，持票人主张票据权利时，不必证明取得票据的原因，债务人履行义务时也无须追问票据受让的原因及其是否有效。当然，我国《票据法》并未充分地体现票据的无因性，甚至有的条款有悖票据的无因性。例如《票据法》第10条第1款规定，"票据的签发、取得和转让，应当……具有真实的交易关系和债权债务关系"。这一规定完全否定了票据是无因证券这一特性，而票据为无因证券恰恰是现代各国票据法的共同原则。

（四）票据是一种要式证券

按照有价证券的作成是否必须依照法定格式，有价证券可以分为非要式证券和要式证券。非要式证券的作成方式，法律没有明确统一的规定，而要式证券的制作必须严格依照法律的要求进行。法律对票据制作格式、记载事项、如何记载等都做了严格要求。不依法定方式制作，票据效力会受到影响。各国票据法都规定了绝对必要记载事项，欠缺绝对必要记载事项的，更改不可更改事项的，该票据无效。我国票据法还强调了部分绝对必要记载事项的记载方式：票据金额大小写必须一致，否则票据无效；签名必须遵循本名全名规则；等等。可见票据是严格的要式证券。这是由于商事交易的发展，迅捷和安全日益成为商法追求的目标，票据定型化一方面使得交易速度大为提高，另一方面又使得票据权利明确统一，避免票据文义的混乱或欠缺，从而保证交易的安全。

（五）票据是一种文义证券

按有价证券的权利内容是否依证券上所载文字意义而确定，有价证券可以分为非文义证券和文义证券。非文义证券上的权利不完全依证券上所载文义而定，文义证券则恰恰相反。票据权利是完全依票载文字意义所确定的，即使记载有误，一般也不能用票据本身以外的证据予以证明、修改或补充。如一方给另一方出具的票据金额应为 10 000 元，但误写成 1000 元，持票人就不得以其他方式来证明承兑人应支付 10 000 元，承兑人只以票载金额为据履行自己的付款义务，即支付 1000 元。票据的文义性旨在保护善意第三人的利益，以保障流通信用和交易安全。所以，其适用受到限制：①必须是在非直接当事人之间；②持票人必须以相当对价善意取得。例如，出票人签发票据交付给收款人，若票载权利义务与实质权利义务有出入，出票人可以基于实质权利义务关系对抗收款人，但票据若流入第三人手中，出票人就应严格地按票载文义负责，并且不得以其他证明文件变更、补充票载内容。

（六）票据是一种流通证券

按照有价证券能否在社会上以公共性规则进行公开的流通为标准，有价证券可分为非流通证券和流通证券。非流通证券的转让必须受民法上债权、债务转让规则的限制，且其转让没有在交易中形成共同的规则，受债权人、债务人等个人意志的影响较大。而票据则可以按照票据法规定的方式自由流通，其流通的法定方式简便快捷，并且转让次数越多，票据信用越高。票据流通的法定规则是：除票据上记载有"不可转让"字样的票据外，记名式票据背书后交付即可，无记名票据直接交付。出让人只需按法定规则转让票据权利，无须征得债务人的同意或通知债务人。

二、票据的种类

依不同的划分标准可以将票据分成不同种类。

（一）法律上的分类

票据法通常依票据关系的内容，将票据分为汇票、本票和支票三种基本类型。汇票是由出票人签发的，委托付款人在见票时或在指定日期无条件支付确定金额给收款人或持票人的票据。本票则是指出票人签发的，承诺自己在指定日期或见票时无条件支付确定金额给收款人或持票人的票据。支票即由出票人签发的，委托办理支票业务的银行或其他金融机构在见票时无条件支付确定金额给收款人或持票人的票据。在多数国家票据法中，汇票为基本的票据类型，包括即期汇票和远期汇票，即期汇票是见票即付的汇票，其他的为远期汇票。在我国票据体系中，以银行信用为基础的票据类型居主导地位，主要包括银行汇票、银行承兑汇票、本票和支票，商业承兑汇票居于次要地位。另外，我国的本票仅为银行本票，并且仅为即期票据，支票也仅为即期票据。这显然抑制了本票和支票的经济功能。

（二）学理上的分类

1. 自付票据和委付票据。以票据关系中付款人是否为出票人为标准，票据可以分为自付票据和委付票据。汇票和支票一般都是出票人委托他人支付款项，因而归之为委付票据。英国票据法正是基于此而将支票归为汇票之一种。从本票的概念可知，本票的款项是由出票人自己作为付款人进行支付的，故属自付票据。

2. 即期票据和远期票据。依票载到期日的不同，可将票据分为即期票据和远期票据两大类。即期票据是以出票日为付款到期日，由付款人见票即付款的票据，其作用是为交易提供支付工具。我国票据法规定的银行汇票、支票和本票均为即期票据。远期票据又称为"期票"，是指以出票后的某个日期为付款到期日，付款人在到期后方可付款的票据。它的主要价值体现在其信用功能，即能够为出票日至付款日之间提供信用。依我国的票据法，仅商业汇票为远期票据且均须承兑。远期汇票又可进一步分为：①板期汇票，又称定期票据，如汇票上明确记载具体的付款日为"2008年9月1日"。②注期汇票，指在承兑见票后的一定日期付款的汇票，如汇票明确记载"见票后两个月付款"。③计期汇票，指在出票日后一定日期付款的汇票，如汇票上载明"出票后三个月付款"。当然，随着支票的广泛使用，在票据的信用功能中提到的变通使用支票的方法，使得支票也具有信用功能，也可以成为"板期支票"。

3. 记名票据、无记名票据和指示票据。以票据出票时对收款人的记载方式为标准，票据可以分为记名票据、无记名票据和指示票据。比如出票时明确记载收款人为"张三"的，则为记名票据。出票时没有记载收款人名称，或仅记载"请付来人""请付持票人"等字样的,为无记名票据。指示票据是指不仅记明收款人名称,而且进一步载明可以以收款人的"指定人"为权利人的票据,如票据载明"请付款张三及其指定人"文句的即为指示票据。

4. 完全票据、不完全票据和空白票据。以票据出票时绝对必要记载事项是否完整记载为标准,票据可分为完全票据、不完全票据和空白票据。出票时已将绝对必要记载事项记载完全的,为完全票据。出票时没有将绝对必要记载事项记载完全,也没有授权持票人填充空白的,为不完全票据,是无效票据。出票时有意不将绝对必要记载事项记载完全,而授权收款人及其后手补充空白的,为空白票据,又称未完成票据,这种票据在大多数国家均为有效票据。我国票据法不允许汇票、本票发行空白票据,仅允许支票以有限空白方式发行,即只能空白金额和收款人名称两项内容,其他绝对必要记载事项不得空白。

三、票据的功能

票据是商品经济的产物,票据制度一经建立,就发挥巨大的经济促进作用,曾经与公司制度一起成为资本主义制度的支柱。通过几个世纪的发展,票据不断增加新的功能,在现代社会的经济生活中,票据有以下主要功能:

(一)汇兑功能

票据的汇兑功能是指票据具有异地兑换转移货币资金的作用,它是各国早期票据制度通常所追求的基本功能。现代交易许多是在异地进行,甚至在异国之间的交易也日益频繁。如果交易达成协议,以现金为履行债务的方式,必然有大量的现金运送,这样会产生不必要的成本和安全风险。若是异国之间,还会产生相关国家货币管制冲突。而用票据取代现金,这一切问题都迎刃而解。如武汉的吴某向南京的赵某清偿货款 10 万元,吴某可以将 10 万元交给武汉的银行,取得该银行发给的一张可在南京分行取款的汇票,吴某将此汇票寄给赵某即可。本票、支票亦然。当然现代电子商务的发展,电汇、信用卡的发展,已经淡化了票据的汇兑功能,但在国际贸易中,票据的汇兑功能方兴未艾。

(二)支付功能

有信誉的票据,在相当的意义上即意味着票据上所记载的金钱数额。而票据的支付功能就是指票据具有代表定额货币,代替现金支付的基本功能。这是票据最原始、最简单的作用。在现代交易中,金钱的支付极为频繁,但现金支付需要接受双方点数,程序烦琐,加上假币的存在、大量货币的携带不方便,使现金交易极不安全。由于票据可以代表一定数额的货币,同时又便于支付、简化支付并使支付安全化,所以票据成为现代商业交易中重要的支付工具。

（三）信用功能

在现代商业交易中，信用交易大量存在，例如，卖主先行交货而买主在一个月后付款之类的情形比比皆是，在这种情况下，交易的完成有赖于双方的信用关系，买主可以签发一个月后到期的汇票或本票，这时的票据不仅具备支付功能，更重要的是信用功能。汇票和本票是典型的信用工具。虽然票据的信用功能迟于汇兑功能的形成，但在现代经济生活中，它已发展成票据的主要功能，对于经济的发展和贸易的繁荣具有不可估量的意义。

（四）结算功能

在商业交易中，票据作为给付的手段，人们可以用它来冲抵相互收款、付款的债权、债务，这就是通常所说的结算。简单的例子是两人之间互负债务若干元，即可各自向对方签发一张本票，到期即可进行抵销，余款另行给付即可。复杂的结算是通过票据交换制度进行的，即在贸易或金融中心设立票据交换站，通过票据交换来抵销债权、债务，进行结算。票据的结算功能在国际贸易中尤其显示出优越性，因此，各国都普遍设置票据交换中心，实行票据交换制度，以便于票据结算。1988 年，我国正式恢复票据制度，其初衷即推行票据的结算功能。

（五）融资功能

在五大功能中，票据的融资功能是最新的。票据的融资功能主要通过票据的贴现制度来实现。票据贴现就是未到期票据的买卖，即未到期票据的持有人卖出票据以取得现款。现代票据贴现业务多由各国专业银行经营，各国中央银行经营再贴现。银行经营贴现业务实际上是向持票人提供资金。现代国际票据市场活跃，不仅在于它经营到期票据的交换和买卖，更重要的是它经营未到期票据的交换和买卖。正是如此，票据实现了融资功能。

第二节　票据法概述

一、票据法的概念

从理论上看，票据法也有广义和狭义两种解释。广义的票据法泛指各部门法律中有关票据的法律规范的总称，包括公票据法和私票据法。如刑法中有关伪造、变造有价证券罪的规定以及民事诉讼法中关于票据诉讼和公示催告程序的规定均属公票据法。私票据法除了包括狭义的票据法外，还包括民法中适用于票据和票据法律关系的规定，如民法中关于票据能力、票据原因关系、票据资金关系、票据设质、票据代理等的规范。狭义的票据法是指专门调整票据和票据关系的法律规范。它又可以分为形式意义上的票据法和实质意义上的票据法。形式意义上的票据法是指以"票据法"命名的票据法。当然，由于立法体例不同，形式意义上的票据法是在各国有不同的命名形式。实质意义上的票据法包括形式意义上的票据法，还包括有关票据交换、票据贴现、票据结算、票据存款等法规。本章所称票据法，指狭义的票据法。

二、票据法的特征

票据法与其他法律相比，具有自己显著的特征。

（一）强烈的公法色彩

票据法调整的是平等主体之间的票据活动和票据关系，属私法范畴。但大多数国家为保障票据交易安全，在票据法中规定了大量的公法性规范。例如，各国票据法中关于伪造、变造票据的刑事责任的规定，关于金融机构及其工作人员在票据活动中违法行为的行政责任的规定，等等，都体现了票据法的公法色彩。

（二）大量的强行性规定

票据法虽属私法，但私法中的任意性规范在票据法中采用较少，而强行性规范则俯仰皆是。票据法对票据类型、票据行为的大部分内容均采法定主义，当事人不得依自己的意思另行创设票据种类或票据行为，而且现代票据法均奉行严格的要式主义和文义主义，对票据上的权利、义务依文义确定，禁止当事人以任何特约加以改变。

（三）鲜明的技术性

从法理上看，某些法规明确地追求特定社会道德伦理价值，反映法律与社会主流伦理观的一致性，比如婚姻法、亲属法等；而另一些规范并不直接体现道德伦理观的要求，而是具较强的技术性。票据法正是一个恰当的例子。票据是商人们适应商事交易的需要而发明创造的一种商事交易工具，进而演变成一种货币金融工具。票据法在总结商事、金融经验的基础上，专门设计出一套独特的票据规则，以保障票据经济功能的实现，这些规则并未体现社会伦理道德的要求，而仅仅追求票据上权利义务的确定性以及票据权利流转的便利与快捷。虽然票据法中也有"善意""正当"等伦理方面的规定，但从根本上看，票据法体现为票据活动的技术规范，与交通法规相类似，具有明显的技术性。

（四）国际统一性

虽然各国的票据法为各国自己的立法机关制定，实施于各国本土，属于国内法，但是，从立法内容和发展方向看，它具有国际统一性的特征。由于国际贸易的发展，票据的国际流通经常发生，所以多数国家的票据法在基本制度上具有统一性或相似性，并且为了方便本国与他国的贸易、促进本国更广泛地参与世界经济，各国票据的国际趋同性日益强劲。

第三节　票据行为

一、票据行为的概念

中外票据法均无票据行为这一概念，虽然票据是经验主义的产物，票据行为的概念则是纯粹的理性主义的产物。[1] 依照我国票据法的规定，票据行为有出票、背书、承兑、保证，而通观其他票据法，则参加承兑也应属其中。

票据行为是合法行为而以发生票据债务为其效果，这已经成为学者共识，但是，票据行为究竟为何种合法律行为，学界对其解释主要有多种学说。本书认为票据行为是依照票据法的规定实施的，能够引起票据权利、义务关系产生、变更的行为。

票据行为有广义和狭义之分，广义的票据行为是指能引起票据关系的发生、变更、消灭的法律行为和准法律行为，包括出票、背书、见票、承兑、参加承兑、保证、划线、付款、参加付款、更改、变造、涂销等。狭义的票据行为是指出票、背书、承兑、参加承兑、保证。由于我国没有参加承兑，在我国，票据行为的范围是出票、背书、承兑、保证。

狭义的票据行为可分为基本票据行为和附属票据行为。基本票据行为是指创设票据权利和承担票据债务的行为，也是创设票据的行为。出票属基本票据行为，其他则属附属票据行为，是在出票行为完成的基础上，即在已成立的票据上所作的票据行为。

基本票据行为与附属票据行为的关系不同于民事法律行为的主行为和从行为的关系。基本票据行为形式上有效就能创设票据，而票据有效成立是附属票据行为的前提。但基本票据行为无效并不绝对导致附属票据行为无效。基本票据行为是创设票据的行为，只有依法定形式记载法定绝对必要记载事项，才能创设有效票据。若因形式欠缺而基本票据行为无效，则不能创设有效票据。这种因形式要件欠缺而无效的票据是自始无效的，即使当事人事后追认也不发生效力，而且在这种票据上所为的附属票据行为均属无效。因欠缺实质要件而无效的基本票据行为则不影响其他附属票据行为的效力，例如无民事行为能力人的出票行为、限制民事行为能力人的出票行为、伪造签章的出票行为。这三类

---

〔1〕　吴京辉：《票据行为论》，中国财政经济出版社 2006 年版，第 20 页。

行为只要形式上符合票据法的法定形式就创设了有效票据，在这种票据上签章的附属票据行为仍为有效票据行为，不受基本票据行为效力的影响。

综上所述，基本票据行为对附属票据行为的影响在于是否创设了有效票据，依照我国票据法的规定，有效票据必须具备以下四个要件：出票时绝对必要记载事项是完备的；不可更改事项未更改；票据金额的记载符合法定形式；出票人签章符合法定形式。这四个要件具备，则出票行为创设了合法有效的票据，不影响附属票据行为的效力，否则不仅出票行为无效，而且波及所有附属票据行为，使其无效。

和其他的民商事法律行为相比，票据行为有以下几个特征：

1. 票据行为的要式性。票据的生命在于流通，为了便于当事人授受票据，加快票据流通，票据必须款式统一明确，这要求票据行为具有法定的形式，而不允许当事人任意选择决定或变更，此为票据行为的要式性。

票据行为的要式性表现在以下几个方面：

（1）每一票据行为必须由行为人签章，只有签章后票据行为才生效。

（2）每种票据行为的意思表示必须以书面形式记载，不承认口头等其他方式的法律效力，并且记载的具体位置一般也固定。例如出票在正面，背书在背面或粘单上记载。

（3）每种票据行为必须记载具体的内容，书写格式都依法进行，凡违反票据法关于票据行为的要式规定的，除票据法另有规定外，其行为均为无效。

2. 票据行为的无因性。票据行为大多以买卖、借贷或其他基础关系为前提，然而票据行为只要形式要件具备即生效力，而不问其基础关系如何，此即为票据行为的无因性。票据行为的无因性具体体现为：票据行为效力仅依其本身的要件是否完备合法而定，不因基础关系的存在与否，有效与否，是否有瑕疵而受影响。票据行为的无因性决定了票据为无因证券，促进了票据的安全流通。

我国票据制度是否坚持票据行为的无因性？理论界认为我国票据法规定了原因关系。[1]《票据法》第10条第1款规定："票据的签发、取得和转让，应当遵循诚实信用的原则，具有真实的交易关系和债权债务关系。"《商业汇票承兑、贴现与再贴现管理暂行办法》（银发〔1997〕第216号）第3条规定："承兑、贴现、转贴现、再贴现的商业汇票，应以真实、合法的商品交易为基础。"所以，我国商业银行在办理开票业务时，要求开票申请人必须提供真实

---

〔1〕　汪世虎："论票据行为的无因性"，载《海南大学学报（人文社科版）》2003年第3期。

的商品购销合同；在办理票据贴现业务时，要求贴现申请人必须提供与贴现票据相关的增值税专用发票，以保证票据业务具有真实的贸易背景。

近几年来，票据业务的"真实贸易背景"规则渐渐地被一些商业银行和企业因各自的利益而淡化，特别是商业银行将票据业务纳入信贷总额控制和管理后，商业银行在开具银行承兑汇票时，对"真实贸易背景"标准的把握日趋宽松，很多票据业务演变为银行信贷投放的一种工具，同时对票据贴现的贸易背景把关也日趋松弛。例如，2005 年审计署在对某商业银行某支行审计时发现，该支行办理的 11 895 万元银行承兑汇票中，有 6500 万元没有真实贸易背景，属银行违规开具的所占比例为 54.64%。[1] 我国票据法对于原因关系的规定，从理论上看是有违票据制度的内在逻辑，从现实的票据运作看有碍票据的流通。

3. 票据行为的文义性。民事法律行为强调意思表示要真实，票据行为则不然，票据行为的内容完全依票据上记载的文字而定，即使文字记载与真实的意思不一致，当事人也不得提出其他证据证明真实的意思来否定文字记载的效力，其行为内容仍以票面文字记载为准，即为票据行为的文义性。例如 A 购货需支付货款 5000 元与 B，结果签发票据时，A 签发汇票 50 000 元，C 承兑后，A 不得依购销合同主张其出票行为中意思表示不真实，C 仍需支付金额 50 000 元与 B。一方面票据债权人不能向债务人主张票据文字记载以外的事项，另一方面票据债务人也不得以票据上文字记载以外的事由对抗债权人，也不得以文字记载以外的事实或证明方法任意解释、补充票据文义。

4. 票据行为的独立性。在一张有效创设的票据上，也许会有多个票据行为，这些票据行为各自独立产生效力，互不影响，此为票据行为的独立性。由于票据为流通证券，因此，若票据行为互不独立，互相影响，则其一行为无效必然影响到其他票据行为的效力，危及票据交易的安全，从而影响票据的流通。而各票据行为独立生效，则将某一行为无效的风险限制于一个环节，将风险尽量缩小到最少的当事人，从而保障交易的安全和票据的流通。票据行为的独立性表现在：在一张有效票据上各个票据行为依自身形式是否符合法定形式而生效或无效，而不因其他票据行为的有效而有效，也不因其他行为的无效而无效，其自身有效也不导致其他票据行为有效，除形式欠缺的出票行为外，任何票据行为的无效不导致其他票据行为无效。

---

[1] 吴承虎："票据：从支付工具到融资工具——兼论票据立法的禁锢和解放"，载《审计与经济研究》2006 年第 4 期。

上述票据行为的四个特征都根源于票据流通和保障交易安全的需要，因而票据法予以特别规定，将上述的票据行为的四个特征联系起来。可以说，票据行为是"左右切割，上下切割"[1]，并且是"以貌取人"的要式法律行为。所谓"左右切割"，即票据行为各自独立生效，互不影响；所谓"上下切割"，即票据行为背后虽有原因，但票据行为与原因关系割断联系，处分离状态；所谓"以貌取人"，是指票据行为内容以文字记载为准，而不问文字记载以外的实质原因或真实意思。票据行为的四个特征体现了票据行为与其他民事法律行为的显著区别，反映了票据法促进票据流通、保障票据交易安全，维护票据市场秩序的立法目的和票据交易活动的实践需要。

二、票据行为的有效条件

与民事法律行为不同，票据行为具有自身特殊性。一方面，它坚持形式主义，丰富和发展了民事法律行为原理；另一方面，它又固守意思是法律行为的本质要素、是法律行为的基础。正如拉丁法谚所说，"私约不损公法"，票据行为的自由也有明确的边界。票据行为彰显的不仅仅是主体的自由，而且还体现国家公权力的介入，所以票据法规定了票据行为的形式要件和实质要件，借此协调个人自由与社会经济秩序的关系[2]。

票据行为是票据法上的要式行为，所以除应具备民法上规定的一般法律行为的要件外，还应具备票据法规定的要件。民法上的一般法律行为要件具体到票据行为上，有两点：一为票据能力问题，一为票据意思问题。此两点构成票据行为的实质要件。票据法规定的要件也有两点：一为票据书面之作成与记载，一为票据之交付。此两点谓票据行为的形式要件[3]。

（一）票据行为的实质要件

票据行为的实质要件包括票据能力和意思表示。

1. 票据能力。票据能力包括票据权利能力和票据行为能力两种情形。

（1）票据权利能力。票据权利能力是指可以享受票据权利的能力，也就是可以享受票据权利或负担票据义务的资格[4]。

民法关于自然人的权利能力始于出生、终于死亡的原理，同样适用于自然人的票据权利能力，即自然人的票据权利能力始于出生、终于死亡，终生享有

---

[1] 曾世雄等：《票据法论》，中国人民大学出版社 2002 年版，第 37 页。

[2] 吴京辉：《票据行为论》，中国财政经济出版社 2006 年版，第 62 页。

[3] 参见谢怀栻：《票据法概论》，法律出版社 1990 年版，第 47 页。

[4] 梁宇贤：《票据法新论》，中国人民大学出版社 2004 年版，第 35 页。

票据权利能力。

从起讫时间看，法人的票据权利能力与法人的民事权利能力一样，始于法人成立、终于法人消灭，同样依民法理论，法人的权利能力始于登记、终于解散清算后。

但从范围看，法人的票据权利能力与民事权利能力范围不尽相同。法人的民事权利能力受法律、法规、法人章程及工商登记的营业范围限制，各个法人的经营范围和业务活动范围不同，因此享有不同的民事权利能力。法人的票据权利能力则不受法人章程或其工商登记的营业范围的限制，所有法人的票据权利能力没有区别。因票据行为相对人在交易过程中不可能尽察对方的章程及营业范围，并且票据是无因证券，法人基于其营业范围外的原因而为票据行为，该票据行为仍有效。从另一方面看，票据行为是金钱往来的最佳媒介手段，于公司经营上不可或缺，不论法人目的事业如何，票据行为恒为遂行其目的事业所必须，所以就票据行为是否在法人目的范围内为之，宜从宽解释。[1] 但合伙并非法人，因此，不具备票据权利能力。设立中的公司在未完成设立登记前，是"无权利能力社团"，因其未具备社团法人的权利主体资格，故不具备票据权利能力。

（2）票据行为能力。票据行为能力是指票据当事人能以自己的行为独立完整地享受票据权利、设定并承担票据义务的能力。

依照民法，自然人的行为能力分为三种：完全民事行为能力、限制民事行为能力和无民事行为能力。完全民事行为能力人可以独立进行民事活动；无民事行为能力人只能由其法定代理人代理民事活动；而限制民事行为能力人只能进行与其年龄、智力状况相适应的民事活动，其他民事活动由其法定代理人代理，或者征得他的法定代理人的同意而进行。在票据关系中，限制民事行为能力人与无民事行为能力人一样，所为的票据行为无效，即票据法把限制民事行为能力人和无民事行为能力人都定为无票据权利能力人，只赋予完全民事行为能力人票据行为能力。

法人的票据行为能力与法人的民事行为能力是一致的，即始于法人设立登记、终于法人消灭。法人的票据行为能力是由法人机关的法定代表人来实现。法定代表人在其职权范围内代表法人所为的票据行为即法人的票据行为，法人应负票据上的责任。法定代表人为自己的私利而以法人的名义为票据行为时，由于票据行为的文义性，该行为属法人票据行为，由法人承担票据责任。

---

[1] 郑洋一：《票据法之理论与实务》，台北三民书局 1983 年版，第 55 页。

2. 意思表示。民法奉行意志自由，追求意思表示真实，把意思表示真实作为民事法律行为有效成立的要件之一。票据法也提倡意思表示真实，但是由于票据常常辗转于不特定人之手，在直接当事人之间，意思表示是否真实易于查知，非直接当事人则无从了解。为了促进票据流通，保护善意第三人的利益，票据法不苛求行为人的意思表示的真实性，只要求意思表示在外观上符合票据法所规定的形式要件，保护善意或无过失的持票人。行为人不得以意思表示不真实来对抗善意持票人。

票据法虽有许多强制性规范，但是票据法属私法，仍尊重当事人的意思自治，因此票据行为如果在以下情况下所为，那么票据行为的行为人可以对直接当事人行使抗辩权，并且直接当事人还应负其他法律责任：一方以暴力、胁迫的手段使对方在违背真意的情况下；一方以欺诈的方式诱使对方违背真意的情况下；一方乘人之危，迫使对方违反真意的情况下。对于间接恶意持票人也可以主张抗辩，所谓间接恶意持票人即明知前手票据的取得存在上述情形而接受票据转让的持票人。

（二）票据行为的形式要件

票据是流通证券，相对而言，票据行为的形式要件重于其实质要件，立法上对票据行为的形式要件都给予了强制性规定，要求行为人必须依据票据法规定的方式进行，即将意思表示以书面方式和法定格式记载于票据上，由行为人签章并交付相对人。票据行为形式要件由三个部分组成：书面记载、签章、交付。

1. 书面记载。票据为文义证券，所以票据行为人必须以文字记载自己的意思，行为人记载自己的意思得遵循法定规则，因为票据的生命力在于流通，商业交易要求票据上的权利、义务能一目了然。为了促进票据的使用与流通，各国票据法都对票据记载格式和记载事项作出了规定。这样既可以固定票据形式，使票据关系清晰地反映在票据上，又能制约票据行为人，使其不得任意记载不利于票据流通的文义。

票据记载的格式是指票据记载事项在票据上的位置分配。一般而言，票据格式是有关机构制定的统一票据样本，在我国，由中国人民银行统一印制。行为人使用统一票据用纸进行记载即可。在票据上所记载的事项依据法律所赋予的效力层次，可以分为绝对必要记载事项和相对必要记载事项，又分为可以记载事项和不得记载事项。

（1）绝对必要记载事项。绝对必要记载事项是指票据法规定非记载不可的事项，如果没有记载这类事项，则票据或票据行为归于无效。各国票据制度不同，故各国票据法规定的绝对必要记载事项也不完全相同，而同一国内的票据种类不同，其绝对必要记载事项也不完全一致。我国《票据法》第22条、第75条、第84条分别规定了汇票、本票和支票出票行为的绝对必要记载事项，第46条规定了保证行为的绝对必要记载事项。

（2）相对必要记载事项。相对必要记载事项是指票据上应该记载，若未予记载，票据或票据行为仍然有效，该事项的内容适用法律推定来确定。如《票据法》第23条规定汇票上付款日期应当记载事项，未记载的，推定为见票即付。

（3）可以记载事项。可以记载事项是票据法允许票据行为人依自己意思在票据上记载的事项，这类事项一经记载即生票据法上的效力，不记载也不影响票据行为的效力。对这类记载事项，各国票据法通常不作统一的规定，只散见于具体票据行为的相关条文。例如，我国票据法中关于禁止背书转让的记载。

（4）不得记载事项。不得记载事项是指依票据法的规定，行为人不应记载于票据上的事项，倘若记载，要么导致票据或票据行为无效，这些记载称为有害记载事项；要么对票据效力虽无负面影响，但此记载事项并不生效力，这类记载事项称为无益记载事项。例如，汇票上记载附条件支付的委托汇票无效，承兑记载附条件则承兑行为无效，均属有害记载事项。背书附条件，则所附条件不生票据上效力，此属无益记载事项。

2. 签章。票据上关于权利义务的文字记载最终要落实到签章这一环节，因为票据是流通证券，无签章，则无法确定票据上的债务人，而且签章为各种票据和票据行为的绝对必要记载事项，欠缺签章，则票据或票据行为无效。签章之所以成为绝对必要记载事项，是因为票据是文义证券，票据义务的内容及承担主体依票面记载而定，欠缺签章，使得票据权利行使对象不明确。可见签章的重大意义。鉴于此，各国票据法都将签章作为票据行为最重要的形式要件。

我国票据法也对签章作了详细的规定：①自然人签章可以是签名，可以是盖章，还可以是签名加盖章。自然人签名必须符合本名规则，即符合有效身份证上的姓名。②法人和其他使用票据的单位作为票据行为主体进行签章时必须同时具备法人或单位的全称公章或财务专用章和法定代表人、单位负责人或授权代理人的签名或盖章。这两项同时具备则符合法人签章要求。

行为人签章前必然了解票据的文义记载事项，并同意票据所记载的法律关系，所以一经签章，就承担签章时票据文义所记载的责任，而依我国《票据法》第 32 条，签章人还应承担直接前手签章真实性的担保责任。

3. 交付。票据交付是指票据行为人将业已记载完毕的票据交给受票人的行为。交付是否为票据行为的形式要件，各学者意见不一。纵观各国票据立法，大多将交付作为票据行为成立的不可缺少的形式要件并在各具体的票据行为中加以贯彻。在我国票据法中，交付也是票据行为成立的不可缺少的形式要件。

三、票据代理

和其他的民事法律行为一样，票据行为也可以由他人代理进行，一般称为票据代理。票据代理是代理人基于本人的授权，在票据上显示被代理人的名义并表明代理的意思而在票据上签章的行为。民事法律行为代理的一般规则适用于票据代理，但是，由于票据的流通，非直接当事人无法查明代理人与被代理人之间是否存在真实的委托关系，为了使票据关系人明确票据行为由何人所为，保障票据流通安全，票据法对票据代理采取严格的显名主义，对票据代理的形式要件也作了严格的规定，可以说这是票据行为要式性的延伸。

（一）票据代理的形式要件

按照我国《票据法》第 5 条、第 7 条的规定，票据代理应具备三项形式要件：①被代理人本人的姓名或名称；②代理人的签章；③代理意旨。此三项最通常也是最简便的记载便是：张三的代理人李四并签章或李四代理张三另加李四签章。缺欠票据代理形式要件之一则不能产生票据代理的效力。譬如无第 1 项要件——被代理人本人的姓名或名称的记载时，只有代理人签章和代理文句，被代理人未被记载于票据上，不构成票据代理，其票据责任依签章者负票据责任的原理应由代理人承担；缺欠第 2 项要件——代理人的签章时，则票据上无人签章，依"不签章，不负票据责任"的原理，代理人和被代理人均不负票据责任，票据代理也不生效力；欠缺第 3 项——代理意旨，则无代理意旨，代理关系不显示在票据上，外观上表现为共同签章，由于本人并未签章，票据责任不由他承担，而代理人在票据上签章，自应承担票据责任。

代理人直接以本人的名义在票据上签章，没有代理人的签章。如果代理人经本人授权，则构成票据代行；如果未经本人授权，则构成票据伪造。

在票据代行的情形下，代行人不以自己的名义，而直接以被代行人的名义即票据行为人的名义，为相应的票据行为。因此，对于票据行为的相对方及第三人而言，票据代行人所为的票据行为，当然即为票据行为人本人的行为，其票据责任自应由本人承担。[1]

---

〔1〕 赵新华：《票据法论》，吉林大学出版社 1998 年版，第 81 页。

（二）票据代理的实质要件

民法上代理人的代理行为能否对本人直接发生效力，必须以代理人代理权的存在为前提。票据行为的代理，也应以代理权的存在为前提。因此，所谓票据代理的实质要件，是指票据代理人依法或依本人授权而取得的代理权。票据代理的实质要件，票据法未作明确规定，应该适用民法上有关代理权的有关规定。票据代理人只有在代理权范围内，以本人即被代理人的名义所为的票据行为，其效力才由本人承担。票据代理人的代理权发生的原因有两个，一为委托代理，一为法定代理。不论是委托代理还是法定代理，都必须在代理权的范围内行使代理权方能有效，否则构成无权代理和越权代理。

（三）票据无权代理和越权代理的效力

民法中关于无权代理和越权代理的原理不适用于票据无权代理和越权代理。依民法，发生无权代理或越权代理时，代理行为的效力处于不确定状态，被代理人事后追认的，则产生代理的效力，代理的法律后果归属被代理人。票据无权代理和越权代理若援用民法的规定，代理行为的效力就处于未定状态，人们必然不敢贸然受让票据，票据的流通就受到阻碍。基于票据流通和交易安全的需要，票据法赋予票据无权代理和越权代理确定的法律后果。

1. 票据无权代理。票据无权代理是指行为人在未被他人授予票据代理权的情况下，以他人为被代理人，以自己为代理人，表明代理意思，记载票据法规定的事项，并自己签章于票据上的行为。

票据无权代理在形式上表现为票据代理，即票据代理的形式要件符合票据法的规定，但代理人没有经过被代理人的授权，其代理缺乏实质要件，因此，不能有效成立票据代理。依照我国票据法以及日内瓦法系国家票据法的规定，票据无权代理发生时，由无权代理人承担票据上的责任。

显然，票据法规定的票据无权代理的这一法律后果，与民法上无权代理的法律后果有较大差别。民法规定的无权代理的法律后果，实际上使法律行为的效力取决于被代理人的意思，而且，在被代理人追认之前，代理行为处于效力未定的状态。如果将民法上无权代理法律后果的这种规定，适用到票据法中极不利于票据流通的安全。所以，票据法没有赋予被代理人的事后追认权，而是直接规定了票据无权代理的后果由无权代理人自己承担。

2. 票据越权代理。票据越权代理是指票据代理人虽有代理权，但其超越代理权的范围而进行了票据代理。

越权代理，在大多数国家的票据法中均规定未越权部分由被代理人承担票据责任，超越权限部分则由代理人负责。

　　我国票据法的上述规定，只是越权代理责任效力的原则性规定。实务中越权代理的表现形式有多种。例如，票据上记载金额的越权（增加或减少记载金额）、提早到期日的记载、未按被代理人的意思记载付款等。在这些具体的越权代理中，如何适用票据法规定的越权代理责任效力的原则，票据法未作出明确规定，在适用时仍存在一些问题。[1]

第四节　　票据权利

一、票据权利的概念

　　票据权利是持票人为了取得票据金额而向票据债务人行使的权利，包括付款请求权和追索权。在票据关系中，票据权利人为合法的持票人，义务人为在票据上签章的票据行为人，标的为一定数额的金钱，该数额根据付款请求权和追索权的不同而有别。

　　票据权利不同于一般的民商事权利，具有以下特征：

　　1. 票据权利是以金钱给付为内容的请求权。票据权利在本质上也是一种债权，与普通债权不同的是，票据权利只能以金钱给付得到满足，不能有任何变通；而普通债权则可以是金钱以外的有形财产或无形财产，还可以发生标的转换现象。

　　2. 票据权利是证券性权利。[2] 所谓证券性权利，是指依赖证券而存在的权利，即权利内容必须表现在证券上。证券性权利的特点在于它是由两种权利组合而成，也就是说，在证券上存在两种权利。一种是持有证券的人对构成证券的物质（即一张纸）的所有权，这是证券所有权。另一种是构成证券的内容的权利，即证券所表示的权利，也就是证券持有人凭证券上的记载而享有或行使的权利，这是证券权利。[3] 证券权利必须通过证券的物质载体而存在，所以证券权利的存在要以证券所有权的存在为前提，证券所有权与证券权利合二为一，密不可分。

　　而民法上的一般金钱债权不以证券的存在为必要，即使表明相互之间债权、债务的证券不存在了，只要有其他证据可以证明当事人之间存在债权、债务关系，那么，债权人仍有权要求债务人清偿，如借贷之债。票据权利作为证

---

〔1〕董安生：《票据法》，中国人民大学出版社 2000 年版，第 69 页。

〔2〕赵威：《票据权利研究》，法律出版社 1997 年版，第 53 页。

〔3〕谢怀栻：《票据法概论》，法律出版社 1990 年版，第 5 页。

券权利，除法律另有规定外，票据权利的发生、转移和行使都以票据的存在为必要，即票据权利的发生以作成票据为必要、票据权利的转移以交付票据为必要、票据权利的行使以持有票据为必要。离开票据，权利人不能主张自己的权利，票据权利与票据作为物质的所有权合二为一、密不可分，即所谓"权利与证券相结合，权利证券化"。

3. 票据权利有付款请求权和追索权的双重权能。普通金钱债权是一次性的请求权，而票据权利有付款请求权和追索权的双重权能。各国票据法为了确保持票人获得票据付款，均赋予了票据权利人双重的票据权利，即付款请求权和追索权。其中付款请求权为第一次请求权，即持票人向票据的主债务人请求支付票载金额的权利，这种权利应当在票据流通结束或付款到期日行使。当第一次请求权不能实现，票据债权人即可行使第二次请求权，即追索权。追索权的行使，原则上必须是行使付款请求权而被拒绝后才能行使，但也有例外，譬如期前追索和因不可抗力不能行使付款请求权时所发生的追索。

4. 票据权利具有无因性。票据的转让实质上是票据权利的转让，整个一部票据法的核心就在于通过各项具体制度的设计来确保票据权利的转让，亦即票据流通的顺畅进行，以便充分发挥票据在实际交易中的功用。要达此目的，首先必须坚持票据权利的无因性，以消除票据流通的第一道障碍。所谓票据权利的无因性，是指持票人无须向票据债务人明示其取得票据是出于何种原因以及原因是否合法，即可对票据债务人主张票据权利，而票据债务人也无权利审查持票人取得票据权利的原因是否真实是否合法。通常而言，票据权利一旦合法取得，其取得的原因是否继续存在、是否仍然合法而有效，不再对持票人所取得的票据权利的效力有任何的影响。而一般民事债权能否为当事人合法取得，原则上取决于其取得的原因是否合法，原因的效力往往决定了该民事债权的效力。

5. 票据权利具有短时效性。为加强票据的流通，促进资金的周转，有必要促使票据权利人尽快行使权利，终结票据关系。票据权利的短时效制度不仅追求效率价值，同时也彰显法律的另一重要价值——公平。如前所述，票据法对票据权利人的保护可谓步步为营，票据关系的另一方——票据义务人的利益则通过票据权利短时效制度得以维护，如果时效期间经过义务人即可脱卸票据义务这一沉重的负担，以平衡票据关系双方的权利义务关系，这是票据权利短时效制度的要旨之一。从这一点看，可以说票据权利短时效性是公平与效率均衡理论的极好诠释。[1] 所以，现代各国票据法的一个普遍做法就是为票据权利规定较短的时效期限，以加快债权、债务的清偿速度。持票人如不能尽快地行使其票据权利，就要面临票据权利丧失的危险。

二、票据权利的取得

票据是完全证券，权利和证券紧密结合在一起，所以，票据权利的取得，以合法持有票据为必要条件。依照持票人取得票据的方式，票据权利可以分为原始取得和继受取得，这两种不同的取得票据的途径使得持票人所享有的票据权利也不尽相同。

（一）票据权利的原始取得

票据权利的原始取得又可以分为出票取得和善意取得。

1. 出票取得是指持票人基于出票人的出票行为而原始地取得了票据权利。

2. 票据权利的善意取得是指依票据法规定的转让方法，持票人在支付相当对价的前提下，善意地从无处分权人处受让票据，从而取得票据权利。

票据权利的善意取得是借鉴民法上的动产善意取得，变通设立的一种制度，旨在保护票据的流通和交易的安全。因此票据善意取得也必须具备一定的条件：①票据受让对象必须是无处分权人，否则就构成继受取得；②持票人受让时的心理态度必须是善意的，即受让人虽尽了法定主义义务仍不能知道出让人无处分权；③持票人受让票据时支付了相当的对价，即不能是未支付对价或未支付相当对价，否则，根据后手继承前手瑕疵的原理，让与人没有票据权利，受让人即持票人也不得享有票据权利。满足以上三项条件即构成票据权利的善意取得，票据权利的善意取得的法律效力是后手取得的票据权利优于或大于其前手所享有的票据权利，持票人可以独立地、完整地享有票据权利。

（二）票据权利的继受取得

票据权利的继受取得是指持票人基于其前手的票据权利，依照合法的转让方式取得票据，从而享有票据权利。这主要包括：①依票据法规定的方式，通过背书或单纯交付而取得；②依民法上普通债权转让的方式取得，如继承、公司合并分立、破产财产的分配、赠与等。

三、票据权利的行使与保全

某些行为既是票据权利的行使行为，又是票据权利的保全行为，如提示付款，所以票据权利的行使和保全常常相提并论。

---

〔1〕　覃有土、吴京辉："略论票据时效"，载《中南财经政法大学学报》2005 年第 2 期。

（一）票据权利的行使

票据权利的行使是指票据权利人向票据债务人提示票据，请求履行票据债务的行为。这主要包括向付款人提示票据请求承兑、向付款人或承兑人提示票据请求付款、向前手债务人依法追索等。

（二）票据权利的保全

票据权利的保全是指票据权利人为防止票据权利丧失而进行的行为。主要包括：为防止追索权的丧失而遵期提示票据的行为，为防止追索权的丧失而作成拒绝证明书、出示拒绝证明书或其他合法证明的行为，票据权利丧失而中断时效的行为；等等。

票据权利的行使和保全，二者相互联系并且有部分重合，因为票据权利行使和保全的方法主要有遵期提示票据、依期作成拒绝证明、中断票据时效。遵期提示票据要求票据权利人在票据法规定的期间内向债务人出示票据，并请求其履行义务。票据是完全证券，权利人行使票据权利必须提示票据以证明自己为票据权利人，而无论是提示承兑还是提示付款若未按期进行，则丧失对前手的追索权，所以遵期提示票据可谓一石击二鸟，既行使了票据权利，又可能达到了权利保全的目的。遵期提示若遭拒绝，权利人可以进一步行使追索权，追索权的行使可能是因为行使票据权利遭到拒绝，也可能是因为无法行使票据权利。无论哪种原因，持票人行使追索权时，必须依期作成拒绝证明，一般为退票理由书或有关法定机关出具的证明文件等形式，否则持票人丧失对其前手的追索权。最高人民法院在《关于审理票据纠纷案件若干问题的规定》（以下简称《审理票据案件的规定》）中将《票据法》第17条解释为时效期间而非除斥期间，因而可以发生中断。我国《票据法》和相关的司法解释都没有关于中断时效的具体方式，因此，只能依民法中断时效的方式进行，主要有提起诉讼、债权人一方提出要求履行债务、债务人一方同意履行债务等。

（三）行使与保全票据权利的场所

各国票据法都规定，票据债权的行使或票据债务的履行，应由票据权利人到票据债务人的所在地进行，从而形成了与民法上债的履行相反的情形和原理。这是由于票据是流通证券，其生命力在于频繁的流通，尤其在委付票据的情况下，付款人难以得知其债权人在何方，无法到债权人所在地履行票据债务。我国《票据法》第16条规定的行使与保全票据权利的场所是营业场所或住所。

（四）行使与保全票据权利的期间与时间

1. 期间。行使与保全票据权利的期间应以《票据法》规定的提示期间或时效期限为准。

2. 时间。持票人行使与保全票据权利，必须于特定的时间进行，不得随意为之。根据《票据法》的规定，特定的时间应当是指票据债务人的正常营业日内的正常营业时间。

四、票据权利的消灭

票据权利的消灭可以分为绝对消灭和相对消灭。因一定的事实而使付款请求权和追索权一并不复存在，为票据权利的绝对消灭；因一定的事实而使部分债务人不再承担票据债务，票据权利相对于这部分人不存在，而对其他人仍存在的，为票据权利的相对消灭。

（一）导致票据权利绝对消灭的事实

1. 正确付款。我国《票据法》不承认部分付款的效力，所以正确付款即付款人无条件足额支付票款，全体票据债务人均因正确付款而解除票据责任，即票据权利绝对消灭。

2. 票据时效届满。根据我国《票据法》第 17 条第 1、2 项以及《审理票据案件的规定》第 13 条，票据权利绝对消灭的时效期间为：持票人对票据出票人和付款人、承兑人的权利，自票据到期日起 2 年，见票即付的汇票、本票，自出票日起 2 年；对支票出票人的权利，自出票日起 6 个月。上述时效届满，持票人的票据权利绝对消灭。

3. 出票人清偿。持票人被拒绝承兑或被拒绝付款而向出票人行使追索权时，出票人清偿票面金额、法定利息和行使追索权的必要费用后，所有债务人的票据责任均解除，票据权利绝对消灭。

（二）导致票据权利相对消灭的事实

1. 除出票人和承兑人外的被追索人清偿债务后，票据权利相对消灭，被追索人清偿债务后，被追索人及其后手的票据责任得以解除，但票据权利相对于其前手仍存在，其前手有再遭追索的可能。

2. 依据《票据法》第 17 条第 3、4 项和《审理票据案件的规定》第 18 条的规定，持票人对出票人以外的前手的追索权为被拒绝之日起 6 个月，再追索权为自清偿日或被诉日起 3 个月，时效经过则丧失对出票人以外的前手的追索权和再追索权，也是票据权利相对消灭的情形。

3. 保全手续不完备。《票据法》第 40、53、65 条规定了保全票据权利的手续，结合《审理票据案件的规定》第 19 条，若不依期保全票据权利，持票人丧失对出票人以外的其他前手的追索权。可见保全手续欠缺也导致票据权利相对消灭。

第五节　票据的伪造、变造和更改

一、票据的伪造

票据伪造是指假冒他人名义在票据上签章而实施票据行为的一种违法行为。由于票据行为分为基本票据行为和附属票据行为，票据伪造相应地也可分为基本票据行为的伪造和附属票据行为的伪造，其中基本票据行为的伪造，即伪造出票行为通常称之为伪造票据，而其他附属票据行为的伪造则称为签章的伪造。

（一）票据伪造的构成要件

票据伪造必须具备以下三个要件：

1. 票据伪造行为符合票据行为的形式要件。票据伪造行为本身显然不是票据行为，但从行为外观看，具备票据行为的形式要件。

2. 行为人是假冒他人名义在票据上签章的，即行为人在票据上的签章不是他自己的真实的姓名或名称，是在没有得到他人授权的情况下冒用他人的姓名或名称。

3. 票据伪造者以享有票据权利为目的。票据伪造者的假为票据行为的真实意思是在不承担票据债务的前提下享有票据权利，也就是说，伪造人伪造票据的目的是为了享有票据权利，否则，伪造人伪造票据就毫无意义。因此，对于那些既不想承担票据义务，亦不想享有票据权利而"假冒他人名义"进行的票据行为，不构成票据的伪造。例如，教师为教学需要而假造票据样本等。

（二）票据伪造的法律后果

票据伪造对不同的主体产生不同的法律后果。

1. 对于伪造人自己。伪造人不是以自己的名义所为的签章，自己的真实姓名并没有记载于票据之上，依照票据行为的文义性，他不承担票据责任，但依据我国《票据法》第106条和第102条的规定，伪造人应承担侵权民事责任和伪造有价证券罪的刑事责任，不构成犯罪的应承担相关的行政责任。

2. 对于被伪造人。由于被伪造人并没有在票据上签章也没有授权他人代理签章，依照我国《票据法》第4条的规定，被伪造人不承担票据责任。被伪造人可以以此对抗任何持票人，即使善意持票人也不例外。

3. 对于票据上其他真实签章人。一张票据上同时存在伪造的签章（包括出票的签章）和真实签章时，根据票据行为的独立性，各真实签章仍然有效，真实签章人仍应负票据责任。

4. 对于持票人。票据上若没有其他真实签章人，持票人只能依民法向伪造人主张损害赔偿；若有其他真实签章人，持票人可以向真实签章人主张票据权利。

5. 对于付款人。由于付款人对基本票据行为即出票和其他票据行为的审查义务不同，故伪造票据和签章的伪造对付款人产生不同的影响。大陆法系各国票据法均要求付款人对出票人的签章负实质审查义务，我国票据法也有类似的规定。付款人付款时若对出票签章的真实性审查有恶意或重大过失时，我国票据法规定付款人"应当自行承担责任"，恶意付款的付款人还应承担刑事责任。依照《审理票据案件的规定》，因重大过失而付款时，付款人有权向伪造者追偿。对于附属票据行为的伪造，《票据法》和《支付结算办法》，只要求付款人作形式审查。付款人若依法履行了通常审查义务而未能辨认签章真伪，因此而付款的，属正确付款。

二、票据的变造

票据变造是指没有变更权的人，以行使票据权利为目的，在已经有效成立的票据上，变更签名以外的其他记载事项，从而使票据权利义务的内容发生改变的行为。票据变造涉及的是签名以外的事项，票据本身及票据债务人的存在都是真实的。就变造的对象来看，对票据上除签章之外的有关记载事项予以变更，不仅包括票据上的绝对必要记载事项的变更，也包括票据上的相对必要记载事项的变更，而对于无益记载事项的变更，一般不认为是票据的变造，因为其记载与否与票据的效力无关，其变更后并不改变票据上原有的权利义务结构。[1]

（一）票据变造的构成要件

并非任何人在票据上作任何变更都是票据变造。票据变造必须符合下列条件：

1. 票据变造必须是无变更权人所为的更改票据记载事项的行为。依我国票据法的规定，金额、日期、收款人姓名或名称不得更改，一旦更改，票据无效。对票据上的其他记载事项，原记载人有权变更，但应在变更处签章证明。若是有变更权人所为的更改行为则构成票据的更改。因此票据上的变更究竟是票据变造还是票据更改，唯一的判断标准就是行为人对所变更事项（金额、日期、收款人姓名或名称除外）是否有更改权。

---

[1]　叶才勇："票据伪造及票据变造的规约比较"，载《华南师范大学学报（社会科学版）》2000年第4期。

2. 票据变造必须是变更签章以外的足以引起票据权利、义务内容发生变化的记载事项。变更票据上的无益记载事项，例如，背书所附的条件，对票据关系不产生任何影响，不属票据变造。

3. 票据变造的目的是获取变造所带来的利益，变造前票据是有效的，变造后，票据仍是有效的，变造者的目的是行使票据权利，否则也不构成票据变造。这一要求与票据伪造的构成要件相同。

（二）票据变造的法律后果

票据变造后仍属有效票据，对不同的票据当事人产生不同的法律后果。

1. 对变造人自己。票据变造属于严重的违法行为，变造人必须为此承担刑事责任和民事赔偿责任。如果变造人本身就是票据上的票据债务人，那么他所负的刑事责任和民事赔偿责任不影响其应负的票据责任。若变造人仅仅改写了票据上的记载事项而不是票据债务人，那么他仅负刑事责任和民事赔偿责任。

对参与或同意变造票据的人，不论其签章是在票据变造前还是在变造后，都按票据变造后的文义承担票据责任。此观点在我国台湾地区"票据法"中有明确的体现。该法第16条第2款规定："前项票据变造，其参与或同意变造者，不论签名在变造前后，均依变造文义负责。"

2. 对于其他签章人。《日内瓦汇票和本票统一法公约》对于票据变造及其效力设有专章规定，形成了一个概括性规则：票据文义经变造时，签名在变造后者，依变造文义负责；签名在变造前者，依原有文义负责。德、法、日等大陆法系国家对此也有类似规范。

英美法系票据法对变造票据的法律后果的规定，与大陆法系国家票据法有较大差别，英美票据法以票据变造是否明显，来决定签章人的责任。例如，《英国票据法》第64条规定："汇票或承兑汇票未经全体当事人同意而作了重大变造，除对于作出、授权或同意该项变造之当事人及其后手诸背书人外，该票即告无效。但下述情况除外：凡汇票已被作了重大变造，但变造不明显，且该票又在正当持票人之手，则该正当持票人可将其作为未经变造过的汇票来运用，并可按该票原来的文义凭以强制付款。"

对于不能辨别是在签章前或后签章的，《联合国票据公约草案》规定：只要没有相反证明，票据上的签章视为在变造以后所作，签章人按变造后的文义负责。而我国票据法则将不能辨别是在变造之前或之后签章的视为在变造前签章，按变造前的文义负责。

3. 对于持票人。持票人所持的票据因变造而存在瑕疵，必然影响其权利的实现。依照我国票据法的规定，若向变造前的签章人主张票据权利，只能依原记载获得满足，而不论其取得票据时支付的对价的多少；若向变造后的人主张权利，则有可能实现全部票载权利。若变造后无人签章，持票人只能行使变造前的票据权利，其余部分票据权利则无人承担，只能转向变造人，依民法行使损害赔偿请求权。

三、票据的更改

票据更改是指有更改权的人严格依照票据法的规定对可更改事项进行的更改。

（一）票据更改的构成要件

票据更改的要件如下：

1. 票据更改应是有更改权的人进行的更改。所谓有更改权人，应是原记载人，这一点明显不同于涂销权。原记载人记载后，可能客观情况的变化导致票据上的已作记载不尽合理，如原记载的付款地是武汉，后来由于业务的需要，在上海付款更合适。所以，票据法赋予原记载人更改权以进行某些事项的更改并在更改处签章。

2. 有更改权的人应在记载完毕之后、交付之前进行更改，否则即应得全体票据当事人同意才能更改。

3. 只能更改票据法规定的不可更改事项以外的事项，否则导致票据无效。

（二）票据更改的法律后果

票据更改后，原记载事项因更改而无效，票据上的权利义务以更改后的记载内容确定。

第六节　票据的涂销与丧失

一、票据的涂销

票据涂销是指有涂销权的人涂抹消除票据上的签名或其他记载事项的一种合法行为。其中有涂销权的人主要是指票据权利人或持票人。涂销行为也不限于以涂抹的方式进行销除，也包括以纸物粘贴、以化学方法消除等方式。

（一）票据涂销的构成要件

票据涂销有以下三个要件：

1. 票据的涂销应是有涂销权的人有意所为的行为。若涂销权人并无涂销的意思而致使票据上的记载被涂销或者无涂销权人进行涂销的，则不产生涂销的法律后果。

2. 涂销仅限于对票据上所记载内容的涂抹等消除行为，即减少票据记载的内容，简化票据上的法律关系。

3. 涂销的目的是消除被涂销部分的票据权利，是一种合法行为。

（二）票据涂销的法律后果

不同国家的法律对票据涂销的法律后果采取不同的规范方式。英美法系概括地规定，票据权利人故意涂销票据上记载的事项，那么该权利人便丧失其在该涂销部分的票据上的权利。大陆法系各国票据法及《日内瓦汇票和本票统一法公约》则根据涂销的内容不同而规定了不同的法律后果，由于我国票据法未作规定，故本书不予详究。

二、票据的丧失

现实生活中，持票人会因遗失、被盗、焚烧、洗毁而丧失票据，这种情况下票据权利并不因为票据的丧失而消灭，但票据是完全有价证券，权利人行使权利必须提示票据，一旦票据落入他人之手，则票据权利有旁落他人的危险。因此，各国票据法都设定补救措施予以救济。依我国票据法，票据丧失的救济主要有三种途径：挂失止付、公示催告和票据诉讼。

（一）挂失止付

挂失止付是我国固有的失票救济方法，指票据权利人（称失票人）将丧失票据的情形书面通知付款人并让其停止付款的行为。挂失止付必须是在付款人未付款的情况下才产生付款人不得付款的效力，其时间为 12 天，但并不能使失票人恢复票据权利。而且，未记载付款人或无法确定付款人及其代理付款人的票据丧失后，无法进行挂失止付。因而，它只是一种应急的辅助措施。

（二）公示催告

根据我国《票据法》第 15 条第 3 款的规定，失票人应当在挂失止付后 3 日内，依法向人民法院申请公示催告，也可以在票据丧失后直接向人民法院申请公示催告。人民法院受理公示催告的同时向付款人及代理付款人发出止付通知，在 3 日内以公告的方式催促不确定的利害关系人申报权利，逾期无人申报，人民法院可以作出除权判决，宣告所丧失的票据无效，失票人可以凭除权判决书要求付款人或代理付款人付款，也可以要求出票人重新签发票据。《审理票据案件的规定》将空白支票、没有记载代理付款人的汇票及超过付款提示期限的票据都纳入人民法院的受案范围，完善了我国的失票救济制度。

（三）票据诉讼

票据诉讼是英美法系的失票救济方法，我国《票据法》在立法上借鉴过来而长期无法实际操作，《审理票据案件的规定》第 35～39 条被学界誉为票据诉讼的"驱动程序"。[1] 票据诉讼不同于公示催告，是一种诉讼程序，其原告固定为失票人，被告则为承兑人或出票人，或非法持有票据人。失票人应向被告所在地或票据支付地人民法院提起诉讼，要求人民法院判决票据债务人履行票据义务或非法持票人归还票据。票据诉讼不同于普通诉讼的是，原告除提供证明自己为权利人并丧失票据的证据外，还得向法院提供相当票载金额的担保。

第七节 票据抗辩的限制

一、票据抗辩的限制

票据权利在本质上是一种债权，不同于普通债权的是它可以在各主体之间自由流转，因此，若票据抗辩也如同一般的民法债务人的抗辩一样，持票人必然惶惶不安，担心前手权利瑕疵会波及自己的票据权利，从而妨碍票据的流通。为了保障票据权利的安全并使票据畅通无阻，票据法对票据抗辩设立了限制。当然票据抗辩本身的设置目的是从保护票据债务人利益的角度促进交易安全，因此，并不是对所有的票据抗辩设置限制，而只针对某一些类型的抗辩进行限制。票据抗辩依抗辩对象和效力的不同，可分为以下两大类。

（一）对物抗辩

对物抗辩是指基于票据本身的原因而产生的抗辩，这种抗辩又称为绝对抗辩。例如，欠缺绝对必要记载事项、更改了不可以更改事项、背书不连续、到期日尚未截止、票据上有伪造、变造行为等情况下，债务人可以对抗任何持票人，对这类票据抗辩没有限制。

（二）对人抗辩

对人抗辩是指基于特定的当事人之间的关系而产生的抗辩。譬如基于原因关系、资金关系或当事人之间的特别约定，债务人可以对抗特定的持票人，因此又称相对抗辩。对人抗辩又分为直接抗辩和间接抗辩，直接抗辩是在直接当事人之间进行的抗辩，如 A 出票与 B 购买货物，B 不履行交货义务，A 以此对抗 B 的票据权利。间接抗辩是在非直接当事人之间进行的抗辩，一如上例，B 将票据合法转让与 C，A 以 B 未履行交货义务而对抗 C 的票据权利，此即为间接抗辩。正是这类对人抗辩受到限制，也称对人抗辩的切断，即抗辩原因和抗

---

[1] 曹守晔、王小能等："《关于审理票据纠纷案件若干问题的规定》理解与使用"，载祝铭山主编：《票据纠纷》，中国法制出版社 2003 年版，第 329 页。

辩效力不能延续适用于非直接当事人之间。本例中，A 不得以自己与 B 之间的原因关系瑕疵或不成立对抗持票人 C。我国《票据法》第 13 条第 1 款规定，票据债务人不得以自己与出票人或者与持票人的前手之间的抗辩事由对抗持票人。最高人民法院的《审理票据案件的规定》的第 14 条规定，对已经背书转让票据的持票人进行抗辩的，人民法院不予支持。这样规定，将票据个别风险限定在直接当事人之间，而不至扩大、危及整个票据关系。

二、票据抗辩限制的例外情况

票据抗辩的限制切断了对人抗辩的效力，为了防止持票人利用票据抗辩的限制而损害正当权利人的权利，票据法也规定在一定的情形下对人抗辩不切断，可以延续地对抗特定的非直接当事人。依照我国《票据法》第 12 条和第 13 条的规定，对明知前手是恶意取得票据或明知票据权利有瑕疵而接受票据转让的持票人，票据债务人可以自己与前手的抗辩延续对抗持票人。而从《票据法》第 11 条的规定来看，对无对价取得票据的持票人，票据债务人也可以对其前手的抗辩对抗持票人。

第八节　票据利益偿还请求权

票据法为适应商业交易快捷性和安全性需要，规定了较短的消灭时效和较严格的权利保全手续，持票人较容易因时效届满或保全手续欠缺而丧失票据权利，而出票人或承兑人则因此应支出而未支出或不应得到而得到了相当于票据权利的利益。为了纠正这种不公平，票据法设立了利益返还请求权制度。

一、利益返还请求权关系中的当事人

利益返还请求权是指当持票人的票据权利因时效经过或欠缺一定的手续而消灭时，持票人享有向出票人或承兑人请求返还其所受利益的权利。在利益返还请求权关系中，权利主体为持票人，不限于最后背书人，包括被追索清偿后代为取得票据权利的背书人、保证人等；义务主体为各种票据的出票人或汇票的承兑人，而不包括背书人。因为背书人转让票据虽取得后手的对价，但在取得票据时已支付对价，他的收获与支付呈平衡状态，并未收取额外的利益。

二、利益返还请求权行使的条件及范围

除主体适合外，行使利益返还请求权还应具备以下前提条件：①票据权利是因时效届满或保全手续欠缺而消灭。前文已涉及票据权利消灭的种种原因，因其他原因而导致票据权利消灭的，不得行使利益返还请求权。②出票人或承兑人受益与持票人票据权利消灭有直接的因果关系。利益返还请求权设置的目

的就是为了平衡票据权利人和义务人之间的利益，若出票人或承兑人根本没有受益就无利益可返还。义务主体受益的情形如：汇票的出票人出票时已取得对价，在未向付款人提供资金的情况下，由于票据权利消灭而不再担保付款；本票的出票人出票时取得对价，票据权利消灭而不承担付款义务；支票的出票人出票时取得对价而因票据权利消灭，应支付的支票金额未支付；汇票的承兑人已收到出票人的资金，因票据权利消灭而不用付款；等等。上述两项条件满足，持票人便可以行使利益返还请求权，依据我国《票据法》第18条的规定，其利益返还范围是与未支付的票据金额相当的利益。学界多数主张利益返还范围应以出票人或承兑人的受益范围为限，我国台湾地区的"票据法"正是这一立法。

■ 思考题

1. 票据和一般的有价证券的区别有哪些？
2. 举例说明票据的融资功能。
3. 什么是票据法？票据法的特征有哪些？
4. 如何理解票据权利的二重性？
5. 简述票据法上的"善意"以及票据权利善意取得的构成要件。
6. 票据抗辩的有几种类型？其分类依据是什么？
7. 论述票据权利消灭的原因及其各自的效力。
8. 票据丧失后的救济方法有哪些？
9. 票据行为有哪些特征？各自的含义是什么？
10. 票据行为的形式要件有哪些？
11. 票据代理的概念和形式要件如何？
12. 简述票据伪造和变造的概念及二者的区别。
13. 简述票据涂销和票据更改的区别。

第十四章 汇 票

■学习目的和要求

　　本章阐述汇票的基本知识、基本理论。通过本章学习，应掌握汇票出票、背书、承兑、保证等票据行为的形式要件及其效力，汇票付款的程序，追索权的行使要件以及汇票到期日的计算。本章教学的重点是汇票各具体行为的形式要件及其效力、追索权的行使要件。

第一节　汇票的概念与种类

一、汇票的概念

　　汇票是指由出票人签发的，委托付款人在见票时或在指定日期无条件支付确定金额给收款人或持票人的票据。

　　汇票具有以下特征：

　　1. 汇票是委付证券。按照许多国家的法律观念，汇票在本质上是一种不附条件的书面支付命令，由出票人签发，要求付款人无条件支付确定金额给持票人。这涉及三方当事人，即出票人、付款人和持票人，也称为汇票基本当事人，其中付款人并不是票据关系当事人，只是基于出票人的委托而付款，而且作为汇票关系基础的资金关系可以是出票人与付款人之间的合同关系、信用关系、债权债务关系，也可以是无因管理关系，这些均不同于支票和本票。

　　2. 汇票的付款期限灵活。汇票的付款日可由出票人依法选择，所以汇票不仅有即期汇票，还有远期汇票。在远期汇票上都有一定的到期日，使得汇票具有信用功能和融资功能，所以汇票往往被称为信用证券。

　　而依我国票据法，本票和支票均仅限于即期票据，而没有远期票据。

二、汇票的种类

　　根据不同的划分标准，可以将汇票分为不同的种类。

（一）商业汇票和银行汇票

依出票人的性质不同，汇票可分为银行汇票和商业汇票。这是依我国现行票据法的规定所做的分类。据中国人民银行的《支付结算办法》第 53 条第 1 款的规定，"银行汇票是出票银行签发的，由其在见票时按实际结算金额无条件支付给收款人或持票人的票据"。实务中，由使用银行汇票的主体向中国人民银行或参加"全国联行往来"的商业银行提出申请，银行根据申请人的申请签发汇票给收款人，银行汇票的付款人原则上为出票银行本系统的异地银行机构或与出票银行签约代理支付的异地跨系统代理银行。可见使用银行汇票的申请人并不是银行汇票关系当事人。银行汇票仅限于见票即付，其提示付款期限较短，仅为出票日起 1 个月。图 14 - 1 为银行汇票的票样。

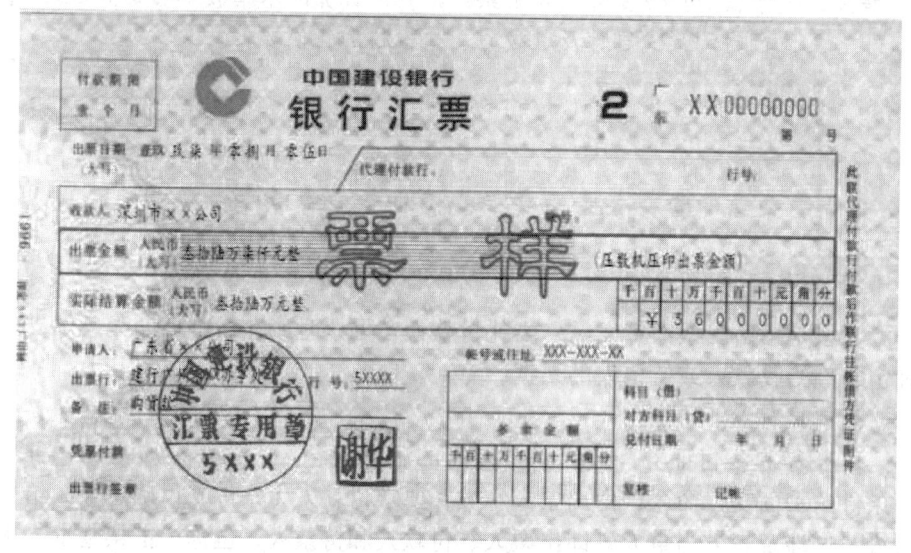

图 14 - 1 银行汇票票样

商业汇票是银行以外的其他主体签发的，委托付款人在指定日期无条件支付确定的金额给收款人或持票人的票据。在我国目前的票据制度下，商业汇票的出票人，只限于在银行开立存款账户的法人及其他组织，自然人被排除在外。与银行汇票不同的是，商业汇票必须经过承兑，根据承兑主体的不同，可以分为商业承兑汇票和银行承兑汇票。商业承兑汇票是指由非银行主体进行承兑的汇票。这种汇票一般由原因关系中的付款方"承兑"，银行承兑汇票则是由银行承兑的商业汇票，是我国票据实践中最接近传统承兑汇票的票据。图 14 - 2 为银行承兑汇票票样。

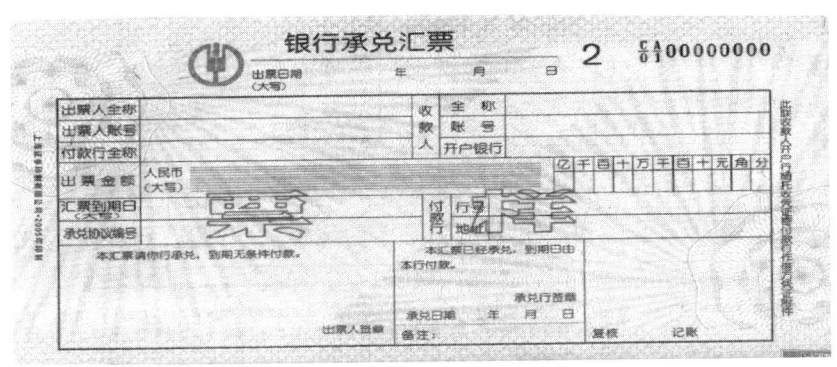

图 14 - 2 银行承兑汇票票样

（二）即期汇票与远期汇票

这种分类依据完全同于前面已述的远期票据和即期票据的分类，故此处不再赘述。

（三）记名汇票、指示汇票和无记名汇票

这种分类依据完全同于前已述及的记名票据、指示票据和无记名票据。值得注意的是，我国禁止签发无记名汇票。

（四）一般汇票和变式汇票

依汇票上三个基本当事人是否由同一主体兼任，汇票可分为一般汇票和变式汇票。

汇票基本当事人有三个：出票人、付款人、收款人。三个当事人分别为不同的主体的汇票为一般汇票。变式汇票是指某一主体同时兼任两个以上汇票基本当事人的汇票。出票人以自己为收款人的汇票为指己汇票；出票人以自己为付款人的汇票为对己汇票；出票人以自己为付款人，同时也为收款人的汇票为己付己受汇票；而付款人与收款人为同一人的则为付受汇票。变式汇票主要是因为社会经济生活中复杂的信用要求而产生，许多国家的票据法允许变式汇票的使用。在我国，银行汇票实为对己汇票，《支付结算办法》第 79 条明确肯定了商业承兑汇票可以采用对己汇票和指己汇票的形式。变式汇票活跃了票据市场，促进了票据的使用。

第二节 出 票

一、出票的概念

出票是指出票人以创设票据关系为目的，严格依照票据法的规定进行一定事项的记载并将票据交付给收款人的基本票据行为。

出票的这一概念也是学理上的概念，《日内瓦汇票和本票统一法公约》《联合国国际汇票和国际本票公约草案》都没有从立法的角度给出票行为下定义，而且多数大陆法系国家也没有在法律文件中给出票下定义。而我国《票据法》第 20 条规定："出票是指出票人签发票据并将其交付给收款人的票据行为。"按照英国《1882 年票据法》第 2 条的规定，"签发"是指把形式上完整之汇票或本票第一次交付与持票人；《美国统一商法典》的"签发"含义类似于英国的。[1] 从字面理解，签发即包含交付的意义。所以有学者认为我国票据法上的出票定义使用"签发"不妥。[2]

二、汇票的款式

由于出票记载的事项是附属票据行为的基础，故记载必须严格遵照票据法的规定进行，出票行为才有效，票据才能得以有效创立。我国《票据法》规定的出票记载事项有如下部分。

（一）汇票出票的绝对必要记载事项

汇票出票时的绝对必要记载事项必须严格依法记载，否则出票行为无效，票据本身也无效，不论其他附属票据行为。我国《票据法》第 22 条规定，汇票出票的绝对必要记载事项有七项：表明"汇票"的字样；无条件支付的委托；确定的金额；付款人名称；收款人名称；出票日期；出票人签章。其中第 1 项已经统一印制，不必出票人填写，票据金额的记载必须由出票人以中文大写和数字小写同时进行记载，而且大写与小写必须一致，二者缺一记载或记载不一致，出票行为无效，同时票据无效。票据金额一经记载不得更改，否则票据无效。收款人名称、出票日期也属不可更改事项，出票人签章遵循前文所及的本名全名规则。

（二）汇票出票的相对必要记载事项

根据我国《票据法》第 23 条的规定，汇票上的相对必要记载事项有三项：付款日期；付款地；出票地。这些事项应当记载以便于持票人行使票据权利。没有记载付款日期的，依法推定为见票即付；未记载付款地的，推定付款人的营业场所、住所或经常居住地为付款地；同理推定出票地为出票人的营业场所、住所或经常居住地。

---

〔1〕 余振龙、姚念慈主编：《国外票据法》，上海社会科学出版社 1991 年版，第 74、35 页。

〔2〕 刘心稳：《票据法》，中国政法大学出版社 2002 年版，第 147 页。

（三）汇票出票的可以记载事项

汇票上允许当事人依法并根据自己的意志记载某些事项，不记载也不影响票据效力，一旦记载则产生票据法上的效力。部分国家和地区有参加付款制度、允许分期付款制度等，其预备付款人及分期付款文句等记载都属于可以记载事项。根据我国票据法的规定，禁止背书文句、支付币种、代理付款人属可以记载事项。出票人记载不得转让的，持票人就不能转让该票据，否则不产生票据法上的转让效力。出票人若在汇票上记载支付币种，那么付款人应当按汇票上所记载币种进行支付；如果没有记载支付币种，则支付我国法定货币——人民币。出票人在汇票出票时，可以记载代理付款人，汇票上记载了代理付款人时，持票人应当向代理付款人提示付款。在我国，根据中国人民银行的《票据管理实施办法》和《支付结算办法》的规定，代理付款人是指根据付款人委托代办支付票据金额的银行、城市信用合作社和农村信用合作社，银行汇票的代理付款人则是代理本系统出票银行或跨系统签约银行审核并支付汇票款项的银行。出票人记载代理付款人，只能在这些主体中选择适当的对象进行记载。

（四）汇票出票的不得记载事项

出票的不得记载事项分为两类：一类事项的记载本身不产生票据法上的效力，例如，原因关系中的合同号码、银行汇票申请人名称、账号、约定发生纠纷时的管辖法院等，都不产生票据法上的效力；另一类事项的记载则导致出票行为无效，汇票也因此无效，如附条件的支付委托。

三、出票的效力

出票人依汇票的记载规则进行记载并交付收款人，出票行为有效成立，票据得以创立，票据关系也随之产生，对汇票的三个基本当事人也产生不同的法律效力。

（一）对出票人

我国《票据法》第21条第1款规定，汇票的出票人必须与付款人具有真实的委托付款关系，并且具有支付汇票金额的可靠资金来源。第26条规定，出票人签发汇票后，即承担保证该汇票承兑和付款义务。可见出票后，出票人有担保承兑和担保付款的义务，有真实的委托付款关系即可担保承兑和付款，如果被拒绝承兑或拒绝付款，出票人可以其可靠的资金来源进行清偿，这样汇票的信用就得到加强。

（二）对付款人

出票行为成立对付款人并不发生票据法上的效力，因为他还不是票据义务人，出票仅仅使付款人取得承兑或付款的资格，付款人可依自己的意志决定是否承兑或付款。若不需承兑而直接付款，他仅仅只是履行了其同出票人资金关系上的义务，不是票据义务；若承兑，则成为票据义务人需承担到期付款的义务；若不承兑、不付款，则依民法向出票人承担违约责任。

（三）对收款人

出票成立，则收款人成为持票人而有付款请求权和追索权。若无禁止转让记载，收款人还可以转让票据取得对价。

第三节　背　书

一、背书的概念

背书是指持票人为了将票据权利转让他人，或将一定的权利授予他人行使，在票据的背面或粘单上记载一定事项并签章交付的行为。

在中世纪，票据的转让仅仅是指可以出售，这一转让的结果与民法债权让与没有区别，前手对后手没有担保义务，这十分不利于商业的发展。聪敏的意大利人发明了汇票，当然不会让汇票的功能仅限于此，史料记载最早的背书行为是在 1430 年，当时的意大利商人于票据下端记载提示票据者的姓名，并且记明该提示人有受领票据金额的权限，[1] 可以附带转让备注，这只是背书行为的雏形。

到 16 世纪，背书行为在意大利已经普遍实行，[2] 背书的基本效力——转让和交付的一般概念被广泛使用，而背书行为的出现，使得票据具有纸币的全部特征，从此，票据各种功能齐全，实现了从转让票据到流通票据的飞跃。

背书是附属票据行为，因此，背书建立在形式合法有效的出票行为的基础上，并且该票据应该是可以转让的。一般债权转让需要通知债务人，否则不生债权转让的法律效力，而票据权利的转让不同于一般债权转让即在于背书制度，而票据流通的主要方式也是背书，可见背书在汇票制度中占有重要地位。在票据背书中进行背书记载的人称为背书人，接受背书的人称为被背书人，被背书人也因背书而成为新的持票人。

---

〔1〕　[意] 卡洛·M. 奇彼拉主编：《欧洲经济史》（第一卷：中世纪时期），徐璇译，商务印书馆 1988 年版，第 261 页。

〔2〕　[德] 汉斯·豪斯赫尔：《近代经济史：从十四世纪末至十九世纪下半叶》，王庆余等译，商务印书馆 1987 年版，第 39～40 页。

二、背书的种类

根据上述背书的概念，可以知道，背书是有不同类型的。

（一）转让背书和非转让背书

这种分类的依据是背书的目的。转让背书是背书人以转让票据权利为目的而进行的背书。非转让背书是不以转让票据权利为目的，而以将一定的票据权利授予他人行使为目的的背书。背书在大多数情况下是为了转让票据权利，非转让背书实为转让背书的特例。

（二）一般背书和特殊背书

依转让的时间和顺序有无特别之处，将转让背书分为一般背书和特别背书。特别背书又分为回头背书和期后背书。回头背书是以票据原债务人为被背书人的转让背书，期后背书即在付款提示期届满或被拒绝承兑、拒绝付款、作成拒绝证明书之后转让票据权利的背书。除回头背书和期后背书外，其他转让背书没有时间和顺序的特别之处，背书人转让票据权利是依据票据法的基本规则进行，称为一般背书。

一般背书又可分为完全背书和空白背书。完全背书是指完整地记载背书类型、被背书人名称，并签名盖章的背书形式。空白背书是指仅以签章而完成的背书，又称略式背书。多数国家承认空白背书的效力，长期以来，我国票据法将背书形式确定为完全背书，空白背书属无效背书，但最高人民法院《审理票据案件的规定》第49条肯定了"空白背书"的法律效力。

（三）委托背书和设质背书

以背书的目的不同，将非转让背书进一步分为委托背书和设质背书。委托背书是以委托他人代为取款为目的的非转让背书；设质背书是为了担保债务的履行而在票据上设定质权的非转让背书。

三、一般转让背书的记载规则

一般转让背书是指无论从被背书人方面还是从背书时间方面，以及票据权利的转让是否有限制方面来看，都没有特殊情形的背书。

大多数国家承认空白背书，故对背书的绝对必要记载事项的规定极少。结合我国《票据法》和最高人民法院的司法解释，背书的记载事项包括绝对必要记载事项、相对必要记载事项、任意记载事项、不得记载事项。

（一）一般转让背书的绝对必要记载事项

背书的绝对必要记载的事项，是指背书人在票据上必须记载，否则背书行为无效的事项。根据我国票据法的规定，绝对必要记载的事项有背书人和被背书人两项。背书人是为背书行为的人，也是背书时的票据权利人。背书的记载由背书人完成。我国票据法规定，背书人的记载形式为背书人的签章，如果欠缺背书人的签章，则背书行为无效。被背书人是由背书人依背书方式指定的票据权利的受让人。关于背书是否必须记载被背书人，有的国家和地区的票据法与我国的态度不一样。例如《日内瓦汇票和本票统一法公约》、我国台湾地区的"票据法"和《美国统一商法典》都规定可以不记载，此时背书成为空白背书。但我国《票据法》第 30 条却规定："汇票以背书转让或者以背书将一定的汇票权利授予他人行使时，必须记载被背书人名称。"

背书行为中的绝对必要记载事项欠缺与出票行为的绝对必要记载事项欠缺效力不同：出票行为如果欠缺绝对必要记载事项，导致票据无效；背书行为如果欠缺绝对必要记载事项，导致背书行为自身无效，不影响票据的效力。

（二）一般转让背书的相对必要记载事项

一般转让背书的相对必要记载事项只有一项，即背书日期。背书人应当记载背书日期，未记载的视为汇票到期日前背书。

（三）一般转让背书的任意记载事项

一般转让背书的任意记载事项只有禁止背书文句一项。一旦背书人记载"不得转让"字样，持票人再行转让，背书人对持票人的后手不承担票据责任。例如，A 背书转让时记载"不得转让"，将汇票转让与 B，B 再行转让与 C，那么 A 对 C 不承担票据责任。

（四）一般转让背书的不得记载事项

一般转让背书的不得记载事项有附条件背书记载和部分转让票据金额的记载。为了保障票据流通，必须赋予背书确定的法律效力，因此，各国票据法禁止附条件背书，我国票据法规定有附条件背书，所附条件不产生票据效力；部分转让票据金额的背书违背了票据为完全有价证券这一根本属性，所以我国票据法规定作部分转让记载的，票据行为无效，即这种背书为无效背书。

四、一般转让背书效力

（一）权利移转的效力

背书成立，票据上的一切权利都由背书人移转给被背书人，被背书人因此而成为票据权利人（持票人），享有付款请求权和追索权，并且可以依票据法的规定再行转让票据。

（二）权利担保的效力

背书成立，背书人并不像民法债权转让人那样退出债权债务关系，而是成为票据债务人，对被背书人负有担保债务。根据《票据法》第 37 条的规定，背书人以背书转让汇票后，即承担保证其后手所持汇票能获得承兑和付款的责任。背书人在汇票得不到承兑或者付款时，应当按照《票据法》第70条、第71条的规定，向被背书人及其后手清偿票据金额、相应的利息和费用。

（三）权利证明的效力

我国《票据法》第31条规定，"以背书转让的汇票，背书应当连续。持票人以背书的连续，证明其汇票权利"。这即表明，持票人行使票据权利时，应当以背书的连续证明自己为真正的权利人。也就是说，凡背书连续的，即可作为权利人的资格证明，而无论该"权利人"是否真正享有票据权利，如付款人对其付款的，由此可以免除自己的票据责任，除非有相反的证明。反之，如果背书不连续，而付款人已经付款的，由此所产生的风险，要由付款人自己负担。由此可见背书连续的重要性。所谓背书连续是指在票据转让中，转让票据的背书人的签章与受让票据的被背书人再背书时的签章相衔接，中间没有断开。如"A－B－C　D－E"，从A到C为连续背书，而票据从A到E背书不连续，表现为C与D之间背书断开。在形式上，背书连续的票据足以证明持票人取得票据的正当性与合法性，持票人行使权利无须其他证明；反之，不连续背书的持票人若不能提出其他合法证明，则不能行使票据权利。

第四节　承　兑

一、承兑的概念

承兑是指票据所载付款人，在票据上进行承兑文句的记载并签章交付，表明到期支付票据金额的一种票据行为。承兑是汇票特有的票据行为和制度，汇票是委付证券，出票人所记载的付款人不是票据债务人，无支付汇票金额的义务，付款人是否同意付款，出票时尚未可知，因而需要一种由付款人表示同意付款或不同意付款的制度，以确定当事人之间的票据关系，正是承兑这一行为使得付款人变为票据债务人——承兑人。承兑也与背书、保证一样，也是以出票为基础的附属票据行为，也具有一般票据行为的无因性、要式性、文义性、独立性特征。承兑是汇票独有的，只能由汇票上所载的付款人在汇票正面进行，而本票是出票人本人承诺付款的票据，支票是出票人指示自己开户银行代理付款的票据，因而本票和支票均无须承兑制度。

二、承兑的程序

承兑是持票人保全和行使票据权利的重要程序，也是付款人承担票据责任的必经程序。该程序由持票人和付款人的行为、按一定顺序共同构成，可以分解为持票人提示承兑、付款人承兑或拒绝承兑、汇票交还三个阶段。

（一）提示承兑

提示承兑是指持票人向汇票所载付款人出示汇票，请求其承诺付款的行为。须注意并不是所有的汇票都须承兑，所以提示承兑对不同的汇票具有不同的意义。注期汇票是见票后定期付款的，不提示承兑则无法确定见票日，也就无法确定到期日，故注期汇票必须遵期提示承兑，否则丧失对其前手的追索权。我国票据法规定，注期汇票的提示承兑期限为出票日起一个月内。其立法目的在于促使持票人尽快行使票据权利，防止票据义务人承担责任的期限无限延长。对于定期汇票和计期汇票，持票人可自由决定是否提示承兑。一般情况下，持票人大多提示承兑，以便早知道自己能否得到预期的支付、是否需要进行期前追索；未提示承兑的，不影响付款请求权的行使，但若不能获得付款时，则可能丧失对前手的追索权。我国票据法规定，定期汇票和计期汇票的提示期限为出票日后、到期日前，即在此期间的任何一天均可提示承兑。对于即期汇票，持票人无须提示承兑，即可直接请求付款。

（二）付款人承兑或拒绝承兑

依照我国票据法的规定，付款人收到提示承兑的汇票后，应向持票人签发回单，以证明付款人已收到此汇票及收到汇票的日期。由于承兑自由原则，我国票据法给予付款人3天期限以决定是否承兑。付款人同意承兑，则按我国票据法规定进行一定事项的记载。依我国票据法，承兑记载事项分为绝对必要记载事项、相对必要记载事项、不得记载事项。

1. 承兑的绝对必要记载事项包括承兑文句和承兑人签章两项，缺一则不生承兑效力。承兑文句可以是"承兑""照付""兑付"。我国票据已经统一印制，承兑人在相应的位置签章即可。

2. 承兑的相对必要记载事项为承兑日期。付款人应当记载承兑日期，汇票上未记载承兑日期时，以付款人收到提示承兑汇票之日起的第3日为承兑日期。这样上述回单上载明之日就尤其重要。

3. 承兑的不得记载事项为附条件记载事项。在我国票据法上，附条件承兑包括附一般条件承兑、部分承兑、变更票据记载事项承兑。无论何种附条件承兑，均视为拒绝承兑，持票人可依此进行期前追索。

拒绝承兑的，应作出拒绝证明书。三天考虑期限经过后，付款人无任何意思表示的，视为拒绝承兑。无论是付款人明确拒绝承兑，还是承兑期限经过，付款人没有任何表示而视为拒绝承兑，提示承兑人都有权要求付款人出具拒绝证明或退票理由书，持票人凭此以行使追索权。

（三）汇票交还

承兑行为以交付为要件，即付款人按照法定方式记载一定事项后，要将票据交还给提示承兑人，承兑行为才完成。事实上，无论付款人是否承兑，均应当交还票据。

三、承兑的效力

汇票一经承兑，便对汇票上的不同主体发生不同效力。

付款人一经承兑，成为汇票的债务人，承担到期付款的责任。这种责任是绝对付款责任、最终被追索的责任。其表现为付款人一旦作出承兑，就成为汇票的债务人，承担到期无条件付款的责任，即使不存在资金关系或资金关系不足，承兑人也应承担到期付款的责任。承兑人也是最终义务人，即对于承担了追索义务的背书人请求承兑人偿还时，承兑人必须偿还包括票据金额、延期支付的利息及追索费用，即使追索人为出票人，也不妨碍其向承兑人请求偿还。在追索终结前，承兑人的票据责任一直存在；一旦作出承兑，持票人未按时提示付款时，即使超过提示付款期限而导致追索权消灭，承兑人仍承担付款的义务。

从持票人看，承兑的效力表现在：持票人的付款请求权由期待权变为现实的权利。对出票人和背书人而言，汇票承兑后，出票人和背书人可以免除因汇票被拒绝承兑而引起的期前追索。

第五节　保　证

一、票据保证的概念

票据保证是指票据债务人以外的第三人为了担保特定票据债务人履行票据债务，而在已签发的票据上进行记载并签章交付的附属票据行为。

在日内瓦法系或英美法系中，票据保证通常仅适用于信用期间较长的远期票据和承兑票据——本票、支票和汇票，其支票的提示付款期或有效期较长，大都规定有支票保证制度。我国《票据法》第二章第四节规定了汇票保证，并在第80条明确规定本票保证准用汇票保证的有关规定。由于支票的付款人是银行或其他金融机构，只要出票人存款足够，见票即付绝对可靠，故无须票据保证。根据票据法的规定，票据保证就是指汇票保证和本票保证，概括称之为票据保证。

保证，如同背书一样是附属票据行为，区别于一般附属票据行为，保证有主体上的要求和从属性。所谓主体上的要求，是指保证人必须是票据债务人以外的第三人，此第三人的资格还必须符合最高人民法院的《审理票据案件的规定》第60条的规定，即除有特别规定外，国家机关、以公益为目的的事业单位、社会团体、企业法人的分支机构和职能部门不得为票据保证人。所谓从属性，是指所担保的票据债务人的票据债务因形式欠缺而无效时，保证人不负保证责任，当然被保证的债务因实质关系不成立而无效时，保证人仍要负票据责任，这是由票据行为的独立性所决定。

票据保证具有以下法律特征：

1. 票据保证是一种附属票据行为。票据保证是为被保证的票据债务的履行而保证，没有被保证的债务，当然也就不会有票据保证之说，也就不需要票据保证的存在。因此，票据保证与民法上的保证在这一点上是一致的。票据保证，必须以出票行为和有被保证债务为前提。

2. 票据保证是票据债务人以外的第三人所作的票据行为。日内瓦法系国家一般都不对保证人加以资格限制，《日内瓦汇票和本票统一法公约》第30条规定："此项保证得由第三人或甚至由汇票上签名的当事人作出。"日本、德国、法国等国家的票据法都依照此条进行了类似的规定。但是，票据保证的作用在于增强票据的信用，票据债务人本身负有依票据文义承担票据责任的义务，所以票据债务人本人的票据保证将不可能起到增强票据信用的作用。

票据保证人与票据上的原债务人应相互独立，以避免票据保证债务与票据原债务之间相混淆而导致票据保证债务落空。所以我国票据法规定，票据的保证人只能是由票据债务人以外的他人担当。

3. 票据保证是以担保票据债务履行为目的的票据行为。票据保证担保的是票据债务的履行，被担保的票据债务人，称为被保证人。被保证人可以是汇票上的任何债务人，包括出票人、承兑人、背书人等，保证人可以选择任何一个特定的对象进行保证。

4. 票据保证必须在票据上以书面方式进行。票据作为文义证券，其所有的相关行为都应当在票据上加以体现，票据保证也不例外。未在票据上作出保证，但在票据以外的其他文件上规定了对票据提供担保的，不属于票据保证的范畴，只能属于普通的民事保证，适用民法有关担保的规定。

二、票据保证的款式

（一）票据保证的记载事项

1. 票据保证绝对必要记载的事项。依据我国《票据法》第46条的规定，保证的绝对应当记载的事项有：表明"保证"的字样；保证人的名称和住所；被保证人的名称；保证日期；保证人的签章。

（1）表明"保证"的字样。这又称为保证文句，是保证人在汇票上以文字表明保证的意思，以区别于其他票据行为。保证文句不以"保证"为限，其他表明保证意旨的文句，如"担保"等也产生同样效力。多数国家和地区的票据法规定，缺乏保证文句的，不产生票据保证的效力。最高人民法院的《审理票据案件的规定》第62条规定，保证人未在票据或粘单上记载"保证"字样而另行签订保证合同或保证条款的，不属票据保证，但产生一般民法上的保证效力。日本票据法和我国台湾地区的"票据法"也规定保证文句是绝对必要记载事项，但《日内瓦汇票和本票统一法公约》承认略式保证的效力，因此在该法上的保证文句不是绝对必要记载的事项。

（2）保证人的名称和住所。在汇票上记载保证人的名称和住所，是为了汇票权利人了解保证人的情况，便于其行使票据权利。我国票据法规定保证人为保证行为时必须记载保证人的名称和住所，这样有利于票据权利人行使票据权利。因为在票据自由转让、频繁变换权利人的情况下，将保证人的名称和住所作为绝对必要记载事项是十分必要的。

（3）保证人的签章。保证人签章表明保证人愿意为票据债务人承担票据责任，保证人签章是对票据保证责任的最后落实，没有保证人的签章，任何国家的票据法均界定保证无效。

2. 票据保证的相对必要记载事项。票据保证的相对必要记载事项有被保证人的名称和保证日期。被保证人名称的载明可以确定保证责任范围，没有记载的，依法推定保证。我国《票据法》第47条规定，被保证人名称未记载的，已承兑的票据，推定承兑人为被保证人；没有承兑的票据，推定出票人为被保证人。这样规定加重了票据保证人的责任，一方面可以使最大多数人获得票据保证的利益，充分发挥票据保证加强信用的功效；另一方面起到简化票据债权债务关系的作用，因为承兑人或出票人履行票据义务后，其他票据债务人均可免除责任。同样，保证日期也是应当记载的，但没有记载时，也不影响保证的效力，推定出票日为保证日。

3. 票据保证的不得记载事项。我国票据法规定的不得记载事项只有一项：保证不得附有条件；附有条件的，不影响对汇票的保证责任。依此规定，凡保证记载中附有条件的，该附条件内容属于无效记载。

（二）票据保证的记载位置

不像背书那样必须在背面进行，票据的正面、反面、粘单上均可进行票据保证记载。如我国《票据法》第46条规定，保证事项的记载位置为汇票或其粘单。这是因为保证记载的位置依据被保证人为票据行为的位置而定，因此，根据被保证人地位的不同，保证有可能记载在汇票正面、背面或其粘单上。保证人为出票人、付款人、承兑人保证的，应当在票据的正面记载保证事项；保证人为背书人保证的，应当在票据的背面或者其粘单上记载保证事项。

三、票据保证的效力

保证一经成立，就对票据上的当事人发生效力，其法律效力集中体现为保证人的权利和责任。

（一）保证人的责任

根据我国票据法，保证有效成立后，保证人对合法取得票据的持票人承担保证责任，同时票据到期后得不到付款时，保证人与被保证人承担连带责任，持票人有权直接向保证人请求付款，保证人应当足额付款。保证责任的内容和范围与被保证人责任具有同一性、连带性，保证责任还具有独立性。

1. 同一性。保证责任的同一性是指保证人责任与被保证人责任完全一致，主要体现在责任性质和责任范围上，保证人与被保证人承担同一责任，保证人没有先诉抗辩权，即保证人与被保证人的责任没有主次顺序之分。在为承兑人保证的情况下，持票人可在到期日直接向保证人行使付款请求权，在为背书人或出票人保证时，持票人行使追索权时，可直接向保证人行使追索权。[1] 我国《票据法》第50条规定："被保证的汇票，保证人应当与被保证人对持票人承担连带责任，汇票到期后得不到付款的，持票人有权向保证人请求付款，保证人应当足额付款。"

2. 连带性。票据保证不同于一般保证，民法中的保证具补充性，保证人享有先诉抗辩权，票据保证是一种法定的连带保证责任，所以票据保证人不享有先诉抗辩权。票据保证有效成立时，持票人可以依自己的意志选择向保证人或被保人请求履行债务，而无须先向被保证人请求履行债务。在票据保证中，保证人与被保证人的地位具有同位性，其责任是连带的，几个人共同为保证时，相互不得约定不承担连带责任，其连带责任是法定的，保证人不得以约定排除法律规定。

3. 独立性。从票据行为看，保证行为的独立性直接决定了保证责任的独立性。保证责任的独立性体现在票据保证不因被保证的票据债务实质无效而无效，即只要被保证的债务形式合法，票据保证即产生效力而不问实质有效与否。例如，某一背书人为限制民事行为能力人，对于此背书人本人而言，不应

---

〔1〕　参见谢怀栻：《票据法概论》，法律出版社1990年版。王小能：《票据法教程》，北京大学出版社2001年版。

承担票据债务；但为此而进行的票据保证仍然有效，被背书人及其后手仍可以向保证人主张票据权利，保证人不得以背书人票据债务不成立而主张票据保证无效，保证人仍得为自己的保证行为承担票据保证责任。同理，被保证人无行为能力或受欺诈、胁迫以及被保证人的签名属伪造的，保证人仍然要负票据责任。

（二）保证人的权利

保证人的权利因其地位的特殊性而显示其独特性，保证人所承担的债务为"或有"债务，一旦被追索，则"或有"债务变成真正债务，为清偿前保证人享有抗辩权；为清偿债务后，保证人代位取得对被保证人及其前手的追索权。

1. 抗辩权。保证人的抗辩可以分为对物抗辩和对人抗辩。票据保证因被保证的票据债务在记载事项上的欠缺而无效，保证人可以据此进行物的抗辩。此外，票据记载不完备、其他债务人可以主张的对物抗辩，保证人均可主张。另外，保证人与票据权利人之间就人的关系所存在的抗辩事由，保证人也可行使对人的抗辩权。例如，保证人与票据权利人之间有债权债务关系或有特别约定，显然这些债权债务或特别约定不生票据效力，但保证人可以主张对人的抗辩。

2. 追索权。保证人被追索而清偿票据债务及其他法定费用后，保证债务消灭，保证人代位取得追索权利。其追索对象为被保证人及其前手。保证人追索权是基于票据保证行为和清偿行为而取得，与背书人向其后手清偿后再向其前手行使追索权的情形一样，所以，被保证人及其前手对原持票人的抗辩切断，不得对抗保证人的追索权。

第六节　付　款

一、付款的概念

付款是指付款人或承兑人在票据到期时，对持票人所进行的票据金额的支付。而出票人、背书人、保证人等向票据债权人进行的付款在理论上称作票据清偿。付款能绝对地消灭票据关系，清偿则只能相对地消灭票据关系——仅消灭追索关系的一部分或全部，票据关系并不能绝对消灭。本节讨论的是狭义的付款。传统理论认为，付款不是票据行为，但付款是三大票据共有的行为。

二、付款规则

付款行为虽然不是票据行为，但是，付款行为关系到票据权利和票据功能的实现，因而意义十分重大。所以我国票据法十分明确地规定了付款的行为规则：由持票人提示付款、付款人审查付款、持票人签收票款并交还票据构成。

（一）提示付款

提示付款是指持票人为了得到票据金额的支付，向票据上所载付款人或承兑人出示票据，请求付款。提示付款是付款人进行付款的前提条件，没有持票人的提示付款，付款人则无从进行付款。这一方面是因为票据是流通证券，票据债权人处于流变之中，另一方面是因为票据是提示证券，不提示票据就无从证明权利人的票据权利；另外，提示付款也是保全票据权利的一种必要措施，依票据法的规定，是否依期提示付款是确定能否行使追索权的要件。由于汇票到期日不同，所以即期汇票和远期汇票的提示付款期间也不同。依据我国票据法，即期汇票的提示付款期限为出票日起 1 个月内，远期汇票的提示付款期限均为到期日起 10 日内；本票提示付款应在出票日起 2 个月内；支票的提示付款应在出票日起 10 日内进行。

（二）付款审查

付款人收到提示付款的票据后，为了保证其付款的正确性，《票据法》明确规定了付款人所应承担的审查义务以及可以获得免责的条件。根据付款的不同情况，付款人可能承担两种不同性质的审查义务，即形式审查义务和实质审查义务。

1. 形式审查义务。形式审查义务即指付款人就票据的本身从外观上进行审查的义务。这种审查仅限于票据上的记载而不涉及票据以外的其他事实或情况。形式审查是保障票据安全，促进票据流通最基本、最必要的审查。所以，对任何提示付款的票据，付款人均负有形式审查的义务。形式审查主要从两个方面进行：①审查票据是否为形式上合法有效的票据，即审查绝对必要记载事项是否完备、金额的记载是否符合记载规则、法定不可更改事项是否更改、出票人签章是否符合规定。这四项均符合法律规定，则该票据为形式上合法有效的票据。②审查背书是否连续，若前后背书首尾一贯，环环相扣，没有中断，则最后的被背书人即为合法权利人，根据中国人民银行《支付结算办法》第17 条，我国付款银行只对签章进行形式上的审查，银行以善意且符合常规的程序审查而未发现异常并付款的，付款银行解除付款责任。但这一形式审查的规定已与最高人民法院的《审理票据案件的规定》第 69 条相冲突。在票据法实务中，《支付结算办法》为部门规章，仅起参照作用。

2. 实质审查义务。实质审查义务是指付款人对持票人是否为真实权利人、是否依真实有效的背书而受让票据权利等实质性问题进行审查的义务。这种审查通常涉及票据以外的法律关系，且须通过某些票据以外的事实才能得到确认。最高人民法院《审理票据案件的规定》第 69 条规定，付款人或代理付款人未能识别出伪造、变造的票据或者身份证件而付款，属于"重大过失"，给持票人造成损失的，应当依法承担民事责任。这一规定对付款银行增加了实质审查的要求，理论界和实务界对这一规定不以为然。因为对票据上所有签章进行真实性鉴定、对身份证件进行真实性鉴定都要求有相当专业的技术水平，况且背书人和保证人并未在付款人处预留印鉴，签章的真伪无从核对。付款人只要未能识别出真伪即为重大过失，一方面对付款人不公平，另一方面容易导致付款银行滥用抗辩权，从而有损善意持票人的利益。

（三）签收票款并交还票据

付款人审查无误的，应于持票人提示付款的当日足额付款。持票人获得付款时，应当在票据上签收，并将票据交给付款人。持票人委托银行收款的，受委托的银行将代收的票据金额转账收入持票人账户，视同签收。

三、付款效力

（一）一般付款的效力

依我国票据法的规定，付款人履行了审查义务后，认为应当付款的，应于当日足额付款。持票人或其代理人在票据上记载"收讫"字样并签章，然后缴还给付款人，票据权利绝对消灭，汇票付款人、承兑人、本票出票人或支票付款人的付款责任解除。此外，票据上的其他债务人，如背书人、保证人等也解除了票据责任。

付款人审查票据后，认为应当付款的，不一定属事实上的应当付款，这就涉及善意付款的效力问题。善意付款是指付款人在进行付款时，依法进行形式审查后，在无恶意和重大过失的情况下，对非真实票据权利人进行的付款。善意付款应为有效付款，向真实权利人付款的责任因此而免除，但最高人民法院《审理票据案件的规定》对"重大过失"作了扩大解释，否定了善意付款制度，对善意付款人的保护十分不利。

（二）特别付款的效力

根据我国票据法的规定，付款人原则上应当在到期日到来后对依法提示付款的持票人付款，但也有特别情形下进行付款的，其法律效力不一概而论。

1. 期前付款的效力。汇票到期之前，付款人并无付款义务，期前付款实为付款人自愿放弃期限利益或贴现利益而提前支付票款。对此，我国《票据法》以及《日内瓦汇票和本票统一法公约》均规定，付款风险由付款人自行承担，也即付款人于到期日前付款的，若持票人非真实权利人，即使付款人尽了审查注意义务，对真正票据权利人仍应负付款之责任。

2. 期后付款的效力。所谓期后，并非指到期以后，而是指法定提示付款期限经过后或拒绝证书作成以后。期后付款的效力，因付款人是否为承兑而不同。付款人为承兑后，成为承兑人，负有绝对的付款责任，除票据时效届满的原因外，承兑人的付款责任不可免除，所以，持票人未按期提示付款的，承兑人仍应对持票人负付款责任，但持票人应作出说明，承兑人期后付款与一般付款的效力等同。未经承兑的期后付款效力较复杂：①持票人在法定提示付款期限经过后，仍请求承兑和付款，付款人承兑并付款的，其效力等同于一般付款；②持票人未遵期提示付款，付款人也一直不予承兑，这种情况下，持票人的追索权已丧失，其双重的票据权利（付款请求权和追索权）均无，若付款人仍付款的，不为票据法上的付款，而为民法上的无合法原因的给付，持票人取得的票款属不当得利。

第七节　追索权

一、追索权的概念

所谓追索权，是指持票人在提示承兑或提示付款而被拒绝时，依法向其所有票据债务人请求偿还票据金额、利息及其他费用的权利。在通常情况下，持票人能依正常的流通过程从付款人处受领票款，票据权利就已经实现而无须追索，否则，票据权利的实现就出现障碍。为了保护票据权利的实现，票据法规定了追索权这一特别的措施，使权利人可依追索权的行使而实现票据权利。

二、追索权的行使

票据追索权制度实质上是票据上第二债务人的担保责任制度，其设置的目的在于保障票据权利的实现，增强票据的信用。在付款请求权的实现遇到障碍时，并不能确定地发生追索权，依我国票据法，进行追索必须具备相应的前提条件，而且得按一定的程序进行。

（一）追索权行使的要件

追索权的行使必须在一定的事由出现、满足一定的条件时才能行使。追索权行使的条件包括实质要件和形式要件，只有在实质要件和形式要件同时具备的情形下，持票人才能依法行使追索权。

1. 追索权行使的实质要件。汇票追索权行使的实质要件除持票人须为合法的持票人外，须有法律规定的可引起持票人追索权发生的特别要件，到期追索和期前追索的实质要件要求不一。

（1）到期追索的实质要件。在通常情况下，票据上发生的追索权，大多为到期追索。应当说，对于任何一种票据，无论是无须承兑的见票即付汇票、本票和支票，还是已经承兑的到期日确定的汇票，都有可能发生到期追索。依据我国《票据法》第 61 条、第 80 条、第 83 条等的规定，只要持票人经依法提示付款而未能获得付款的，即可以行使相应的追索权。持票人经依法提示付款而未能获得付款为到期追索的实质要件。

（2）期前追索的实质要件。期前追索一般发生在远期汇票上，对于本票、支票和见票即付的汇票而言，由于其并无事先确定的具体的到期日，而其提示付款之日，即为该票据的到期日，因而不发生期前追索权的问题。我国《票据法》在第 61 条对持票人得行使期前追索的实质要件进行了列举规定，具体如下：汇票被拒绝承兑；承兑人或者付款人死亡、逃匿；承兑人或者付款人被依法宣告破产或者因违法被责令终止业务活动。我国票据法允许持票人在具备以上三种情形之一时，可以行使期前追索。此外，中外票据法理论一般都认为，除了上述三种原因以外，如果发生的其他特定原因致使持票人在事实上无法按期提示承兑或者付款，持票人也可以行使期前追索权。尽管我国票据法中对此并没有明确规定，但是从《票据法》第 61 条规定的立法精神来看，这一点也是应当允许的。例如，汇票上的承兑人或者付款人丧失行为能力、因意外事故而下落不明等，此时本着保护持票人合法权益，应解释为持票人具备期前追索的法定要件。

2. 追索权行使的形式要件。除满足行使追索权的实质要件，持票人还必须具备形式要件才能行使追索权。追索权行使的形式要件主要包括以下几个：

（1）提示票据。提示票据就是持票人现实地出示票据，包括提示承兑和提示付款。应该请求承兑的汇票包括定日付款、出票后定期付款以及见票后定期付款的汇票，我国《票据法》分别在第 39 条、第 40 条中对上述汇票的提示承兑期限作了规定，持票人应当遵期提示。当然，如果在提示承兑前发生了付款人死亡、逃匿或者被宣告破产等原因时，自然就无须提示承兑。

原则上，一切票据均应当为相应地提示付款行为。我国《票据法》第 53 条、第 91 条分别规定各票据的提示付款期间，持票人应当遵期提示付款。汇票的提示，本为持票人行使其权利的行为，但是如果付款人拒绝承兑或者承兑人拒绝付款的，持票人的提示行为即成为保全追索权的行为。也就是说，持票人的提示成为其行使追索权的前提，正因为持票人进行了必要的提示，尽管其付款请求权遭到拒绝，但追索权却得以保全。

（2）取得拒绝证明或者退票理由书以及其他合法证明。持票人取得拒绝证明或者退票理由书以及其他合法证明是我国票据法上保全追索权的重要要件之一。这是因为，追索权的行使固然只是基于持票人不获承兑或不获付款的客观事实，但是，追索权是持票人向其前手行使的，而其前手若要确定自己相应义务的存在，就需要持票人提供一定证明，以证明持票人已经提示承兑或者提示付款及提示未果，或者无法进行提示承兑或者无法提示付款的客观事实。从世界各国的票据立法的通例来看，一般都将取得有关证明作为持票人行使追索权的形式要件。

拒绝证明是指法律规定的，对持票人依法提示承兑或者提示付款而被拒绝的事实具有证明效力的文书。应当说，承兑人或者付款人出具的拒绝证明，是对拒绝承兑或者拒绝付款事实的直接证明，也是最便利、最客观的一种证明方式。在我国票据法上，拒绝证明一般由承兑人或者付款人依法律规定进行记载，以证明持票人曾经依法行使票据权利而被拒绝的事实。

退票理由书一般是指在持票人向承兑人或者付款人委托的代理银行提示承兑或者提示付款遭拒绝后，由付款人委托的代理银行出具的，记载银行不承兑或不付款理由的书面证明文件。退票理由书实际上是广义上的拒绝证明的一种，也能证明持票人已经主张票据权利而未果的事实，即具有与一般拒绝证明同一的效力。

在通常情况下，持票人一般能够从承兑人或者付款人处直接获得有关的合法证明，而无须另外取得其他证明，但在某些特别情况下，持票人无法直接从承兑人或者付款人那里取得有关的证明时，则需要从有关机关取得相应的证明。依据《票据法》《票据管理实施办法》以及最高人民法院的《审理票据案件的规定》，这些合法证明主要包括以下种类：医院或者有关单位出具的承兑人、付款人的死亡证明；司法机关出具的承兑人、付款人逃匿的证明；公证机关出具的具有拒绝证明效力的文书；人民法院的有关司法文书；有关行政主管部门的处罚决定。上述五种情形中，持票人取得的有关合法证明都具有形式要件的效力，持票人在向其前手行使追索权时，即可依据这些合法证明而进行。

需要注意的一点是，依据我国《票据法》第 65 条的规定，持票人不能出示拒绝证明、退票理由书或者未按照规定期限提供其他合法证明的，丧失对其前手的追索权。

（二）追索权行使的程序

依我国票据法，持票人具备上述形式要件和实质要件后，可以依下述程序进行追索。

1. 持票人在收到拒绝证明之日起 3 日内书面通知其前手被拒事实及理

由。前手包括直接前手和所有其他前手，即持票人可向其直接前手，也可向所有前手发出通知，通知内容包括票据的主要记载事项及行使付款请求权的具体障碍。其前手则应在收到通知之日起 3 日内书面通知其再前手。我国票据法规定，延期通知而给票据债务人造成损失的，由未按期通知的当事人承担该损失的赔偿责任，但以票据金额为限。在英美票据法中，延期通知丧失追索权。

2. 确定具体的被追索对象进行追索请求。票据上存在多个债务人的情况下，各债务人均可以作为被追索人，对持票人负连带责任，但持票人进行追索时仍应确定具体的追索对象，请求其偿还追索金额。追索对象的确定受到以下限制：①持票人为出票人时，为了避免循环追索，其追索对象仅为承兑人，不得对其他前手进行追索；②持票人为背书人时，对其后手不得追索，即只能向其背书时的前手行使追索权。除上述限制外，持票人既可以不依票据债务人的签章先后顺序而选择一个债务人为被追索人，也可以选择一个以上的债务人为被追索人，还可以在进行追索后变更被追索人或追加被追索人。

3. 受领追索金额并交付汇票。依照我国《票据法》第 70 条、第 80 条、第 93 条等条款的规定，追索金额应包括以下三项：票据金额、票据金额自到期日或提示付款日起至清偿日止的法定利息、取得拒绝证明和发出通知的费用。持票人受领上述追索金额后，应向清偿人交付票据和拒绝证明文件，同时开具收款凭证，清偿人可依此再追索。

三、追索权的效力

追索权行使的效力主要表现在对追索权人和被追索人产生的权利义务的变化。

（一）对于追索权人

对于追索权人而言，追索金额得到清偿，使得其票据权利得以实现，追索权人的票据权利因此而消灭。

（二）对于被追索人

被追索人因清偿追索金额，其票据责任解除，并代位取得了票据上的追索权，可以向其前手进行再追索。其他前手仍负有清偿责任，仍有被追索的可能，直至最终被追索人履行清偿责任，整个票据关系消灭。

■ 思考题

1. 我国票据法规定汇票出票的绝对必要记载事项有哪些?
2. 什么是背书? 背书行为具有哪些主要特征?

3. 追索权主要有哪几种分类？它们的含义分别是什么？

4. 简述"禁止转让"的效力。

5. 我国票据法规定的相对必要记载事项有哪些？法律是如何推定的？

6. 票据保证有哪些特征？

第十五章　本票与支票

■学习目的和要求

　　本章介绍本票和支票的相关知识，对于汇票、本票、支票共用的规则，本章不再赘述，重点介绍本票和支票的特有制度，这也是本章需要重点掌握的内容。

第一节　本　票

一、本票的概念与特征

　　本票是出票人签发的，承诺自己在见票时无条件支付确定金额给收款人或持票人的票据。

　　在 13 世纪，本票使用于涉及海上货物运输的贸易合同。现代本票的形式仍然遵循相同的基本格式，设定出票人对收款人及其受让人的义务。[1] 虽然本票是最古老的票据制度，但是我国票据法仅承认银行本票，即只能由银行作为出票人签发本票，这与其他国家的本票制度相差甚远。

　　本票具有以下特征：

　　1. 本票为自付证券。本票与汇票、支票的显著区别在于本票的出票人即为付款人，为主债务人，负绝对付款责任。而支票、汇票均为委付证券。

　　2. 本票不适用承兑制度。本票的出票人为主债务人、第一债务人，其付款义务是由出票行为本身而非由承兑行为决定。而汇票付款人的付款义务是由承兑行为决定的，如果没有承兑，则汇票的付款人不承担当然的付款义务。

　　3. 见票制度为本票独有。所谓"见票"，是指本票的出票人因持票人按规定的期限提示本票，请求确定付款日期，在本票上签名并记载"见票"文句

---

〔1〕　胡德胜、李文良：《中国票据制度研究》，北京大学出版社 2005 年版，第 11 页。

和时间的行为，它是本票的特有制度。汇票虽然也有见票后定期付款的种类，但它通过提示承兑程序确定票据付款日期。本票无承兑程序，以见票来确定付款日期。支票是见票即付的票据，自无须见票后另定付款日期，不存在见票程序。《日内瓦汇票和本票统一法公约》第78条第2款规定，见票后定日付款的本票，须在第23条规定的期限内向出票人提示"签见"。统一法系各国也都依此为准，作了相同规定。我国《票据法》第79条规定，本票的持票人未按照规定的期限提示见票的，丧失对出票人以外的前手的追索权。可见，本票以"见票"为追索权保全方法。

4. 我国本票仅为银行本票。我国本票仅为银行本票，其他国家并未限定本票的出票人资格。2004年前，我国本票的出票人仅限于经过中国人民银行资格审定的银行，其他主体不得签发本票。2004年8月，第十届全国人大常委会第十一次会议表决通过《中华人民共和国票据法》（修正案），删除了第75条："本票出票人的资格由中国人民银行审定，具体管理办法由中国人民银行规定。"目前，一般银行都可以签发本票而无须通过中国人民银行审定。由于《票据法》不认可商业本票，银行之外的法人、自然人均不得签发本票。图15-1为银行本票的票样。

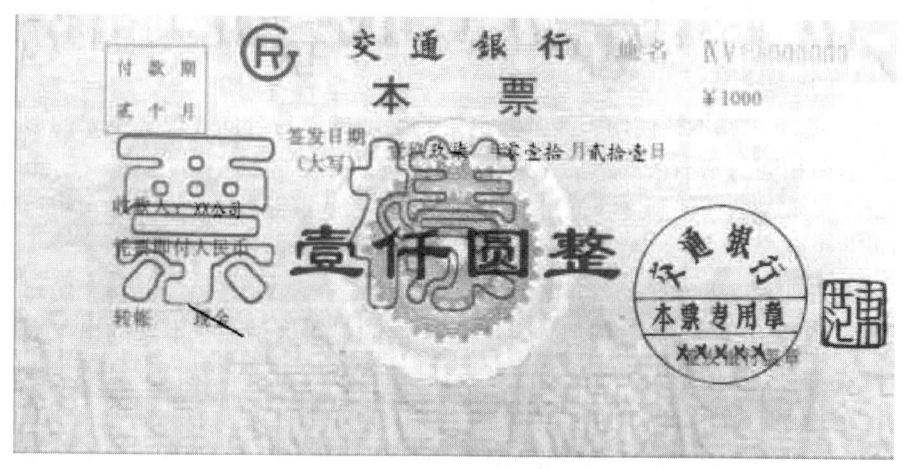

图15-1 银行本票票样

二、本票的特殊规则

本票的特征决定了本票不能完全适用汇票规则，本票出票和付款均有其独特之处。

（一）本票的出票

本票出票与汇票出票一样，目的在于创设票据关系，但本票为自付证券，出票的绝对必要记载事项及出票的效力不同于汇票。本票绝对必要记载事项不同于汇票的有：表明"本票"的字样；无条件支付的承诺；付款人名称在汇票为绝对必要记载事项，本票则无须记载。本票出票后，出票人即负付款义务和担保付款的责任，而汇票出票人则只承担担保承兑和担保付款的责任。本票持票人也享有付款请求权和追索权，但这种权利为即期权利。由于我国本票为银行本票，追索权的行使极少发生。

（二）本票的付款

本票的付款也有独特之处。首先在于无须提示承兑；其次在于提示付款的期限，为出票日起2个月内，2个月的提示付款期限经过而持票人未提示的，则丧失对出票人以外的其他前手的追索权。

三、关于汇票规定的适用

我国《票据法》第80条对本票准用汇票的有关规则作了概括式的规定：本票的背书、保证、付款和追索权的行使，除本章规定外，适用本法第二章有关汇票的规定。本票的出票行为，除本章规定外，适用本法第24条关于汇票的规定。

由于我国本票的特性，在具体适用上应作如下具体分析。

（一）本票出票适用汇票规则

《票据法》第24条是关于汇票上可以记载但不具有票据法效力的出票事项，由此可见，本票上也可以记载此类事项，即合同名称、本票号码等，但该记载不具有本票上的效力。

（二）本票背书、保证、付款和追索权的行使适用汇票规则

我国《票据法》对本票背书、保证、付款和追索权均未作特别规定，本票背书的记载事项、背书连续性、保证的记载事项、保证责任的性质和效力、付款及追索权的行使均适用汇票的有关规定。但本票未记载被保证人的只能推定出票人为被保证人，因为本票无承兑人。

第二节　支　票

一、支票的概念与特征

（一）支票的概念

支票是由出票人签发的，委托银行等金融机构在见票时无条件支付确定

金额给持票人的票据。在我国支票属于应用较广泛的票据，个人也可以发行支票。[1] 随着全国支票影像交换系统的正式起用，个人支票通存通兑的范围也从本地扩展到了全国范围，成为现金和银行卡之外的第三大支付工具。图 15 – 2 为支票的票样。

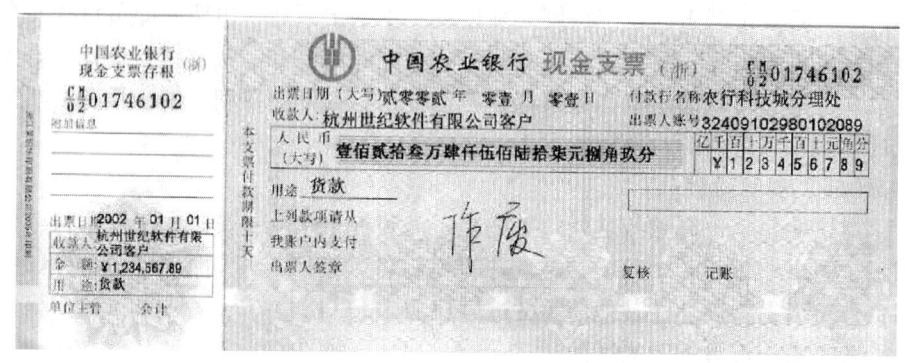

图 15 – 2 支票票样

（二）支票的特征

作为票据之一种，支票具有票据的共性，但比较而言，我国支票具有以下特征：

1. 支票的出票人和付款人特定。支票为委付证券，但支票的付款人只能是办理支票存款业务的银行、信用合作社或其他金融机构，并且出票人必须在该机构办理了支票存款开户。

2. 支票为即期票据。有的国家承认不须承兑的远期支票，我国票据法规定支票仅为见票即付票据。支票出票后，持票人可以直接向付款人请求付款。

3. 支票是我国票据法承认的唯一可以有限空白的票据。支票的有限空白是指支票的收款人名称和金额可以由出票人授权补记，没有记载收款人名称的支票为无记名支票，其转让不适用背书的有关规则限制，仅交付即可，这样极大地推动了支票的流通和使用。

4. 支票的提示付款期间较短。依我国票据法，持票人应自出票日起 10 日内向付款人提示付款。如此短的时效期间，体现了我国票据法仅注重支票的支付功能而忽略了持票人的权利保护。

5. 支票不存在承兑和保证制度。在支票关系中，出票人与付款人之间必

---

〔1〕 从 2001 年起，个人支票陆续在上海、武汉、广州试行。2007 年 7 月 1 日起，个人支票能在全国通存通兑。

须事先存在充足的资金关系，若出票人签发支票金额超过了付款时在付款人处的实存金额，则构成空头支票，而我国票据法是禁止签发空头支票的。基于这种资金关系强有力的保障以及银行办理支票业务的需要，支票的付款人不经承兑即应付款，也无须保证制度。

6. 支票的债务人是出票人。支票的付款人并不因被出票人记载为付款人而负付款责任，支票的付款人的付款在本质上只是代理人的付款，支票的主债务人仍是出票人。

二、支票的特殊规则

支票的特征决定了支票不能完全适用汇票规则，支票出票和付款均有其独特之处。

（一）支票出票

支票出票时，出票人首先必须保障付款时，自己的支票账户上有足够的资金可供支付，否则构成空头支票而遭到银行退票并罚款或停止使用支票，构成刑事犯罪的，要受到刑事处罚。另外，出票人还得承担因此而给他人造成损失的民事责任。其次，选择不同种类的支票，即在现金、转账、普通三种支票中根据需要作出选择。其中，现金支票只能用于支付现金不能转账；转账支票只能用于转账不得支取现金；普通支票可以支取现金也可以转账，用于转账时得在支票的左上角划两条平行线，使其成为划线支票，划线支票只能用于转账，不得支取现金。出票的绝对必要记载事项中没有收款人名称，其中金额是可以授权补记的，付款日期的记载不具任何效力，因为支票为见票即付票据。其他记载事项均同于汇票。

（二）支票付款

支票付款人与汇票承兑人及本票的付款人的地位不同，仅承担受托付款责任，并不承担绝对付款义务。因而，我国票据法规定，超过提示付款期限的，支票付款人可以不予付款。

三、关于汇票规定的适用

虽然支票仅为单纯的支付证券，不具有信用功能，而汇票虽也具有支付功能，但更重于信用功能，但是由于二者同属委付票据，所以支票与汇票有些票据行为规则是相通的。

（一）出票适用汇票的规则

根据我国《票据法》第 24 条、第 26 条，支票出票的记载事项与汇票一样，可以记载票据法规定以外的其他事项，但该记载不具有支票上的效力。例如，出票人账号、支票用途等。出票人签发支票后，担保该支票的付款，持票人得不到付款时，持票人应向出票人请求清偿票据法规定的金额和费用。

（二）背书适用汇票的规则

我国票据法对于支票的背书转让规则并未作任何特别的规定，完全适用有关汇票背书转让的规则。

（三）付款适用汇票的规则

支票与汇票均属于委付证券，因而支票的付款与汇票的付款大致相同，除支票的提示付款期间及支票付款人的付款责任外，其他均适用汇票付款的规则。

（四）追索权行使适用汇票的规则

票据法没有特别设定支票追索权的行使规则，完全适用汇票的相关规则，只是支票不发生期前追索的问题。因为支票为即期票据，无须承兑，也无保证人可供追索。

■思考题

1. 什么是本票的"见票"？它有什么法律效力？
2. 本票的哪些行为适用汇票的有关规定？
3. 支票有哪些特点？
4. 支票有哪些种类？
5. 支票的哪些行为适用汇票的相关规定？

第五编　保　险　法

第十六章　保险与保险法概述

■学习目的和要求

　　本章需学生着重掌握保险法的基本范畴与理论，了解保险的概念及分类，掌握保险法的性质、体例及内容，重点掌握保险利益、最大诚信、损害补偿、近因等基本原则，理解保险法在民商法体系中的地位及其适用。

第一节　保险之意义、种类及其发展趋势

　　保险与保险法是两个性质不同的领域，但两者有着非常密切的联系。研究保险法，应先论及保险。

一、保险之意义

　　保险与人类的关系非常密切，其起源几乎可以溯及人类之初。现代保险正是从保险的萌芽阶段、初始阶段及成熟阶段一步一步地发展而来的。

　　何谓保险？法律意义上的保险，"是指投保人根据合同约定，向保险人支付保险费，保险人对于合同约定的可能发生的事故因其发生所造成的财产损失承担赔偿保险金责任，或者当被保险人死亡、伤残、疾病或者达到合同约定的年龄、期限时承担给付保险金责任的商业保险行为"。这是《中华人民共和国保险法》（以下简称《保险法》）对保险概念的界定。毫无疑问，我国保险法上所说的保险仅指商业保险，这是一种狭义的保险。从广义上说，除了商业保险，保险还包括社会保险。对于社会保险，开始因其对象仅以企业的劳动者为

限而被称为"劳动保险";后来因其对象已不限于企业的工人而扩及社会大众,"劳动保险"又有"社会保险"之谓。

与商业保险相对应的社会保险,是国家通过立法手段对劳动者及所在单位强制征收保险费,形成保险基金,用以对其中因年老、疾病、生育、伤残、死亡和失业而导致丧失劳动能力或失去工作机会的成员提供基本生活保障的一种保障制度。社会保险与商业保险相比较,前者具有强制性,且有国家财政支持作后盾,但不以营利为目的;后者则具有自愿性和营利性,但其保险基金则完全由所收取的保险费构成。保险固然义有广狭,但生活中人们言及保险,一般仅指商业保险即狭义保险。本书以下论及保险,除特别指出之外,亦仅指狭义保险,即商业保险。

现代保险是一个多功能的制度:"保险具有经济补偿、资金融通和社会管理功能,是市场经济条件下风险管理的基本手段,是金融体系和社会保障体系的重要组成部分,在社会主义和谐社会建设中具有重要作用。"[1] 正是基于上述多元性功能,保险被美誉为"文明社会的稳定器"。

二、保险的种类

对保险的分类方法很多,但最常见的有如下几种。

(一)财产保险与人身保险

这是根据保险标的的不同对保险所作的分类,也是保险最根本的分类。财产保险是指以财产及其相关利益为保险标的的保险。财产保险包括财产损失保险、责任保险、信用保险、保证保险及农业保险等,与国际上的分类大体相当。从性质上说,财产保险是为填补被保险人因灾害所受实际损失而实施的一类补偿性保险。人身保险是以人的寿命和身体为保险标的的保险。人身保险主要包括人寿保险、健康保险、伤害保险等。人身保险虽然也有补偿的功能,但其性质与财产保险是不同的——相对于财产保险而言,这是一类给付性的保险。

虽然同为保险,但人身保险与财产保险在一系列问题上,包括保险金额的确定方式、保险费的交付、保险期限的长短、保险理赔的原则乃至承保与展业的要求等,都有很大的差异。

(二)原保险与再保险

这是根据保险人承担责任次序的不同对保险所作的分类。原保险亦称"第一次保险",是指保险人对被保险人因保险事故所致损害承担直接原始的

---

[1] 参见《国务院关于保险业改革发展的若干意见》(国发〔2006〕23号)。

赔付责任的保险。人们平时所说的保险，多指这种保险。再保险亦称"分保"，是指将原始（即第一次）的保险责任，再予以投保的保险。简言之，再保险就是对保险人的保险。其中，分出自己原来所承担责任的保险人称为原保险人，接受再保险业务的保险人称为再保险人。再保险是在保险人系统中分摊风险的一种安排，是以原保险为基础、以原保险人的风险责任为保险标的的补偿性保险。无论是财产保险还是人身保险，都可成立再保险关系。它基本上可分为两大类：一类是以保险金额来计算再保险责任的比例再保险；另一类是以赔偿额来计算再保险责任的超额再保险。但无论是哪一类，都须通过再保险人与原保险人签订再保险合同来确定。这种合同最明显的特征是：再保险人仅对原保险人负责，与原保险的被保险人不发生任何直接关系。基于这一点，其性质当属责任保险。但是由于再保险的特殊作用，在保险的分类中，责任保险并不包括再保险。

原保险与再保险是两种性质不同的保险。因此，在一系列问题上，包括保险关系的建立、承保判断的基础、合同的基本条款等，二者都有很大的不同。

（三）强制保险与自愿保险

这是根据保险的实施方式对保险所作的分类。强制保险亦称法定保险，是指在法律和法规规定范围内的社会成员必须投保，保险人亦有接受投保义务的一种保险。建国初期我国实施的铁路、航空、轮船旅客意外伤害保险以及目前我国所实施的机动车交通事故责任强制保险就属于强制保险。根据我国《机动车交通事故责任强制保险条例》的规定，凡拥有机动车辆者，都必须向保险公司投保第三者责任险，保险公司亦必须接受这类投保。很清楚，法律的强制性是这种保险最根本的特征。当然，在商业保险中，强制保险所占的比例是微乎其微的，现代保险中最主要的是自愿保险。自愿保险是指通过自愿的方式，即投保人和保险人双方在平等互利、协商一致的基础上，签订合同来实现的一种保险。其自愿是双向性的：一方面，投保人对于自己的财产、生命和健康等保险标的既有投保的权利，也有不保的自由，法律不作硬性规定，任何人也不得强迫他人投保；另一方面，保险人也有决定承保与否和如何承保的自由。目前，无论是国内或国外，绝大多数的保险业务都是采取自愿的方式来开展的。

此外，基于经营目的及职能作用的不同，可将保险分为营业保险与社会保险两大类，营业保险又称商业保险，它是以营利为目的的保险。几乎所有的保险公司所经营的保险都属营业保险。社会保险即前已述及的国家为了保障弱势群体的基本生活而提供的各种物质帮助措施的统称，它不以营利为目的，多由国家的专门机构管理。

三、现代保险及其发展趋势

保险起源于古代各种应付人身危险的互助形式，萌芽于中世纪欧洲的各种行会组织，形成于 15 世纪初世界贸易中心的地中海沿岸，其标志是海上保险的出现。保险得以长足发展是在 20 世纪之后。毫无疑问，海上保险是最先出现的一种保险制度。最初的保险集中于海上贸易与航行领域，最早的保险中心是当时世界贸易中心的地中海沿岸港口城市。美洲大陆被发现之后，英国海外贸易发展迅速，而贸易工具主要是船舶，于是海上保险的中心由地中海沿岸地区转移到了英国。1568 年，伦敦专门为保险商洽谈业务方便而成立了皇家交易所，改变了伦敦伦巴第街古老的露天交易方式。1576 年获准设立的保险公会是世界上最早的保险人公会组织。从此以后，英国成为世界著名的海上保险中心，建立了一整套的制度。1871 年正式设立的伦敦劳合社，标志着保险在海上保险领域得到了突飞猛进的发展。

陆上保险比海上保险起步要晚，陆上保险最具代表性的是火灾保险。具有现代意义的火灾保险制度是 1666 年 9 月伦敦大火促成的。这场大火烧毁了伦敦 85% 以上的房屋。次年，医生巴蓬在伦敦开始经营房屋保险事业，巴蓬所创办的火灾保险业务被后人视为现代意义的火灾保险事业的开端。但火灾保险业发展很不顺利。在英国，当时的政府不仅不予支持，而且对保险合同课以印花税，使之增加了很多负担。火灾保险直到 19 世纪才有较快的发展。

人身保险的起源虽然早于财产保险，但具有现代意义的人身保险的形成却比火灾保险和海上保险要晚得多。一般认为，比较完整的近、现代人身保险制度始于 1762 年伦敦创办的"老公平"。此后，其发展亦相当曲折。即使像英国这样保险业发展较快的国家，人身保险制度当初也是被深加怀疑的，被认为无异于以生命为赌博。法国则更甚，1820 年，人身保险曾一度被禁止过。荷兰也是如此。

现代保险最早产生于商业革命时期，从 19 世纪之后得到了迅速的发展，其显著标志是：①保险公司不断增加，保险人遍及全球。19 世纪初，全世界的保险公司仅 30 余家，其中近半数设在英国。到 19 世纪末，全球的保险公司达 1272 家。进入 20 世纪之后，保险业的发展进入了黄金时代。20 世纪 70 年代初，保险公司总数突破了 10 000 家，达 10 212 家。到 1986 年，全球保险公司已上升到 13 484 家[1]。如今，保险人遍及全球。②全球保险费收入随着保

---

[1] 魏润泉编著：《国际保险通论》，中国金融出版社 1991 年版，第 53、54 页。

险公司的增加一路上升。据不完全统计，全世界总保险费收入，1950 年为 207 亿美元，1955 年升为 322 亿美元，从 20 世纪 60 年代到 80 年代完全是个"三级跳远"的发展：1960 年为 471 亿美元，1971 年骤升到 1320 亿美元，1986 年又升到 8585 亿美元[1]。到 1998 年全世界保险费收入已高达 21 552.69 亿美元[2]。如果以 1950 年保险费收入为基数，则 1986 年和 1998 年的保险费收入分别是 1950 年的 41 倍和 104 倍，其增长速度之快是惊人的。③保险费除了绝对数极大地提高外，其占国民总收入（GNP）的比例也在不断上升。如 1978 年全世界 GNP 为 75 000 亿美元，同年保险费收入为 3547 亿美元，占 4.7%；到 1983 年全世界保险费收入占 GNP 的比例为 5.8%。1986 年美国、爱尔兰及英国保险费收入占其 GNP 的比例都在 8% 以上，分别为 8.84%、8.48% 和 8.34%[3]。④愈是经济发达的国家，其保险业愈为发达。资料显示，1986 年西方几个主要资本主义国家，如美、英、法、德、日，其保险费收入就占全世界保险费收入的 80%，而这几个国家的国民生产总值占全世界的 60% 左右[4]。1998 年美、英、法、德、日保险费收入分别高达 7364 多亿美元、1810 亿美元、1166 亿美元、1366 多亿美元和 4530 亿美元，占全世界保险费的 75%。其中，仅美、日两国就占全世界保险费的 55%[5]。

总之，如今保险业已成为各国尤其是经济发达国家国民经济不可缺少的组成部分。没有保险业，整个经济巨轮将无法正常运转。

如果把意大利商人乔治·勒克维伦在 1347 年 10 月 23 日出立的一份保险单视为保险起始象征的话，那么保险制度已存在 600 多年了。经过 600 多年的发展，保险业目前已到鼎盛时期。今日的保险业，由于世界政治经济的发展与变化以及危险因素的不断增加与变异，其自身亦随之发生了很大的变化。现代保险发展趋势具有以下特征：

（一）财产保险的发展新趋势

1. 全益保险的流行。20 世纪中叶以前，世界多数国家的保险公司皆以专营为主，如果投保人欲将其财产上有关的各种危险向保险公司投保，则必须向不同的保险公司购买不同的保单，如火险、风暴险、盗窃险等。20 世纪中叶以来，投保人与保险人两者有相同的要求，即财产保险公司能有广泛的承保

---

〔1〕 魏润泉编著：《国际保险通论》，中国金融出版社 1991 年版，第 53、54 页。

〔2〕 《中国保险年鉴》，中国金融出版社 2004 年版，第 1055 页。

〔3〕 魏润泉编著：《国际保险通论》，中国金融出版社 1991 年版，第 53、58 页。

〔4〕 魏润泉编著：《国际保险通论》，中国金融出版社 1991 年版，第 53、58 页。

〔5〕 《中国保险年鉴》，中国金融出版社 2004 年版，第 1055 页。

权，除人寿保险外，可以订立多种危险保单，此即所谓的全益保险或整批保险（Package Insurance）。

全益保险盛行的主要原因在于：①在保险公司方面，将多种危险集合经营，既可使业务范围扩大，易于发挥大多数法则的作用，又能发挥平均作用，使业务日臻稳健；同时，还能使承保成本降低，业务收益增多。②在保险人方面，由于同一保单包括多种危险，不致有缺漏未保的顾虑；且因保单形式多样，可由被保险人任意选择，以适合个人所需。可以断言，在今后，投保人仅需购买一张保单，即可获得对一切危险的承保。

2. 危险因素增多。现代社会，科技发展突飞猛进，各种新产品种类繁多、不胜枚举，其中若干新原料、新技术、新式机器或设备对人类经济生活的影响不是过去所能想象的。此种情势的发展，一方面固然提高了人类生活福祉。但另一方面又产生了许多新的危险，例如核能的发明与应用。新事物与新生产过程所引起的危险因素的增加，使财产保险进入一个新境界。对于此类危险因素，不但其发生的可能性尚没有规律可循，而且其所造成的损失也难以估测。因此，如何克服这些困难，则有赖于保险技术与业务经营的不断研究与改进。

3. 消费者权益的重视。自全球化的消费者权益保护运动倡行以来，保险业受消费者主义影响颇大。其中，最为重要的是因消费者对商品或劳务提起诉讼索赔而对产品责任保险和专家责任保险产生的影响。首先，在产品责任方面，过去的法律规定，制造商及代理人对消费者因使用其产品所造成的损害，即使消费者与制造厂商之间并无契约或直接关系，也无过失存在，皆应负赔偿责任。现在法律对消费者作出更为有利的规定：制造商对消费者因使用其产品所造成的损害，即使在正常意识中该产品并无缺点存在，亦应负赔偿的责任。因此，产品责任诉讼直线上升，赔偿金额亦大量增加。这样一来，保险业不得不承担更多的社会责任，尽量设法促进产品安全性的提高。其次，因专业人员提供的劳务而遭受损害时，请求的诉讼亦有逐渐增加的趋势。总之，由于消费者权益保护运动盛行，今后保险业对于各种保险费率的计算、终止契约的决定、续保条件的考虑以及危险分类的处理，须详细研究，以符合消费的需要，增加消费者的利益。

（二）人身保险的发展新趋势

人身保险包括人寿保险、健康保险和意外伤害险等多个种类，本部分仅以人寿保险为例来分析人身保险的发展趋势。

1. 收益范围的扩展。现今人寿保险的收益范围，不再以个人为限，而是已扩及整个家庭与企业。首先，人寿保险的发展趋向于对家庭所得的保障。过去被保险人死后，保险人即以一定金额一次付给其收益人；但现今，为确保其家属经济生活安定，被保险人死后，有的保险人在一定时间内，给予其家属一定所得，至其子女成年，此种保险被称为家庭所得保险。其次，随着家庭所得保险的逐渐普及，该保险逐渐为一般工商企业所利用。例如，美国采取"企业中心人物保险（Keyman Insurance）"，即当企业中心人物死后，以补偿企业所受损失为目的的保险；德国则举办"企业出资人保险"，即企业出资人死后，死者的出资额由保险人偿还其遗属，以确保企业资金为目的的保险；等等。上述情形，就国民经济而言，不但扩展了人寿保险的范围，而且扩张了人寿保险的功能与效用。

2. 团体保险的发达。二战以来，在一般企业中，为协调劳资关系以及适应劳工团体的需求，团体保险日见发展，现在已逐渐取代普通人寿保险及简易人寿保险的地位，并呈大幅度增长的态势。究其原因主要在于：①团体保险的危险选择以团体代替个人，保险人接受承保的某一团体，也就接受了承保团体的每一成员，由此可以简化核保手续，节省费用支出，减轻保费负担；②团体保险的保险费由企业主分担一部分或大部分，而企业主分担的保费支出可抵扣应交税款；③团体保险契约往往为某一团体的特定需要而订立，因此团体保险契约的内容较个人保险具有较大的伸缩性。

3. 变额保险的举办。人寿保险成立于货币价值稳定时代。传统的人身保险金额结构中从未计及币值变动因素，但自 20 世纪以来，由于经济危机等原因，各国货币价值发生了显著变动，因而在人寿保险成立时所订定的保险金额，至实际给付时，其购买力大为降低。此种现象使人寿保险的推行发生困难。然而，人寿保险虽需依照约定给付一定金额，但因其保险资金的运用使得投资财产的价格亦会随货币价值的变动而上升。因此，增加保险金的给付额度在保险财务上并非不可能。于是，近年来人寿保险呈现从定额给付变为变额给付的趋势。

总之，现代人身保险不再局限于传统的人寿保险、医疗保险、意外伤害保险，而是发展出具有投资功能的万能险、分红险、投连险等产品，创新活跃。

第二节　保险法的定义、特征及体例

一、保险法的定义及其主要内容

保险法是近代保险业发展的产物。其定义可以用一句话概括，即保险法就是指以保险关系为调整对象的法律。和保险有广狭两义之分一样，保险法也有广狭二义。广义保险法是指调整保险关系的一切法律规范的总称，它既包括属于民商法范畴的保险合同法和保险特别法，也包括属于行政法范畴的保险业法和社会保险法。狭义保险法一般专指保险合同法。在学理上，学者们将保险业法、社会保险法称之为保险公法，而将保险合同法及保险特别法称为保险私法。因此，广义保险法既包括保险私法，亦包括保险公法；狭义保险法仅指保险私法，而且一般仅指保险私法中的主要部分，即保险合同法。应该说，我国现行的保险法，既有保险私法，亦有保险公法。作为法典化的保险法是公法与私法的结合体，但它又不是传统意义上的那种广义保险法，因为其中并不包括属于公法范畴的社会保险法，也没有包括属于私法范畴的海上保险合同制度。一般认为，广义保险法的主要内容大体包括如下几个方面：

（一）保险合同法

保险合同法亦称保险契约法，这是构成保险法的核心内容。一部保险法典可以不就保险业法作出规定，但如果规范中少了有关保险合同的内容，就不能称之为保险法典了。因此，狭义上的保险法一般仅指保险合同法是很有道理的。各国保险合同法尽管繁简不一，但是其内容大体上都包括以下三个方面：①关于保险合同的一般规定，包括保险合同的定义及基本分类、保险合同的主体和客体、保险合同的原则、保险利益、保险合同的订立履行及解释以及保险合同的变更、转让、解除和终止等；②关于财产保险合同的规定；③关于人身保险合同的规定。我国《保险法》第二章的规定，就是保险合同法的内容。虽然仅有一章，但其条文占《保险法》全部条文的30.5%，可见其分量之重。

（二）保险特别法

保险特别法是相对于保险合同法而言的，具体是指除保险合同法之外，规范于民商法中有关保险关系的条文。各国海商法中有关海上保险的规定就是最典型也是最为主要的保险特别法。其内容一般包括：海上保险的一般规定；海上保险合同的订立、解除及转让；海上保险合同被保险人的义务；海上保险合同保险人的责任；海上保险赔偿的支付；等等。此外，一些国家的相关规定也属于保险特别法，例如：在德国，与其国民保险相关的法规；在法国，与其通俗保险相关的法规；在美国，与其工业保险相关的法规；在日本，与其简易生命保险相关的法规；等等。

（三）保险业法

保险业法又称"保险事业法"或"保险事业监督法"，是国家对保险业进行监督和管理的一种强制法。各国在制定保险合同法之外，大多制定了监督保险业的保险业法，其主要内容一般包括：停业整顿监督的基本方式、保险企业组织的基本形式、设立保险公司的基本条件及审批文件要求、保险公司禁止兼营之规定、保险基金合法运用的规定、保障必要偿付能力的措施、保险中介以及保险违法行为的法律责任等。我国《保险法》第三、四、五、六章的规定，就是关于保险业法内容的规定。

值得一提的是，保险业法并不是与保险合同法同时产生和存在的。早期保险法的内容实际上只是保险合同法。但是，自 20 世纪 30 年代之后，由于各国社会经济生活的深刻变化，国家干预主义逐渐取代了自由放任主义。因而，在立法上所产生的直接后果是，对包括保险法在内的商法领域实行大规模的公法干预政策。其典型的方式就是向传统商法引入刑法、社会法等与经济活动有关的公法性规范，从而使商法自身具有公法性特征，这就是所谓的私法公法化。属于公法性质的保险业法正是基于国家干预主义的需要而产生与存在的。

二、保险法的特征

由于保险法规范对象的特殊性，决定了它与其他法律的不同特征：

1. 广泛的社会性。保险法的社会性又称保险法的社会化，即保险业的社会责任或公共性，这是为修正保险业等大企业过分的营利性所作的一项努力。与公众的社会生活关系甚为密切的大企业（包括保险业在内）的社会性之所以越来越为现代国家所重视，是因为此种事业一旦停止或经营不善时，将会使公众的生活受到极大影响。与一般企业相比，保险业的社会性有如下特征：①由于保险的技术上的特征而产生的团体性、集体性以及寿险的长期性；②对于投保人、被保险人而言，保险所保障的偶然事故大多数将是他们的不幸遭遇；③保险是市场经济之核心——金融业的一环，担负着维持经济秩序的重要角色；④保险资金（尤其是寿险业）在公益事业上的投资；⑤保险具有节省货币准备的特征。[1]

2. 严格的强制性。法律规范，按其效力可分为强制性规定和任意性规定。强制性规定多是有关社会公众的利益，其效力是不容变更或限制的；而任意性规定的效力仅为当事人意思的补充，当事人可以通过约定变更其效力。由于保险涉及社会公益、具有社会性，因而保险法中有许多强制性规定。例如，关于保险人对被保险人故意造成的损失不负赔偿责任的规定，即使合同当事人有相反约定，也不能失效。又如，在一般民事合同中，当事人可以自愿放弃权利；而在保险合同中，当事人的一些权利是不容放弃的，如保险人放弃合同约定的收取保险费的权利，因其有悖于保险原理，归于无效。

---

〔1〕 陈云中：《保险法要义》，台北三民书局 1992 年版，第 44 页。

3. 至善的伦理性。保险行为是一种射幸行为，其射幸性又有导致道德危险发生的可能，法律为了防止道德危险，要求保险契约须以特别的善意订立。因此，保险契约又被称为"最大善意契约"或"最大诚信契约"。保险契约的这种善意要求决定了调整保险关系的保险法具备特别善意性，亦即伦理性。例如，英国《1906 年海上保险法》第 17 条规定："海上保险契约是以绝对的忠诚老实为基础。倘任何一方不遵守忠诚老实的原则，另一方得声明此契约无效。"我国《保险法》第 16 条关于"如实告知义务"的规定，就属于此类规定。

4. 特定的技术性。由于保险业的经营对象是各种风险，因此在经营技术上有特定的技术要求。在一定时间内，保险人收取的保险费总量须同将要出现的危险损失赔偿形成一种平衡关系，这就要以风险损失为基础，建立起符合保险经营原理，保证保险人财政稳定的数学模型。在保险法中，一般都有关于保险费率厘定、保险事故损失计算以及保险赔款计算、保险投资等方面的规定。这些规定使保险法体现出了保险经营的特定技术要求。

5. 趋同的国际性。从中世纪海上保险商人的习惯法发展至今，保险法历经了"国际法—国内法—国际法"的演变历程。英国学者施米托夫曾指出："没有任何一个国家把商法完全纳入到国际法。即使在这一个时期，商法的国际性的痕迹依然存在，凡是了解商法的渊源和性质的人，都能看到这一点。"〔1〕因保险业系具有国际性的商业，各国保险法便不得各自为政，否则保险实现时必受其制约，所以保险法逐渐成为国际性的法律，且有全世界统一的趋势。〔2〕

三、保险法的立法体例

所谓保险法的立法体例，亦即保险法的结构模式。各国或地区保险法的结构模式，因其保险业起步早晚的不同以及受保险法私法公法化影响程度不一而呈现出多样化的局面。但归纳起来，世界各国或地区保险法体例大致有如下模式：

1. 将海上保险合同制度规定于商法典中，另外分别制定《保险合同法》及《保险业法》。这是采用民商分立制的大陆法系国家的保险立法基本模式，法国、德国等所采的就是这种模式。保险制度源于海上保险，最早的保险立法亦主要为海上保险立法。法国及德国等都属于保险起步早且采民商分立制的国家，而保险经营无疑是一种商业活动，因此当法国及德国分别于 1807 年、

〔1〕 ［英］施米托夫：《国际贸易法文选》，赵秀文译，中国大百科全书出版社 1993 年版，第 10～11 页。
〔2〕 郑玉波：《保险法论》，台湾三民书局 1981 年版，第 37 页。

1900 年制定其商法典时，海上保险合同制度便顺理成章地被规定于其中。但随着陆上保险及人身保险的迅速发展，商法典中关于保险合同制度的规定已很难适应实际需要。因此，这些国家（如法国和德国）于其商法典之外，又制定了《保险合同法》。之后，出于国家对保险业干预的需要，这些国家又制定了《保险业法》。

2. 将保险私法（主要是保险合同制度）规定于其民法典或其他民事法律之中；在民法典之外，又对保险公法即保险业法单独立法。在保险业起步较早且采民商合一制的大陆法系国家，其保险立法一般都采用这种模式。例如，意大利、瑞士及俄罗斯等国，其所采用的保险立法模式就属这一种。值得一提的是，意大利曾采民商分立制，1942 年在制定其新民法典时将原来商法典的内容归并入民法典中。该民法典在第三编债权各论中具体规定了各种保险的处理原则及制度；而俄罗斯民法典则沿袭苏俄民法典的做法，亦将保险合同制度规定于其中。

3. 将保险合同法及保险业法合并在一个法典中，统称保险法。我国及我国台湾地区[1] 美国纽约州及菲律宾等国家或地区的保险立法，所采用的就是这种模式。应该说，这种模式集保险合同法与保险业法于一体，融保险私法与保险公法于一炉，是一种科学的保险立法模式。

当然，以上所列只能是大致情况，所归纳的几种模式不可能将各国的保险法体例都囊括其中，例如，英国及日本就不属于上述三种模式中的任何一种。英国保险立法于本书第一章已有阐述，此处不再赘述。日本有关陆上保险和海上保险的立法都规定在其商法典之中，即不像德、法两国那样在商法典之外另行制定保险合同法。日本只有保险业法与德、法两国一样，都采单行立法模式。

关于各国保险立法，从其历史成因来看，采分立立法模式体例的国家多为保险业较发达国家。在推崇和盛行经济自由主义的年代里，国家对保险业亦实行自由放任的经济政策，因此这些国家在编纂保险法典时，其重点是如何规范保险私法关系，那时还根本谈不上保险公法关系。只是随着国家干预主义的出现，当保险公法关系开始出现并成为必要时，这些国家大多都选择在已有的保险合同法典以外单独制定保险业法。由此可见，分立立法的结构模式是历史的产物。

---

[1]　我国台湾地区，在 1964 年前，其"保险法"仅包括保险合同制度，"保险业法"单独制定；1964 年两者合并，统称"保险法"。

采合并立法结构模式的大多是保险法文化较晚形成以及保险业较晚发展的国家或地区。采合并立法之先河者为美国纽约州的《保险法》。虽然其保险业比较发达，但当其在编制保险法典时，国家对保险业日益强化的干预和监管（即保险公法关系）已经出现，并与保险私法关系并存，所以纽约州立法者选择了合并立法。这一立法结构模式后来不但为保险业发展晚的国家或地区纷纷仿效，而且有些采分立立法模式的国家或地区在修订其保险法时也纷纷抛弃了成例而选择合并立法，如我国台湾地区的保险立法就是如此。因此，合并立法模式是一种符合保险业发展趋势的理性选择和必然要求。

四、我国现行的保险立法

由于历史的原因，我国现行的保险立法准确地说应该包括《中华人民共和国保险法》和施行于台湾地区的"保险法"。《保险法》体系吸收了我国台湾地区的经验，将保险合同法与保险业法合二为一，成为保险法典，该法典于1995 年 6 月通过，共分为 8 章 158 条，各章依次为：总则、保险合同、保险公司、保险经营规则、保险代理人和保险经纪人、保险业监督管理、法律责任、附则。之后，我国分别于 2002 年、2009 年、2014 年和 2015 年对《保险法》进行了修订。其中，2002 年和 2009 年修订的幅度比较大；修订后，其内容已增至 187 条。2009 年 2 月 28 日修订的《保险法》，目的在于适应当前保险改革发展的需要，进一步规范保险公司的经营行为，加强对被保险人利益的保护，加强和改善保险监管机构对保险市场的监管，有效防范和化解保险业风险，促进保险业持续稳定快速健康发展。2014 年 8 月 31 日对《保险法》只作了小幅度的修订，即仅对其中的第 82 条和第 85 条作了技术性的修订。

值得注意的是，除了《保险法》之外，2009 年 9 月、2013 年 5 月、2015 年 11 月、2018 年 7 月分别发布的《最高人民法院关于适用〈中华人民共和国保险法〉若干问题的解释（一）》（以下简称《保险法解释（一）》）、《最高人民法院关于适用〈中华人民共和国保险法〉若干问题的解释（二）》（以下简称《保险法解释（二）》）、《最高人民法院关于适用〈中华人民共和国保险法〉若干问题的解释（三）》（以下简称《保险法解释（三）》）、《最高人民法院关于适用〈中华人民共和国保险法〉若干问题的解释（四）》（以下简称《保险法解释（四）》）也都是我国保险立法的重要组成部分。

第三节 保险法的基本原则

保险制度作为民商法的一项制度，在其自身长期发展过程中，逐步形成了一系列基本原则，即保险利益原则、最大诚信原则、损失补偿原则、近因原则。保险法的这些基本原则是具有国际性的。当然，对这些基本原则的适用，人身保险与财产保险又稍有不同。

一、保险利益原则

（一）保险利益的含义及其构成要件

我国《保险法》第12条第1款规定："人身保险的投保人在保险合同订立时，对被保险人应当具有保险利益。"第2款规定："财产保险的被保险人在保险事故发生时，对保险标的应当具有保险利益。"可见，投保人和被保险人有无保险利益是一个至关重要的问题。

那么，什么是保险利益？"保险利益是指投保人对保险标的的具有法律上承认的利益"，这是我国《保险法》对保险利益的界定。保险利益也称为可保利益，通俗地说是指投保人对保险标的的所具有的利害关系。各国法律都把保险利益作为保险合同生效和有效的重要条件，主要有两层含义：①在人身保险中，对被保险人有保险利益的人才具有投保人的资格，保险利益是认定保险合同有效的依据；②在财产保险中，没有保险利益的被保险人不享有损害赔偿请求权。这就是所谓的保险利益原则。保险利益原则的真正目的，在于限制损害填补的适用，避免赌博行为和防范道德危险。尤其是在人身保险方面，只有坚持保险利益原则，才能更好地维护被保险人的人身安全利益。

保险利益的构成要件有三项：①适法性。保险利益必须具备适法性，即得到法律认可。受到法律保护的利益才能构成保险利益，不法利益如盗窃所得等不能构成保险利益，法律上不予承认或不予保护的利益也不构成保险利益。②经济性。保险利益必须是经济上的利益，即可以用货币计算估价的利益。保险不能使被保险人避免遭受损失，其所能者是对被保险人遭受的经济上的损失给予金钱上的补偿。如果被保险人遭受的损失属行政处分、刑事处罚、精神创伤等非经济损失，则不能构成保险利益。当然，行政处分、刑事处罚虽然也可能造成当事人的经济损失，但从公共利益出发，各国保险均不予以保障。③确定性。保险利益必须是确定的利益。首先，这一利益是能够用货币形式估价的，保险标的中不存在"无价之宝"；其次，这一利益是指事实上或客观上的利益，包括现有利益和期待利益。

（二）保险利益原则的适用

财产保险和人身保险都必须坚持保险利益原则，但什么人对保险标的的具有保险利益，这是保险利益原则的一个重要问题。关于人身保险的保险利益，我国《保险法》第31条第1款、第2款规定："投保人对下列人员具有保险利益：①本人；②配偶、子女、父母；③前项以外与投保人有抚养、赡养或者扶养关系的家庭其他成员、近亲属；④与投保人有劳动关系的劳动者。除前款规定外，被保险人同意投保人为其订立合同的，视为投保人对被保险人具有保险利益。""被保险人同意"，除其有明确的意思表示之外，还包括《保险法解释（三）》第 1 条规定的情形。该条规定："有下列情形之一的，应认定为被保险人同意投保人为其订立保险合同并认可保险金额：①被保险人明知他人代其签名同意而未表示异议的；②被保险人同意投保人指定的受益人的；③有证据足以认定被保险人同意投保人为其投的其他情形的。"至于财产保险的保险利益，我国保险法没有明确规定范围。一般认为，在财产保险合同中，享有保险利益的人员范围主要有以下几种：①对该项财产享有法律上权利的人，包括享有所有权、留置权的人；②财产保管人；③合法占有人，如承租人、承包人等。当然上述人员所享有的保险利益是不同的，对于财产所有人来说，他所享有的保险利益最充分，没有时间的限制；对于其他人来说，他们对保险标的所享有的保险利益，要受到一定时间和一定金额的限制。

保险利益原则的另一个重要问题是，在各种保险合同中，投保人的保险利益应当何时具有？前已述及，我国《保险法》第 12 条明确规定，人身保险的投保人在保险合同订立时，对被保险人应当具有保险利益；财产保险的被保险人在保险事故发生时，对保险标的应当具有保险利益。显然，财产保险与人身保险的保险利益，其存在时间要求是有所不同的。财产保险的保险利益，在特殊情况下，保险合同订立之时可以暂时不具有，但在保险标的因保险事故造成损失时，被保险人对其必须具有保险利益，否则，被保险人不享有索赔权。人身保险则不尽然。在人身保险中，投保人要在订立合同时必须具有保险利益，至于在保险事故发生时投保人是否仍然具有保险利益则无关紧要。对此，最高人民法院《保险法解释（三）》第 4 条规定："保险合同订立后，因投保人丧失对被保险人保险利益，当事人主张保险合同无效的，人民法院不予支持。"人身保险的这一特殊性，主要是因为投保人投保后，将来所应得的保险金是过去已交纳保险费及其利息的积存，具有储蓄性，与财产保险的赔偿金不同。

二、最大诚信原则

任何一项民事活动，当事人都应当遵守诚信原则。我国《民法总则》及《保险法》都对诚信原则作了规定。鉴于保险合同关系的特殊性，法律对于当事人的诚信程度的要求远远高于其他民事活动，当事人若有违反，对方有权解除保险合同关系。这就是所谓的最大诚信原则。

保险合同中的最大诚信原则，其基本内容有三项，即告知、保证、弃权与禁止反言。

（一）告知

告知，又称申报，是指投保人在订立保险合同时应当将与保险标的有关的重要事项如实告诉保险人，这是狭义的告知义务。广义的告知义务既包括保险合同订立时投保人的告知义务，亦包括保险期间保险标的危险增加时被保险人的通知义务，还包括保险事故发生时被保险人的通知义务。但一般所说的告知，仅指狭义告知。我国《保险法》第 16 条第 1 款规定："订立保险合同，保险人就保险标的或被保险人的有关情况提出询问的，投保人应当如实告知。"第 21 条规定："投保人、被保险人或者受益人知道保险事故发生后，应当及时通知保险人……"第 52 条第 1 款规定："在合同有效期内，保险标的的危险程度显著增加的，被保险人应当按照合同约定及时通知保险人……"根据我国《保险法》的规定，投保人的"告知"，显然仅限于"订立保险合同时"，在保险合同有效期间和保险事故发生后的告知则称为"通知"，"告知"与"通知"的法律后果是不同的，这一立法与大多数国家的规定是一致的。

告知的一个重要问题是内容和形式。投保人在投保时应该告知的是"重要事实"。所谓"重要事实"，一般的看法是，凡能够影响一个正常的、谨慎的保险人决定其是否接受承保，或者据以确定保险费率，或者是否在保险合同中增加特别条款的事实，都是重要事实。至于各国所采用的告知的形式，一般可以分为两种：①采用询问回答式的告知，即保险人书面询问的问题认定为"重要事实"；对于保险人询问之外的问题，投保人没有告知义务。这种告知形式对投保人来说，要求比较宽松。目前，多数国家都采用这种告知形式，我国也采用这种形式。②采用无限告知，即法律对告知的内容没有确定的规定，只要事实上与保险标的危险状况有关的任何重要事实，投保人都有义务告知保险人。这一告知形式对投保人的要求相当苛刻。目前，英国、美国、法国等国家仍采用这种形式。

告知的另一个重要问题是义务违反的法律后果。我国《保险法》第 16 条第 2 款规定："投保人故意或者因重大过失未履行前款规定的如实告知义务，足以影响保险人决定是否同意承保或者提高保险费率的，保险人有权解除保险合同。"根据我国保险立法，投保人不履行告知义务的表现形式有两种：①隐瞒事实，故意不如实告知；②因过失未能履行如实告知义务。这两种情况，无论是哪一种情况，保险人都有权解除合同。所不同的是，如果是第一种情况，根据《保险法》第 16 条第 4 款的规定，保险人对于保险合同解除前发生的保险事故，既不负赔偿责任，也不退还保险费。如果是第二种情况，根据《保险法》第 16 条第 5 款的规定，保险人对于合同解除前发生的保险事故虽然不负赔偿责任，但应该退还保险费。

值得注意的是，关于告知义务条款，我国《保险法》在修订时作了重大修改：①修订后的《保险法》减轻了投保人的如实告知义务。将原来规定的投保人"故意"和"过失"未履行如实告知义务作为其承担责任的理由，修改为"故意或者重大过失"。也就是说，投保人若非重大过失而只是一般过失而告知不实者，还不能认定投保人未履行如实告知义务，保险人不能因此而解除保险合同。②增加规定投保人如实告知义务的豁免时间，也增加了对保险人合同解除权的限制，即对保险人基于投保人故意或因重大过失未履行如实告知义务而享有的合同解除权，"前款规定的合同解除权，自保险人知道有解除事由之日起，超过 30 日不行使而消灭。自合同成立之日起超过 2 年的，保险人不得解除合同……"（《保险法》第 16 条第 3 款）。也就是说，保险人因投保人告知不实而享有的合同解除权，只能在其知道有解除事由之日起 30 天之内行使，超过 30 天的不再享有解除权。无论保险人知道有解除事由与否，保险合同成立超过 2 年的，保险人均不得解除合同。③将投保人过失未履行如实告知义务时保险人"可以退还保险费"修改为"应当退还保险费"。此外，修订后的《保险法》还增加了一款，即"保险人在合同订立时已经知道投保人未如实告知的情况的，保险人不得解除合同；发生保险事故的，保险人应当承担赔偿或者给付保险金的责任"（《保险法》第 16 条第 6 款）。显然，这些规定对投保人是非常有利的。

（二）保证

保证，是指保险人和投保人在保险合同中约定投保人保证对某一事项作为或不作为，或担保某一事项的真实性。它通常用书面形式或约定条款附加在保险单上面。如人身保险合同中投保人保证在规定的时间内不出国、财产保险合同中投保人保证不在保险标的中存放特别危险品等，这些都是明示的保证。此外，还有些没有形成文字的保证，即默示保证。默示保证主要见于海上保险合同，如适航能力、不改变航道、具有合法性等都无须成文，但所有投保人都必须做到。

（三）弃权与禁止反言

弃权是保险人放弃因投保人或被保险人违反告知义务或保证而产生的保险合同解除权。禁止反言，是指保险人既然放弃自己的权利，将来不得反悔再向对方主张已经放弃的权利。例如，投保人在投保时，声明其投保的财产旁边存放了特别危险品，但保险人或其代理人既不拒保，也不提高保险费，以后，保险财产因其旁边的特别危险品而造成损失的，保险人既不能解除合同，也不能拒赔。前述的《保险法》第 16 条第 6 款的规定，实际上也是关于保险人"弃权与禁止反言"的条款。

三、损失补偿原则

（一）损失补偿原则的含义

所谓损失补偿原则，是指当保险事故发生使被保险人遭受损失时，保险人在其责任范围内对被保险人所遭受的实际损失进行赔偿。我国保险法在相关的规定中确认了这一项原则。根据我国《保险法》的规定，我们可以将损失补偿原则归纳为两点：①被保险人只有遭受约定的保险危险所造成的损失才能获得赔偿。如果有险无损，或者有损但并非约定的保险事故所造成，无权要求保险人给予赔偿。②补偿的量应该是等于实际损失的量，即保险人的补偿恰好能使保险标的恢复到保险事故发生前的状态。被保险人不应获得多于损失的赔偿，保险人也不应给予少于损失的补偿，这就是损失补偿原则的确切含义。

损失补偿只适用于财产保险。人身保险中的人寿保险不适用这一项原则。即使在财产保险中，定值保险合同等也不完全适用这一项原则。

（二）损失补偿原则的派生

从损失补偿原则中派生出来的原则，包括保险代位原则和重复保险分摊原则。它们也都仅适用于财产保险而不适用于人身保险。

所谓代位原则，是指在财产保险合同中，如果保险事故是由第三者的过错所造成，那么，被保险人从保险人处获得全部赔偿后，必须将其对第三者所享有的任何有关损失财产的所有追偿权利转让给保险人，由保险人代位对第三者追偿。被保险人不能从第三者那里再得到额外的赔偿。此外，被保险财产遭受损失后的残余部分归被保险人的，保险人应在赔款中扣除其价值。

所谓重复保险分摊原则，是指在财产保险中投保人对同一保险标的、同一保险利益、同一保险事故分别向两个以上保险人订立保险合同，当发生保险事故时，除合同另有约定外，各保险人按照其保险金额与保险金额总和的比例承担赔偿责任，被保险人从各保险人那里所获得的赔偿不能超过保险价值。

四、近因原则

在保险合同纠纷中，各国用以判定较为复杂的因果关系即一果多因的案件时，通常采用近因原则。所谓近因，并非指时间上最接近损失的原因（即后发生的原因），而是指有支配力或一直有效的原因。我国法律上称为因果关系，英国、美国等国家则称为近因原则。

在我国，没有采用"近因"这一概念，而是以"导致损失的重要原因"

或"主要原因"作为判定一果多因责任的依据。但是，有关近因原则的精神还是可以参考的。在司法实践中，也运用过近因原则。例如，20世纪我国安康地区发生特大洪水，某公司的一个香烟仓库一楼已被洪水浸泡，二楼以上存放了一批已投保的香烟。该公司为了避免损失的扩大，果断地将处于危险状态中的香烟调到各县削价处理。事后该公司要求保险公司赔偿因削价销售而受到的损失，但保险公司拒绝赔偿。在审理过程中，受理案件法院认为，这批香烟损失的重要原因是洪水而不是削价处理。虽然从时间上看，最近的原因是削价处理，但这批香烟在洪水进入仓库大楼一楼后，就一直处于危险状态。香烟非同一般商品，进水必然受潮，受潮必然霉变，在事态非常紧急的情况下，投保人削价处理是合理的、有效的，因此，保险公司拒赔是没有道理的。这一纠纷的处理，实际运用的正是近因原则。

■思考题

1. 简析保险的概念与要素。
2. 简述保险法的保险利益原则。
3. 简述近因原则的有效规则。
4. 试述最大诚信原则。
5. 试述保险法上的损害补偿原则及其制度构成。

第十七章　保险合同总则

■学习目的和要求

　　本章阐述了保险合同是产生保险法律关系的基础，也是保险法律关系的核心内容。本章涉及保险合同的概念、特征、种类、主体、形式、内容以及履行。本章教学的重点是保险合同的当事人、合同的形式、合同的主要条款、保险合同的履行，难点是保险合同当事人的义务。

第一节　保险合同的概念及特征

一、保险合同的概念

　　保险合同是投保人与保险人约定保险权利义务关系的协议。依据保险合同，投保人应向保险人支付约定的保险费，保险人则应在约定的保险事故发生或在约定的人身保险事件出现或期限届满时，履行赔付保险金的义务。从性质而言，保险合同并不能直接促使物权发生、变更或消灭。因此保险合同为债权合同的一种，而非物权合同。[1]

二、保险合同的有偿性

　　合同当事人一方享有合同约定的权益，须向对方当事人偿付相应代价的合同，为有偿合同；反之，则为无偿合同。保险合同为有偿合同。因为，一方面投保人订立保险合同转移风险，要求保险人承担保险责任，应当按照约定向保险人支付保险费，保险费为保险人承担保险责任的代价；另一方面，保险人向投保人收取保险费，相对应地承担保险责任。可见，保险人和投保人依保险合同享受权利或权益，均不是无偿的，所以保险合同为有偿合同。

三、保险合同的射幸性

　　《牛津词典》给"射幸"下了这样的定义："取决于死亡的降临；因此，

---

[1]　刘宗荣：《保险法》，台湾三民书局 1995 年版，第 32 页。

取决于不确定的偶然性。"[1] 保险合同的目的是使保险人在特定的不可预料或不可抗力事故发生时，对被保险人履行赔偿或给付的义务。因此，保险合同属射幸合同。但保险合同和同样属于射幸合同的赌博行为不同，前者以保险利益为标的，在保险利益受侵害时，由保险人补偿（或赔偿），主要是补偿被保险人的损害，而不增加被保险人的利益，故两者不能混为一谈。此外，保险合同这种射幸性质只是就单个保险合同而言的，如就全部承保的保险合同总体来看，总保险费收入与总赔偿金额的关系是经过科学测算的，两者大体应相互平衡，在这方面不存在偶然性，即不存在射幸性。

四、保险合同的附和性

合同根据订立合同中双方的地位来划分，可分为附和合同和议商合同。附和合同是指一方受到严格的限制，而另一方不受限制或受限制较少的合同。与之相对应的是议商合同，即在订立合同时由双方平等协商而建立的合同。保险合同为附和定式契约，主要因为，保险行为由于其技术性、行业垄断性，使得保险合同的内容，多由保险业者先行确定，而一般的投保人只能依保险业者所确定的条款订立合同。故投保人只有决定是否订立合同的自由，而无对其内容进行实质性磋商的自由。为了消除此种不平等交易的缺陷，我国《保险法》对因保险合同的附和性所带来的弊端作出了各种规制。

五、保险合同的要式性

合同依其成立是否以履行法定方式为标准，可分为要式合同与不要式合同。有人认为，我国保险合同为不要式合同。然而，我国《保险法》第13条明确规定了"保险单或者其他保险凭证"是我国保险合同的主要载体，虽然该条文亦允许"当事人也可以约定采用其他书面形式"，但无论是"保险单"，还是"其他保险凭证"，或者"其他书面形式"，所有这些载体都属书面形式。换言之，书面形式是我国保险合同的法定形式，可见，我国保险合同是一种要式合同。

第二节　保险合同的分类

一、财产保险合同与人身保险合同

财产保险合同与人身保险合同是以保险标的性质为标准所进行的分类。保

---

[1]　［美］A. L. 科宾：《科宾论合同》（下册），王卫国、徐国栋等译，中国大百科全书出版社1998年版，第130页。

险标的是指作为保险对象的财产及其有关利益或者人的寿命和身体。[1] 概言之，保险标的，包括经济生活客体和主体，即财产和人身。当然，现代保险，其标的不仅以有形财产与人身为限，各种无形的权利及责任，亦包括于保险标的范围之内。因此，根据保险标的不同，可将保险分为财产保险、人身保险及无形利益保险三类。由于各种无形权利及责任无不与财产、人身具有直接或间接的联系，所以，根据此种分类标准，一般仅分为财产保险和人身保险两大类。该种分类对各国保险及其合同的法律分类影响甚广。我国《保险法》第二章保险合同分为"财产保险合同"与"人身保险合同"。

二、补偿性保险合同与定额性保险合同

补偿性保险合同与定额性保险合同，是以保险金之给付性质为标准所作的分类。补偿性保险合同，又称"评价保险合同"，是指在危险事故发生后，由保险人评定被保险人的实际损失从而支付保险金的一种合同。通常以财产保险合同居多。补偿性合同设立的宗旨，在于使被保险人遭受灾害和意外事故时获得经济补偿。定额保险合同，即合同当事人双方事先协议一定数目之保险金额，至危险事故发生时，由保险人依照保险金额负给付责任的一种合同。大多数的人身保险合同都属定额保险合同。

此种分类对立法影响较大，各国法例中以损失保险与人身保险分列者，无不受此主张之影响。[2] 它与"根据保险标的的不同将合同分为财产保险合同与人身保险合同"大体上是一致的。[3] 唯此种分类，各有例外：在财产保险合同方面，亦有定额保险性质之合同，如总括保险合同，其保险金额即一定不变；在人身保险合同方面，亦有补偿保险性质之合同，如疾病保险、伤害保险等，即以医疗及住院等实际费用补偿为限。

三、定值保险合同与不定值保险合同

定值保险合同与不定值保险合同，是以保险价值之估计为标准所进行的分类。因人身保险并无保险价值问题，故此分类仅适合于财产保险。定值保险合同，是指当事人双方事先确定保险标的价值并载明于保单中的一种保险合同。定值保险大多适用于保险价值不易确定的保险标的，如古玩、书画、矿物标本等。定值保险在技术方面的功能在于"以保险合同订立时约定的保险价值"代替"保险事故发生时实际的保险价值"作为计算损害的标准，以简化保险

---

[1]　参见《保险法》第12条第3、4款。
[2]　袁宗蔚：《保险学：危险与保险》，首都经济贸易大学出版社2000年版，第215页。
[3]　覃有土主编：《保险法概论》，北京大学出版社1993年版，第89页。

事故发生时理赔的手续。换言之，定值保险的意义，"在于以容忍某种程度之不当得利，换取保险事故发生时计算保险价值之麻烦"。[1]

不定值保险合同，即被保险财产之价值不先确定，合同中则载明"须至危险事故发生后，再行估计其价值而确定其损失"。这种保险合同，仅记载保险金额，而将保险标的的实际价值留待危险发生之际需要确定保险赔偿的限度时才去估算。由于保险标的在这种保险合同中所载的实际价值可能变动，因此，据此理赔的价值也是不固定的，这就是"不定值保险合同"名称的由来。与定值保险合同中确定赔偿金额的方法不同，不定值保险合同是根据保险标的在保险事故发生时的实际价值估定其损失额的。而确定保险标的的实际价值最常用、最简便的依据就是保险标的的市场价格。换言之，在不定值保险合同中，保险标的的实际价值应当以保险事故发生时当时当地保险标的的市场价格为准。

第三节　保险合同的主体

一、保险人

保险人，又称承保人，是指与投保人订立保险合同，并按照合同约定承担赔偿或者给付保险金责任的保险公司。[2]

根据我国《保险法》的有关规定，保险人主体资格的特征主要有：①保险人是依法设立的保险公司。《保险法》第6条规定："保险业务由依照本法设立的保险公司以及法律、行政法规规定的其他保险组织经营，其他单位和个人不得经营保险业务。"②保险人是经营保险业的保险公司。依法设立的保险公司只能经营保险业务，不得经营保险业以外的任何业务。③保险人是保险合同的一方当事人，依照保险合同的约定来承担保险责任。

二、投保人

投保人，又称要保人，是指与保险人订立保险合同，并按照合同约定负有支付保险费义务的人。[3] 投保人不论是为自己的利益订立合同，还是为他人利益订立合同，都必须承担交纳保险费的义务。因为投保人是保险合同的当事人，也可以说承担交纳保险费的义务是投保人之所以成为保险合同当事人的最

---

〔1〕　江朝国：《火灾保险法论》，台湾富邦产险公司1992年版，第278页。
〔2〕　《保险法》第10条第3款。
〔3〕　《保险法》第10条第2款。

主要特征。在任何情况下，只要保险合同依法成立且保险期限未届满，投保人就不能免除其承担的交纳保险费的义务。无论自然人或法人均可以成为投保人，当投保人是法人时，其民事行为能力以其设立时取得的法律资格来确定。

三、被保险人

被保险人是指其财产或者人身受保险合同保障，享有保险金请求权的人。[1] 保险合同所保障之对象为被保险人的财产或者人身，因为保险事故必发生在被保险人的财产或人身之上，即被保险人的财产上的保险事故或人身上的保险事故，所以被保险人是保险合同保障之人。当然，被保险人在保险合同中也可能具有多重身份。在投保人与被保险人同为一人的保险合同中，合同订立时，他是投保人，是合同关系的主体之一，合同生效后，他既是投保人，也是被保险人。而在投保人、被保险人不是同一人的保险合同中，投保人是合同关系主体之一，被保险人则是合同的关系人。

四、受益人

受益人是指人身保险合同中由被保险人或者投保人指定的享有保险金请求权的人。[2] 受益人资格一般没有限制，自然人、法人均可为受益人。凡有权利能力的公民，虽不具有行为能力也可以作为受益人，同时也不要求受益人与被保险人或投保人必须存在保险利益关系。胎儿也可作为受益人，但须以活着出生为限。依我国《保险法》之规定，受益人仅适用于人身保险合同。

第四节　保险合同的形式和内容

一、保险合同的形式

保险合同的形式，是指保险当事人双方合意的表现形式，是保险合同内容的外部表现，即保险合同内容的载体。关于保险合同的形式，我国《保险法》第13条第1款、第2款规定："投保人提出保险要求，经保险人同意承保，保险合同成立。保险人应当及时向投保人签发保险单或者其他保险凭证。保险单或者其他保险凭证应当载明当事人双方约定的合同内容。当事人也可以约定采用其他书面形式载明合同内容。"该规定表明，保险合同一般以保险单证为载体。实务中，保险单证主要有投保单、暂保单、保险单。

---

[1]《保险法》第12条第5款。

[2]《保险法》第18条第3款。

二、保险合同的内容

保险合同的内容，即指保险合同上所约定的保险条款。保险条款可分为基本条款和特约条款两部分。基本条款是依照保险法之规定必须记载的事项，而特约条款是双方当事人另外自行约定记载的事项。

通常所称基本条款，亦即任何保险合同均必须具备的条款。根据我国《保险法》第18条第1款的规定，保险合同的基本条款包括下列一些事项：①保险人的名称和住所；②投保人、被保险人的姓名或者名称、住所，以及人身保险的受益人的姓名或者名称、住所；③保险标的；④保险责任和责任免除；⑤保险期间和保险责任开始时间；⑥保险金额；⑦保险费以及支付办法；⑧保险金赔偿或者给付办法；⑨违约责任和争议处理；⑩订立合同的年、月、日。

所谓特约条款，是指保险合同的当事人在保险合同保单条款之外，另行约定，担保履行特种义务的条款。我国《保险法》第18条第2款规定："投保人和保险人可以约定与保险有关的其他事项。"这里所谓"约定与保险有关的其他事项"即特约条款。特约条款是保险人控制危险的方法。凡对于过去、现在或未来的事项，无论其本质上是否重要，一经特约即成为保险合同的一部分，有绝对的效力，当事人就不得违背。倘若任何一方当事人违背特约条款，纵然在保险事故发生后才发现，同样也可以解除契约。

三、保险条款的解释

保险条款的解释，是对保险合同条款的理解和说明。当保险合同为格式合同时，保险条款是保险人事先印就的，保险人在拟定保险条款时难免会更多地考虑自身利益。而被保险人由于缺乏专门知识和受时间限制，往往不可能对保险条款作细致的研究，因此，为了避免保险人拟定的保险条款规定模棱两可，损害被保险人的利益，当遇到保险合同条文含义不清时，应作不利于保险人而有利于被保险人或受益人的解释。这一解释方法已为我国《保险法》第30条确定："采用保险人提供的格式条款订立的保险合同，保险人与投保人、被保险人或者受益人对合同条款有争议的，应当按照通常理解予以解释。对合同条款有两种以上解释的，人民法院或者仲裁机构应当作出有利于被保险人和受益人的解释。"

第五节　保险合同的履行

一、投保人（被保险人）的义务

（一）保险费的交付义务

保险费是保险人承担保险责任的对价。我国《保险法》第14条规定，保险合同成立后，投保人按照约定交付保险费。因此，交付保险费是投保人的契约义务，投保人应当按照合同约定的方式、数额、时间及地点等向保险人交纳保险费。

我国《保险法》第35条规定："投保人可以按照合同约定向保险人一次支付全部保险费或者分期支付保险费。"所谓一次交付，也称为趸交，就是一次付清全部保险费。所谓分期支付，就是将保险合同的期间划分成几个交费期间，每一个期间交付一定的金额。关于保险费交付的期限，如果合同有特别约定的，依其约定；合同未作特别约定的，投保人应当在保险合同成立时向保险人交付保险费。

（二）告知义务

根据各国保险立法，在保险合同订立时，投保人或被保险人应当将保险标的的有关重要事项如实告知保险人，这就是通常所说的告知义务。我国《保险法》第16条第1款确立了告知义务制度："订立保险合同，保险人就保险标的或者被保险人的有关情况提出询问的，投保人应当如实告知。"从性质上看，这种告知义务不是合同义务，因为这时保险合同尚未成立，无合同义务可言。它是法律加之于投保人的合同订立前的义务，是法定义务。但这种法定义务与其他法律上之纯粹义务不同。"违反纯粹义务时，法律一面允许权利人诉请强制执行，以实现其拘束，一面允许相对人请求损害赔偿，以制裁之。而违反告知义务，保险人则不能强制投保人履行此项义务，通常亦不能请求损害赔偿，仅在违反此义务时，对义务人课以一定不利益之法律上的拘束，以收间接强制其行为之效果。"因此学者称之为间接义务。[1]

关于告知的范围，应限于重要事项。所谓"重要事项"，一般认为：凡能够影响一个正常的、谨慎的保险人决定其是否接受承保，或者据以确定保险费率，或者是否在保险合同中增加特别条款的事实，都是重要事项。[2] 但保险合同订立时，有关危险程度或其状态的事项，极其繁杂，究竟何为重要事项，即何为投保人在法律上必须告知的事项？各国立法对此有两种主义：无限告知义务主义（又称自动申告主义）和询问回答主义。依无限告知义务主义，只要事实上与保险危险状况有关的任何重要事项，义务人都有义务告知，而不论保险人是否询问。而依询问回答主义，义务人只需就保险人所询问的事项，如

---

[1]　陈云中：《保险学》，台湾五南图书出版公司1985年版，第178页。

[2]　英国《1906年海上保险法》第18条第2项的解释是："凡能影响保险人关于确定保险费的事项，或关于决定是否承保的事项，都是重要情况。"我国《保险法》第16条第2款亦有类似之文字。

实回答。我国《保险法》第 16 条采取了询问回答主义。保险人没有询问的事项，投保人没有告知的义务。至于询问的方式，可以为口头询问，也可为书面询问。实务中通常由保险人提出一定格式的询问表（称之为告知表，常与投保单合为一体），将投保人应告知之事项皆列于表中，让投保人逐一填写，投保人除依表上所问如实告知外，不负其他声明义务。

告知义务违反的成立要件，有客观要件与主观要件。其客观要件，指告知义务人不告知有关重要事项或作不实说明。其主观要件，指义务人之告知或不实之告知，是否为故意或过失所致。我国《保险法》第 16 条第 2～6 款规定："投保人故意或者因重大过失未履行前款规定的如实告知义务，足以影响保险人决定是否同意承保或者提高保险费率的，保险人有权解除合同。前款规定的合同解除权，自保险人知道有解除事由之日起，超过 30 日不行使而消灭。自合同成立之日起超过 2 年的，保险人不得解除合同；发生保险事故的，保险人应当承担赔偿或者给付保险金的责任。投保人故意不履行如实告知义务的，保险人对于合同解除前发生的保险事故，不承担赔偿或者给付保险金的责任，并不退还保险费。投保人因重大过失未履行如实告知义务，对保险事故的发生有严重影响的，保险人对于合同解除前发生的保险事故，不承担赔偿或者给付保险金的责任，但应当退还保险费。保险人在合同订立时已经知道投保人未如实告知的情况的，保险人不得解除合同；发生保险事故的，保险人应当承担赔偿或者给付保险金的责任。"

（三）防灾减损的义务

所谓防灾减损，即指维护保险标的安全，避免灾害的发生或减低损失程度。保险，按其本原，只是灾害或事故发生后的一种救济措施，它并不能保证灾害之不发生或标的之不受损。正基于此，现代保险法大多确立了防灾减损，维护保险标的安全之义务制度。我国《保险法》也遵循以上趋势，确立了该制度，该法第 51 条规定："被保险人应当遵守国家有关消防、安全、生产操作、劳动保护等方面的规定，维护保险标的的安全。保险人可以按照合同约定对保险标的的安全状况进行检查，及时向投保人、被保险人提出消除不安全因素和隐患的书面建议。投保人、被保险人未按照约定履行其对保险标的的安全应尽责任的，保险人有权要求增加保险费或者解除合同。保险人为维护保险标的的安全，经被保险人同意，可以采取安全预防措施。"

（四）危险增加的通知义务

所谓危险的增加，是指保险合同当事人订立合同时未曾预料到，但在保险期限内有关保险标的危险因素或危险程度的增加。如果在订立合同时已经预料到的危险，而在事故发生过程中危险程度不断增加的，并不属于保险标的危险的增加，而是保险事故的开端。危险增加的通知义务，是指在保险合同有效期限内，保险标的面临危险增加的，被保险人依据合同应当履行的将危险增加的情况通知保险人的义务。我国《保险法》第52条规定："在合同有效期内，保险标的的危险程度显著增加的，被保险人应当按照合同约定及时通知保险人，保险人可以按照合同约定增加保险费或者解除合同。保险人解除合同的，应当将已收取的保险费，按照合同约定扣除自保险责任开始之日起至合同解除之日止应收的部分后，退还投保人。被保险人未履行前款规定的通知义务的，因保险标的的危险程度显著增加而发生的保险事故，保险人不承担赔偿保险金的责任。"

（五）保险事故发生的通知义务

所谓保险事故，是指保险合同约定的保险责任范围内的事故。保险事故发生时的通知义务，也称出险的通知义务，是指在保险合同有效期限内，合同约定的保险事故发生后，投保人、被保险人或受益人应当将此情形及时通知保险人的义务。我国《保险法》第21条规定："投保人、被保险人或者受益人知道保险事故发生后，应当及时通知保险人。故意或者因重大过失未及时通知，致使保险事故的性质、原因、损失程度等难以确定的，保险人对无法确定的部分，不承担赔偿或者给付保险金的责任，但保险人通过其他途径已经及时知道或者应当及时知道保险事故发生的除外。"

保险事故发生后，于何时通知保险人，各国法律的规定不尽相同，有的规定在3天内，有的为5天。有的国家还根据不同的险种，规定了不同的通知期限。我国《保险法》对出险的通知期限没有具体规定，仅仅要求投保人、被保险人或受益人"及时"通知保险人。以通常的理解，"及时"应该是在保险事故发生后可能通知的"最短时间内"，将发生保险事故的情形通知保险人，但因不可抗力不能履行通知义务的除外。为了减少纠纷，实践中双方对保险事故发生后通知的时间应当在合同中明确加以规定。

（六）保险事故发生时的施救义务

所谓施救义务，是指保险合同约定的保险事故发生时，投保人、被保险人除及时通知保险人外，还应当采取积极合理的措施，抢救出险的财产，以避免或减少损失的义务。为了防止在发生保险事故后，投保人、被保险人因有保险合同的存在而听任损失的发生，或者由于懈怠而未及时实施抢救，以致本不应发生的损失发生甚至进一步扩大，《保险法》第57条明确规定："保险事故发生时，被保险人应当尽力采取必要的措施，防止或者减少损失。保险事故发后，被保险人为防止或者减少保险标的的损失所支付的必要的、合理的费用，由保险人承担；保险人所承担的费用数额在保险标的损失赔偿金额以外另行计算，最高不超过保险金额的数额。"

二、保险人的义务

（一）危险承担义务

危险承担义务，亦即保险人的保险责任。所谓危险承担之精义，不仅显现于保险事故发生后保险人负有赔偿或给付保险金之义务，而且亦于保险契约发生效力后保险事故发生前即发挥作用。[1] 我国《保险法》第 14 条规定："保险合同成立后，投保人按照约定交付保险费，保险人按照约定的时间开始承担保险责任。"承担危险之义务是保险人收受保险费的对价，属契约义务。

当保险合同约定的赔偿或给付保险金的条件成就时，保险人承担的保险责任即由存在而转化为实际履行。这一条件就是保险合同约定的保险事故或事件已经发生，而且发生在合同的有效期限内。

保险人应当赔偿或给付保险金的数额一经确定，并与请求权人达成一致的协议，就应当依据下列期限支付：①合同约定的期限。保险合同中明确约定有保险金支付期限的，保险人应当在合同约定的期限内，赔偿或给付保险金。②法定的期限。如果保险合同中没有约定保险金支付期限，保险人应当依据法律规定的期限支付。根据《保险法》第 23 条第 1 款的规定，在保险人与被保险人或受益人达成有关赔偿或给付保险金额的协议后 10 日内，履行赔偿或给付保险金义务。即法律规定保险人支付保险金的期限是双方达成一致协议后的 10 日内。

因保险事故发生而给被保险人造成损失的，必然会影响到被保险人正常的生产或生活。如果被保险人能从保险人处得到及时的赔付，其正常的生产或生活就能尽快恢复。正是基于这种考虑，法律规定了保险金先予支付制度。我国《保险法》第 25 条规定："保险人自收到赔偿或者给付保险金的请求和有关证明、资料之日起 60 日内，对其赔偿或者给付保险金的数额不能确定的，应当根据已有证明和资料可以确定的数额先予支付；保险人最终确定赔偿或者给付保险金的数额后，应当支付相应的差额。"

保险人未依合同约定或者法律规定的期限赔付保险金的，构成违约，应当承担违约责任。根据我国《保险法》第 23 条第 2 款规定，保险人未及时履行赔偿或者给付保险金义务所应承担的违约责任包括：支付保险金；赔偿被保险

---

[1] 江朝国：《保险法基础理论》，中国政法大学出版社 2003 年版，第 283 页。

人或者受益人因此受到的损失。

（二）订约说明义务

我国《保险法》第 17 条规定："订立保险合同，采用保险人提供的格式条款的，保险人向投保人提供的投保单应当附格式条款，保险人应当向投保人说明合同的内容。对保险合同中免除保险人责任的条款，保险人在订立合同时应当在投保单、保险单或者其他保险凭证上作出足以引起投保人注意的提示，并对该条款的内容以书面或者口头形式向投保人作出明确说明；未作提示或者明确说明的，该条款不产生效力。"上述规定，学理上称之为保险人的订约说明义务。我国《保险法》关于保险人订约说明义务的规定，在保险法中属创新之举，查国外保险立法，未见有该规定者。依照第 17 条的相关规定，对保险合同的一般格式条款，保险人应当向投保人"说明"，此项义务可称作"一般说明义务"；对保险人的责任免除条款，保险人应作出足以引起投保人注意的提示，并以书面或者口头形式向投保人作出明确说明，此项义务可称为"免责条款说明义务"。

订约说明义务具有以下特点：①法定性。订约说明义务是保险人的法定义务，一切保险人均负此义务，且不允许保险人以合同条款等方式予以限制或免除。②先合同性。订约说明义务是保险人于保险合同订立之际所负的合同义务，不同于其依有效保险合同所负的合同义务，故此项义务之履行不受保险合同是否有效成立的影响。③主动性。此项义务之履行，不以投保人之询问为条件，保险人应主动履行。

（三）承担必要合理费用的义务

保险人除了承担基本义务以外，在某些情况下还要承担支付必要合理费用的义务：

1. 施救费用。施救费是在保险标的出险时，被保险人为防止损失或减少损失而支付的抢救、保护、整理保险标的的必要的、合理的费用。我国《保险法》第 57 条第 2 款规定："保险事故发生后，被保险人为防止或者减少保险标的的损失所支付的必要的、合理的费用，由保险人承担；保险人所承担的费用数额在保险标的的损失赔偿金额以外另行计算，最高不超过保险金额的数额。"

2. 查勘费用。查明和确定保险事故的性质、原因和保险标的损失程度在保险中称为审核责任。审核责任是理赔程序中的一个非常重要的环节，也是保险人履行合同义务的一个必经程序。在保险实践中，审核工作一般由保险人与被保险人直接协商进行。如果保险人与被保险人对审核的内容达不成一致意见，就会聘请有关的技术专家或公估机构的技术人员进行专业调查和评估。该项专业调查和评估，不论是应保险人的请求而进行的，还是应被保险人的请求而进行的，为此而支出的费用，均应由保险人承担。我国《保险法》第64条规定："保险人、被保险人为查明和确定保险事故的性质、原因和保险标的的损失程度所支付的必要的、合理的费用，由保险人承担。"

3. 仲裁或者诉讼费用。在责任保险中，责任保险的被保险人因给第三人造成损害的保险事故而被提起仲裁或者诉讼的，除合同另有约定外，根据规定由被保险人支付的仲裁或者诉讼费用以及其他必要的、合理的费用，由保险人承担。

■思考题

1. 试述保险合同的特征和种类。
2. 保险合同的主体包括哪些人？他们各自的法律特征是什么？
3. 保险合同解释的主要原则有哪些？
4. 试述保险合同当事人的义务。

第十八章 财产保险合同

■学习目的和要求

本章着重阐述财产保险合同的基本概念与范畴，涉及财产保险合同的概念、种类、特征、基本条款、索赔与理赔。本章的重点是财产保险合同的特征与基本条款，难点是保险代位制度与机动车辆保险合同的索赔与理赔。

第一节 财产保险合同的概念及特征

一、财产保险合同的概念

与人身保险合同相对应的财产保险合同，亦称为"物保险合同""非寿险保险合同"，它是指以各种物质财产和与其有关的利益为保险标的，保险人承担上述各类保险标的因遭受自然灾害或意外事故所造成经济损失的赔偿责任的一种保险合同。

财产保险合同有广、狭两义。广义财产保险合同既包括以有形财产为保险标的的保险合同，亦包括以无形财产为保险标的的保险合同。前者如火灾保险合同、汽车保险合同等，后者如责任保险合同、信用保险合同等。狭义的财产保险合同仅指以存放于固定地点，处于相对静止状态的物质财产为标的的保险合同，其余的，如以无形财产为标的、以处于流动状态中的运输货物和运输工具为保险标的的财产保险合同，都不属于狭义财产保险合同之列。我国修订之前的《保险法》曾明确规定"财产保险合同是以财产及其有关利益为保险标的的保险合同"，2009 年修订后的《保险法》第 12 条第 4 款依然规定："财产保险是以财产及其有关利益为保险标的的保险。"其中所说的"财产及其有关利益"，显然既包括有形的物质财富，亦包括无形的经济利益。可见，在财产保险合同这一问题上，我国保险立法实际上是采用广义的概念的。

二、财产保险合同的基本分类

财产保险的种类很多，因而其合同种类也很多。但传统上多以承担危险的不同而对财产保险合同进行分类，按照这一标准，传统财产保险合同一般分为：火灾保险合同；海上保险合同；运输保险合同；汽车保险合同；农业保险合同；盗窃保险合同；无形财产保险合同及再保险合同；等等。其中，火灾保险合同可谓财产保险合同的始祖及传统财产保险合同的"老大"，但在当代，火灾保险已不再是承保单一的火灾了，它的保险责任范围不断扩大，基本上已发展成为多种自然灾害和意外事故的保险。其"老大"地位也让位于汽车保险。汽车保险合同是从运输保险合同中分离出来的一种保险合同，这类保险合同所承保的不仅是车身和载货，还包括乘客、司机的生命和人身意外伤害，以及保险车辆给无辜的第三者造成损失的赔偿责任等。有人统计，当今世界所收取的非寿险保险费中，有60%以上是来自汽车保险合同的投保人，通过这一数字，足见这些保险合同的重要性。

我国《保险法》第95条第1款第2项规定："财产保险业务，包括财产损失保险、责任保险、信用保险、保证保险等保险业务。"应该说，我国《保险法》的这一规定与传统上关于财产保险及其合同的分类大体是一致的。根据《保险法》的上述规定，实际上可以将我国现行的财产保险合同分为三大类：①财产损失保险合同，即以补偿有形财产的直接毁损为目的的一种保险合同。这是财产保险合同中最为主要的大类。我国现行的最主要也是最重要的企业财产保险合同、家庭财产保险合同、运输工具保险合同和货物运输保险合同等都属于这类合同。②责任保险合同，即以被保险人对他人依法应负的民事赔偿责任为保险标的的一种保险合同。这种合同中并无固定的保险金额。我国现行的几种责任保险合同包括公众责任保险合同、产品责任保险合同、雇主责任保险合同及职业责任保险合同等。③信用保险合同，即以信用借款合同或销售合同中债权人因债务人不履行合同义务而遭受的经济损失为保险标的的一种保险合同。我国现行的信用保险合同又可以分为出口信用保险合同、（国内）投资信用保险合同、（国内）商业信用保险合同等，其中以出口信用保险合同最为普遍。此外，保证保险合同从性质上说亦可归于信用保险合同一类。保证保险合同是指债务人未履行债务或雇员的欺骗舞弊行为给债权人或雇主造成经济损失时，保险人负赔偿责任的一种财产保险合同，这类合同还可以分为诚实保证保险合同、确实保证保险合同等。

我国台湾地区"保险法"则将财产保险合同分为四类：火灾保险、陆空保险、责任保险和其他财产保险。

三、财产保险合同的特征

财产保险合同除具有一般保险合同的共同特征外，还具有自己的一些特征，具体表现为：

1. 以赔偿保险标的的损失为直接目的，严格贯彻损害填补原则。无损失即无保险。保险并不是保证不发生危险，而是对危险所造成的损失给予经济补偿，补偿方法主要是通过支付货币进行。因此，危险事故所导致的损失，必须在经济上能够计算价值，否则，保险的补偿将无法实现。在财产保险中，对于危险事故所造成的经济损失，可以通过估价等办法来确定。因而财产保险是补偿性保险。只有当被保险标的遭遇保险合同中规定的危险而发生经济损失时，保险人才承担经济补偿责任。

2. 保险人和投保人约定的保险金额不得超过保险标的的实际价值，超过保险标的实际价值的，超过的部分无效。保险标的实际价值即保险价值，在有形财产保险中可以事先确定，以作为双方约定保险金额的基础，在此种情况下，投保人与保险人约定的保险金额不得超过保险价值。在无形财产保险中，由于保险标的是无形的利益，保险价值无法事先约定，而只能在保险事故发生后由双方估定，此时，若保险金额超过保险价值的，超过的部分自动失效。

3. 保险人的最高赔偿责任以保险合同所约定的保险金额为限，被保险人所受超出保险金额范围的损失，保险人不负赔偿责任。保险金额是保险人承担赔偿责任的最高限额，也是投保人对保险标的的实际投保的金额。在财产保险中，超过保险金额范围的损失，投保人无权请求保险人赔偿。

4. 保险人对第三人所引起的损害赔偿责任享有保险代位权，这是人身保险合同的保险人所不可能有的一项权利。

第二节　财产保险合同的主要条款

保险合同的主要条款，亦即其主要内容。就财产保险合同而言，其主要条款应包括以下几项：

一、保险标的

保险标的是所有保险合同的首要条款。关于财产保险合同的标的，历来有不同的看法。有人认为，财产保险合同的宗旨，从投保人来说，就是希望其投保的财产在遭受意外损失时能通过保险得以恢复或重置，因此，财产保险合同的标的就是投保的财产本身。有人则认为，财产保险合同标的并非投保的财产本身，当保险财产遭受损失时，投保人希望的只是赔偿自己的经济损失而不是还他投保时的那一特定财产，后者实际上是办不到的，因此，他们认为，财产保险合同的标的应是投保人可能丧失的财产价值，即与财产有关的保险利益。从现代保险来看，上述看法都有其片面性。

那么，财产保险的标的究竟应是什么？我国《保险法》第 12 条第 4 款对财产保险合同的概念所作的界定回答了这一问题。该条文规定，财产保险合同是以财产及其有关利益为保险标的的保险合同。依此定义可知，财产保险合同的标的有两类：①有形的物质财富，如房屋、车辆、机器设备、衣物等，这是财产保险合同最为常见、最为普遍的标的。②无形的经济利益，包括预期利益和消极利益。[1] 预期利益又含因现有利益而生的期待利益和因合同而生的利益。前者如货物的托运人对货物运达目的地后应得的利润、收入可作为运输货物保险的标的；后者如买卖合同的出卖人出卖货物后，对买受人及时支付货款而取得的利益可以作为保险的标的。消极利益亦称"不受损失"的利益，即免除由于事故的发生而增加的额外支出，如由于被保险人的作为致他人的财产或人身受到损害，为承担经济赔偿责任支付的费用，可作为责任保险的标的。

二、保险价值及保险金额

保险金额不得超过保险价值，这是财产保险的主要特征之一。保险价值，即保险标的的价格，有时也称"保险价额"，是指保险标的物在某个特定时期和特定地区的市场价额。例如，货物运输保险，其保险标的车辆和载货的价格，就是该保险的保险价值。保险金额既然不得超过保险价值，那么，保险价值实际上也就是保险人所负损失赔偿责任在法律上的最高限度，它是确定保险金额标准的基础。而保险金额则是保险合同当事人约定危险发生时应由保险人赔偿的最高数额。财产保险发生保险事故时，保险金额的给付是以实际损失多少来决定的。所以，财产保险如果以保险价值全部付诸保险即足额投保，而事故所造成的损失又是全损，则保险金额既同于保险价值，亦同于赔偿金额。如果仅以保险价值的一部分付诸保险即不足额投保，则赔偿金额既不同于保险金额，也不同于损失金额。

那么，保险价值与保险金额应如何估计和确定呢？

（一）保险价值的估计

财产保险有定值保险和不定值保险两种。凡在保单中记载有保险合同当事人（投保人和保险人）事先确定的保险标的价值的，这种保单称为定值保单；采用这种保单的保险，就称为定值保险。凡属定值保险，发生保险责任范围内

---

〔1〕　黄华明主编：《中国保险法理论与实务》，经济科学出版社 1996 年版，第 122 页。

的损失时，不论所保财产当时的实际价值是多少，保险人都要按保单上的保险价值计算赔偿。一般货物运输保险、船舶保险以及飞机保险等多采用定值保险。定值保险，在法律上不存在保险金额超过保险价值的问题。在保单中不记载保险当事人事先确定的保险标的价值的保单称为不定值保单。不定值保单仅记载保险金额，而将保险标的实际价值留待需要确定保险赔偿的限度时才去计算；用这种保单的保险，就称为不定值保险。财产保险大多数属于不定值保险。但无论是哪一种财产保险，都有一个对保险标的价值的估计问题，所不同者，定值保险的保险价值在当事人签订合同时就确定下来了，而不定值保险则要等到出险后才由双方估定。

关于保险价值的估计，传统做法是：保险标的能以市价估计的，按市价估定；不能以市价估计的，可以由当事人双方约定其价值。应该说，以市价估计保险价值，是比较客观的价值。如果完全凭当事人的主观约定，既容易引起纠纷，而且与赌博也没什么两样了。当然，有些保险标的如古玩或名人佳作等，由于无一定市价，只能由当事人双方约定其保险价值，但这种情况毕竟是少数。

总的来说，保险价值以市价估价为原则，由当事人自己协商确定仅属少数，这也是当今各国的通常做法。

（二）保险金额的确定

财产保险金额的确定，无非为三种情况：①保险金额与保险价值相等。②保险金额超过保险价值。③保险金额少于保险价值。其中，保险金额与保险价值相等即所谓的足额保险。足额保险一般都获得足额的赔偿，即损失多少赔多少。

保险金额超过保险价值，在法学上称为"超过保险"。造成超过保险，有主、客观两方面的原因。就主观原因说，有出于投保人的善意，也有出于投保人的恶意。就客观原因说，主要是在保险有效期间，因保险标的本身价值的跌落所致。各国立法对超过保险的规定不尽一致。其区别主要表现在如何对待投保人的"善意"与"恶意"这一问题上。法国、意大利及比利时等国商法规定，超过保险如果系出于投保人的善意所致，仅超过部分的合同无效；如出于投保人的恶意，则合同全部无效。很清楚，在这些国家中，善意所致超过保险与恶意所致超过保险是有不同的法律后果的。而日本、荷兰以及智利等国家则认为，实践中的超过保险究竟出于投保人的善意还是恶意，一般是不容易判断的。所以，这些国家的商法规定，凡超过保险，不问当事人动机如何，超过部分合同无效，其余部分仍然有效。

我国《保险法》第55条第3款规定："保险金额不得超过保险价值。超过保险价值的，超过部分无效，保险人应当退还相应的保险费。"我国的保险立法实际上是同于日本等国的做法。至于中途市价下跌，超过的部分合同无效，其余部分仍然有效。

保险金额少于保险价值，这是不足保险。造成不足保险的原因亦有主、客观两方面。投保人在投保时，为了少交保费而有意识地仅以保险标的部分价额投保，这是较为常见的不足保险，属主观原因所致。投保人在投保时本为足额保险，但在有效期间内因保险标的价值增高（如投保房屋因物价上涨而增值等），从而使原来的足额保险变成了不足额保险，这是客观原因所致的不足保险。不足保险不会导致合同无效。但不足保险无论是主观原因还是客观原因所致，当发生保险事故时只能得到部分即不足额的赔偿。

还应提及的是，在财产保险中保险金额不得超过保险价值，这个"保险价值"究竟指何时而言？各国保险立法关于这一问题的规定大体上是一致的，即在不定值保险中，保险人的赔偿金额不得超过保险标的在保险事故发生时价值的总额。这就是说，"保险金额不得超过保险价值"，这里的"保险价值"是指保险标的出险时具有的实际价值，而不是订立合同时保险标的的价值。

三、保险责任和责任免除

保险责任是保险合同上载明的当危险发生造成保险标的损失或约定人身保险事件发生（或约定期满）时，保险人所承担的赔偿（或给付）责任。在保险合同中，保险责任条款也称危险条款，它具体规定了保险人所承担的风险范围，因而，它是保险合同最重要的条款之一，没有保险责任条款，就不能称其为保险合同了。但是，保险合同种类不同，保险责任也就不同。财产保险合同中载明的责任条款，通常是保险人或政府主管部门制定的。例如，各财产保险公司制定且经保监会认可的企业财产保险条款一般都规定：在企业财产保险合同中，保险人的保险责任范围包括：①火灾、爆炸。②雷电、暴风、龙卷风、暴雨、洪水、海啸、地震、地陷、崖崩、雪灾、雹灾、冰凌、泥石流。③空中运行物体的坠落。④被保险人的供电、供水、供气设备因上述灾害或事故遭受损失引起停电、停水、停气，以及造成被保险人的机器设备、产品和贮藏物品的损坏及报废。⑤在发生以上灾害或事故时，为了抢救或者防止灾害蔓延所采取必要措施而造成保险财产的损失。其他种类的财产保险如车辆保险、家庭财产保险、涉外财产保险等，在有关部门制定的相关标准保险条款中，对其保险责任范围都作了相应的规定。

但是，也有些财产保险合同，其责任条款通常是由投保人选择决定的。例如，我国的海洋货物运输保险条款，就分别列出平安险、水渍险和一切险三种险别，这三种险别的保险责任是不同的，投保人可以根据自己的实际情况，从中作出自己的选择。保险责任条款，一般是与其除外责任连在一起的，所谓除外责任，是指依法律的规定或依合同的约定，保险人不负赔偿责任的范围。除外责任条款亦称保险人责任免除条款。除外责任一般在保险单上印就的保险条款中予以列举。例如，以往的《中国人民保险公司国内货物运输保险条款》中的除外责任为："①战争或军事行动。②直接由于货物的自然损耗，市价跌落，本质上的缺陷，以及因运输延迟所造成的损失或费用。③被保险人的故意行为或过失。④其他不属于保险责任范围的损失。"以上四项，也是一般财产保险合同的除外责任的共同规定。其中，被保险人的故意行为称为"道德危险"，因道德危险所致损失是最为常见的除外责任。

任何保险合同都必然有其除外责任条款，但它只有利于保险人而不利于投保人（被保险人）。因此，我国《保险法》第17条规定，保险合同中规定关于保险人责任免除条款的，保险人在订立保险合同时应当在投保单、保险单或者其他保险凭证上作出足以引起投保人注意的提示，并对该条款的内容以书面或者口头形式向投保人作出明确说明，未明确说明的，该条款不产生效力。在这里，问题的关键是何谓保险人的"明确说明"？我们理解为：①凡保险人向投保人提供的相关保险的标准保险条款中，除外责任已有明确规定并有保险人对该条款的内容已经提示或明确说明的记载，投保人在投保时已经注意到但仍然接受该标准条款的。②凡当事人双方在没有标准保险条款的情况下，经协商达成保险协议，且该协议中有除外责任内容的。③当事人所订立的保险合同中虽然无明确的除外责任条款，但依我国有关法律的规定可免除一方相应责任的。以上三种情况都可以认为保险人在订立保险合同时就除外责任向投保人作了明确说明。

在实践中，保险人的说明义务常常是当事人双方发生纠纷的事由之一。根据《保险法解释（二）》的规定，我们认为，保险人是否正确履行这一义务，可以从以下几个方面去把握：

1. 保险人将法律、行政法规中禁止性规定情形作为保险合同免责条款的免责事由，保险人对该条款作出提示后，投保人、被保险人或者受益人以保险人未履行明确说明义务为由主张该条款不生效的，法院或仲裁机关应不予支持。

2. 保险合同订立时，保险人在投保单或者保险单等其他保险凭证上，对保险合同中免除保险人责任的条款，以足以引起投保人注意的文字、字体、符号或者其他明显标志作出提示的，法院或仲裁机关应当认定其履行了《保险法》第17条第2款规定的提示义务。

3. 保险人对保险合同中有关免除保险人责任条款的概念、内容及其法律后果以书面或口头形式向投保人作出常人能够理解的解释说明的，法院或仲裁机关应当认定保险人履行了《保险法》第17条第2款规定的明确说明义务。

4. 通过网络、电话等方式订立的保险合同，保险人以网页音频、视频等形式对免除保险人责任条款予以提示和说明的，法院或仲裁机关可以认定其履行了提示和明确说明义务。

当然，保险人对其履行了明确说明义务负有举证责任。

第三节　财产保险合同的索赔与理赔

一、索赔及理赔的含义

索赔与理赔是一个问题的两个方面，它们体现了财产保险合同当事人的具体权利和义务，体现了财产保险合同履行的具体过程。所谓索赔，是指被保险人在保险标的遭受损失后，根据保险合同的约定，向保险人要求履行赔偿的行为。而理赔，则指保险人在承保的保险标的发生保险事故被保险人提出索赔后，根据合同的约定对保险事故造成的损失所进行的一系列调查并予以赔偿的行为。简言之，索赔是财产保险的被保险人主张其权利的行为，而理赔则是保险人履行其义务的全过程。

索赔是法律赋予投保人（被保险人）的一项权利，但它是有时效限制的。我国《保险法》第26条第1款规定，人寿保险以外的其他保险的被保险人或者受益人，对保险人请求赔偿或者给付保险金的权利，自其知道保险事故发生之日起2年内不行使而消灭。依照此条规定，在我国，财产保险合同的被保险人自知道保险事故发生之日起经过2年不提出索赔申请的，即丧失了权利。

二、索赔与理赔的原则

财产保险的最终目的是使被保险人在受损时得到补偿，这种补偿，应坚持以下原则：

（一）保险利益的原则

有无保险利益，不仅关系到哪些人能成为投保人的问题，而且还直接关系到哪些人享有请求赔偿权的问题。我国《保险法》第12条第2款规定："财产保险的被保险人在保险事故发生时，对保险标的应当具有保险利益。"换言之，对保险标的无保险利益的人是不能获得保险人的赔偿的；虽然有保险利益，但所能获得赔偿的数额亦以投保人（被保险人）的保险利益为限度。

至于对某项财产有直接利害关系的人，如保管人、承运人和承租人等，虽然他们可以分别据其保管、承运和承租的财产进行投保，即虽然他们对所投保的财产具有保险利益，但在发生保险事故时，无权将赔偿金据为己有，而必须分别转给存货人、托运人或出租人等，因为就领受赔偿款而言，前者仅相当于后者的代理人而已。

（二）实际现金价值的原则

关于保险赔偿额，各国一般的做法是：保险人的赔偿责任仅以保险标的损失时的实际现金价值为限。

前已述及，保险的实际现金价值不是指保险标的在投保时本身所具有的价值，而是指重置成本减掉折旧之后的余额，即损失时的市价。在这里，关键是重置成本和折旧如何计算。

保险标的重置成本的计算，应视情况的不同而不同。例如，某厂在火灾中损失了一批已投保的原料，其重置成本应为该原料损失时的市场价格加上运到工厂的各种费用。受损若系成品，受损阶段不同，其重置成本计算也不同；在厂内受损，其重置成本应为损失时的制造成本；在批发商手中损失，其重置成本应为批发商在损失时的进货价格加上进货费用。两者均不应包括销售利润在内。有些财物是不能再生产的，同时也无客观的市场价值，这类财产保险一般都采用定值保单。否则，受损后其重置成本只有根据被保险人的原始购进价格，再视损失的情况加以适当调整。

至于折旧，通常的做法是，规定有折旧率的，按照折旧率计算；无折旧率的，应根据保险标的在使用过程中由于过时、退化而造成的实际贬值进行计算。

（三）"主动、迅速、准确、合理"的原则

如前所述，保险，尤其是财产保险，其最终目的是使受损者得到补偿。这种补偿，对于投保人来说，是救灾钱、救命钱。因此，保险理赔应该坚持"主动、迅速、准确、合理"的原则。其中，主动是指保险人应主动深入现场开展理赔工作；迅速是指保险人应按法律规定的时间，及时给予赔付，不拖不赖；准确是指计算赔偿金额应力求准确，该赔多少就赔多少，不惜赔，也不滥赔；合理是指赔付要合情合理，一切从实际出发，具体情况具体分析，要做到既符合保险条款的规定，又符合实际情况。

保险理赔坚持"主动、迅速、准确、合理"的原则是有法律依据的，这一依据就是《保险法》第 23 条的规定。该条文第 1 款规定："保险人收到被保险人或者受益人的赔偿或者保险金的请求后,应当及时作出核定;情况复杂的,应当在 30 日之内作出核定,但合同另有约定的除外。保险人应当将核定结果通知被保险人或者受益人;对属于保险责任的,在与被保险人或受益人达成赔偿或者给付保险金的协议后 10 日内,履行赔偿或者给付保险金义务……"根据以上规定:①保险人在收到保险索赔请求之后,应及时作出核定,再复杂的赔偿案也必须在 30 日之内作出核定;②对属于保险责任的索赔案,保险人在双方达成赔偿协议后 10 天之内必须履行赔付义务。否则,就是违约并应承担相应的损失。

三、索赔与理赔的程序

索赔与理赔,必须依一定程序进行。除前已述及的出险通知程序外,一般说来,保险索赔与理赔,还必须经过以下程序:

(一) 立案检验

立案检验,这一程序实际上包括两个方面的内容,即立案和检验。

1. 立案。保险公司在收到出险通知后,无论应否赔付,都应编号立案。立案时,应将被保险人名称、保单号码、出险日期、出险原因、出险地点、损失约数等详细记录下来,并请被保险人填报出险通知书(一式二份)。根据被保险人报送的出险通知书,抄录有关保险单副本和批单一份,以便查勘前能先了解承保财产情况,做到心中有数。

2. 检验。检验主要是出险后保险人核查保险单证和现场查勘。对出险案件,首先应查明的是索赔人是否有保单;如未保险或保单已期满失效,就不必查勘;其次是核查其他单证,如损失证明、所有权证明、账册、商业单据、运输单证等,从而了解:①发生的保险事故是否在承保范围内。②保险事故发生的地点是否在保单规定的地点。③要求赔偿的人是否有权提出此项要求。经查,如果发现发生的保险事故不在承保范围之内,或出险地点并非保单规定的地点,或发现要求赔偿者根本无权提出此项要求时,保险人就应中止其理赔工作。

在审核各种单证的基础上,保险人应进行现场查勘。现场查勘的主要内容一般包括:查勘出险的地点、时间和原因,从中了解出险地点的受损财产是否是保险财产;出险的时间是否在保险有效期间以内;损失原因是否在保险责任范围之内。从而作出是否进行责任审核程序的决定。

(二) 责任审核

所谓责任审核,是指根据现场查勘的各项记录及理赔单证,审核保险责任和赔偿范围。这是处理理赔案的一项非常重要的工作,要认真思考、全面分析，避免片面性。

要确定是否为保险人承保的责任，关键是要弄清楚造成损失的原因。造成财产损失的危险事故（即原因）往往不止一个。如果原则上确定在多个原因中只要有一个原因是保险人承保的范围，保险人就应赔偿，这样分析致损原因就比较简单了，然而按这一原则办，保险人承担的责任过大。在这个问题上，国外保险法多采取"近因"原则。在我国，没有采用"近因"这一概念，而以"导致损失的重要原因"作为判断责任的依据。就是说，在多因一果情况下，保险人是否承担赔偿责任，要看造成保险财产损失的原因是否属于保险人承保的保险事故，即损失与所承保的危险之间是否有因果关系。如有因果关系，保险人就负有赔偿的义务，否则，不能要求其承担赔偿责任。

赔偿范围也是责任审核的重要内容之一。赔偿范围的审核，有些问题应予以注意：①要注意受损财产按什么价格报损，是否合理。②要注意赔付的范围是否符合条款的规定。凡不属赔付范围的，都予以剔除。③要注意施救整理费用包括什么项目，是否合理，是否必要。对不属于保险责任范围的拒赔案件，一定要慎重研究，要有充分的依据。

四、代位与委付

代位与委付，是财产保险合同履行的特殊情况。两者既有联系，又有区别，从本质上说，它们都是财产保险合同履行过程中的一种权利转移制度。

（一）代位

代位是各国保险立法所共同承认的债权转移制度，代位求偿制度仅适用于财产保险。

1. 代位的概念及种类。代位求偿又称"权益转让"，一般简称"代位"。在财产保险中，由于第三者的过错致使保险标的发生保险责任范围内的损失的，保险人按照保险合同给付了保险金后，有权把自己置于被保险人的地位，获得被保险人有关该项损失的一切权利和补偿。保险人可以用被保险人的名义向第三者直接索赔或提出索赔诉讼。保险人的这种行为，就称为代位求偿；其所享有的权利，称为代位求偿权。

应该说，以上释义仅指代位的狭义而言。保险人所享有的代位权，从广义上说，应包括物上代位和权利代位两种。所谓物上代位，是指保险财产发生损失时，保险人依约赔款后，即可取得该保险财产的所有权。当然，保险财产发生的损失，如果是完全灭失，如保险房屋被洪水冲走，不留痕迹，没有残余利益，也就无所谓物上代位。但是保险财产发生全损的情况是不多见的，大量的情形是部分损失。部分损失就有一个损后的残值问题。保险人在按全损赔付后，理应取得此项残余财物的权利。实践中，保险人对损后残值的折抵（即以残值折抵一部分赔款）、变卖以及海上保险所实行的委付，都是物上保险代位的具体表现。

然而，各国往往只重视狭义代位，即权利代位。因此，一般所言保险代位仅指权利代位。我国《保险法》第 60 条第 1 款规定："因第三者对保险标的的损害而造成保险事故的，保险人自向被保险人赔偿保险金之日起，在赔偿金额范围内代位行使被保险人对第三者请求赔偿的权利。"这就是我国对代位求偿的法律规定。从其内容上看，这里所说的代位求偿，显然仅指狭义代位，即权利代位。

2. 代位求偿制度的逻辑依据。财产保险的最终目的是使被保险人受损时能获得补偿，因此，补偿原则是财产保险合同最为明显的一项原则。但是，由于补偿原则的限制，被保险人所得赔偿不得超过其保险利益，不能因保险关系而取得额外的利益。实践中，被保险人因他人的过错而遭致损失并获得保险公司的赔偿后，如果还允许其向导致损失的第三者索赔，那么，其所获得的赔偿必然超过保险利益，这就违反了保险的补偿原则。但是，被保险人在获得保险公司的赔偿后，如果让有过错的第三者逃避其法律上应负的赔偿责任，这又违反了社会公平的原则。再者，保险财产灾后往往留有残值，当保险人依约支付了全部赔偿金后，应取得该残值的所有权，否则，被保险人将获得这部分物资的双重权益。正是基于以上的考虑，各国法律才对代位求偿作了规定。

3. 代位求偿权的成立要件。代位求偿权的成立要件，亦即保险人行使代位求偿权所应具备的基本条件。一般认为，代位求偿权的成立要件有两项：①保险事故的发生与第三人的过错行为须有因果关系。具体说，首先，发生的事故必须是保险合同所规定的责任事故，如果发生的事故并非保险事故，与保险人无关，则不存在保险人代位行使权利的问题。其次，发生的保险事故必须是第三人的过错所造成，如果损失并非因第三人的过错行为所致，同样不存在保险人代位行使权利的问题。②代位权的产生须在保险人给付保险金额之后。这是因为，代位求偿权实质上是一种转移了的债权，而债又是特定当事人之间的一种民事法律关系，在保险公司未给付赔款即保险金额之前，它与造成保险事故的第三者是没有任何债务关系的。只有在保险公司履行了其赔偿义务之后，被保险人对致害的第三者所享有的赔偿请求权才发生，即保险人因履行赔偿义务而成了新债权人，可以代位行使被保险人原有的权利。

总之，保险人的代位权，犹如保证人的追偿权一样，须在履行一定义务之后方能产生。只要保险人履行了赔付义务，其代位求偿权就自动产生，无须再履行其他手续。

4. 代位求偿权的行使。代位求偿权的行使涉及两个问题，即如何行使、以什么人的名义行使。

凡涉及代位求偿的保险赔偿案，一般应当先由被保险人向负有责任的第三者要求赔偿。被保险人依法从第三者处取得赔偿后，即免去了保险人的赔偿义务。然而，在实际生活中，被保险人往往为节约时间和精力，一般都径直向保险人提出赔偿要求。在这种情况下，保险人应依约先给予赔偿，然后依法行使代位求偿权。被保险人依法从第三者处获得赔偿后，保险人由于不知情又付赔偿金的，有权向被保险人要求返还。至于在行使代位求偿权时用保险人的名义还是被保险人的名义，各国的做法不一。我国习惯上是用被保险人的名义行使追偿权。

保险人的代位权是一项法定权利，因此，首先，保险人向第三者行使代位请求赔偿的权利时，被保险人应当向保险人提供必要的文件和所知道的有关情况（《保险法》第63条）。若被保险人故意或者因重大过失致使保险人不能行使代位请求赔偿的权利的，保险人可以扣减或者要求返还相应的保险金（《保险法》第61条第3款）。其次，保险事故发生后，保险人未赔偿之前，被保险人放弃对第三者请求赔偿的权利的，保险人不承担赔偿保险金的责任（《保险法》第61条第1款）。最后，保险人向被保险人赔偿保险金后，被保险人未经保险人同意放弃对第三者请求赔偿的权利的，该行为无效（《保险法》第61条第2款）。

保险人所享有的代位权虽然是一项法定权利，但它的行使是受到一定的限制的。我国《保险法》第62条规定："除被保险人的家庭成员或者其组成人员故意造成本法第60条第1款规定的保险事故外，保险人不得对被保险人的家庭成员或者其组成人员行使代位请求赔偿的权利。"例如，夫妻俩各驾一辆小车，在路上夫不慎将妻驾的车辆撞坏，保险公司对被撞坏的车辆的损失予以赔偿后，不能对其丈夫行使代位权；又如某高校A、B两辆公车在校内行驶时，B车司机因过失而将A车撞坏，保险公司在向某高校赔偿后，如果又向其行使代位请求赔偿的权利则是不允许的。

（二）委付

所谓委付，是指投保人（被保险人）以保险标的物的一切权利移转于保险人，从而得以请求支付全部保险金额的权利。

委付制度，是海上保险的特殊规定之一。在海上保险中，委付常常作为处理保险标的损失的一种手段。按照委付制度，当保险标的虽然未达到全部损失但有全部损失的可能或其修复费用将超过保险财产本身价值时，被保险人可以将其残余利益或标的上的一切权利移转给保险人，从而要求按照推定全损给予赔偿。

依照国际惯例，实施委付时，应注意以下几个问题：

1. 委付须经保险人同意。这就是说，保险人对被保险人提出的委付请求，可以接受，也可以拒绝。保险人接受委付请求，可先取得标的物的物权，然后赔付全部保险金额。保险人拒绝委付的，不影响被保险人的索赔权利。委付一经被接受，就不能中途撤回。

2. 委付应就保险标的物的全部提出请求，而不能仅就一部分标的物请求委付，另一部分标的物不请求委付。因为委付是以推定全损为前提的，因此，委付不能附加条件。

3. 委付时被保险人必须向保险人提出书面请求，如经保险人接受并同意给付赔偿时，尚须从被保险人方面取得授权书，保险人据以取得对该项标的的代位求偿权，即行完成委付手续。委付成立后，可委付的标的物的权利自委付的原因出现之日起开始转移，保险人对保险标的物的所有权、利益和义务必须同时接受。由于标的物的所有权已转移，保险人在处理标的物时如果得到的利益超过所赔偿的保险金额，超过部分应当归保险人所有。同时，如对第三人有损害赔偿请求权，其索赔金额超过其给付金额的，超过部分也同样归保险人所有，在这一点上，与前述的代位求偿有所不同。

第四节　企业财产保险合同与机动车第三者责任保险合同

一、企业财产保险合同

（一）企业财产保险合同的概念及范围

企业财产保险合同是保险人与企业单位（包括事业、机关等单位，下同）签订的为其提供经营、管理保障的一种财产保险合同，也是我国最为主要的一种保险合同。企业财产保险合同属短期保险合同，其保险期限一般为 1 年，保险期满后，可以再续保，但续保须另办手续。

企业可以就哪些财产向保险人投保？从财产的归属或占有上说，凡投保人所有或有权经营管理，或替他人保管，或与他人共有而由其负责管理的财产以及具有法律上承认的其他与投保人有经济利害关系的财产，都属企业财产保险的范畴。从财产的具体种类来说，除了土地、矿藏、森林、水资源及未经收割和收割后尚未入库的农产品，以及货币、票证、有价证券、文件、账单、图表、技术资料、无法鉴定价值的财产、在运输过程中的货物、违章建筑外，都属企业财产保险的范围。

（二）保险金额及保险责任

1. 企业财产保险合同的保险金额。企业财产保险的保险金额，是投保人对保险标的实际投保的金额，也是保险人计算保险费的依据和承担赔偿责任的最高限额。不同的保险标的，其保险金额的确定方法是不同的。

（1）固定资产保险金额的确定。将固定资产投保时，其保险金额确定方法有三种：①可以按照账面原值投保，即可以将账面原值作为保险金额。②由投保人与保险人协商按账面原值加成数作为保险金额。③将重置价值作为保险金额。此三种确定方法中，后两种所确定的保险金额更接近保险标的的实际价值。

（2）流动资产保险金额的确定。流动资产投保时，可以最近 12 个月的平均账面金额为保险金额，也可以最近账面金额为保险金额。

（3）已经推销或未列入账面的财产保险金额的确定。这些财产投保时，一般以投保人与保险人商定的投保财产的实际价值作为保险金额。

2. 企业财产保险合同的保险责任。在企业财产保险合同中，保险人应承担的保险责任包括三个方面：①不可预料和不可抗力事故所致损失。这里所说的不可预料和不可抗力事故是指：火灾、爆炸；雷电、暴风、龙卷风、暴雨、洪水、海啸、地震、地陷、崖崩、冰雹、泥石流；空中运行物体的坠落。②停电、停水、停气（以下简称"三停"）所致损失。被保险人因上述灾害事故（即不可预料和不可抗力事故）引起停电、停水和停气，以致造成被保险人的机器设备、产品和贮藏物品的损坏或报废的，保险人负有赔偿责任。"三停"必须同时具备三个条件才能认定属于保险责任。这三个条件是：一是遭受损坏的必须是被保险人自己的供电、供水和供气设备（以下简称"三供设备"），这里所说的"自己"，包括本厂自有专用或与其他单位共用的设备；而"设备"，则包括变压器、配电间、水塔、线路、管道等供应设备。非被保险人自己而属供电、供水、供气部门的设备引起的"三停"，无论造成多大的损失，都不属企业财产保险的保险责任。二是被保险人自己的"三供设备"的损坏必须是上述灾害事故所造成。如果非因上述灾害事故，而是其他事由引起的"三停"所造成的损失，不属保险责任。三是就范围而言，只限于对被保险人机器设备、产品和贮藏物品的损坏或报废负责。例如，药厂的供电设备因上述灾害事故的破坏而停电，使其机器设备受损，冷藏库内的药品变质，则保险人仅对此负责。③为施救保险财产而发生的必要的、合理的费用。

企业财产保险合同中由于以下原因造成的损失，保险人不负赔偿责任：①战争、军事行动或暴力行为；②核子辐射的污染；③被保险人的故意行为；④保险单内列明的其他除外责任。

（三）企业财产保险合同的赔偿处理

1. 赔偿处理的程序。企业财产保险的赔偿处理，应依一定的程序进行。就被保险人而言，应做到：①按照保险公司规定的要求，提出保险财产的损失清单和各项施救、保护、整理费用清单。②为了核实损失和赔偿金额，根据需要，应向保险公司提供有关财务账册、单证。例如，总账、分类账、明细账、车间台账、出入库单据、临时登记、记录本等。③提供公安消防或其他有关部门出险原因的证明，必要时还应提供损失的技术鉴定报告。当然，在某些特殊情况下，例如，火灾损失较小而不够公安部门立案标准，或由于某种原因未及时报案但事后确又无法取得上述出险证明，由被保险人书面申请并提供其上级主管部门的证明，经保险公司调查属实，也可以接受处理。

就保险人而言，则应做到：接到被保险人赔偿申请及报来的各项材料后，应立即进行认真审核，确定赔偿责任，计算应赔金额。经审核无误，属于承办公司核赔权限内的案件，一般应在 10 天内赔付；需报请上级核准的案件，应在核准后即予以赔付。

2. 企业财产保险赔偿计算方法。企业财产保险赔偿计算，因投保财产性质不同、投保方式不同、受损程度不同而有所不同。

（1）固定资产赔偿计算方法。固定资产投保，根据出险后是全部损失还是部分损失，其赔偿计算方式有较大的差别。如果是全部损失，那么，不管投保人是以何种方式投保，即不管是按账面原值投保、按账面原值加成数投保，还是按重建重置价值投保，保险公司一般都按保险金额赔偿。如果是部分损失，其赔偿计算方式有两种：①按账面原值投保的财产，出险时如果受损失财产的保险金额低于重建重置价值（此时的保险实已变为不足保），应按比例赔偿，即根据保险金额按财产损失或修复费用与重建重置价值的比例计算赔偿金额。如果受损财产的保险金额相当于或高于重建重置价值，则按实际损失计算赔偿金额。②按账面原值加成数或按重建重置价值投保的财产，出险时发生部分损失的，均按实际损失计算赔偿金额。

上述情况无论是否全部损失，其赔偿额都应根据明细账、卡分项计算。其中每项固定资产的最高赔偿金分别不得超过其投保时确定的保险金额。

（2）流动资产赔偿计算方法。流动资产投保后，凡发生保险责任范围内的损失，按以下方式计算赔偿金额：以最近 12 个月账面平均余额投保的，当财产发生全部损失时，按出险当时的账面余额计算赔偿金额；若发生部分损失，则按实际损失计算赔偿金额，即损失多少赔多少。但是，无论是全损还是部分损失，以上流动资产选择部分科目投保的，其最高赔偿金额分别不得超过出险当时该项科目的账目余额。

（3）以最近账面余额投保的，当发生全部损失，且损失金额高于或相当于保险金额时，按保险金额赔偿。但如果受损财产的实际损失低于保险金额时，则以不超过实际损失为限。流动资产按账面余额投保仅发生部分损失的，损失额在保险金额以内者，按实际损失计算赔偿金额。如果受损财产的保险金额低于出险当时的账面余额的，则应当按比例计算赔偿金额。

以上流动资产选择部分科目投保的，其最高赔偿金额不得超过其投保时约定的该项科目的保险金额。

（4）已经推销或不列入账面财产投保的赔偿计算方法。这类保险财产发生保险责任范围内的损失时，如属全部损失，按保险金额赔偿。但若受损财产的保险金额高于实际损失的，赔偿金额以不超过实际损失金额为限。这类保险财产如果发生部分损失，按实际损失计算赔偿金额，但不得超过保险金额。

此外，被保险人在保险事故中因施救而支出合理费用时，保险公司按以下方式计算赔偿金额：凡固定资产按账面值加成数或按重建重置价值投保的、凡流动资产按最近 12 个月账面平均余额投保的、凡已经推销或不列入账面的财产经被保险人与保险公司协商按实际价值投保的，均根据被保险人实际支出的费用计算赔偿金额。

二、机动车辆第三者责任保险合同

我国现行的机动车辆第三者责任险，实际上包括一般的机动车辆第三者责任和机动车交通事故责任强制险（以下简称"交强险"），前者为自愿保险，后者系法定保险。

（一）一般机动车第三者责任保险合同

1. 机动车辆保险合同的概念及险别。机动车辆保险合同是投保人与保险人之间所订立的，以机动车辆（包括汽车、摩托车、拖拉机和工程车等机动车辆）作为保险标的的保险协议。按此协议，保险人对于保险事故造成的保险车辆损失或致第三人的人身伤亡或财产损失，承担保险赔偿责任。机动车辆保险合同的投保人范围极为广泛，凡是机动车辆的所有人或与机动车辆有利害关系的社会成员（如经营管理人、承租人、承包人等）都可以成为机动车辆保险的投保人。

我国目前开办的机动车辆保险业务，主要包括车辆损失险（又称车身险）和第三者责任保险。此外，还可以特约投保汽车司机人身意外伤害险、乘客意外伤害责任保险等附加险。

2. 机动车辆保险的保险金额。在机动车辆保险合同中，车辆损失险和第三者责任险确定保险金额的方法是不一样的。车辆性质不同，保险金额确定方法也不同。

公有车辆的保险金额，既可以按照重置价值（国家计划价或国有汽车贸易中心的牌价）来确定，也可以由被保险人和保险人协商确定。而私有车辆的保险金额，则要按其投保时的实际价值来确定，至于涉外车辆投保汽车车身险时，新车通常按重置价值或比照市场贸易价值来确定保险金额，进口车辆的保险金额则按完税价格确定。旧车的保险金额的确定，则以折旧价或重置价为根据。

第三者责任险的保险金额，按国际保险市场的惯例，一般是不确定的。不过，有些国家的保险立法对于每一受害人及每一保险事故规定了赔偿限额。而我国的现行机动车辆第三者责任保险合同原则上不确定保险金额，保险人承担的赔偿责任没有限额，均以有关部门的裁决为准。当然，在保险实践中，国内机动车辆第三者责任保险存在着限额赔偿和无限额赔偿两种情况。

3. 保险责任与除外责任。

（1）车辆损失责任与除外责任。车辆损失险是指保险人对于保险车辆在行驶或停放中因保险事故造成的损失予以赔偿的保险。其保险责任包括碰撞责任、非碰撞责任和施救、保护费用三类：①碰撞责任，即保险人对保险车辆与其他物体碰撞及发生倾覆造成的损失承担赔偿责任。②非碰撞责任，即保险人对保险车辆因承保的自然灾害或意外事故造成的损失予以赔偿。其中，承保的自然灾害包括雷击、暴风、龙卷风、洪水、地震、海啸、地陷、崖崩、沙暴、冰雹、泥石流等。而承保的意外事故则包括火灾、爆炸、隧道坍塌、空中运行物体的坠落、全车失窃（3个月以上）、载运保险车辆过河的渡船发生自然灾害或意外事故（只限有驾驶人员随车照料者）等。③施救、保护费用，即被保险人在保险车辆遭受保险事故时，为减少损失而采用施救、保护措施所支出的合理费用，对此，保险人负责赔偿，但支出数额以保险金额为限。

车辆损失险的除外责任包括不保危险和不保损失。不保危险有：战争、军事冲突或暴乱；酒后开车、无有效驾驶证驾驶；受本车所载货物撞击；两轮及轻便摩托车失窃或停放期间翻倒；被保险人或其驾驶人员的故意行为。不保损失有：自然磨损、轮胎自身爆裂或车辆自身的故障导致的损失；保险车辆遭受保险责任范围内的损失后，未经必要修理致使损失扩大部分；保险车辆因遭受灾害或事故致使被保险人停业、停驶的损失以及各种间接损失；其他不属于保险责任范围内的损失的费用。

（2）第三者责任险的保险责任与除外责任。第三者责任险的保险责任是指被保险人或其允许的驾驶人员在使用车辆过程中发生意外事故，致使第三者遭受人身伤亡或财产的直接损毁，依法应由被保险人支付的赔偿金额，由保险人负责赔付。在此保险责任中，应当注意"第三者"的适用范围。保险人和被保险人不属于第三者自不待言，但在我国《保险法》（2009 年）修订之前，法人为被保险人的，该法人单位的驾驶人员、工作人员均不为第三者；自然人为被保险人的，其家庭成员并不视为第三者。但修订后的《保险法》第 62 条规定，"除被保险人的家庭成员或者其组成人员故意造成本法第 60 条第 1 款规定的保险事故（即因第三者对保险标的的损害而造成的保险事故）外，保险人不得对被保险人的家庭成员或者其组成人员行使代位请求赔偿的权利。"也就是说，此种情况下被保险人的家庭成员或者组成人员，其行为除非是出于故意，否则不能视为"第三者"，被保险人受托管理的财产也不视为第三者的财产。国际保险市场上的汽车第三者责任保险所讲的第三者包括保险车辆上的一切人员（驾驶员除外）和随车财产。但在我国，国内机动车辆第三者责任险的第三者不包括保险车辆上的一切人员和财产，而涉外汽车保险则无此限定。

4. 车辆保险的索赔与理赔。

（1）索赔。保险车辆在保险期限内发生保险事故的，被保险人应当采取合理的施救、保护措施，并立即向交通管理部门报案。同时，迅速地用口头、电话或电报方式向保险人发出通知。此后，被保险人应当填写"机动车辆保险出险通知书"和"损失清单"作为正式申请赔偿的书面文件。其中，应当说明被保险人的名称或姓名，保险单号码，车辆牌照号码，出险的日期、地点、原因，人员伤亡和估计的损失金额，等等。

被保险人在向保险人索赔时，应当向保险人提供保险单、事故证明、事故调解结案书、有关的费用单据。上述文件必须真实可靠。被保险人涂改、仿造单证或制造假案的，保险人有权拒绝赔偿或追回已付保险赔款。

（2）理赔。保险人在立案后，应当及时查勘现场，审定责任，确定赔付数额。具体的赔付因情况不同而有区别。

第一，车辆损失险的赔付。保险车辆全部损失的，按保险金额赔偿，但是以不超过该车出险时的重置价值为限。

保险车辆部分损失的，按照该车的实际修理费用进行赔偿，但是以不超过保险金额为限，如果保险金额低于出险时的重置价值的，则按保险金额与重置价值的比例予以赔偿。

保险车辆在保险期限内发生的各次保险责任范围内的损失和费用，每次赔付都以保险金额为限。但是，若一次赔款等于保险金额时，车辆损失险的保险责任即行终止。

第二，第三者责任险的赔付。我国现行的机动车辆第三者责任险的赔付金额，主要根据保险条款和有关交通事故处理的法律规定来确定。被保险人自行向第三者承诺或交付的赔偿数额，保险人有权重新审核。

保险人赔付结案后，对受害的第三人的任何病变或赔偿费用的增加不再负责。保险人赔付后，第三者责任险继续有效，直至保险期限届满。

（二）"交强险"合同

1. "交强险"的概念及其法律属性。机动车第三者责任强制保险，在我国被简称为"交强险"。这一制度是由 2004 年 5 月 1 日生效的《中华人民共和国道路交通安全法》（以下简称《道交法》，2011 年 4 月修订）所确立，并为 2006 年 7 月 1 日生效的《机动车交通事故责任强制保险条例》（以下简称《交强险条例》）具体规定的。所谓"交强险"，它是指机动车所有者、管理者依法向保险公司投保后，当发生保险事故（即发生交通事故）时，由保险公司对被保险机动车于事故中造成本车人员、被保险人以外的受害人的人身伤亡、财产损失，在责任限额内予以赔偿的强制责任保险。就其属性而言，我们应从以下三个方面予以把握：

（1）"交强险"仍然是第三者责任险之一种。前已述及，责任保险是以被保险人依法必须对第三人承担的损害赔偿责任为标的而成立的保险，被保险人负有法律意义上的责任是保险人给付保险金的前提条件。其保险标的是法定的民事责任，而且只能是侵权的损害赔偿责任而非违约责任，受害人只能是合同的第三人而非合同当事人。保险合同设立的目的在于及时赔偿无辜受害者的损失，而不是填补因保险事故给被保险人所造成的直接损失。简言之，在合同当事人、保险的标的以及合同设立的目的等问题上，"交强险"与一般的责任保险并无多大的不同。

（2）"交强险"是一种强制性的责任保险。责任保险可以分为任意责任保险和强制责任保险。前者投保或承保与否取决于当事人的意愿。一般的机动车责任保险就属于这一种。后者则不然，在投不投保和承保与否这个问题上，并不取决于当事人的意愿。我国《道交法》第 17 条规定："国家实行机动车第三者责任强制保险制度……"根据这一规定，在我国，凡机动车所有人、管理人都必须向保险公司投机动车第三者责任险，不存在当事人愿意和不愿意的问题。保险公司也不存在愿意不愿意承保的问题，它无权拒绝承保。有关机动车第三者责任强制保险制度，《道交法》除了在第 17 条作出一般的规定外，在其他的条款中还有相应的补充规定。如该法第 98 条规定，机动车所有人、管理人未按照国家规定投保第三者强制保险的，由公安机关交管部门扣留车辆至依照规定投保后，并处依照规定投保最低责任限额应交纳的保险费的 2 倍罚款，罚款全部纳入道路交通事故社会救助基金。这些规定表明，我国交强险制度，已经不是原来的机动车第三者责任险，而是一种法定的保险，强制性的保险。

（3）"交强险"仍然是一种商业保险。机动车第三者责任强制保险，很容易给人造成一种误解，即这种强制保险的性质好像与社会保险没有多大的区别。诚然，"交强险"虽然与社会保险中的养老保险、医疗保险、工伤保险及失业保险等社会保险有其相似之处，即两者都是法定保险，是强制推行的，在投不投保和承保与否问题上，不存在当事人自愿与否的问题。但是，就其性质而言，两者是不同的。"交强险"只是一种被强制推行的商业保险，而社会保险并非商业保险。两者保险基金的构成也是不同的。作为被强制推行的商业保险——"交强险"，其保险基金的构成即保险费的支付，是由投保人负担的，即谁是投保人（被保险人）就由谁支付保险费。这种保险的保费承担者是单一的。简言之，"交强险"的保险基金就是由投保者所交付的保险费构成的。社会保险同样存在保险费的交付问题，但其保险费却不是单一的，而是由政府、雇主及劳动者三方负担。

2. "交强险"合同的履行。"交强险"合同的履行包括投保人义务的履行和保险人义务的履行两个方面，但由于这一险种是强制险，投保人的投保和保险费的支付实际上都是一种被强制的行为，因而相对简单一些。需要详述的是保险人义务的履行。

那么，"交强险"的保险人在什么情况下负有支付保险赔偿金的义务呢？我国《交强险条例》第 21 条规定："被保险机动车发生道路交通事故造成本车人员、被保险人以外的受害人人身伤亡、财产损失的，由保险公司依法在机动车交通事故责任强制保险责任限额范围内予以赔偿。道路交通事故的损失是由受害人故意造成的，保险公司不予赔偿。"这就是说，投保人（即被保险人）将其持有的车辆投保后，被保险车辆发生道路交通事故造成受害人人身伤亡及财产损失的，无论受害人是否有过失，保险公司都应在合同约定的责任限额（比如说 8 万元）内予以赔偿。但也有例外：①凡道路交通事故的损失是由受害人故意造成的，这种损失由受害人自己承担保险公司不予赔偿。②"受害人"是有特定含义的，它并不包括发生事故时本车上的人员和被保险人，这些人因被保险车辆在交通事故中造成伤亡或财产损失的，保险公司亦不予赔偿。

此外，根据《交强险条例》第22条的规定，凡驾驶人未取得驾驶资格或醉酒行车的、被保险机动车被盗抢期间肇事的或被保险人故意制造道路交通事故的，保险公司在机动车交通事责任强制保险责任限额范围内垫付抢救费用，并有权向致害人追偿。也就是说，上述三种情况的车祸，保险人并不负有赔偿责任，但可以在责任限额内对抢救所需费用予以垫付。既然属于垫付性质，过后当然有权向致害人追偿。

■思考题

1. 怎样理解财产保险的补偿性？
2. 试述财产保险合同的种类及特征。
3. 如何处理超额保险？
4. 试述保险代位权的成立要件。

第十九章　人身保险合同

■学习目的和要求

　　本章着重阐述人身保险合同的基本概念与范畴，涉及人身保险合同的概念、种类、常见条款，以及合同当事人、合同的订立与履行。本章的重点是人身保险合同的特征与基本条款，难点是人身保险合同受益人的变更。

第一节　人身保险合同的概念及分类

一、人身保险合同的概念及特征

　　人身保险合同是保险合同的一种。我国《保险法》第 12 条第 3 款规定："人身保险是以人的寿命和身体为保险标的的保险"，因此，人身保险合同就是以人的寿命和身体为保险标的的保险合同。以人的"寿命"和"身体"作为保险标的，这是人身保险合同与财产保险合同的最大区别。按照这一定义，被保险人只能是具有生命、独立存在的自然人。法人、尚未出生的胎儿以及已经丧失生命的死尸，都不能作为人身保险合同的被保险人。这种合同以被保险人的生、死、残疾为保险标的，当被保险人因意外事故、意外灾害，或者疾病、衰老等原因导致死亡、残疾或丧失劳动能力，或保险期限届满仍然生存，或年老退休时，保险人按照约定，向被保险人或受益人给付保险金或年金。

　　人身保险合同有以下特征：

　　1. 人身保险合同主体的复合性。人身保险合同的主体即投保人、被保险人和受益人，既可以是一个人，也可以是不同的人。其中，被保险人不但必须是自然人，而且也是合同的保险标的；受益人可以是被保险人本人，也可以是由被保险人指定的其他人。当合同规定的保险事故发生导致被保险人死亡时，保险金请求权由受益人（指定了受益人的）或者被保险人的合法继承人（没有指定受益人的）行使。人身保险合同的另一主体即保险人，依照法律规定，它们只能是经营人寿保险业务的保险公司，不得兼营财产保险业务。

2. 人身保险合同是定额保险合同。一般地说，财产保险合同是补偿合同。这是因为，各种财产都有客观价值，因此必须按照财产的实际价值来确定保险金额。人的生命不同于财产，人的生命的价值不能用金钱来衡量。因此，人身保险合同一般都是定额保险合同，根据双方当事人的协商确定保险金额。当保险事故发生（或合同届满）时，保险人根据约定给付保险金额的全部或部分，即保险金给付多少，是事先约定的。

3. 投保人与被保险人必须具有特殊身份关系。保险法要求投保人对保险标的具有保险利益，而人身保险合同的保险标的又是被保险人的"寿命和身体"。因此，保险法强调人身保险合同的投保人对保险人具有保险利益。根据我国《保险法》第31条第1款的规定，投保人对下列人员具有保险利益：①本人；②本人的配偶、子女；③前项以外与投保人有抚养、赡养或者扶养关系的家庭其他成员、近亲属。除上面所列之外，被保险人同意投保人为其订立合同的，视为投保人对被保险人具有保险利益。

4. 人身保险合同的保险费不能用诉讼方式来请求支付。人身保险合同成立后，投保人应依约定交付保险费，这是投保人最主要的一项义务。但人身保险合同与财产保险合同毕竟有所不同，我国《保险法》第38条规定，投保人拒不交付保险费，保险人不得用诉讼方式请求支付。

二、人身保险合同的分类

人身保险合同可以依据不同的标准，从不同的角度进行分类。按保险范围划分，可以分为人寿保险合同、人身意外伤害保险合同和健康保险合同；按投保方式划分，可以分为团体人身保险合同和个人人身保险合同；按合同实施方式划分，可以分为自愿保险合同和强制保险合同；等等。

我国《保险法》第95条第1款第1项规定："人身保险业务，包括人寿保险、健康保险、意外伤害保险等保险业务。"可见，这种划分，是根据保障范围不同而划分的。所谓人寿保险合同，是指投保人与保险公司订立的以被保险人在保险期限内死亡、残疾或者在保险期限届满后仍然生存作为给付保险金条件的一种合同，它又可细分为生存保险合同及死亡保险合同等几种。而意外伤害保险合同，则指投保人与保险人订立的，保险人对被保险人遭受的意外伤害或者因意外伤害致残、死亡承担给付保险责任的一种合同，它又具体分为一般意外伤害保险合同、旅客意外伤害保险合同和职业伤害保险合同三类。意外伤害保险合同既可以作为财产险中的附加险，也有短期险的特征，是所谓"第三领域"的保险，允许经营财产保险的公司开展这方面的业务。至于健康保险，是指保险公司对被保险人在保险期限内发生疾病、分娩或由此引发的残疾、死亡承担给付保险金责任的一种保险，它又称为疾病保险。健康保险合同实际上是一种综合性的保险合同，保险人不仅承保被保险人的疾病和因疾病致残的风险，而且承保被保险人因病死亡的风险，此外，它还有短期性的特征，也允许经营财产保险业务的保险人与投保人订立这类合同。

第二节　人身保险合同中的受益人

一、受益人的含义

受益人是指人身保险合同中由被保险人或者投保人指定的享有保险金请求权的人。受益人是在保险事故发生时被指定享有保险金额领取资格的人，因此又称为保险金领取人。我国《保险法》对于保险金领取人的法定资格没有限制，既可以是自然人，也可以是法人；既可以是被保险人自己，也可以是其他人；既可以是有行为能力人，也可以是无行为能力人。根据《民法总则》《民法通则》《继承法》保护胎儿利益的规定，胎儿也可以成为受益人，但以出生时非死体为条件。先于或与被保险人同时死亡之人，不得再为受益人。在人身保险合同中，如果被保险人以他人为受益人，则受益人的姓名应在合同中列明，以便保险人能及时给付保险金。

受益人的权利就是受益权，即根据保险合同领取保险金的权利。受益人权利的取得是原始取得，因而受益人领取的保险金不得作为被保险人的遗产，从而也就不在被保险人的债权人的执行范围内。

在人身保险合同中，投保人、被保险人和受益人常有不同的组合，形成不同的关系：

1. 投保人和受益人可以为同一人，被保险人为另一人。例如，某债权人为债务人投保，以投保人自己为受益人。

2. 被保险人和受益人可以为同一人，投保人为另一人。例如，父母为子女投保并指定子女为受益人。

3. 投保人与被保险人为同一人，受益人为另一人。例如，某人为自己投保并指定子女为受益人。

4. 投保人、被保险人、受益人还可以同为一人。例如，某人为自己投保，自己作为受益人。生存保险、养老金保险即是如此。

二、受益人的产生及种类

受益人的产生方式可以分为两种类型，即指定受益人和法定受益人。

（一）指定受益人

受益人一般是由被保险人或者投保人指定而产生的。受益人享有保险金请求权，但受益人的赔付请求权是从投保人或者被保险人手中受让而来的。投保人承担为保险合同交费的义务，固然享受保险合同所带来的权益；被保险人是遭受保险事故所致损害之人，当然也享有保险的索赔权。投保人或被保险人若为自己利益投保，当然可以指定自己为受益人，自行享有保险金索赔权。但由于种种原因，投保人或者被保险人往往自己不能行使保险金请求权，而通过指定方式将保险金请求权转让给受益人，这属于权利主体对自己权利的一种处分。

受益人的指定人，既可以是被保险人，也可以是投保人，还可以由被保险人和投保人二人共同指定。当投保人即为被保险人时，不发生由谁指定的问题；但当投保人以他人为被保险人时，不论是指定自己为受益人或指定第三人为受益人，都必须得到被保险人的同意。因此，我国《保险法》第 39 条第 2 款规定，投保人指定受益人须经被保险人同意。法律作此规定，是为了保护被保险人的利益。因为人身保险以被保险人发生保险事故为受益人取得保险金额的前提，被保险人为保护自身利益，必然对受益人的道德品质进行考察，对可能发生道德危险的，不会将其指定为受益人。因此，投保人指定受益人时，须经被保险人同意。被保险人作出同意的意思表示可以是明示或默示，被保险人事后追认的，投保人的指定也发生效力。当被保险人是无民事行为能力人或限制民事行为能力人时，可以由其监护人指定受益人。监护人指定受益人的，应从被监护人（被保险人）的利益出发进行指定。

（二）法定受益人

人身保险合同中的受益人通常是由被保险人指定的；投保人虽然也可以指定，但需要经被保险人的同意。因此，在被保险人生存的情况下，受益人的产生是不成问题的。但在被保险人死亡之后，出现下列情形之一时受益人的产生就存在问题：

1. 没有指定受益人，即被保险人或者投保人都没有按保险法的规定指定受益人。

2. 受益人先于被保险人死亡，没有其他受益人。受益人先于被保险人死亡时，他不可能领取保险金，这时若无其他受益人，即没有后序受益人时，保险金只能归被保险人所有；倘若此时被保险人死亡，保险金就成为遗产，受益人的产生就成问题。

3. 受益人依法丧失受益权或者放弃受益权，没有其他受益人的。根据《保险法》第43条第2款的规定，受益人故意造成被保险人死亡、伤残、疾病的，或者故意杀害被保险人未遂的，丧失受益权。在受益人丧失或者放弃受益权又没有其他受益人时，保险金亦归于被保险人自身，被保险人死亡之后便成为遗产。

上述三种情形，具备其中之一的，保险金在被保险人死亡之后作为被保险人的遗产，由保险人向被保险人的继承人履行给付义务，由法定受益人取得保险金。

一般而言，法定受益人是被保险人的法定继承人，他以继承遗产的方式接受保险人给付的保险金。因此，法定受益人必须拥有继承权，亦即他没有放弃继承权或者丧失继承权。

三、受益顺序和受益份额

被保险人或投保人可以指定一人或者数人为受益人。当受益人为一人时，就不存在受益顺序和受益份额的问题。但当受益人为多数时，就产生顺序和受益份额的问题。

受益顺序即各受益人在保险事故发生后获得保险金给付的先后顺序。受益顺序一般为：①原始受益人，即最初指定的受益人。②后继受益人，即保险单上注明的原始受益人死亡后由其受益的人。例如，保险单上被保险人指定其配偶为原始受益人，同时又指定其子女为后继受益人。在这种情况下，只有当原始受益人先于被保险人死亡时，后继受益人才能取得受益权。③法定受益人，即未指定受益人或指定的受益人先于被保险人死亡，或者放弃、丧失受益权的，被保险人的法定继承人为受益人。总之，在种种受益人中，原始受益人优于后继受益人，后继受益人优于法定受益人。

问题比较复杂的是受益人为多数人。最高人民法院《保险法解释（三）》第12条规定："投保人或者被保险人指定数人为受益人，部分受益人在保险事故发生前死亡、放弃受益权或者依法丧失受益权的，该受益人应得的受益份额按照保险合同的约定处理；保险合同没有约定或者约定不明确的，受益人应得的受益份额按照以下情形分别处理：①未约定受益顺序和受益份额的，由其他受益人平均享有；②未约定受益顺序但约定受益份额的，由其他受益人按照相应比例享有；③约定受益顺序但未约定受益份额的，由同顺序的其他受益人平均享有；同一顺序没有其他受益人的，由后一顺序的受益人平均享有；④约定受益顺序和受益份额的，由同顺序的其他受益人按照相应比例享有；同一顺序没有其他受益人的，由后一顺序的受益人平均享有。"

四、受益人的变更

受益人经指定后，指定人仍可以某种方式加以变更，这是各国保险法的通例。这种变更权的行使，各国保险法所持原则大体有两项：

1. 保留主义，即指定者指定第三人为受益人的同时，又表示保留其变更指定的权利。其后，如果指定者未变更其指定而死亡的，受益人的权利即因指定而确定。

2. 直接主义，即指定者指定受益人后，仍有以合同或遗嘱处分其保险利益之权，无须另行表示可否对其指定加以变更。其中，以合同处分其保险利益是指指定者指定受益人后，如果与其受益人订有合同关系并为其债务人时，得以保险金额偿还债务。而以遗嘱处分其保险金是指指定者指定受益人后，仍然可以遗嘱的方式将保险金变更为由其继承人分配。

根据我国《保险法》第41条的规定，被保险人或者投保人均有权变更受益人。但投保人变更受益人时应当经过被保险人的同意，被保险人不同意的，其变更无效；而被保险人有权独立变更受益人，无须征得投保人同意。被保险人或者投保人变更受益人时，应当以书面方式通知保险人，未通知保险人的，保险人享有抗辩权（《保险法解释（三）》第10条）。保险人在收到受益人通知后，应当在保险单上加批注，主要是注明变更后的受益人。受益人的变更应当在保险事故发生之前。为此，《保险法解释（三）》第11条规定："投保人或者被保险人在保险事故发生后变更受益人，变更后的受益人请求保险人给付保险金的，人民法院不予支持。"

在保险实务中，因受益人之纠纷时有发生。对此，《保险法解释（三）》第9条第2款规定："当事人对保险合同约定的受益人存在争议，除投保人、被保险人在保险合同之外另有约定外，按照以下情形分别处理：①受益人约定为'法定'或'法定继承人'的，以继承法规定的法定继承人受益人；②受益人仅约定为身份关系，投保人与被保险人为同一主体的，根据保险事故发生时与被保险的身份关系确定受益人；投保人与被保险人为不同主体的，根据保险合同成立时与被保险人的身份确定受益人；③受益人的约定包括姓名和身份关系，保险事故发生时身份发生变化的，认定为未指定受益人。"这样规定，其目的显然是为了保护家庭各方利益，维护家庭的稳定。

第三节　人寿保险合同的种类及其常见条款

一、人寿保险合同种类

人寿保险合同是人身保险合同中最为重要的一种合同。根据不同的标准，人寿保险合同又可以被划分为若干种类：

（一）以保险事故为标准划分，有死亡保险合同、生存保险合同和生死两全保险合同

1. 死亡保险合同是以被保险人的死亡为保险事故，当保险事故发生以后，由保险人按约定支付保险金的保险合同。死亡保险合同又分为终身死亡保险合同和定期死亡保险合同。

（1）终身死亡保险合同就是合同不定期限，从合同生效之日起，被保险人不论何时死亡，保险人均有给付保险金的义务。

（2）定期死亡保险合同是以一定期间为保险期的保险合同。被保险人在这一期限内死亡的，保险人便要承担给付保险金的责任。如果被保险人在约定的期限届满后仍然生存的，保险合同效力终止，保险人不承担给付保险金的责任，也不退还保险费。

2. 生存保险合同是以被保险人在一定期限内或达到一定年龄时仍生存为保险标的，如果被保险人在约定的时间届满时仍然生存，则由保险人给付保险金的合同。根据保险费的交付和保险金给付的方式，生存保险合同也可以分为两种：

（1）一次性给付保险金额的保险合同。这种合同，要求投保人在投保时，一次性交付保险费，当保险期限届满时，保险人一次给付保险金。如果被保险人在保险期满前死亡，保险人返还投保人交纳的保险费。

（2）分期给付保险金额的保险合同。这种合同，或一次交足保险费，或分次连续交付保险费满时后，从一定期日起，由保险人按年、按季或按月给付一定保险金额，一直到一定期日或到被保险人死亡为止。

3. 生死两全保险合同是以被保险人的死亡或期限届满后仍生存为保险事故的一种人寿保险合同。由于被保险人的生存和死亡都属保险事故发生，因此，生死两全保险合同的特点是必然会有保险事故发生。这种保险，以死亡为保险事故的旨在保障受益人的生活；以生存为保险事故的，旨在储蓄，以供被保险人晚年生活所需。

（二）依保险金给付方法划分，有资金人寿保险合同和年金人寿保险合同

1. 资金人寿保险合同是指保险事故发生时，由保险人按全部保险金一次

给付的保险合同。

2. 年金人寿保险合同以被保险人的生存为条件，在被保险人终身或一定年限中，每年给付一定数额的保险金。终其一生每年都给付的，称为终身年金保险合同。在一定期限内每年给付的，称为定期年金保险合同。此外，还有即期年金和延期年金。前者，是指合同成立后，保险人立即按照合同约定，按期给付保险金的保险合同；后者指保险合同成立后，约定期日开始给付年金的保险合同。

（三）以保险合同承保的技术和范围为标准划分，有普通人寿保险合同和简易人寿保险合同

1. 普通人寿保险合同是以通常的技术方式经营的保险合同。这种保险由一般的经营人寿保险业务的保险公司经营。经营范围包括死亡、生存以及生死两全保险合同。

2. 简易人寿保险合同是保险金额小、保费低、交费期短、无体检的人寿保险合同。通常为限期交费的终身保险合同或 20 年期的生死两全保险合同。订立简易人寿保险合同时，虽然被保险人的身体可以免检，但通常都在不可争条款中附带规定：保险合同订立前 2 年中，被保险人因重病接受医疗或外科手术而未告诉保险人的，保险人有权在抗辩期内解除保险合同。

（四）以被保险人的人数为标准划分，有单独人寿保险合同、联合人寿保险合同和团体人寿保险合同

1. 单独人寿保险合同是指只有一个被保险人的人寿保险合同。

2. 联合人寿保险合同是把有一定利害关系的两人或两人以上的人视为一个整体，以被保险人之一的死亡或达到约定年龄仍然生存为保险事故的人寿保险合同。夫妻、父母、兄弟、姐妹等，都可以作为联合被保险人。

3. 团体人寿保险合同是以一定社会团体为投保人，以团体全部成员为被保险人，以被保险人指定的人为受益人的人寿保险合同。

二、人寿保险合同的常见条款

保险业具有国际性。无论是哪一个国家，其人身保险合同都有大体相同的特殊常见条款。这些条款如下：

（一）二年后不可否定条款

这一条款又称不可抗辩或不可争条款。一般人寿保险合同和健康保险合同都列有这一条款。

人身保险合同是一种最大诚信合同。在合同订立的时候，投保人要将被保险人的年龄和健康等身体状况如实告知保险人，不得有任何欺骗隐瞒。因为被保险人的这些情况是影响保险人决定是否承保和保险费如何收取的重要因素。

如果投保人告知不实，势必损害保险人的利益。因此，法律赋予保险人有解除告知不实的保险合同的权利。很显然，这一规定是为保障保险人的正当权利而设。保险人也不得滥用这种权利，对其必须有所限制，否则就会使被保险人或受益人的利益遭受损害。更何况，人身保险合同一般都是长期性合同，时间过久的话很难核实投保当时告知是否属实。再者，如果被保险人死亡，受益人也不一定能够了解当时投保的告知是否属实。因此，为了保护投保方的正当权益，法律规定，保险合同订立后，对被保险人的年龄及健康方面的情况，允许保险人对投保人是否履行如实告知义务提出异议并解除合同。与此同时，又对保险人的这一权利行使从时间上作了限制。保险人只能在合同生效后 2 年内以告知不实主张合同无效，并在扣除手续费后向投保人退还保险费。2 年以后，保险人就失去了这种权利。我国《保险法》第 32 条第 1 款以及第 16 条第 3 款是这一条款的具体体现。

（二）迟缴宽限条款

迟缴宽限条款，又称宽限期限条款，是指交纳保险费的宽限时间，也称为优惠期间。各国有关寿险的条款都有这一规定，只是时间长短不一而已。人身保险中很大一部分保险合同的保险期限都比较长。投保人必须长年累月按照约定期限交纳保险费。在这么长的时间里，投保方的疏忽、经济变化、临时性的资金周转不灵或其他客观方面的原因都可能影响投保人的按时交费。如果保险人因此而解除合同，势必损害被保险人或受益人的权益。因此，人身保险合同一般都规定，对合同到期续交保险费给予 30～60 日的宽限期。在约定交费时间的宽限期间内，投保人即使没有按时交付保险费，合同仍然有效。在这个期限内发生保险事故，保险人仍应履行给付义务。但是，投保人如果在宽限期到期后仍然不履行交付保险费的义务，那么，保险人就有中止合同或减少保险金额的权利。

我国《保险法》确定的宽限期是 60 日。该法第 36 条第 1 款规定，合同约定分期支付保险费，投保人支付首期保险费后，除合同另有约定外，投保人超过规定的期限 60 日未支付当期保险费的，合同效力中止，或者由保险人按照合同约定的条件减少保险金额。

（三）中止、复效条款

中止、复效条款，又称 2 年内复效条款。中止即在宽限期到期后，投保人仍然不能交纳保险费，人身保险合同的效力中止。复效条款是使被保险人、受益人恢复保险保障的一种补救措施。详言之，在合同效力中止后 2 年内，投保人如果重新具备交纳保险费的能力，并希望合同复效，经保险人同意，合同的效力可以恢复。合同的复效，必须具备以下条件：①投保人有申请复效的意思表示；②补交合同中止期间的保险费（包括利息）；③具备原保险合同订立的投保条件；④申请必须在复效期间内提出；⑤保险人同意。复效申请有效期为合同中止之日起2年内。在这2年时间内，投保人与保险人仍未达成复效协议的，保险人有权解除合同。解除合同时，投保人如果已经交足2年以上的保险费，则退还保险单的现金价值。没有交足2年以上保险费的，保险人在扣除手续费后，退还其保险费。

我国《保险法》第37条第1款对中止复效作了明文规定："合同效力依照本法第36条规定中止的，经保险人与投保人协商并达成协议，在投保人补交保险费后，合同效力恢复。但是，自合同效力中止之日起满2年双方未达成协议的，保险人有权解除合同。"

（四）不丧失价值条款

人身保险中的终身保险和生死两全保险都带有储蓄性质，投保人交纳保险费达到一定年限以后，保险单便有相当的现金价值。这一现金价值虽然由保险人保管运用，但是所有权却属于投保人。因此，如果投保人不愿意继续投保而要求退保时，保险单所具有的现金价值并不因此而丧失。人身保险合同的保单所具有的这一价值称为不丧失价值。不丧失价值条款也称不注销现金价值条款。投保人要求退保，保险人应当退还现金价值。

我国《保险法》第37条第2款对此作了明文规定："保险人依照前款解除合同的，应当按照合同约定退还保险单的现金价值。"此处所说的"前款"就是前述的《保险法》第37条的第1款。

（五）误告年龄条款

人身保险合同中，被保险人的年龄是一个重要的因素，关系到保险费的数额。各国保险法一般都有年龄误报的规定，都要按真实年龄更正。按照我国《保险法》第32条的规定，如果在被保险人死亡时，或者合同约定的期限到期时，发现投保人申报的被保险人的年龄不真实，保险人对保险金额有权按照真实年龄给予调整。如果投保人支付的保险费少于应交付的保险费，保险人有权要求投保人补交保险费或者在给付保险金时按照实交保险费与应交保险费的比例支付。如果投保人实际交付的保险费多于应交保险费的，保险人应当将多收的保险费退还投保人。

（六）自杀条款

为了避免蓄意自杀通过保险方式谋取保险金，防止道德危险的发生，人身保险合同一般都把自杀作为除外责任条款。从理论上说，法律意义上的自杀是当事人有自杀意图的自杀，并不包括因意外事件的打击或心理失常而作出结束自己生命行为的自杀。但是，实践中这两种自杀很难区分，而且自杀毕竟是死亡的一种，因此，为了保障投保方和保险方的权益，人身保险合同一般都将自杀列入保险条款。但是，规定在一个较长的期限后（通常是1年）该条款才能生效，以此避免道德危险，约束被保险人为图谋保险给付而自杀。因为，一般情况下，一个人不太可能在一两年前就开始制订自杀计划以图谋保险金，一个人的自杀意图也不可能持续2年以上。所以，我国《保险法》第44条规定，以死亡为给付保险金条件的合同，被保险人在合同成立之日起2年内自杀，保险人不承担给付保险金的责任，只退还保险金的现金价值；但被保险人自杀时为无民事行为能力人的，保险人应该按照合同给付保险金。

第四节　人身保险合同的订立和履行

一、人身保险合同的订立及保险金额的确定

人身保险合同的订立是当事人之间就人身保险事项进行协商并意思表示一致的结果。但人身保险与财产保险在合同订立上却有所不同。在一般情况下，财产保险合同的投保人亦是被保险人，绝大多数的投保人都是为自己的利益投保的。人身保险合同却不尽然。在人身保险合同中，有投保人、被保险人同为一人的，也有两者并非同一人的情形。对于后者尤其是以死亡作为给付保险金的人身保险合同，必须经被保险人同意，否则，保险合同无效。应该注意的是，所谓以死亡作为给付保险金的人身保险合同，并非专指单纯的死亡保险即仅以死亡为保险事故的人寿保险；人身保险合同中，只要该保险合同中含有以死亡作为给付保险金条件的条款，投保人与被保险人不是同一人的，就必须取得被保险人的同意并认可保险金额。

人身保险合同订立时，保险金额的确定是其重要事项之一。人身保险的保险金额的确定方法比财产保险繁杂和特殊。就财产保险而言，保险标的在投保时的实际价值是确定保险金额的客观依据，保险人和被保险人在保险标的实际价值限度以内，按照被保险人对该保险标的的保险利益程度来确定保险金额，作为保险人赔偿责任的最高限额；投保人在保险价值的限度以内可以足额投保，也可以不足额投保，但不可超额投保。因此，在理论上，财产保险金额的确定具有客观依据。人身保险则不同。人身保险的保险标的是人的生命和身体，而人的生命和身体不是商品，不能用货物来衡量其实际价值的大小，因而不能作为人身保险的保险金额的确定标准。人身保险的保险金额是按"需要与可能"

原则来作为确定标准的，即人身保险的保险金额是从两个方面来综合考察并确定的：①投保人对人身保险金额的主观需要程度；②投保人交纳保险费的实际客观能力。通常，投保人根据需要自报（填）保险金额，保险人根据投保人的经济情况、职业状况、收入来源、生活水平和负担状况等考察投保人的交费能力，进而判断其所报的保险金额的合理性和可能性，然后由保险当事人双方通过协商，决定一个数额，作为保险金额并记载于保险合同。

二、人身保险合同的履行

订立合同是确定当事人之间的权利义务，履行合同是当事人之间权利义务的实现。由于人身保险合同是双务合同，双方当事人之间权利义务对等，所以一方当事人义务的履行就是另一方当事人权利的实现。人身保险合同的履行，一般包括以下几个环节：

（一）投保人如实告知义务的履行

我国《保险法》第 16 条第 1 款规定，订立保险合同，保险人可以对被保险人的有关情况提出询问，投保人应当如实告知。在人身保险合同中，保险标的是被保险人的生命或身体，保险责任为被保险人的生、老、病、死、伤、残等。投保人在订立合同时，必须对被保险人的健康和年龄等如实告知，因为被保险人的健康状况和年龄因素是影响人身保险事故发生的重要原因，是保险人据以估测风险、决定是否承包以及如何收取保险费的依据。

（二）保险费的支付

在人身保险合同中，保险费大多都以分期支付的方式支付，投保人的首期保险费应当于合同成立时支付，以后各期的续期保费应当按合同约定的时间及时交纳。在人身保险合同中，支付保险费的义务以投保人自愿履行为原则，保险人不能以订有人身保险合同为依据，以诉讼手段强制投保人支付保险费。我国《保险法》第 38 条规定："保险人对人寿保险的保险费，不得用诉讼方式要求投保人支付。"但是，投保人不按规定支付保险费，保险人可以不承担保险责任或减少保险责任，从而实现权利与义务对等。

（三）索赔

索赔，是指保险事故发生后被保险人或其受益人向保险人请求给付保险金。由于索赔是索赔人行使权利，所以应由索赔人承担举证责任，证明保险事故已经发生，索赔人履行举证责任后，保险人应当给付保险金。在索赔时，除应当提交保险单证、支付保险费的凭证等以证明人身保险合同关系存在的证据之外，还应提交以下证明和资料：

1. 请求给付死亡保险金的，应提交户籍管理机关或医疗机关出具的被保险人的死亡证明。

2. 请求给付残废保险金的，应提交医疗机构出具的被保险人残废程度的证明。

3. 请求给付医疗保险金的，应提交医疗机构的诊断书和医疗费支出的原始凭证。

4. 如果被保险人的死亡、伤残及医疗费支出是由遭受意外伤害引起的，还应提交意外事故的证明，如公安机关的交通事故证明，企业的工伤事故证明等。

5. 请求给付满期生存保险金或年金，应提交证明被保险人生存的被保险人身份证或户籍证明。

6. 团体投保的人身保险合同，索赔时应提交投保单位出具的证明。

7. 索赔人的身份证明，以证明索赔人有权领取保险金。

人寿保险的被保险人或受益人享有的保险金请求权自其知道保险事故发生之日起 5 年不行使即消灭；健康保险、意外保险的被保险人或受益人的保险金请求权自其知道保险事故发生之日起 2 年不行使即消灭。

（四）给付

给付是指保险人收到索赔请求之后，对索赔人提交的单证进行审核，履行给付保险金的义务。

保险人收到索赔请求后，应首先审核索赔人提交的单证是否齐全，其次应审核单证的真实性，然后再根据保险合同作出是否给付保险金的决定。属于保险责任的，保险人应及时通知索赔人领取保险金。不属于保险责任的，保险人应及时把拒绝给付的决定及其理由通知索赔人。

■ 思考题

1. 简述人身保险的基本特点。
2. 简述不可抗辩条款的内容。
3. 简述中止和复效条款的内容。
4. 简述年龄误告条款的内容。
5. 简述自杀条款的内容。

第二十章 保险业法

■学习目的和要求

本章着重阐述保险业法的基本概念与范畴，涉及保险公司的经营规则、保险监督管理的基本内容。本章教学的重点是保险公司的经营规则。

第一节 保险公司监管

一、保险市场准入监管

由于保险公司经营的是风险业务，它先收取保险费，在将来约定事件发生后才负责赔偿或给付保险金，因此世界上大多数国家对保险业实行严格的许可证管理制度，在机构审批上实行严格的核准主义，即任何单位或者个人只有经过保险监管机关批准、领取保险业务证、在法人登记注册部门登记并领取营业执照后，方可从事保险业务。未经批准从事保险业务的行为均为非法行为，应予以取缔。

我国《保险法》针对保险业的特殊性，遵循世界各国立法的趋势，规定我国保险公司的设立采用许可主义，该法第 67 条明确规定："设立保险公司应当经国务院保险监督管理机构批准。国务院保险监督管理机构审查保险公司的设立申请时，应当考虑保险业的发展和公平竞争的需要。"第 158 条规定："违反本法规定，擅自设立保险公司、保险资产管理公司或者非法经营商业保险业务的，由保险监督管理机构予以取缔，没收违法所得，并处违法所得 1 倍以上 5 倍以下的罚款；没有违法所得或者违法所得不足 20 万元的，处 20 万元以上 100 万元以下的罚款。"

依照我国《保险法》第 68 条的规定，在我国设立保险公司，需具备以下条件：①主要股东具有持续盈利能力，信誉良好，最近 3 年内无重大违法违规记录，净资产不低于人民币 2 亿元；②有符合本法和《公司法》规定的章程；③有符合本法规定的注册资本；④有具备任职专业知识和业务工作经验的董事、监事和高级管理人员；⑤有健全的组织机构和管理制度；⑥有符合要求的营业场所和与经营业务有关的其他设施；⑦法律、行政法规和国务院保险监督管理机构规定的其他条件。第 69 条规定："设立保险公司，其注册资本的最低限额为人民币 2 亿元。国务院保险监督管理机构根据保险公司的业务范围、经营规模，可以调整其注册资本的最低限额，但不得低于本条第 1 款规定的限额。保险公司的注册资本必须为实缴货币资本。"

二、保险市场退出监管

保险公司退出市场的核心问题是保险公司的解散与破产。一般情况下，公司自行解散的权利和公司破产的可能性都是公司与生俱来的自然属性。但是，对于保险公司来说，情况则稍有不同，法律在对待保险公司的解散与破产上是有所限制的，这是与保险业务的特殊性质有关的。因为保险公司尤其是人寿保险公司，承担着大批被保险人的保险责任：①大量被保险人的生、老、病、死或养老保障都依赖保险公司；②人寿保险公司的责任期间长，责任积累巨大，因此，保险公司一旦解散或破产，对被保险人的生活保障乃至社会的安定都将构成严重影响。因此，法律要求保险公司有高度的稳定性。我国《保险法》第 89 条规定："保险公司因分立、合并需要解散，或者股东会、股东大会决议解散，或者公司章程规定的解散事由出现，经国务院保险监督管理机构批准后解散。经营有人寿保险业务的保险公司，除因分立、合并或者被依法撤销外，不得解散。保险公司解散，应当依法成立清算组进行清算。"基于这个要求，我国保险法从保险公司的开始设立到组织形式和经营等各个方面均作了非常严格的规定，并采取了一些预警和补救措施，其目的就是防止保险公司濒临解散或破产对社会造成不利影响。在采取上述措施之后，如保险公司仍因经营失败宣告破产，法律也将采取措施以减少保险人的经济利益因保险公司的破产而受到的影响。当保险公司合并、分立时，原来的法人终止，新的法人同时产生，原法人的资产、债权、债务（包括有效保险合同的履行）由新的法人继承。保险公司因分立、合并而解散之外的解散，因无新的法人继承解散保险公司的债权、债务，有可能损害被保险人的利益，尤其是人寿保险公司的债权债务更是难以清算，因此，人寿保险公司除分立、合并以外不享有自行解散的权利。

保险公司的解散是指已经成立的保险公司，因公司章程的规定或法定事由出现而终止公司业务经营活动，开始公司的清算，处理未了结事务或者使公司的法人资格消灭的法律行为。保险公司在经营中的任何时间都存在未了责任，当保险公司出现解散事由时，必然会有一部分保险单责任尚未到期，因此，公司解散将给被保险人带来许多不便。针对保险公司中的这一特殊规律，各国保险法一般限制保险公司的自行解散，特别是严格限制经营长期人身保险业务的保险公司的自行解散。我国《保险法》第89条第2款规定："经营有人寿保险业务的保险公司，除因分立、合并或者依法被撤销外，不得解散。"即经营有人寿保险业务的保险公司不得在章程中规定任何自行解散的事由，公司的权力机构也不得通过公司自行解散的决议等。相对于人寿保险业务而言，财产保险业务一般期限较短，保险单未了责任所占比例相对较低，保险合同的转移也比较便利。因此，我国《保险法》未明令禁止经营财产保险的保险公司的自行解散，但实际执行中仍有很多限制。

保险公司的破产由保险公司的财务状况严重恶化引起。我国《保险法》第90条规定："保险公司有《中华人民共和国企业破产法》第2条规定情形的，经国务院保险监督管理机构同意，保险公司或者其债权人可以依法向人民法院申请重整、和解或者破产清算；国务院保险监督管理机构也可以依法向人民法院申请对该保险公司进行重整或者破产清算。"保险公司在经营过程中出现资不抵债的情况，可以由保险公司或保险公司的债权人（包括被保险人）申请破产。为了保护人寿保险合同中被保险人的利益，我国《保险法》第92条还特别规定："经营有人寿保险业务的保险公司被依法撤销或者被依法宣告破产的，其持有的人寿保险合同及责任准备金，必须转让给其他经营有人寿保险业务的保险公司；不能同其他保险公司达成转让协议的，由国务院保险监督管理机构指定经营有人寿保险业务的保险公司接受转让。转让或者由国务院保险监督管理机构指定接受转让前款规定的人寿保险合同及责任准备金的，应当维护被保险人、受益人的合法权益。"

三、对保险公司的检查、整顿与接管

（一）对保险公司的检查

保险公司的一切活动，均受保险监督管理部门的监督和管理。保险监督管理部门监督管理保险公司的活动，有权对保险公司进行检查。保险监督管理机构依法履行职责，可以采取下列措施：对保险公司、保险代理人、保险经纪人、保险资产管理公司、外国保险机构的代表机构进行现场检查；进入涉嫌违法行为发生场所调查取证；询问当事人及与被调查事件有关的单位和个人，要求其对与被调查事件有关的事项作出说明；查阅、复制与被调查事件有关的财产权登记等资料；查阅、复制保险公司、保险代理人、保险经纪人、保险资产管理公司、外国保险机构的代表机构以及与被调查事件有关的单位和个人的财

务会计资料及其他相关文件和资料；对可能被转移、隐匿或者毁损的文件和资料予以封存；查询涉嫌违法经营的保险公司、保险代理人、保险经纪人、保险资产管理公司、外国保险机构的代表机构以及与涉嫌违法事项有关的单位和个人的银行账户；对有证据证明已经或者可能转移、隐匿违法资金等涉案财产或者隐匿、伪造、毁损重要证据的，经保险监督管理机构主要负责人批准，申请人民法院予以冻结或者查封。

（二）对保险公司的整顿

保险公司的整顿，是指保险监督管理机构对经营管理不善或存在其他问题的保险公司，通过整顿措施促其改善经营状况，预防公司破产所进行的一系列行为。由于保险公司在社会经济生活中处于特殊地位，其联系面十分广泛，如因经营管理不善导致其偿付能力下降，必然危害广大被保险人的利益，故而法律规定在特殊情况下可对其进行整顿。

对保险公司进行整顿有其特定原因，即整顿是在保险公司未按期完成改正行为的前提下发生的。《保险法》第139条规定："保险公司未依照本法规定提取或者结转各项责任准备金，或者未依照本法规定办理再保险，或者严重违反本法关于资金运用的规定的，由保险监督管理机构责令限期改正，并可以责令调整负责人及有关管理人员。"《保险法》第140条第1款规定："保险监督管理机构依照本法第139条的规定作出限期改正的决定后，保险公司逾期未改正的，国务院保险监督管理机构可以决定选派保险专业人员和指定该保险公司的有关人员组成整顿组，对公司进行整顿。"据此，保险公司按照规定按期改正的，不发生整顿程序；反之，则对保险公司进行整顿。

对保险公司的整顿权由整顿组织行使。整顿组织的成员由保险监督管理机构选派和指定，由保险专业人员和该保险公司有关人员组成。保险专业人员，可以从社会上有关保险学、保险法专家、学者、律师中选聘。保险公司的有关人员，包括其总经理、总经济师、总会计师等。整顿组织形成后，必须作出整顿决定并予以公告，整顿决定内容包括被整顿公司的名称、整顿理由、整顿组织成员、整顿期限。整顿组有权监督被整顿保险公司的日常业务。被整顿公司的负责人及有关管理人员应当在整顿组的监督下行使职权。

对保险公司进行整顿，目的是促使其改善经营管理，杜绝出现各种违法经营的现象，保障其偿付能力，保障被保险人利益。因此，对保险公司进行整顿不是终止其原有业务，相反，而是要保证其原有业务的连续性。对原有业务，整顿组织无权将其停止；但对于保险公司新开办的业务，如新办理某些险种，就必须征得主管部门同意。如果主管部门认为该新业务对保险公司偿付能力不利或有其他违法行为，则有权停止该项业务。因此，我国《保险法》第142条规定："整顿过程中，被整顿保险公司的原有业务继续进行。但是，国务院保险监督管理机构可以责令被整顿公司停止部分原有业务、停止接受新业务，调整资金运用。"被整顿保险公司经整顿已纠正其违反《保险法》规定的行为，恢复正常经营状况的，由整顿组提出报告，经国务院保险监督管理机构批准，结束整顿，并由国务院保险监督管理机构予以公告。被整顿的保险公司有《企业破产法》第2条规定的情形的，国务院保险监督管理机构可以依法向人民法院申请对该保险公司进行重整或者破产清算。

（三）对保险公司的接管

接管是比整顿更为严格、彻底的监督措施。其目的是对被接管的保险公司采取必要措施，以保护被保险人的利益，恢复保险公司的正常经营。

接管须具备一定的前提条件。我国《保险法》第144条第1款规定："保险公司有下列情形之一的，国务院保险监督管理机构可以对其实行接管：①公司的偿付能力严重不足的；②违反本法规定，损害社会公共利益，可能严重危及或者已经严重危及公司的偿付能力的。"

保险公司被接管后，其债权债务关系并不因接管而发生变化，原有的债权债务关系仍然有效。对于被保险人提出的索赔，该公司仍须办理，不得拒绝；对于其享有的债权，同样受法律保护。总之，保险公司作为民事主体，被接管后仅是其具体管理工作的变化，其作为债权债务关系民事主体的地位并未改变。

接管组织的组成和接管的实施办法由保险监督管理机构决定，并予以公告。如同对保险公司整顿一样，对保险公司的接管也不能无限期进行，否则不利于经济生活和各种法律关系的稳定。接管的具体期限由决定实施接管的机关确定，该期限一般是在实施接管前作出。当接管期限届满后，保险公司仍未恢复正常经营的，保险监督管理机构可以决定延期，但接管的期限最长不得超过2年。接管期限届满，被接管的保险公司已恢复正常经营能力的，由国务院保险监督管理机构决定终止接管，并予以公告。被接管的保险公司有《企业破产法》第2条规定的情形的，国务院保险监督管理机构可以依法向人民法院申请对该保险公司进行重整或者破产清算。

第二节　保险经营规则

一、保险分业经营规则

保险分业经营是指同一保险人不得同时兼营财产保险业务和人身保险业

务。也就是说，保险公司经营业务的范围并不是无所不包的，财产保险公司以经营财产保险为限，人寿保险公司以经营人身保险为限，同一保险人只能经营财产保险或者人身保险一种业务，而不得既经营财产保险，又经营人身保险。

我国《保险法》第95条第2款规定："保险人不得兼营人身保险业务和财产保险业务。但是，经营财产保险业务的保险公司经国务院保险监督管理机构批准，可以经营短期健康保险业务和意外伤害保险业务。"

二、保险条款和费率的报批与备案制

从保护被保险人权益出发，各国对保险合同的条款及其费率进行严格监管以达到公平合理的目的。《保险法》第135条第1款规定："关系社会公众利益的保险险种、依法实行强制保险的险种和新开发的人寿保险险种等的保险条款和保险费率，应当报国务院保险监督管理机构批准。国务院保险监督管理机构审批时，应当遵循保护社会公众利益和防止不正当竞争的原则。其他保险险种的保险条款和保险费率，应当报保险监督管理机构备案。"也就是说，在我国，保险条款和费率由保险公司自主制定，保险监管机构只需对其中关系社会公众利益的险种、依法实行强制保险的险种和新开发的人寿保险险种等的保险条款和保险费率，按照保护社会公众利益和防止不正当竞争的原则进行审批，对其他险种的保险条款和费率则实行备案管理。

三、保险资金运用规则

保险资金运用，是指保险公司在业务经营过程中，将积聚的各种保险资金进行投资和融资，使其保值增值的活动。保险资金是保险公司通过各种渠道聚集的各种资金总和。保险资金不同于保险基金，保险基金一般是指保险公司根据各种不同的费率，通过向投保人收取保险费的形式建立起来的一种专门用于补偿被保险人受到的经济损失或满足给付需要的货币形态的后备基金，是保险资金的主要组成部分。保险资金从资金来源可分为：①权益资金，即资本金、公积金、公益金和未分配利润等保险公司的自有资金；②保险准备金；③其他资金。保险公司通过运用保险资金，获取收益，使保险资金保值增值，从而增强保险公司的偿付能力，保证保险合同的履行，进一步保护被保险人的利益。

保险资金运用原则和一般资金运用的原则基本相同，即要求符合安全性、营利性、流动性和公共性等原则。但保险资金又有其自身的特点，它担负着随时补偿灾害损失和给付保险金的任务，对资金的安全性、流动性有特殊要求，且不同的保险业务对资金流动性的要求差异很大。因此，必须根据保险资金的自身特点来确定保险资金运用的原则。我国《保险法》第106条第1款对我国保险业资金运用原则作了明确规定："保险公司的资金运用必须稳健，遵循安

全性原则。"

在保险业发达的国家，随着国民经济的高速发展、资金需求的上升和金融资产的多样化，保险公司的投资形式也逐渐多样化。由于各国各地区因经济发展水平和保险监管模式与政策上的差别，保险公司的投资形式也不完全相同。但是，纵观各国对保险投资的立法规定，一般允许的投资形式至少包括以下五种：银行存款、债券、股票、不动产、贷款。根据我国保险市场的现状，本着安全性的原则，我国《保险法》第106条第2款规定："保险公司的资金运用限于下列形式：①银行存款；②买卖债券、股票、证券投资基金份额等有价证券；③投资不动产；④国务院规定的其他资金运用形式。"

第三节　保险公司偿付能力监管

一、偿付能力

偿付能力是指保险公司偿付其到期债务的能力。从保险监管的角度看，保险公司的偿付能力一般分为两种：实际偿付能力与最低偿付能力。保险公司的实际偿付能力是其会计年度末实际资产价值减去实际负债的差额。保险公司的最低偿付能力是保险公司必须满足的偿付能力要求，即由保险法规定的保险公司在存续期间必须达到的保险公司认可资产与认可负债的差额的标准。国家对保险企业偿付能力最直接有效的监管手段就是规定法定最低偿付能力额度，以确保保险企业偿付能力的最低限额。如果保险企业的实际偿付能力额度低于法定最低偿付能力额度，国家保险主管机构就要对保险企业进行干预。

我国《保险法》第101条明确规定："保险公司应当具有与其业务规模和风险程度相适应的最低偿付能力。保险公司的认可资产减去认可负债的差额不得低于国务院保险监督管理机构规定的数额；低于规定数额的，应当按照国务院保险监督管理机构的要求采取相应措施达到规定的数额。"

二、资本充足性原则

保持适当的资本是保险公司偿付能力监管的核心之一。保险公司一般都被要求保持一定量的资本金和盈余以持续地从事保险业务。

（一）注册资本最低限额

最低资本限额，即法律或法规规定的保险公司申请设立时的注册资本的最低限额。它既是保险公司获得市场准入的资格条件，又是保险公司获取偿付能力的初始前提。我国《保险法》第69条第1款对我国保险公司最低资本限额作了明确规定：设立保险公司注册资本的最低限额为人民币2亿元。

　　依我国《保险法》规定，保险公司注册资本采用实缴货币资本。同时，《保险法》对注册资本最低限额采资本增加制。随着我国保险业的不断发展以及保险公司业务范围和经营规模的不断扩大，保险公司的最低实缴货币资本可能与其业务规模不相适应，不能使保险公司具有足够的偿付能力，因此，《保险法》规定，保险监督管理机构根据保险公司的业务范围和经营规模，可以调整设立保险公司的实缴货币资本的最低限额，但是不得少于人民币2亿元。

　　（二）保险保证金

　　与注册资本相关的另一个问题是保险保证金。保险保证金是国家规定由保险公司成立时向国家缴存的保险金额。保险保证金可以用现金或其他方式交纳。保险保证金一般是在资本金制度基础上的一项规定。国家可以通过保证金制度掌握保险企业的一部分实有资金，以保证保险企业的变现资金数额。保证金一般按规定上缴国库或指定银行，不予动用。

　　缴存保险保证金是国家控制保险企业偿付能力的有效办法。我国《保险法》第97条对保险保证金的缴存进行了规定，即保险公司应当按照其注册资本总额的20％提取保证金，存入国务院保险监督管理机构指定的银行，除公司清算时用于清偿债务外，不得动用。依此规定，保险保证金的提取比例为其注册资本的20％，注册资金越多，缴存的保证金就越多。接受保险保证金存款的银行一般应为中国人民银行及其分支机构，但有时也有例外，即中国人民银行可以指定专业银行吸收保险金的存款。尤其需要指出的是，我国《保险法》对于保险保证金的用途之规定是较为严格的，即在保险公司清算时用于清偿债务，除此之外，不得动用。之所以如此规定是为了杜绝保证金的缴存流于形式，确保保险公司之偿付能力。

　　（三）保险责任准备金

　　保险责任准备金，是保险人为了承担未到期责任和处理未决赔款而从保险费收入中提存的一种资金准备。保险准备金不是保险企业的营业收入，而是保险企业的负债。保险企业应有与保险准备金等值的资金作为后盾，才能完全履行保险责任。因此，各国保险法都规定了保险准备金的提存与标准。我国《保险法》第98条规定："保险公司应当根据保障被保险人利益、保证偿付能力的原则，提取各项责任准备金。保险公司提取和结转责任准备金的具体办法，由国务院保险监督管理机构制定。"

　　提取责任准备金，应遵循以下原则：①保障被保险人利益的原则。保护保险活动当事人的合法权益是保险法的立法宗旨，同时也是保险法的重要立法原则之一。被保险人作为保险活动重要的一方当事人，保障其合法利益是无可争议的。而保障被保险人的利益，最终要体现在保险公司及时、准确地履行其赔付责任上。如果保险公司置被保险人的利益于不顾，片面强调公司业务的不断扩大，不真实、不足额地提取各项责任准备金，一旦发生赔付责任，保险公司将陷于被动，甚至出现无法履行保险合同的局面，对被保险人的利益将是极大的损害。从另一个角度来看，保险公司要求得到发展，必须以被保险人的信任为基础，争取足够多的投保人，为此保险公司就要确保良好的信誉，切实起到减少被保险人面临的风险损失的作用，如果保险公司没有充足的各项责任准备金作为后盾，就很难及时对被保险人的损失进行赔付。所以，保险公司必须以保障被保险人利益为原则，提取各项责任准备金。②保证偿付能力的原则。从实质上来讲，这一原则的最终目的也是为了切实保障被保险人的利益。因为要想保障被保险人的利益，保险公司必须要具备基本的偿付能力，而保险公司要拥有一定的偿付能力，就必须要提取各项责任准备金，以备不时之需，否则保障被保险人的利益也就无从谈起。

　　提存足够的保险责任准备金是保险人履行赔付责任、保障被保险人权益的重要保证，世界各国都以法律、法令形式具体规定保险人必须提存准备金的种类和比例。由于保险责任准备金的种类比较多，而且各种保险责任准备金的提取和结转方式也不尽相同，不可能在立法中一一作出明确规定，为了体现立法体例上的统一，《保险法》第 98 条第 2 款规定："保险公司提取和结转责任准备金的具体办法，由国务院保险监督管理机构制定。"

　　（四）保险公积金

　　保险公积金是指公司基于增强自身财产能力，为扩大经营范围以及预防意外亏损的目的，按照法律和公司章程的规定，从公司税后利润中提取的部分资金积累。公积金又可以分为两种：法定公积金和任意公积金。

　　保险法定公积金是指按照法律规定从当年回扣利润中提取的公积金。我国《保险法》第 99 条规定："保险公司应当依法提取公积金。"依我国法律，保险法定公积金用途有两个，即弥补公司的亏损和转为增加公司资本金。保险公司经股东会议决议将公积金转为资本金时，按股东原有股份比例派送新股或增加每股面值，但法定公积金转为资本金时，所留存的该公积金不得少于注册资本金的 25％。

　　三、保险保障基金

　　由于保险公司的赔款支出和保险金的给付义务所特有的滞后性，保险公司经营失败给社会所造成的损害远远大于给保险公司股东们所造成的损害，它往往影响社会的稳定、经济的发展和人民安居乐业。正因如此，各国通过立法，要求建立专门基金，以建立和完善保险人因保险公司破产而遭受的经济损失，维护经济发展与促进社会稳定，该依法建立的专门保护基金称为保险保障基金。根据我国《保险法》第100条第1款、第2款的规定，保险公司应当缴纳保险保障基金。保险保障基金应当集中管理，并在下列情形下统筹使用：①在保险公司被撤销或者被宣告破产时，向投保人、被保险人或者受益人提供救济。②在保险公司被撤销或者被宣告破产时，向依法接受其人寿保险合同的保险公司提供救济。③国务院规定的其他情形。

与保险保证金、保险责任准备金、保险公积金等相比，保险保障基金具有如下特征：①保险保障基金是一种保单持有人保护基金。从建立基金制度的目标上讲，由于保险公司的赔付保险金义务具有明显的滞后性，为弥补被保险人因保险公司破产而遭受的经济损失，国家通过立法建立专门基金以保护被保险人的利益。②保险保障基金是一种行业公用性救助基金。从基金来源上讲，保险保障基金是各保险人共同提交的一种"共同基金"，由保险主管机构或保险同业公会管理，当某一保险人失去偿付能力时，可向保险保障基金申请由基金偿付被保险人的利益，因此保险保障基金实质是保险人之间的"相互保险"。保险保障基金在管理上应当集中管理，统筹使用。③保险保障基金是一种后备基金。从基金形成时间上讲，大多数国家的保险保障基金都是通过事前每年定期征收费用，用积累起来的基金来保证日后支付。④保险保障基金是一种安全基金。从基金的功能来看，由于保险公司经营失败给社会造成的损害远远大于保险公司股东所遭受的损害，往往影响社会稳定，因而基金具有支持保险公司稳健经营、安定社会的功能，正是从这个意义上来讲，我国台湾地区的保险立法称之为"安定基金"。

■ 思考题

1. 保险公司的经营规则有哪些？
2. 试述保险业监督管理的必要性。
3. 解析保险业监督管理的主要内容。

图书在版编目（ＣＩＰ）数据

商法学/覃有土主编. —7版. —北京：中国政法大学出版社，2019.2（2022.1重印）
ISBN 978-7-5620-8664-2

Ⅰ. ①商…　Ⅱ. ①覃…　Ⅲ. ①商法—法的理论—中国　Ⅳ. ①D923.991

中国版本图书馆CIP数据核字(2018)第257044号

出 版 者	中国政法大学出版社
地　　址	北京市海淀区西土城路 25 号
邮　　箱	fadapress@163.com
网　　址	http://www.cuplpress.com (网络实名：中国政法大学出版社)
电　　话	010-58908435(第一编辑部) 58908334(邮购部)
承　　印	保定市中画美凯印刷有限公司
开　　本	720mm×960mm　1/16
印　　张	26.75
字　　数	480 千字
版　　次	2019 年 2 月第 7 版
印　　次	2022 年 1 月第 2 次印刷
印　　数	5001～8000 册
定　　价	56.00 元